U0948285

财经易文
www.ewinbook.com

财富的诞生

[美] 威廉·伯恩斯坦（William J. Bernstein）著

易　晖　欧阳珊　姜汉忠　译

The Birth of Plenty

中国财政经济出版社

图书在版编目(CIP)数据

财富的诞生/(美)伯恩斯坦著;易晖等译.—北京:中国财政经济出版社,2007.7

书名原文:The Birth of Plenty

ISBN 978-7-5005-9755-1

Ⅰ.财… Ⅱ.①伯… ②易… Ⅲ.经济增长—研究

Ⅳ.F061.2

中国版本图书馆 CIP 数据核字(2007)第 030579 号

著作权合同登记号:图字 01-2004-4303 号

William Bernstein

The Birth of Plenty

ISBN 0-07-142192-0

中国财政经济出版社 出版

URL: http://www.cfeph.cn

E-mail: webmaster@ewinbook.com

(版权所有 翻印必究)

社址:北京海淀区阜成路甲 28 号 邮政编码:100036

发行电话:010-88191017

三河市世纪兴源印刷有限公司印刷 各地新华书店经销

787×1092 毫米 16 开 23.5 印张 310 千字

2007 年 7 月第 1 版 2007 年 7 月北京第 1 次印刷

定价:49.80 元

ISBN 978-7-5005-9755-1/F·8473

(图书出现印装问题,本社负责调换)

财富的诞生

当代世界的繁荣从何而来*

在《美国的银行与政治》（*Banks and Politics in America – from the Revolution to the Civil War*）一书的序言中，布雷·哈蒙德（Bray Hammond）写道："这是一本关于政治、银行和历史的书。但读这本书的政治家会认为作者不是一位政治家，读这本书的银行家会认为作者不是一位银行家，历史学家认为作者不是历史学家，经济学家认为作者不是搞经济的，而律师也会认为作者不是搞法律的。如果这一切对我来说都是事实，那么很可能就没有写这本书的必要，而按更加爱挑剔的读者的说法，世界也不会变得更糟糕。"威廉·伯恩斯坦是一位神经病学家，但这本《财富的诞生》并不是关于神经系统紊乱的著作。

最初，经济学只是伯恩斯坦的一个业余爱好。他的兴趣在储蓄、投资和资源配置的整个过程方面，也许他的最终目标是把他挣的钱投入到医学研究中。他决定与人们分享他学到的知识，因此，他建立了 efficientfrontier. com 这个网站，而这一网站如今已经成为深受独立投资者喜爱的论坛。他还写过两本关于投资的著作：《投资的四大支柱》（*The Four Pillars of Investing*）和《聪明地配置资产》（*The Intelligent Asset Allocator*），这两本书的内容经常被《华尔街日报》引用。

在开始写作《财富的诞生》一书的前几年，伯恩斯坦碰巧看到了由"晦涩的苏格兰经济学家"安格斯·麦迪逊（Angus Maddison）汇编的从公元元年开始的世界经济增长数据库。从这些数据中可以清楚地看出，1820 年以前实际上没有什么增长（按人均 GDP 衡量），而此后的增长显得强劲且稳定。这一问题令他难以理解：为什么？为什么在技术进步的支持下，经济增长能够突然爆发？为什么佛罗伦萨人没有能够发明达芬奇描绘出的蒸汽机？为什么罗马人没能发明电报？伯恩斯坦决定

"揭示出在19世纪初汇聚在一起并激发了现代世界伟大的经济腾飞的文化和历史因素"。他还希望为读者提供一个能够解释所有国家贫富的原因，以及它们的居民是否对自己的生活感到满意。

伯恩斯坦的主要假设是：制度——人们在其中进行思考、互动和从事商业的框架——是国家经济表现的基础。更明确地说就是，四种制度是经济增长的前提条件：

- 可靠的财产权，不仅是针对实物资产的权利，还包括知识产权和公民自由。
- 科学理性主义或科学方法，即分析和解释世界的系统方法。
- 现代资本市场，它可以为新发明的开发与生产提供融资。
- 交通与通信技术，这些技术可以传递重要信息，能够将人员和商品运输到世界各地。

只有当这四个要素全部具备后，一个国家才能繁荣起来，因为这些因素降低了对人的创造性的限制，使得发明的数量大增。

对于那些有机会学习经济史的人来说，伯恩斯坦的这些假设并不是非常新颖的。的确，其他人早就谈到过这些问题，但使得《财富的诞生》这本书吸引人的地方是作者将前人的研究成果以一种符合逻辑的方式综合在一起，并以朴素、轻松、睿智的方式写出来，很少有经济史学方面的著作能够像这本书一样使读者一口气读下去。

本书分为三个部分：增长的来源、国家和结果。在第一部分中，作者分章节描述了四大要素。在描述的过程中，作者尽可能地进行回溯，以追踪这些要素的变化轨迹。第二部分的目的是考察各个国家间不断扩大的差距的起因。作者试图解释为什么一些国家最早富裕起来，一些国家紧随其后，而其他国家则至今还非常贫穷。在最先富裕起来的国家中，作者重点讲述了英国和荷兰；在紧随其后的国家中，作者分析了法国、西班牙和日本逐渐发展起来的原因；对于现在处于落后地位的国家，作者分析了土耳其帝国和现代阿拉伯世界在曾经的辉煌后逐渐衰退的原因。本书第三部分讲述了宗教、财富、意识形态之间的联系，分析了经济增长与幸福之间的关系，以及财富分配不均的影响，并论述了财富和国家力量的关系。

由于本书引用的资料极其丰富，在此我们不可能更详细地描述本书的内容。这本书给人印象最深刻的部分是作者围绕哥白尼、培根、布拉赫、开普勒、伽利略、牛顿和哈雷的贡献而展开的对科学理性发展历史的描述，同样引人入胜的是英国知识产权保护制度建立的故事。在本书中，读者还可以找到罗马帝国衰落的原因、发现爱迪生如何为其发明（电灯泡）进行融资，以及在工业革命时期人们悲惨的生活状况。

除了讲述本书的主要假设外，作者还试图说明其他一些问题。例如，他认为拉丁美洲当今的经济状况主要是由过去的殖民者为这里留下的“制度遗产”造成的。他还指出，帝国主义和自然资源不是决定一国经济表现的关键因素，而一国的制度才是最重要的。作者区分了各个国家常常提出的两个问题，第一个是：“我们做错了什么?”第二个问题是：“是谁让我们惨遭失败的?”如果国家把重点放在第二个问题上，事情就严重了。

伯恩斯坦还试图证明富裕和贫穷与社会和文化因素的关系更大，与宗教的关系则小一些。作者详细说明了是传统文化对变革的抗拒而不是宗教使得人们不愿意把他们心爱的理论拿出来接受实践的检验。

此外，作者认为，是财富导致了民主的产生，而不是相反，在经济增长出现几十年后，一国的民主才能发展起来。如果一国的国民奴性十足，那么民主制度是不可引进这个国家的。随着国家越来越富裕，人民表达自己意见的愿望会不断提高。

作者在本书中多次讲述了政府的作用，但通常都是负面的。作者强调了政府官员的寻租与腐败行为，尤其是在那些统治者不完全受制度约束的国家这一现象更加明显。伯恩斯坦认为，将富裕与贫穷区分开来的最重要的因素是法治，而这一问题引起人们大量关注的原因是：它是唯一一个不能轻松获得的因素（不包括在四个要素之中）。政府要为其效率负责，因此我们陷入了政府与法治的恶性循环中。

经济史学家要想写出一本类似于《财富的诞生》的书并不是不可能的，但伯恩斯坦某种程度上的“旁观者”身份使他能够在在300多页的篇幅里用既轻松又严肃的方式完成描述现代世界财富诞生这一难以完成的任务。本书适合于所有对经济史和制度经济学感兴趣的人士参考借鉴，尤其是学习经济学的学生，因为在宏观经济学和经济发展之类的课程中没有详细描述各国经济表现的差别。也许没有这本书世界也不会变得更糟糕，但我们还是应该期待伯恩斯坦写出更多通俗易懂的作品。

Marijana Baođun

* 本文译自 Financial Theory and Practice 30（3），307-309（2006），标题是编者加的。由于无法与作者取得联系，请作者看来本书后与我们联系。

目　录

前　言 ………………………………………………………………（1）
导　言 ………………………………………………………………（1）

第一部分
增长的来源

第 1 章　财富的假设 ………………………………………………（3）
1.1　逃离陷阱 ……………………………………………………（4）
1.2　国家如何变得富裕 …………………………………………（8）
1.3　数字讲述的经济史 …………………………………………（10）
1.4　生产率以 2% 的速度稳步提高 ……………………………（15）
1.5　前现代时期财产权的缺失 …………………………………（20）
1.6　最大限度掠夺税金的重要性 ………………………………（22）
1.7　糟糕的街区 …………………………………………………（22）
1.8　前现代时期科学理性的缺失 ………………………………（23）
1.9　前现代时期有效资本市场的缺失 …………………………（28）
1.10　前现代时期有效交通和信息沟通的缺失 ………………（30）
1.11　土地、劳动力和资本 ……………………………………（33）
1.12　知识：第四种投入 ………………………………………（35）
1.13　第一阶段：狩猎和采集 …………………………………（36）
1.14　第二阶段：农业 …………………………………………（37）
1.15　第三阶段：工业化 ………………………………………（39）
1.16　“建立制度，繁荣自然到来” ……………………………（40）
1.17　第四阶段：后工业化社会 ………………………………（40）

第 2 章 财产权 …… (42)
2.1 第一块积木 …… (43)
2.2 拨开历史迷雾 …… (44)
2.3 被遗忘的早期民主 …… (47)
2.4 梭伦的预言 …… (51)
2.5 罗马的财产权 …… (53)
2.6 罗马人的致命缺陷 …… (55)
2.7 普通法在英国的出现 …… (57)
2.8 发生在英格兰的意外惊喜 …… (58)
2.9 刻画了财产权雏形的人 …… (64)
2.10 约翰·洛克——财产的基本法 …… (68)
2.11 智慧财产 …… (71)
2.12 公地的悲剧 …… (77)
第 3 章 理性 …… (80)
3.1 头顶上的星星 …… (82)
3.2 法国大革命前的社会及政治制度 …… (83)
3.3 科学理性主义的发展轨迹 …… (86)
3.4 一个更新但并不更完美的模型 …… (87)
3.5 第一个西方人 …… (90)
3.6 观测大师 …… (95)
3.7 有的模型被抛弃了，有的被保留下来 …… (96)
3.8 教会的衰落 …… (99)
3.9 科学进程背后的故事 …… (103)
3.10 爱德蒙·哈雷：发挥天分 …… (105)
3.11 爱德蒙·哈雷：繁荣的最大推动者 …… (109)
3.12 科学理性的传播：巧夺天工的发明 …… (110)
第 4 章 资本 …… (112)
4.1 资本的成本 …… (115)
4.2 资本的风险 …… (117)

4.3 信息与资本 …………………………………………………………… (119)
4.4 资本市场的古代起源 ……………………………………………… (121)
4.5 货币的兴起 ………………………………………………………… (122)
4.6 罗马的资本市场 …………………………………………………… (123)
4.7 意大利的复兴 ……………………………………………………… (124)
4.8 汇票 ………………………………………………………………… (126)
4.9 荷兰金融的兴起 …………………………………………………… (127)
4.10 荷兰金融的衰落…………………………………………………… (131)
4.11 英格兰和美国的债务……………………………………………… (131)
4.12 股份公司的兴起…………………………………………………… (134)
4.13 英国资本市场的全盛时期………………………………………… (140)

第5章 动力、速度与信息之光 …………………………………… (144)

5.1 不会讲话的儿媳妇 ………………………………………………… (144)
5.2 动力 ………………………………………………………………… (145)
5.3 财富的车轮 ………………………………………………………… (146)
5.4 获利于风 …………………………………………………………… (148)
5.5 蒸汽为现代经济升温 ……………………………………………… (149)
5.6 蒸汽走向市场 ……………………………………………………… (151)
5.7 速度 ………………………………………………………………… (155)
5.8 慢，但有把握、安全且便宜 ……………………………………… (157)
5.9 蒸汽用于远洋运输 ………………………………………………… (158)
5.10 一种价格，一种工资……………………………………………… (159)
5.11 铁路的到来………………………………………………………… (160)
5.12 信息之光…………………………………………………………… (162)
5.13 用电传送信息……………………………………………………… (162)
5.14 一根金属丝连接起整个世界……………………………………… (165)
5.15 大坝崩塌…………………………………………………………… (168)

第6章 增长的综合分析 …………………………………………… (169)

第二部分 国 家

第7章 胜利者——荷兰与英国 …………(175)
7.1 荷兰 …………(175)
7.2 最奇特的共和国 …………(176)
7.3 新世界与新人民 …………(179)
7.4 高昂的物价、宽阔的运河、富裕的生活 …………(180)
7.5 利率很低的政府债务 …………(182)
7.6 荷兰繁荣的兴起与“衰落” …………(182)
7.7 妒忌的邻国 …………(185)
7.8 逝去的荣光 …………(186)
7.9 英国 …………(187)
7.10 农业与工业 …………(188)
7.11 乡村的私有化 …………(190)
7.12 劳动分工 …………(192)
7.13 穿在身上的财富 …………(194)
7.14 新铁器时代 …………(197)
7.15 “勤劳革命” …………(198)
7.16 工业革命：变得更坏吗 …………(198)
7.17 非工业革命 …………(203)
7.18 天堂 …………(207)
第8章 后起之秀 …………(209)
8.1 统治者与被统治者 …………(210)
8.2 财富与武力 …………(211)
8.3 为什么法国落后了 …………(212)
8.4 法国人到底想要什么 …………(213)
8.5 凡尔赛宫的困难 …………(214)
8.6 理性主义是如何被破坏的 …………(217)

8.7 资本逃逸 …… (218)
8.8 交通与关卡 …… (219)
8.9 “洪水之后” …… (220)
8.10 厄运的开端 …… (221)
8.11 西班牙人的错误 …… (222)
8.12 武力征服与商业发展 …… (223)
8.13 财富的厄运 …… (224)
8.14 西班牙的四要素 …… (226)
8.15 国家的掠夺 …… (230)
8.16 前进与倒退 …… (231)
8.17 穷则思变——日本的繁荣 …… (231)
8.18 日本封建时期农业的衰落 …… (232)
8.19 寄生的国家 …… (233)
8.20 从混乱到隔绝 …… (234)
8.21 乡村拯救日本 …… (235)
8.22 黑船 …… (236)
8.23 武士制度的迅速消亡 …… (238)
8.24 发展中的负面传统 …… (239)
8.25 麦克阿瑟的“奇迹” …… (239)
8.26 土地、地主与农民 …… (240)
8.27 “升起的太阳” …… (242)

第9章 落伍者 …… (243)

9.1 伊斯兰世界为何落后了 …… (244)
9.2 奥斯曼帝国的衰落 …… (245)
9.3 土耳其农业的死亡螺旋 …… (247)
9.4 奥斯曼帝国的四要素 …… (248)
9.5 现代中东地区的四要素 …… (249)
9.6 村庄与清真寺 …… (250)
9.7 拉丁美洲——“一笔不幸的遗产” …… (251)
9.8 财产权的边界和经济学家的论述 …… (253)

9.9 裙带关系与资本 …… (256)
9.10 自然资源与帝国主义 …… (257)

第三部分 后　果

第10章 上帝、文化、财富与享乐之路 …… (265)
10.1 财富的用途 …… (265)
10.2 富裕的基督徒与贫穷的穆斯林 …… (267)
10.3 幸福的金字塔结构 …… (269)
10.4 民主的范畴 …… (271)
10.5 万物至理 …… (272)
10.6 专制的正面价值 …… (273)
10.7 传统主义与理性主义 …… (274)
10.8 经济增长的学说 …… (279)
10.9 财富与幸福 …… (286)
10.10 幸福的科学 …… (287)
10.11 我们还快乐吗? …… (288)
10.12 悲伤或快乐的国家 …… (290)
10.13 用货币衡量的福利 …… (292)
10.14 财富是相对的 …… (294)
10.15 贫富的移动目标 …… (297)

第11章 大权衡 …… (299)
11.1 新强盗大亨时代 …… (301)
11.2 圣彼得地区血案 …… (303)
11.3 胡佛、麦克阿瑟、罗斯福及争取津贴的游行者 …… (305)
11.4 推动机制良性运转 …… (306)
11.5 通货膨胀与就业 …… (308)
11.6 富国与穷国 …… (308)

第 12 章 财神与战神：赢家的诅咒 ……………………（310）
12. 1 克罗伊斯的垮台……………………（313）
12. 2 繁荣、民主与霸权……………………（320）
12. 3 强权与民主……………………（322）
第 13 章 增长会结束吗 ……………………（329）
13. 1 失败模式……………………（330）
13. 2 财富与权利……………………（332）
13. 3 科学的幻想……………………（332）
第 14 章 何时，何地，通向何方 ……………………（334）
14. 1 何处会出现繁荣……………………（337）
14. 2 通向何方……………………（339）

前　言

Preface

几年前，我妻子从图书馆带回家一本书，奥鲁尔克（P. J. O'Rourke）的《吃掉有钱人》（*Eat the Rich*），那时候我并没意识到自己正处在洞察历史的路途上。奥鲁尔克的书写得轻松幽默，他解剖世界经济奇迹，讲述那些不无悲惨的故事，读来却颇让人解颐，而他对信贷危机的揭露，也给人留下了深刻的印象：在这个时代，人们往往把垃圾债券直接卖给自己小兄弟，而优质债券却要通过金融大鳄来倒手卖给自己的兄弟。

奥鲁尔克轻松幽默的笔调中充满了大量不辞辛苦弄来的材料。表面的讽刺之下，是一些学术性很强的段落。书中还征引了一位苏格兰经济学家安格斯·麦迪逊（Angus Maddison）收集的晦涩的经济数据。麦迪逊通过研究1820年前后世界经济的增长状况，发现了一个令人惊异的断裂点：在那之前，世界经济毫无增长可言，此后则是持续的增长与繁荣。

后来，我找到了麦迪逊的那本著作：《追踪世界经济：1820～1992》（*Monitoring the World Economy*，1820-1992）。这本书像大部头的法律文集般枯燥乏味，让人不堪卒读，但那些干巴巴的数据背后讲述着一个伟大的故事：现代世界的经济诞生。该书还富有说服力地纠正了人们对日本经济的错误印象：许多人认为日本的繁荣是第二次世界大战之后的事，其实在明治维新至第一次世界大战前的短短40年里，日本经济扣除通货膨胀后的年均GDP增长达6%，人均寿命翻了一番，国民受教育率是此前的4倍，文盲迅速消失。

从那以后，我开始对西方世界财富的迅速增长感到着迷。麦迪逊本人作了一些简单的、语焉不详的解释。他简要地提到科技发展、贸易增长、金融和人力资本、自然资源的开发，还有一些含混不清的经济概念，比如“增长核算”，这些都难以让我满意。科技进步促进经济增长是老生常谈。准确地说，经济增长本来就是技术创新的产物，当今世界，如果电子、交通技术乃至科学发展停滞下来，那么经济增长也将随之止步。

但这样一个问题始终纠缠着我：为什么世界经济在那样一个时代获得了爆发性的增长，而且科技发展开始为它提供动力？为什么佛罗伦萨人不能发明蒸汽机和达·芬奇早已勾画出来的飞行器？为什么有着丰富冶金技术的罗马人不能发明电和电报？为什么精通数学的古希腊人不能描述出概率论——如果没有它，现代资本市场就不起作用？进而言之，为什么雅典人在亚历山大大帝的领导下打败了波斯人，却在两个世纪里依然过着令人同情的穷日子——他们本来有着人所公认的发展经济的条件——民主制度、私有产权、自由市场以及一个自由的“中产阶级”？而最为重要的是，为什么直到19世纪，霍布斯描述的“孤独、贫穷、肮脏、粗野和短缺”的西欧，在不到200年的时间内就消失了？

对于上述问题，保罗·约翰逊（Paul Johnson）在《现代的诞生》（*The Birth of the Modern*）作出了迄今为止最准确的回答。他对19世纪初期科技、政治、文学以及艺术革命的描述堪称无与伦比。相比麦迪逊的著作，他的《诗人的早期现代发展史》（*Early Modern Developmental History for Poets*）就像一本优美的散文。但为什么这些变化对那段时期的历史性转折起着举足轻重的作用，对于这样一个终极问题，约翰逊仍然无法解答。顺着另一条路线，贾里德·戴蒙德（Jared Diamond）的著作《枪炮、宝石与钢铁》（*Guns, Germs, and Steel*）则试图解答“Yali的问题”——为什么白人能够摆弄出那些先进的“玩意儿”?（Yali是非洲几内亚部落的一名男子，他说的“玩意儿”是对西方先进发明的概称——比如钢斧、软饮料、雨伞等。）虽然戴蒙德的著作从生物学与地理学的角度对人类历史的发展进行了令人惊叹的分析，但他对那名部落男子令人悲伤的质疑依然是沉默不语。

因此，在本书中，笔者试图揭开发生在19世纪早期，进而引发现代世界经济起飞的文化与历史要素。笔者认为，采取非虚构的材料挖掘与陈述要强过某种单线条的历史叙述，并且帮助读者理解现代世界，不管那些历史叙述如何能够自圆其说。在我看来，要想揭示出世界繁荣之起源，会遇到两个挑战。首先，每一位作者都想讲清楚一个“故事”——我们所生活的世界是如何发展到今天的，而如果作者讲的这个“故事”不能引起读者的兴趣，那只能是作者的失职。第二个挑战是必须提供给读者一种结构式的理解方法，这一结构方法能够回答世界上的国家——不光是本书所涉及的那几个——何以富裕或贫穷，民主或专制，弱小或强大，甚至能够回答每个国家的国民是否对他们的生活状态感到满意。做到这一点，将有助于读者把握我们这个星球和她的人民的未来命运。

因此，本书很自然地分为三部分：世界为什么会这样，如何变成这样，以及我们将走向何方。首先，本书将努力揭示经济增长的各种源动力；其次，本书要描述这些动力在不同国家扮演的角色；最后，本书将集中讨论引发现代世界经济增长的重要的社会、政治和军事原因。通过这些讨论，我们还能发现，对经济增长动力的理解，将有助于我们观察当今世界所面临的一些问题：

- 总体而言，我们这个世界不光是越来越富裕，同时也越来越复杂，越来越变化迅捷，承受着越来越大的压力。对地球上的芸芸众生而言，未来会让我们幸福和满意吗？
- 发达与民主是一个什么样的关系？经济发展以及由此造成的国家之间的贫富分化，将给我们带来什么样的全球政治局势？一些专制国家的民主化进程的前景如何？
- 现代世界的繁荣如何影响世界力量的均衡？美国军事力量的优势作为一个历史事件，能够持续下去吗？一些非西方国家，尤其是穆斯林国家，会如何有效发挥其政治与军事力量？

没有人敢声称自己精通世界经济增长问题所涵盖的一切领域——法律、历史、哲学、天文学、神学、公共政策、社会学，当然还有经济学。笔者同样不敢。因此，我十分感谢那些帮助我写作本书的人，他们曾为我指明正确的方向，给予我正确的方法，为我编辑书稿，在长时间的写作中给我莫大的鼓励。

埃德·道尔从一开始便成为我写作道路的伙伴，他教会我复杂的贸易理论，从他做本科生、研究生到成为这门高深莫测而又枯燥乏味的学科的专家，几十年来他一直以相关知识来哺育我。三年前，埃德就建议我写一本有关经济史的书——他并不知道我在那之前的几个月已经暗中开始了——并给予我从事这种写作的精神养料。罗伯特·埃里克松提供给我关于古巴比伦"新月沃地"财产权的未发表的文稿；马克·罗伊也给过我有关财产权的执行成本的未发表文稿；维克多·汉森帮我找出古希腊人在财产法律方面的材料；理查德·伊斯特林引导我思考金钱与幸福的关系；斯蒂芬·丹帮助我提高了对美国联邦最高法院的历史作用的理解；阿历克斯·约翰逊不辞辛劳地指导我钻研知识产权的历史——没有他的帮助，我对这一领域永远不会懂得那么多；罗伯特·阿诺特教我深入领会即将到来的人口老龄化问题；卡尔·阿朋纠正了我对中世纪继承权的错误理解；罗伯特·巴诺给过我很多有关增长的相互关系的数据和图表；格里高利·克拉克给了我几个世纪以来英国的经济发展变化图；伊曼纽尔·萨伊兹给了我收入分配方面的数据；吉姆·平林给了我美国专利局的活动数据；在本书所涉及的方方面面的历史问题上，沃尔多·托布勒、杰克·格尔斯顿、杰·帕萨乔夫、罗伯特·尤弗斯、奈尔·弗格森、保罗·肯尼迪、唐纳德·莫格里奇、罗伯特·斯奇德尔斯基、拉里·尼尔、简·阿尔贝特，以及理查德·希拉都曾慷慨相助。我还要特别感谢朗·英格哈特，他曾引导我走出经济与文化、宗教复杂关系的"沼泽地"，并给予我大量的说明材料。

我也曾得到一些金融和经济刊物的编辑们的帮助。威廉·斯库塞斯给过我许多批评性建议；依阿华（Iowa）公共电台的伯纳德·谢尔曼自始至终参与了文稿的编辑工作，尤其在公共政策领域，多次帮我解决难题；《华尔街日报》的乔纳森·克莱门斯在许多问题上慷慨帮助过我，从行文风格、结构安排到探讨英国知识分子历史，书中许多章节里都留有他的印迹；《金钱》（*Money*）杂志的贾森·茨威格以他极具特色的专业技能、火眼金睛般的识别力、令人叫绝的幽默感，以及百科全书般的知识结构来帮助我；约翰·丹托尼奥则帮助我掌握初稿的写作过程，他像个严格的工头，又是位才华出众的编辑家。

在写作后期，朱迪·布朗贡献了她的专业技能和文学才能；唐·戈耶蒂也为我做了许多编辑工作，尤其是大部分图表的编辑工作；凯瑟琳·达索伯罗斯既运用她本人的才能，又通过麦格劳—希尔出版集团的资源来帮我完善对现代世界经济的描述。

我的朋友与家人对本书的写作也是不可或缺的。查尔斯·豪罗威博士在古欧洲、古希腊以及语法知识方面给了我很大便利；我女儿凯瑟琳·齐格勒给了我许多社会学知识方面的帮助；凯茜·格罗斯曼和里克·格罗斯曼帮我校对了最终稿。此外，如果不是我的妻子简·齐格勒，我根本写不出这本书，她把我写出来的乱糟糟的材料编辑成章，把那些行话和速记符号变成流畅可读的文字，不厌其烦地修改那些缺乏头绪的内容，以她令人惊异的忍耐和巨大的努力来帮助我。

导言

Introduction

百夫长号（HMS Centurion）的船长有充分的理由感谢钟表匠约翰·哈里森（John Harrison）。1737 年春末，他带着 H-1 型航海天文钟（marine chronometer）——一种计算经度的庞大却相当精确的仪器——进行了第一次海上试验。当英国海岸模模糊糊地出现在地平线上时，“百夫长”的导航员用传统的航位推算法（dead reckoning）计算出他们正在达特茅斯南部安全水域航行。哈里森却不这样认为，他的仪器计算出他们离达特茅斯尚有 80 英里，处在一片危险水域之中，离位于英格兰西北角的利泽德（Lizard）半岛已经不远了。舰艇指挥官普罗克特（Proctor）船长毫不犹豫地指挥船向东行驶，几个小时后人们发现，哈里森的计算完全正确。

普罗克特的谨慎对于当时的航海者来说很容易理解。此前 30 年，也就是 1700 年左右，海军上将克洛迪斯利·夏威尔爵士（Admiral Sir Clowdisley Shovell）带领他的舰队驶进了锡利群岛（Scilly Isles），2000 名官兵溺水而亡。这一重大灾难使得英国公众开始关注导航技术的进步。7 年后，即 1714 年，议会通过了《经度法案》（*Longitude Act*），成立了经度委员会（board of longitude），并悬赏 2 万英镑（大致相当于今天的 100 万美元）奖励任何找到能够确定物体位置、精度误差在半度（约 30 英里）以内的方法的人。

除了要感谢哈里森的救命之恩外，普罗克特还在不知不觉中亲眼目睹了历史上最伟大的转折点之一，这一转折几乎可以与蒸汽机的发明、代议民主制（representative democracy）的进步或滑铁卢战争相媲美。能对航行提供可靠保障的航海天文钟的诞生，使得曾经充满各种不可预测的危险甚至是死亡之旅的海上贸易成为了制造财富的机器。

250 多年后，哈里森航海钟作为航海史上的一个奇迹，被陈列在格林威治国家航海博物馆中，直到今天，它每天的运行误差仍然不超过几分之一秒。然而，在 1730 ~ 1850 年那个技术大飞跃时代，它根本毫不起眼——很少有人见过航海天文钟，而那个时代其他的伟大进步，如现代运河系统、蒸汽机和电报，每个人都见识过。

现代的曙光出现以来，人们就自信地认为，自己所处时代的技术进步是独一无二的、革命性的——当然，我们也不例外。然而，这只是一种幻觉。为了理解科技进步对人类社会完整的影响，我们需要研究在那 120 年里发生过的技术大爆炸以及社会各阶层人们的生活因此而发生的改变。交通速度一口气提高了 10 倍，通信几乎可以在瞬间完成。就在 19 世纪初，托马斯 · 杰斐逊（Thomas Jefferson，美国政治家，第三任总统，《独立宣言》的起草人——译者注）从蒙蒂塞洛（Monticello）到费城（Philadelphia）需要 10 天的时间，还需要准备一大笔交通费用、经受肉体的劳累以及各种危险。等到 1850 年，蒸汽机车的出现使得这一旅程在 1 天内就可以完成，所需费用、经受的劳累以及危险却只是原来的零头。斯蒂芬 · 安布罗斯［Stephen Ambrosc，美国通俗历史学家，著有数十本反映第二次世界大战的作品，《拯救大兵瑞恩》（*Saving Private Ryan*）和《兄弟连》（*Band of Brothers*）等影视作品均改编自其著作——译者注］在《英勇无畏》（*Undaunted Courage*）中写下了这样一段文字：

> 在 1801 年，一个重要的现实是，任何物体的移动速度都不会超过马的速度。人类、生产的产品、信件、信息、想法、命令或指示都不可能比这移动得更快。没有什么东西能够以更快的速度移动，而且对杰斐逊那个时代的人来说，以后也不会有。

随着 1837 年威廉 · 福瑟吉尔 · 库克（William Fothergill Cooke）和查尔斯 · 惠斯通（Charles Wheatstone）在英格兰发明了电报技术，即时通信迅速地改变了经济、军事和政治事件的面貌，使得那个世纪由于飞机和计算机的发明所产生的影响相形见绌。在电报出现以前，原始的通信方式常常会带来大大小小的悲剧。例如，1851 年，安德鲁 · 杰克逊

(Andrew Jackson，美国第七任总统——译者注）在新奥尔良击败英国人时，双方已经于两周前在甘特（Ghent）签署了和平协议。

进入1850年以后，技术进步的步伐没有加快，反而慢了下来。生活在1950年的西方普通人可以轻松地掌握2000年的技术，但生活在1800年的人会被50年后的日常生活搞得晕头转向。

对历史和文化的定量分析只能告诉我们这么多东西。对进步的基本度量来自数量统计：一个国家的文化水平、人的寿命和财富产生了哪些可衡量的提高？当我们面对这些数字时，我们就可以清楚地知道，在19世纪早期的某一时点确实发生了一些事。在此之前，人类的进步速度缓慢且时断时续，而自那时起，则是既显著又稳定。

这并没有贬低文艺复兴后的三个世纪以来文化与科学进步的价值。但显而易见，通过对经济史的研究，我们可以知道文艺复兴和早期的启蒙运动只是最低限度地提升了普通民众的素养。衡量文化与科学进步的最佳途径是从其最基本的层面上进行分析。意大利、法国、荷兰和英国的人均经济产出在几个世纪中如何增长？预期寿命发生了什么变化？教育水平有了怎样的提高？

由于经济史学家在过去几十年中的努力，人类进步的定量图景逐渐清晰起来，数字为我们讲述了一个引人入胜的故事。直到1820年左右，人均世界经济增长（per capita world economic growth）——描述人类物质进步的最好的指标——接近0。在罗马帝国灭亡后的几个世纪，欧洲的财富实际上在减少，许多重要的技术也失传了，其中最重要的水泥生产技术是在13个世纪以后人们才重新掌握。

前现代时期最大的悲剧是在1000多年中庞大的知识体系遭到了严重的破坏。在古腾堡（Gutenberg，德国活版印刷发明人——译者注）和培根（Bacon）之前，发明家缺乏我们今天认为他们应该具备的两项优势：扎实的信息储备和坚实的科学理论基础。缺乏科学的研究方法意味着技术进步只能依靠反复试验，因此发展非常缓慢。另外，就算发明者和生产者能够记录下他们的试验结果，也很难被继承下来。结果，发明常常“失踪”，古代技术与经济状况常常是有了一点儿进步后就被随后的倒退所抵消。

的确，从大约公元1000年开始，人类生活的福利水平有所提高，但提高得太慢了，而且并不可靠，在人们平均 25 岁的生命中几乎觉察不到。接着，在 1820 年后不久，繁荣以不可阻挡之势涌现，对后来的每一代人来说，下一代人总会比他们的父辈生活得更舒适、更见多识广、更具预见性。

本书即将探讨这种变化的本质、原因和结果。在第一部分中，我将利用新的数据讲述令人信服的故事。我将确定经济增长在沉睡了 1000 多年后重新迸发出活力的时间与地点。我还会讲述并考察四大要素——财产权（property rights）、科学理性（scientific rationalism）、资本市场（capital markets）和交通与通信技术的进步——的历史，这四大要素是激发并维持经济增长和人类进步的根本因素。

第二部分将讲述这些因素何时以及如何发挥作用：首先在荷兰，然后是英格兰及其文化继承者，并被欧洲其他地方和日本接受，最后是东亚及其他地区。对于每一种情况，我都将仔细分析其增长的起因，并得出结论：直到上述各因素皆准备就绪后，一个国家才能繁荣起来。

尽管我在本书中尽量保持国际视角，但很多读者会发现，本书的叙述还是过多地以欧洲为中心。中国——发明造纸术、活字印刷术、火药（还应包括指南针——译者注）的国度——难道不是前现代时期世界上伟大的创新发动机吗？当欧洲还处在黑暗时代（Dark Ages）时，早期的阿拉伯难道不是知识和文化的绿洲吗？印度的数学家不是创造出包含 0 这一概念的数字体系而远远领先于以字母为基础的古希腊罗马（Greco-Roman）体系吗？对所有这些问题的回答都是肯定的，但这些国家都没能像现代西方一样持续、永久地提高其国民生活水平。另外，造就现代财富的四大要素中，财产权产生于普通法（common law），科学理性、先进的资本市场以及交通和通信技术的飞跃主要起源于欧洲。尽管繁荣已经成为一种全球现象，但不可否认的事实是，现代财富的温床是格拉斯哥（Glasgow，苏格兰西南部克莱德河上的一座城市，建于 6 世纪晚期——译者注）至热那亚（Genoa，意大利西北部的港口城市——译者注）之间的地区。

最后，本书的第三部分将探讨在经济繁荣的社会诞生过程中导致的个人同国家财富在社会学、政治、经济以及军事结果上存在的巨大差异，以及这种矛盾对未来的影响。

现代社会科学的进步为我们打开了一扇关于社会价值、财富和政治问题复杂互动的窗口。坏消息是：在一个日益繁荣的世界，人们不一定越来越幸福，西方世界尤为如此；但好消息是，发展中国家的个人福利正在取得实质性的提高。随着国家从第三世界发展到第一世界，其国民确实感到更加满意。我们还会发现，是经济发展而不是其他途径带来了民主政治——“过度”民主实际上不利于经济增长。法治（rule of law）是一个健全的财产权体系的必要保障，而财产权是经济繁荣的基础。反过来，经济繁荣又是使民主政治繁盛的肥沃土壤。因此，在一个传统文化与法治背道而驰的国家，对民主发展充满乐观的思想往往代价高昂而且十分危险。

我还会证明，国家的命运在很大程度上是由其经济活力决定的，而不是由反复无常的战争、文化和政治决定的。美国凭借其军事实力持有世界霸权不是偶然。历史告诉我们，任何世界强权的命运都是衰退和毁灭，只有当其他国家在经济生产率上超过美国，并且对展示权力有兴趣时，美国才会衰落——但近期似乎不会出现这种情况。

通过考察我们的世界在当时当地是如何繁荣起来的，我们或许能够预言我们将去向何方。

关于货币的一点说明

像任何一本金融史书一样，本书也会涉及当时的货币——如英镑、西班牙比索、威尼斯达克特（ducat）、佛罗伦萨弗罗林（florin）、法国里弗尔（livre）等。我没有把这些数据换算成以当前货币表示的数据，因为这种换算会产生误差。

对于希望了解这方面信息的读者，下面这些近似值会有所帮助。纵观欧洲历史，大多数国家货币的标准单位都是一枚小金币，如几尼（guinea，比1镑的币值略高一点）、里弗尔、弗罗林或达克特，它们的重量约为1/8盎司，现在大约值40美元。1500～1800年间，一位英国绅士的生活成本为每年300镑，而农夫或普通劳动者每年的生活成本为15~20镑。当然，由于货币的贬值，这种近似常常会带来相当大的误差。

荷兰基尔德（guilder，荷兰货币单位）又同其他货币有很大不同，其价值大约相当于几尼和里弗尔的一半。最后，古希腊的一个德拉克马（drachma）大约相当于一个劳动者或农夫一天的收入。

第一部分

增长的来源

仅仅拥有水电站大坝、道路、电话线、工厂、肥沃的土地甚至大量的金钱并不能造就经济繁荣，也不可能通过转移一个经济基础设施（economic infrastructure）的关键要素而将繁荣进行移植。除了一些非常典型的特例以外，一个国家的繁荣不仅仅是指物质或自然资源的丰富。更重要的是，繁荣是制度性的，它指的是在某个社会框架下人们对商业交易的思索、操作和相互影响。在这一部分里，本书将讲述这些制度，并展示它们之间是如何联系在一起的。

以下所列的制度都是经济发展的先决条件：

- 产权保护，包括财产权和知识产权，以及作为个人所有的各项公民自由权。
- 检验和阐释世界的系统程序，即科学方法。
- 为开发和生产新的发明而建立的广泛、公开的融资渠道——现代资本市场。
- 迅捷的重要信息沟通能力和人货运输能力。

第 1 章解释了包含这四个要素的发展模型的基本原理，并考察了它们在现代社会之初表现出来的缺陷。第 2 章至第 5 章分别对这四个要素历史性的发展进行了阐述。第 6 章则讨论了四个要素的相互依存关系。第一部分中讲到的不少故事是多数读者已经很熟悉的，特别是科学理性主义史上的那些故事；但不为读者所熟知的是那些现代产权在古代社会的起源之类的故事。对这四个要素的分析将有助于我们理解社会繁荣的时间、方式和原因。

第1章

财富的假设

> 资产阶级在它的不到一百年的阶级统治中所创造的生产力，比过去一切世代创造的全部生产力还要多，还要大。
>
> ——卡尔·马克思，《共产党宣言》

人们总是对我们这个世界感到悲伤，特别是当我们关注那些充斥于人类漫长历史中的激烈冲突、大规模渎职与失败、由来已久的种族和宗教仇恨等问题的时候。

悲观主义者的代表是一位名叫安东尼·刘易斯（Anthony Lewis）的记者，在即将结束他那杰出、漫长的职业生涯时，有人问从他在半个世纪前开始当记者后，世界是不是变得更好了，对此他作出如下回答：

> 我已经对进步这一概念失去了信任。我的意思是，按照人们在20世纪初使用这个词时的意思，人类确实进化得越来越聪明、越来越好——但在卢旺达、波斯尼亚和其他许多地方发生了那么多惨剧后，你会怎么想？

刘易斯先生的问题在于，他对于“进步”一词的个人标准设定得太高了——人类并没有达到在常春藤联盟大学（Ivy League Universities）和《纽约时报》（*New York Times*）中所定义的道德完美（moral perfection）。刘易斯先生似乎没有意识到，我们能够度量人类的生活福利，事实上，我们可以做得极好。与其悲观的印象相反，20世纪的后50年比前50年里发生的谋杀要少得多。另外，在过去的两个世纪中，遭受极权主义、种族屠杀、饥饿、战争、瘟疫危害的人数稳步下降，令刘易斯先生感到如此沮丧的问题已经大为改观。

不要忘了，1950～1999年间，发达国家人均预期寿命由66岁增加到78岁，而在发展中国家，这一数字由44岁增加到64岁。几乎所有的西方人不需要靠运气，都可以活一大把年纪，这大概是过去50年里人类最大的成就了。让我们看一看同一时期的世界实际人均国内生产总值（real per capita gross domestic product）——剔除通货膨胀后每个人生产的产品和服务数量——这一数字几乎是原来的3倍。再看一看到2000年，墨西哥的实际人均国内生产总值比1900年时全球第一的大不列颠要高出很多。如果用货币衡量的过去50年中人类的物质进步还不能够说服你，你至少应该注意到，几乎所有你希望考察的社会进步指标——婴儿存活率、文盲和死亡率以及受教育水平——除了世界上几个仍然处于愚昧状态的角落外，都有了显著的提高。

1.1 逃离陷阱

当代社会似乎承受着不断增长的人口所带来的巨大压力，而且每年还要增加数以百万计的新人口。基督诞生的时候，地球养育的人口只有2.5亿多，到1600年，人口增长到将近5亿。到1800年左右，人口达到10亿，1920年增加了第2个10亿，1960年又增加了1个10亿。现在，地球上生活着超过60亿的人口。日益拥挤的城市生活，特别是在第三世界，使得世界人口增长率看起来远远高于过去半个世纪里保持的1.85%的年增长率。

我们这个星球上人口的过度拥挤只是最近才出现的现象，是新经济繁荣的典型产物。在现代来临以前，饥荒、疾病和战争常常降低了人们生育的倾向。在人类历史最初的两百万年里，人口增长率比0.001%高不了多少。在10000年前农业出现后，人口年增长率达到了将近0.036%，在公元1世纪，年均增长率达到了0.056%。1750年后，年增长率爬升到0.5%的速度，到20世纪初就超过了1%。

在现代，托马斯·马尔萨斯（Thomas Malthus）实际上是令人沮丧的人口增长经济学的同义词。1766年，马尔萨斯出生于剑桥的一个贵族家庭，1788年，他以优异的成绩毕业于剑桥大学。和当时英格兰与苏格兰的许多杰出大学毕业生一样，受亚当·斯密（Adam Smith）“政治经济学”（political economy）新思想的影响，他将自己的一生奉献给了对人类的定量研究。

这位有抱负的经济学家成长时期的英格兰，霍布斯主义（Hobbesian）、斯密主义（Smithian）同样在那里盛行。在这一时期内，食物短缺更加严重，许多人都在忍饥挨饿，而在与其相邻的爱尔兰，这种情况更加严重。1795~1796年和1799~1801年之间，战争和糟糕的收成共同酿成了粮食暴动（food riot）。对于马尔萨斯来说，食物短缺的根本原因很明显：因为“人口的威力与地球为人类生产粮食的能力相比是无限大的”。人口数量可以快速增加，但农业生产则要服从收益递减规律。自然规律也总是支持人类消耗掉所有的粮食供给（人们通常所说的马尔萨斯理论——人口以几何级数增长，而粮食供给以算术级数增长——并没有出现在他的著作中）。

马尔萨斯提出的广为人知的“现实性抑制”（positive checks）概念并没有局限于饥荒、瘟疫和战争问题，它还包括许多较小的麻烦：恶劣的工作环境、繁重的劳动、拥挤肮脏的居住环境以及儿童营养不良。在一个短暂的时期内，如果食物变得充裕起来，人口就会迅速增长。然而，增加的劳动力供给很快就会迫使工资下降。这又会使人们买不起食物，人们不愿意结婚，从而导致人口增长减慢。低工资会诱使农场主雇用更多的劳动力，这反过来会使更多的土地投入生产之中，在人口和粮食生产水平略高一些的基础上重新开始整个循环过程——这就是著名的“马尔萨斯循环”（Malthusian Cycle）。

在马尔萨斯的冷酷世界里，一个国家的粮食供给以及它的人口即便有所增长，其增长速度也会非常缓慢，因而生活水平与养育的人口数量成反比。如果人口增长，食物供给将出现短缺；价格将会上涨，工资和生活水平总体上却会下降。另一方面，如果人口数量突然下降［如14世纪中叶欧洲黑死病（Black Death）导致大量人口死亡］，幸存者的食物供给、工资和生活水平将得到显著提高。

马尔萨斯亲眼见证了18世纪末的大饥荒，这些事件在他的脑海中打下了深深的烙印。图 1.1 中的点描述了 1265 ~ 1595 年间英格兰人均 GDP 与人口规模的关系。这些呈半月形稀疏分布的点描述了“马尔萨斯陷阱”（Malthusian Trap）。历史学家菲利斯·迪恩（Phyllis Deane）巧妙地总结了这一概念：

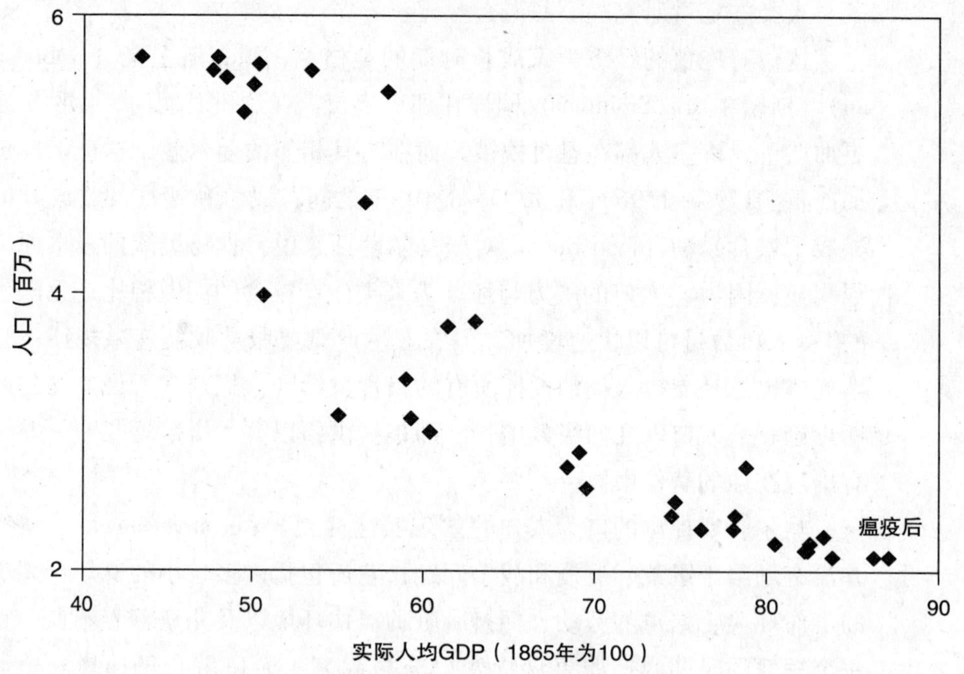

图 1.1 英国的马尔萨斯陷阱（1265 ~ 1595 年）

资料来源：人口数据来自 *British Population History from the Black Death to the Present Day*, Michael Anderson, ed.（Cambridge: Cambridge University Press, 1996）, 77；人均 GDP 数据来自 Gregory Clark, “The Secret History of the Industrial Revolution,” Working Paper, 2001.

在工业化前的英格兰，当人口增长时，人均产出（product per head）就会下降：如果出于某种原因（如出现新的生产技术、发现了新的资源，或者开放了一个新市场），产出增加，人口会迅速随之增长，逐渐拉平最初人均收入的提高。

在这个永无休止的循环中，农产品产量可能会增加，但人口增长会紧随其后，注定人类只能维持最低的生活水平。

虽然这看起来有些自相矛盾，但在马尔萨斯论述这一严酷现实的经典名篇《人口论》（*Essay on the Principle of Population*）发表后不久，这种现象突然在欧洲西部（Western Europe）消失了。图 1.2 显示了 1600 年左右突破新月形的一次数量上的增加，图 1.3 则显示出人口数量在 1800 年后彻底突破新月形，并且再也没有回到甚至接近饥饿状态。在图 1.3 中，表示人口规模的纵轴被扩展了，因此最初的新月形现在仅位于图的下方，看起来像是一张薄煎饼。能够逃离这个循环并不是由于人口出生率的增加，而是由于死亡率降低了 40%，生活水平的迅速提高则是因为迅猛的经济增长。

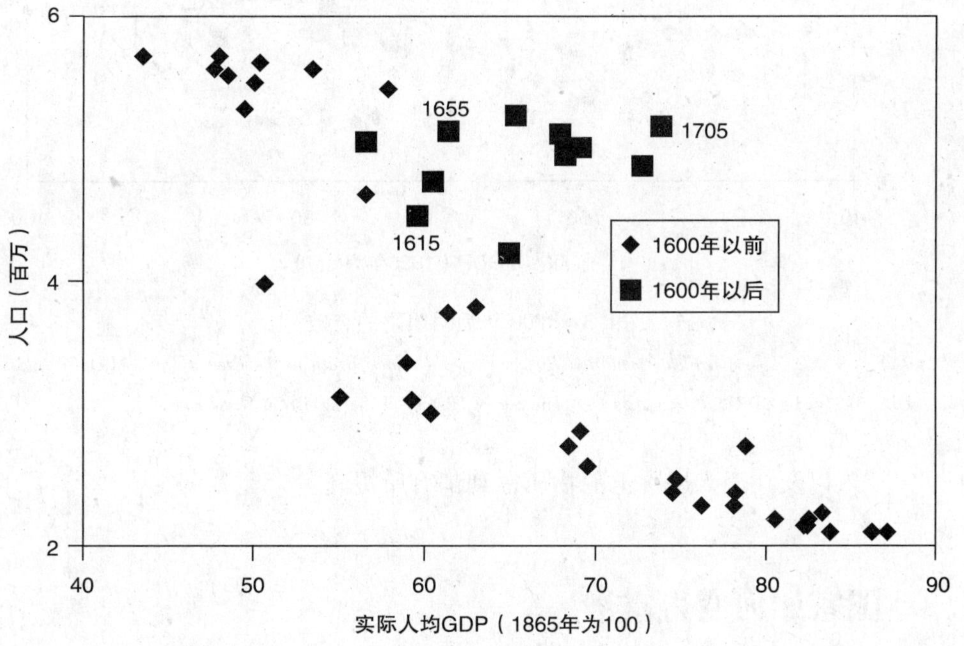

图 1.2　1600 年后对陷阱的突破

资料来源：人口数据来自 *British Population History from the Black Death to the Present Day*, Michael Anderson, ed., 77；人均 GDP 数据来自 Clark, "The Secret History of the Industrial Revolution."

1600 年以后，增长的本质发生了戏剧性的变化。最初，增长是"粗放型"（extensive）的，国民经济的显著扩张仅仅是由于人口的增长造成的，普通国民的财富和物质上的享受并没有获得实质性的提高。英国的经济增长首次能够跟得上人口数量的增长。但是到了 19 世纪，增长变成了"集约型"（intensive），甚至超过了人类繁殖的速度，人均收

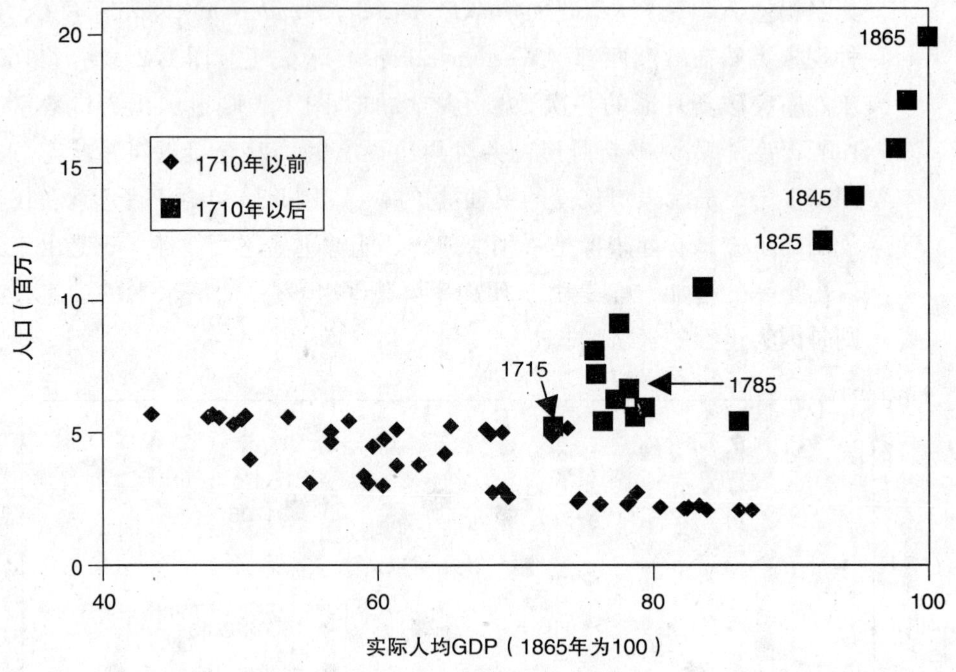

图 1.3 1800 年后对陷阱的突破

资料来源：人口数据来自 *British Population History from the Black Death to the Present Day*, Michael Anderson, ed., 77；人均 GDP 数据来自 Clark, "The Secret History of the Industrial Revolution."

入以及在个人层次上的物质福利都有所提高。

1.2 国家如何变得富裕

从 1820 年左右开始，经济增长的步伐显著加快，使得我们这个世界成为了一个更美好的居住地。是什么原因导致这种情况的出现呢？原来，那时发生了前所未有的技术创新的大爆发。如果我们要求一个学生来说明一下什么是工业革命（Industrial Revolution），他很可能会说："1760 年，新发明的浪潮席卷英格兰。"这位学生的话有一定的道理。新的技术为人均经济增长提供了动力，没有它，生产力和消费就不可能得到大幅度提高。然而，我们的问题可以这样问："如何才能培育这种发明环境？"这需要以下四大要素：

- 财产权。创新者和商人担心他们的劳动成果会被政府、违法者或垄断者强行占有。对一个人获得其绝大部分公平报酬的权利的保证是保护其他权利的基础。请注意我们强调了"绝大部分"，财产权从来就不是绝对的。就连在经济上奉行自由主义的新加坡等国家也会征税、保留征用权（eminent domain）、限制某些商业行为的自由，同样，财产没收的现象在封建制国家和社会主义国家更微妙。一个不能控制通货膨胀或维持对银行业适度控制的政府，如20世纪80年代的巴西和现在的津巴布韦，就会从它的国民手中偷窃，就像爱德华三世（Edward Ⅲ）那样。在前现代的欧洲，政府认可的垄断在为垄断者带来丰厚利润的同时，也侵蚀了对国家其他部门的激励机制。
- 科学理性。经济进步依赖于创意（ideas）的开发与商业化。创造过程需要一个知识框架给予支持，是在理性思维的基础上，加上支持技术进步的经验观察和数学工具的辅助来完成的。如今的西方人认为理所当然的科学方法其实是一种相对较新的现象，只是在最近400年中，欧洲人才摆脱了亚里士多德式一统天下的思考方法的束缚。就算在今天，特别是在非洲、亚洲和中东的部分地区，诚实的理性调查认为，生活和财产受到来自国家和宗教专制的严重威胁。
- 资本市场。对新产品和服务的大规模生产需要大量来自他人的钱——"资本"①。即使财产权和创新能力是可靠的，但仍然需要资本来开发计划和创意。由于绝大多数创业者都没有足够的钱来大规模生产其发明，所以如果没有充足的来自外部的资本，经济就不可能增长。19世纪以前，社会中最优秀、最具智慧的和最有雄心的人很难获得足够的钱将他们的梦想转变成现实。
- 快速高效的交通与运输。新发明产生的最后一步，就是向几百甚至几千英里以外的购买者做广告并进行配送。即使创业者拥有可靠的财产权、适当的智力工具（intellectual tools）和足够的

① "资本"一词具有很多经济学上的意义。经济学家常常使用这个词的广义含义，包括人力资本、知识或"智力"资本以及实物资本，如工厂和设备。在本书中，"资本"被限制在其最狭义的含义内，即可以用来投资的钱。

> 资本，如果不能将其产品以快速而又便宜的方式送到消费者手中，他们的发明还是会受到冷落。直到两个世纪前，随着蒸汽动力技术的发展，海上运输才成为一种安全、有效而且便宜的运输方式。

只有当这四大要素——财产权、科学理性、有效的资本市场和高效的交通与运输——全部就绪，一个国家才能繁荣起来。16 世纪，荷兰首先暂时地具备了这些要素，而直到 1820 年左右，英语国家才做到了这一点。不久之后，四大要素便开始在世界其他地方发展起来。

缺少任何一个要素，都会对经济进步和人类福利造成威胁。缺少了这四条腿中的任何一条，构建于其上的国家财富平台就会倾覆。这种情况发生在 18 世纪英国海军实行封锁后的荷兰、实行公有制的社会主义国家，以及缺乏资本市场和西方理性的很多中东地区国家。最不幸的是，在非洲的很多地区，这四个要素几乎都不具备。

1.3 数字讲述的经济史

在这个用数字讲述的故事里，主人公是那些竭其一生揭示出几个世纪以来人类福利发展轮廓的经济史学家们。在这些人当中，最重要的却是一位并不引人注目的苏格兰经济学家，名叫安格斯·麦迪逊（Angus Maddison），出生在纽卡斯尔（Newcastle）。当时经济很不景气，而他的成长历程也预示着他后来会对经济发展的研究着迷：

> 我的父亲是一位铁路修理工，工作稳定，但我的两个伯父都失业了，很多邻居也没有工作。失业的人不仅穷困潦倒，而且非常沮丧。很多人漫无目的地在街上游荡，形容枯槁，戴着围巾和布帽子，抽着烟蒂。他们的孩子通常都很虚弱，并患有结核病。

麦迪逊在学校时表现非常优秀，他的性格形成时期是在剑桥这一人才济济的地方度过的。他最喜欢引用他的老师之一库马尔（Dharma Kumar）说过的话：“时间可以阻止所有事情同时发生，空间可以阻止一切都发生在剑桥。”上述四大要素的发展与这所传说中的大学关系密切。

如果英格兰是现代繁荣的发祥地，那么剑桥大学就是产房，培养了大量助产士：弗朗西斯·培根（Francis Bacon）、艾萨克·牛顿（Isaac Newton）和法学家爱德华·柯克（Edward Coke），以及其他几十位本书所讲述的故事中的主角①。

麦迪逊于1948年从剑桥毕业，25年后，他为欧洲经济合作组织（Organization for European Economic Cooperation，OEEC）工作，这一组织成立于第二次世界大战结束后，目的是管理马歇尔计划（Marshall Plan）的基金，是经济合作与发展组织（Organization for Economic Cooperation and Development，OECD）的前身。他花了大量时间穿梭于第三世界国家间，特别是巴西、几内亚、蒙古、巴基斯坦和加纳。一次又一次，他被所到国家之间财富和福利的巨大差异所震惊。1978年，他接受了荷兰格罗宁根大学的教授之职，开始从事绘制世界经济发展连续图景的工作。

麦迪逊和其他人所绘制的这幅图景实在令人感到震惊。用实际人均GDP衡量，在基督诞生后的第一个千年里，广大普通民众的生活没有任何改变。在随后的500年，即公元1000年至1500年，情况也没有多大的好转。图1.4画出了麦迪逊对自公元1年开始的世界人均GDP的估计，他的做法使人开始特别关注人均福利。1820年前，物质进步非常缓慢。1820年之后，世界开始逐渐繁荣起来。

当然，图中的数据有些混乱，将1820年确定为世界经济增长的奇迹年（annus mirabilis）也略有一些武断。正如我们将要看到的，英国的数据将增长火花的出现时间略微推迟了一些，美国的数据则提前了一些。然而，不管是选择哪些数据，在19世纪上半叶的某一时期，世界经济开始起飞，尽管仍然不断有战争、国内冲突和革命爆发，但还是为我们带来了繁荣。

图1.5描述了全球实际人均GDP的年均增长，该图从另一个角度显示了1820年左右的大爆发。这又一次说明，1820年以前人均物质福利增长很少，这与我们在国家人类社（nation's humanities departments）所学到的刚好相反。从罗曼斯语（Romance language，由拉丁语演变而

① 具有讽刺意义的是，剑桥在20世纪成为了反对资本主义和同情极权主义的温床。

Nations

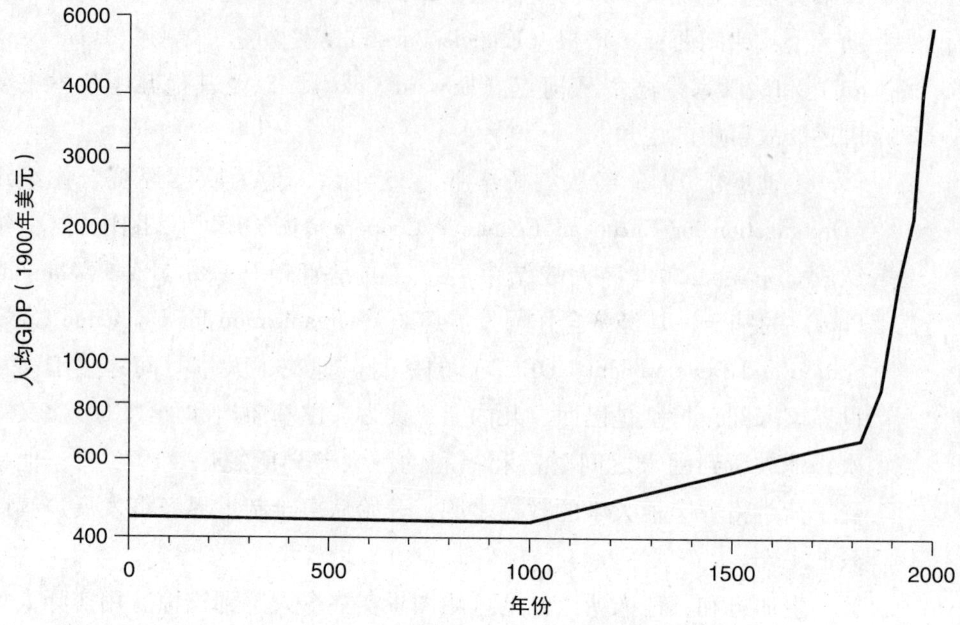

图 1.4　世界人均 GDP（扣除通货膨胀因素）

资料来源：Maddison, *The World Economy: A Millennial Perspective*, 264.

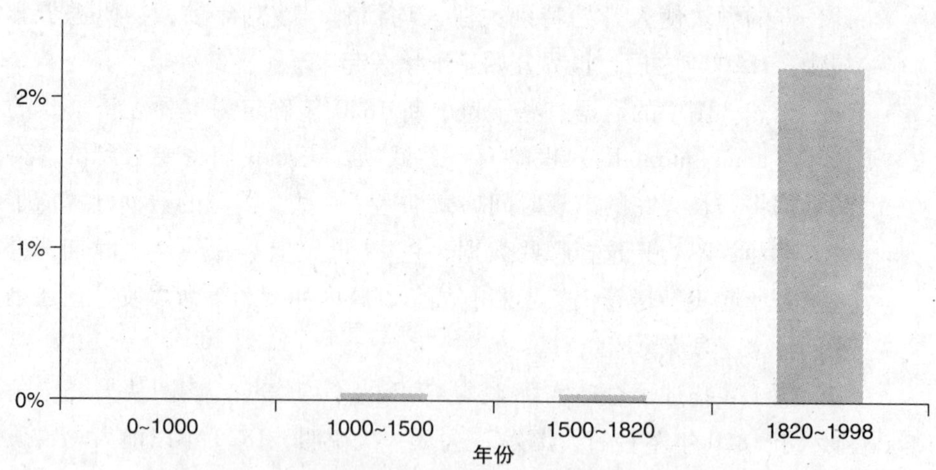

图 1.5　世界人均 GDP 增长（扣除通货膨胀因素）

资料来源：Maddison, *The World Economy: A Millennial Perspective*, 264.

成的语言——译者注）专家或艺术史学家的观点看，文艺复兴似乎是第二个千年的关键点。然而，那个时期伟大的作家和艺术家对于改善儿童营养、提高人货运输速度或者防止瘟疫发生等问题没有作出任何贡献。在一个普通人永远也不会离开自己的出生地到几英里外的地方的时代，西斯廷教堂（Sistine Chapel）里的壁画对于提高人们的集体主义精神也没有什么作用。

科学家们发现，想批判麦迪逊对很久以前的收入和产量的估计是很容易的事。他凭什么认为基督诞生时日本的年人均 GDP 值是现在的 400 美元而不是 200 美元或 800 美元？麦迪逊自己也勉强承认了这一点："考察遥远的过去需要使用一些不太牢靠的证据，有些甚至仅靠一些线索和推测。"

现代时期带来了一个更加基本的问题，即就算是最精确的经济数据也不能衡量新发明的实际价值。摩根（J. P. Morgan，银行家，1837 ~ 1913 年）愿意为从美国肯尼迪机场飞往英国希思罗机场的大型客机上最便宜的座位付多少钱？莎士比亚对用苹果计算机每天写出 5000 字并通过电子邮件发给几十位朋友这一能力的估价是多少？在西方发达国家，就连最贫困的市民也能得到诸如可靠的汽车、电视和网络之类的商品和服务，而这些商品和服务在一个世纪前花多大的价钱也得不到。许多现代的商品和服务的价值令人怀疑，其他的则不然。1940 年以前，不论是处于财富和权力顶峰的显贵，还是身无分文的穷人，都无法逃脱肺炎和脑膜炎的魔掌，而现在这些病用只需几美元的抗生素就能治好。换一个角度想一想，如果 20 世纪初的那些伟大的工程师和物理学家能够搞到一台个人电脑，情形该会怎么样。

经济史学家们如何衡量古罗马或加洛林王朝（Carolingian Empire，公元 751 年成立的法兰克王国第二个王朝——译者注）的 GDP？1000 多年前毕竟没有商务部和经济分析局。直到 17 世纪，约翰·葛朗特（John Graunt）和卡斯帕尔·瑙曼（Caspar Naumann）这些早期人口统计学家才开始绘制保险统计表格（actuarial data），又过了两个世纪，经济学家们才开始拥有单个国家精确的财务数据。

如果你要度量跨越几个世纪的经济进步，你必须首先确定，维持仅够生存的生活水平需要多少钱。麦迪逊估计，1990 年，在发展中国家每年需要400美元。第二步，经济史学家利用各种能够找到的数据确定在这一水平下人口的比例。根据定义，一个几乎全部人口都参与农业生产，且其出口的农产品数量不会对统计数据产生实质影响的社会，其生活水平很接近400美元的生存水平。将公元1世纪之初的欧洲、1950年的中国或当今的布基纳法索（Burkina Faso，非洲国家）的人均GDP指定为400美元，正如麦迪逊所做的，是非常武断的，但这样做至少为经济史学家们提供了一个度量经济增长的标杆。

度量这一问题的另一种方法是关注“城市化比率”（urbanization ratio），即居住在大于比如说1万人的城市中的人口，由此可以推导出从事农业生产的人口比例。在古希腊和罗马的鼎盛时期，只有极小部分的平民生活在人口数量大于1万人的城市中。到1500年，欧洲最大的城市是那不勒斯，居住着15万人。只有86.5万欧洲人，即欧洲大陆人口的1%，生活在人口数量超过5万人的城市中，另外6%的人则生活在人口数量超过1万人的城镇中。这样，在中世纪时期，超过90%的欧洲人从事农业生产。在中世纪时期远远领先于欧洲的伟大的亚洲文明社会中，从事农业生产的人口甚至接近100%，极少数统治阶级的巨额财富对于提高这些国家整体的繁荣水平没有什么贡献。因此看上去在1500年以前，世界总体人均GDP很接近麦迪逊定义的400美元的生存水平。

直到1820年，美国整整70%的劳动人口还受雇于农庄（由于美国出口其生产的很大一部分农产品，因此其实际生产水平与其低城市化率相比高得多）。1998年，这一比例降为2%。那些浪漫地看待农庄生活方式的人应该牢记，在现代世界，从事农业的人口比例是描述贫穷的一个重要指标（随着文明曙光的降临，情况颠倒过来了，人类从生产率低下的漂泊不定的游牧生活转变为相对更富足一些的定居农业生活。也许那个时期的游牧民族会对平静的、与以前不同的、无法体现其精神的农业生活而哀叹，因为在许多美国土著部落中，田间耕作是女人的事）。

最近以来，经济史学家们已经确认了1500年以前不同国家经济持续增长的时期。经济学家琼斯（E. L. Jones）指出，强劲的增长发生在中国的宋朝（960～1279年）和日本的德川（Tokugawa）时期（1630～1867年）。欧洲直到18世纪中叶才达到中国宋朝末期铁器的生产水平。加州大学戴维斯分校（University of California at Davis）的杰克·戈德斯通

(Jack Goldstone) 称这些时期为“全盛时期”(efflorescences)，在这些时期中，技术和生活水平（至少是统治阶级的生活水平）飞速提高。就连琼斯和戈德斯通也承认，前现代时期的增长是脆弱且极为短暂的。随着蒙古人的入侵，中国的经济刚刚开始增长就陷入了长达几个世纪的沉睡中。

古罗马帝国衰落后，欧洲经济的确有一些增长。在中世纪早期，两次收获转变为三次收获的轮作体系，发明了马蹄铁和马轭（collar，驾车时套在牲口脖子上的曲木——译者注）、水轮机和风车，四轮车替代了两轮车。经济史学家们对于这些变化从何时开始导致经济增长没有达成一致意见，他们估计的时期范围为 8 世纪至 18 世纪。

尽管人类社会取得了长足的进步，但这些进步只是导致了人口的增加，国民人均福利并没有变化。人们对罗马帝国衰落后增长开始复苏的年代的看法差别如此之大就足以说明，人均 GDP 增长（度量个人福利提高的最佳指标）不可能是实质的或持续的。

考察一段相当长的历史的好处在于，这会“剔除”(wash out) 相当大的增长的不确定性。比如在一个 1000 年的时期里，如果我们对期初或期末的人均 GDP 高估一倍（a factor of two)，这只会导致年均增长率 0.07% 的误差。换句话说，自基督诞生后的人均 GDP 增长不可能达到比如说 0.5%，如果达到这一数值，按当前美元值计算的人均 GDP 到 2000 年就会从 400 美元提高到 860 万美元！因此，我们可以确定，在大多数时期中，增长率实际上非常接近 0。

再换一种说法，即使是最乐观的估计也显示，从公元 1 年到公元 1000 年，全球人均 GDP 的增长也超不过两三倍，而 1820 年后的 172 年间这一指标增长了 8 倍。在这 172 年间，英国的人均 GDP 增长了 10 倍，而美国则增长了 20 倍。

1.4　生产率以 2% 的速度稳步提高

现代经济增长的活力令人惊讶。19 世纪，在我们后来所谓的发达国家中，人均 GDP 的增长逐渐加速到每年 2%，并在整个动荡的 20 世纪维持了这一步伐。表 1.1 列出了 20 世纪 15 个国家实际人均 GDP 的增

Nations

长，我们将这些国家分为受世界大战或内战破坏的国家与没有受到战争破坏的国家。

请注意，各国人均 GDP 增长率紧紧围绕在 2% 左右——15 个国家中有 13 个国家的年人均 GDP 增长率在 1.6% 至 2.4% 之间。似乎有一种不可抗拒的力量——一种经济增长速度控制器——使生产率以几乎恰好每年 2% 的速度增长，既不会太快，也不会太慢。注意，受到战争破坏的国家与没有受到战争破坏的国家在平均增长率上没有什么差别。显然，战争的破坏没有对发达国家的经济造成长期损害。

表 1.1　年人均 GDP 增长（1900～2000 年）

受战争破坏的国家	人均 GDP 增长
比利时	1.75%
丹　麦	1.98%
法　国	1.84%
德　国	1.61%
意大利	2.18%
日　本	3.13%
荷　兰	1.69%
西班牙	1.91%
受战争破坏的国家的平均值	**2.01%**
未受战争破坏的国家	**人均 GDP 增长**
澳大利亚	1.59%
加拿大	2.17%
爱尔兰	2.08%
瑞　典	1.96%
瑞　士	1.72%
英　国	1.41%
美　国	2.00%
未受战争破坏的国家的平均值	**1.85%**

资料来源：数据来自 Maddison, *The World Economy: A Millennial Perspective*, 276-79; Maddison, *Monitoring the World Economy* 1820-1992, 194-97; and Organization for Economic Cooperation and Development.

表 1.1 和图 1.6 显示了西方经济另一个引人注目的特性——在 1900 年，最富有的那些国家在 20 世纪的增长速度最低，而同一时期那些最

穷困的国家的增长速度最高。换句话说，大多数最发达的国家的人均财富趋于一致。日本是上述国家名单中最贫困的国家，其年增长率达到3%，而1900年的领头羊英国的增长率只1.4%。

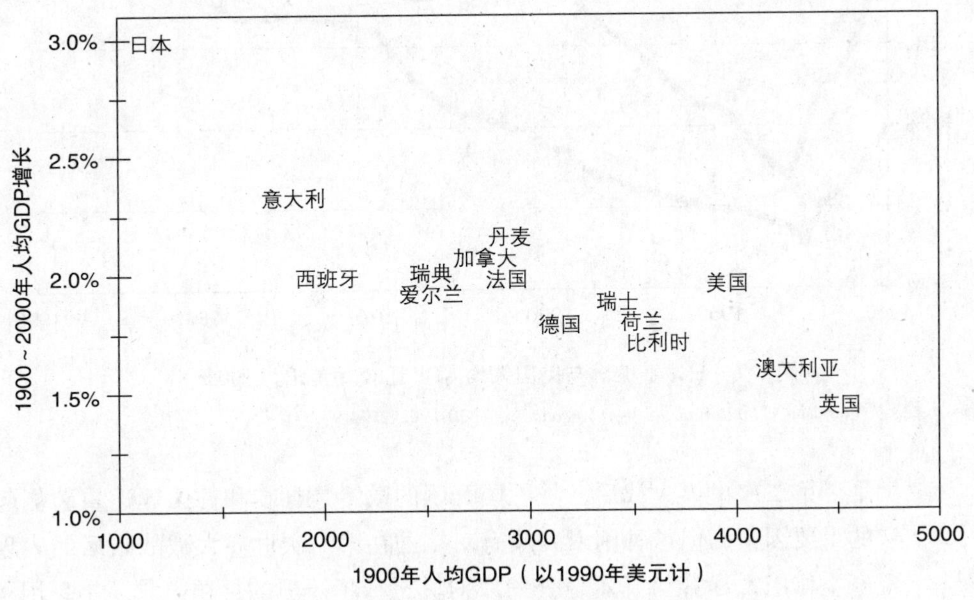

图1.6　增长与最初的财富

资料来源：Maddison, *The World Economy: A Millennial Perspective*, 276-79, and *Monitoring the World Economy*, 1820-1992, 194-97; and Organization for Economic Cooperation and Development.

西方经济中最引人注目的反弹（resiliency）的例子——“追赶”（catch up）的趋势——在战后日本和德国人均GDP的恢复中表现出来。战争年代，轴心国的经济机器受到的毁坏可以在图1.7左侧清楚地看出来。日本在第二次世界大战初期的人均GDP是美国的40%，而到战争结束时这一数字降低为15%；同一时期，德国的人均GDP从相当于美国人均GDP的80%下降为40%。到20世纪60年代，两个国家的人均GDP都恢复到战前相对于美国的水平。

在前现代时期，要像这样从灾难中恢复起来是不可能的：在宋朝的繁荣后，中国的人均GDP在蒙古入侵后的7个世纪内都没有增长。相比这下，西方的增长机器（growth machine）将被征服的灾难降低为历史的一个小插曲。到1990年，日本的相对人均GDP已经接近美国的水

Nations

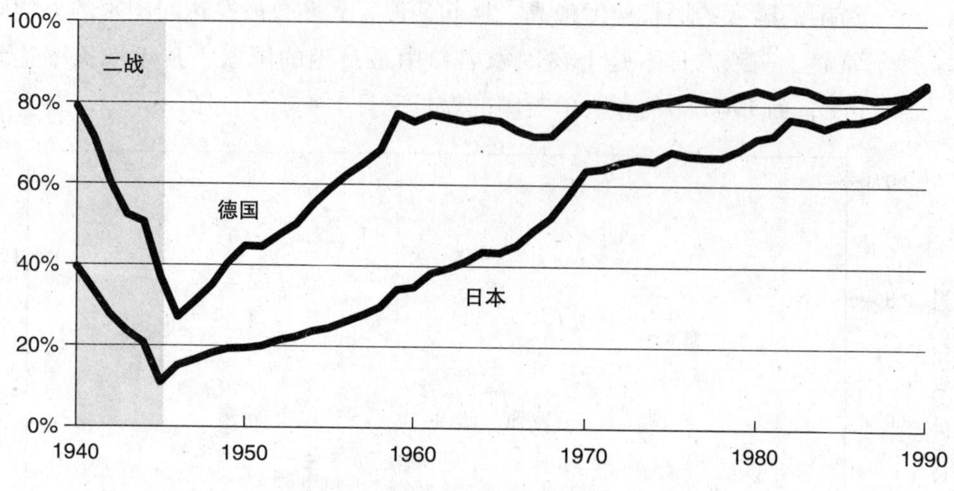

图 1.7 日本、德国与美国人均 GDP 比较（美国为 100%）

资料来源：Maddison, *Monitoring the World Economy*, 1820-1992, 194-97.

平。第二次世界大战后，战胜国开明的政策是日本和德国迅速重新崛起的重要因素，但这种因素并没有对德国在第一次世界大战战败后的表现产生作用，尽管《凡尔赛公约》对其进行了严厉的惩罚，它还是只用了20年的时间就恢复到有能力征服欧洲大部分地区。

19世纪的开始并没有预示世界每一个角落都会发生转变。最初，只有欧洲和它的新世界（New World）繁荣起来。但是，在随后的200多年里，西方的增长方式（variety of growth）传遍了世界其他地方。

其实，在1820年以前就出现了未来繁荣的征兆。麦迪逊估计，在公元1500年，欧洲的人均GDP平均为774美元，文艺复兴时期的意大利达到了1100美元，但意大利的相对繁荣并不持久，1500年后，它就停滞不前，而荷兰则开始经历缓慢但持续的经济增长。在同一时期，英国的增长速度尽管比荷兰慢得多，但也开始逐步提高。

1688年的光荣革命（Glorious Revolution）为英国带来了稳定的君主立宪制（constitutional monarchy）和一位荷兰国王，以及荷兰财政制度的精华，荷兰在资本市场上的先进技术也很快就跨越了北海（North Sea）。尽管如此，英国还是花了一个多世纪才使得其增长开始迅速加速。直到19世纪中期，普通英国人的生活水平才超过普通荷兰人，而那仅仅是由于英国对荷兰实施了数十年的海上封锁，随后荷兰又被拿破仑分解并遭到严重剥削。

英国并不是仅仅依靠其国民播撒殖民的种子，更准确地说，是依靠其法律、知识和财政制度。很长一段时间以后，这一重大经济转变才开始传播到欧洲的其他地方以及亚洲。如图1.8所示，在那些地方，其效果大不相同，英国、日本和中国分别于1820年、1870年和1950年开始“起飞”。

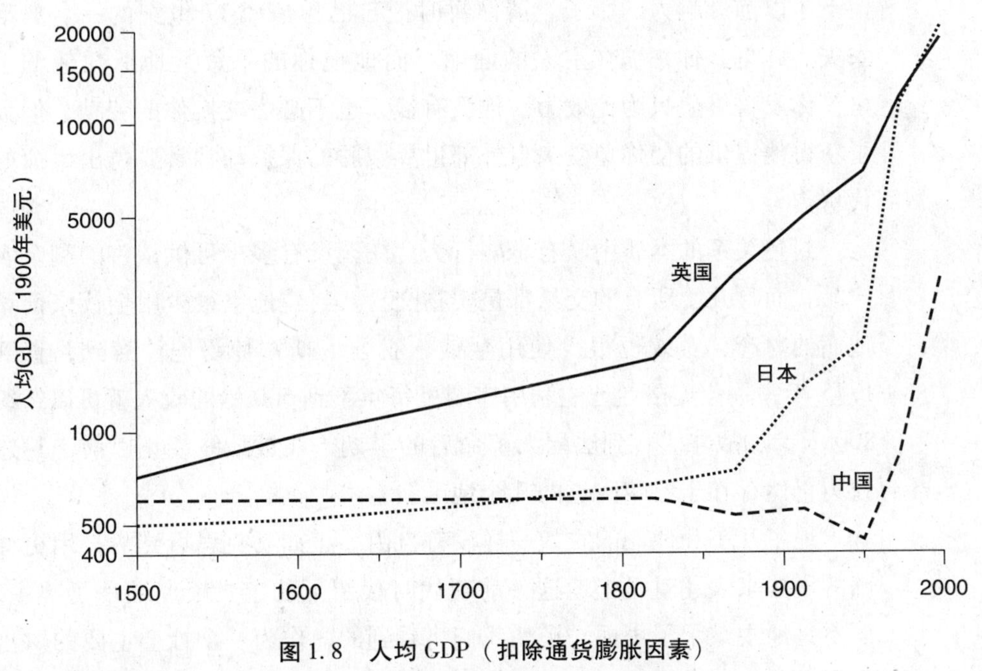

图1.8　人均GDP（扣除通货膨胀因素）

资料来源：Maddison, *The World Economy: A Millennial Perspective*, 264, 276-79.

我们为什么要考察现代前期这一段停滞不前的历史？因为在1820年左右的某一时间，世界似乎发生了翻天覆地的变化。在那时以前，人类经济发展的路径可以形象地形容为受到限制的矮树丛的生长，而自那时以后，则可以比喻为橡树茁壮、扎实的生长。关于财产权、科学理性、资本市场和现代交通与通信是如何在19世纪最终决定性地走到一起，造就了现代财富机器的故事，对现代生活至关重要。

作为开始，我们将首先考察1600年以前欧洲西部的日常生活，请记住经济进步的四大前提。中世纪时期的历史进程可以利用一些小插曲汇总起来，并通过四大基本增长要素松散地组织起来。

Nations

1.5 前现代时期财产权的缺失

除了奴隶制度以外，任何一个社会制度都不会像中世纪的封建制度那样排斥财产权和个人自由。今天，“封建制度”（feudalism）这个词只留下了以前影响力的影子。请你暂时把自己想象成17世纪的一名典型农夫。此刻，你正跪在主人的面前，而他把你的手紧紧地抓在他的手里。你发誓终生只为他效力。你没有钱，也不必去交换你的劳动，但为了获得他提供的使你免受来自外部世界威胁的保护却常常要付出生命的代价。

封建关系的本质中没有金融行为。庄园没有多少可供销售的剩余农产品，而且几乎所有的交易都是实物交易。封建地主很少用金钱来衡量他们的财产，农奴也很少使用金钱。亚当·斯密惊讶地注意到，直到1745年，一位英格兰地主利用庄园里每年不到500镑的收入就可以组织800人参加战斗。直到法国大革命后的早期，在被最终废止以前，封建权力仍然存在于巴黎附近的几个地区。

地主几乎和他们的农奴一样没有自由。正如马克思看到的，用更准确的说法来表述就是土地这一前现代时代留下的宝贵资产继承了地主，而不是地主继承了土地。正如我们将看到的，作为一个社会主要的财富仓库，土地具有很多缺陷——它不容易被分割、交易或改良。

进一步说，在一个没有货币的封建国家，不能够储存的物品必须在它们变坏前被消费掉。现代社会通过物质财产来展示财富，而在封建社会是通过宴会的排场来显示财富。

在这样一个没有货币的社会里，财产权这一概念是不可想象的。农夫的小屋和工具只不过是他自己的延伸，这一习惯一直延续到今天，现在仍有许多欧洲人喜欢用自己的名字来命名自家住房。归根到底，小屋也属于地主，而工具以任何价格都卖不出去，因为根本就没有买主、公开的市场，甚至没有货币。请看亚当·斯密对农夫的描述：

> 耕者大都是地主的奴仆，他们的身家财产同样也是地主的财

产。那些不是奴仆的耕者，是可以随意退租的佃户。他们所缴纳的地租，虽然常常名义上和免役租一样，但事实上依然等于全部土地的生产物。而且，在和平的时候，地主可随时征用他们的劳役，在战争的时候，他们必须出去服兵役。他们虽然住得离地主的家远一些，但他们隶属于地主，无异于住在地主家里的家奴。他们的劳役既然都须听地主支配，土地生产物当然是全部属于地主①。

因此，中世纪的农奴很少有动力生产超过必要产量的农产品，或者提高他耕种的土地的生产力。如果地主拥有他以及他的所有产出，他怎么会卖力干活儿呢？更不要说进行创新了。准确地说，封建制度没有为国家留下多少空间。政治实际上被严格限制在当地。芭芭拉·图克曼（Barbara Tuchman）在书中写道："（封建）政治结构是建立在农奴与地主的关系而非公民与国家的关系上的。母亲仍在阵痛，国家尚未诞生。"

封建体制不仅不能通过法律保护所有权和平等权，而且还扼杀了基本的消费者行为。禁止奢侈的法律（sumptuary laws）按照人们的等级（rank）和收入规定了所能穿的衣服，这使得以纺织品为主要产品的国家经济受到抑制。在佛罗伦萨，只有贵族、医生和地方官员才能穿着貂皮服装，领主或其夫人每年只能购买四套衣服，而且只有在年收入超过 6000 里弗尔时才能购买。英国的法律还严格规定了哪种收入水平的人可以穿哪种服装。高贵似乎要付出双倍的代价，如果一位英国贵族的收入达到每年 500 镑，他就能穿某种特定的衣服，但商人的年收入要达到 1000 镑才能享有同样的特权。

在第二个千年的早期，货币经济的扩张侵蚀并逐渐摧毁了封建制度。那时农夫能够把自己的劳动出卖给出价最高的人，连接农夫和地主的纽带解除了。只有到那个时候，至关重要的国家法律和金融机构才能发展起来。不仅个人可以利用货币购买自由，有时整个村庄也可以这样做，法国北部城市库西堡（Coucy-le-Château）在 1197 年花了 140 里弗尔从身无分文的领主遗孀的手中买下了自由。

---

① Smith，Ⅲ：355. 免役租是农夫支付的欠地主的货币租。

1.6 最大限度掠夺税金的重要性

所有的国家都需要收入，政府如何收税关系到国家的生死。在前现代时期，国家通常将税收的负担压在最贫穷和最弱势的人群身上。所有的国家都不可避免地失败了。正如成功的国家通过要求在确定所有权时保持公正以保证财产权一样，它们还需要在决定对财富和收入如何征税方面证明其同样的公正性。这显然与中世纪时期不同，那时贵族通过“保护”其农奴的人身安全作为交换而被免除了土地税。教士也加入了这场游戏中。由于他们在精神上“保护”农奴，所以封建税收体制放过了这些神职人员，而他们常常拥有巨额财富。

1.7 糟糕的街区

有效的财产权需要防止犯罪。中世纪的城镇充满了危险，令人不可思议。城镇的一般犯罪率高得出奇，凶杀案件比意外死亡案件高出两倍。无聊的争吵成了家常便饭，而一言不和马上动武，最后往往会演变成大规模的屠杀，其中只有1%的凶杀案递交给法庭审判。绑架是一种常见的谋生手段，特别对那些找不到雇主的武士来说。

不可能有更好的结果。1500年，将执行法律作为政府职责的一部分似乎无法想象。罗伯特·皮尔（Robert Peel）建立了伦敦警察部队，他后来当上了首相，而这也是世界上第一支大都市的警察部队。在那以前，谨慎的绅士如果不带上剑、匕首和手枪是不敢走在伦敦大街上的。

城墙的外面是一个彻底无法无天的世界。拦路抢劫的匪徒或成帮结伙，或单枪匹马，忙得不亦乐乎。士兵们在不参加十字军东征（Crusades）、王朝间的争斗和教皇的权力之争时，也会周期性地加入拦路抢劫者的队伍中。只有城墙能够有效地把城镇与混乱的郊外隔离开来。由于修筑城墙的成本很高，所以城市生活被压缩在最小的范围内。街道上除了狭窄、敞开的下水道外，就是大量的市民和病人。据第一批人口统计学家记载，由于传染病造成的城墙内的死亡率是城墙外的两倍。

那时候，大部分人都生活在小村子里，在邻近的小块土地上耕作。直到1500年，农民们才清除了狼群出没的森林。从初学走路的孩子，到上了年纪的老人，每个人都在从事繁重的田间劳动，通常是一个人在用犁耕地。公元900年以前，没有多少农夫有钱为马和牛装上耕地用的挽具。

中世纪时期悲惨的居住状况同样不可思议。据文艺复兴时期伟大的人道主义者鹿特丹的伊拉斯默斯（Erasmus）记载：

> 几乎所有的路面都是由取自沼泽地的黏土和灯心草铺就的，工艺非常粗糙，有些地方已经使用了20多年。路面下面的港口里泛着泡沫，到处是鱼骨头和一些叫不出名的污秽之物。随着气候的变化，从这些垃圾中蒸腾出来的气体，根据我的判断，不会对人的健康有益。

家里人都睡在一张肮脏的床上，几乎没有什么烟囱。煤烟布满了墙壁。排气装置的缺乏经常导致房屋失火，使得大量村民被烧死，且以妇女居多，因为她们穿着非常易燃的衣服去照看烧木材的火坑和火炉。

上面几段文字描述了相对富裕的一些农夫的生活环境。更不幸的人可能根本就没有房子可住。在维持最低生活水平的前现代社会，饥荒和瘟疫时常前来敲门。在饥荒最严重的时候，人吃人的事情时有发生，旅行者常常被杀死吃掉，甚至传说有人从绞架上抢食物以维持生存。

瘟疫周期性地在大陆上肆虐。最著名的一次发生在1347年，一队热那亚商船停靠在意大利西西里岛东北岸的墨西拿。船队上的大多数水手由于感染了一种新病而死亡，或者奄奄一息，这种病后来被证明是黑死病。在短短的几十年里，欧洲1/3的人死于这种病。

1.8　前现代时期科学理性的缺失

如今，“政教分离”（separation of church and state）似乎是国父们（Founding Fathers）留下的一个奇怪的短语，这个短语在今天的用途被限制在对一些无关紧要问题的处理上，如学校祷告（school prayer）和圣诞节期间的公开表演。在前现代时期的欧洲，教会的势力无处不在，令人窒息，“它是中世纪生活的根源及法律，无所不在，实际上是一种强迫。它坚持的原则是灵魂的存在（life of the spirit）和后世比当前尘世更重要（the afterworld was superior to the here and now）。不管你是一位多么虔诚的基督徒，这一观点在当今世界也不会被认同”。

令杰斐逊（Jefferson）和麦迪逊（Madison）感到困惑的教会/国家关系是由于在前现代时期到处都存在着“有组织的宗教”（organized religion）。荒谬的是，政教分离是在基督教确立之初就已经存在的概念。“恺撒的物当归给恺撒，神的物当归给神。”基督对犹太法利赛教派的教徒（Pharisees）说。然而，实现真正的政教分离需要时间，从康斯坦丁大帝（288～337 年，罗马皇帝，于公元 313 年将基督教确立为国教——译者注）的转变开始，国家向上帝在尘世间的代表提供了大量的土地和财富。教会越富有，它就越倾向于腐败和独立。

今天，异端学说、亵渎和宗教裁判大会（auto-da-fé）只有在挖苦人的时候才会用到，但在 1600 年前的 500 年中，它们将恐怖刺进了每一个欧洲人的灵魂之中。霍布斯（Hobbes）将当时人们的生活描述为“孤独、贫穷、肮脏、粗野、浅薄”是非常恰当的，一个人只有在死后才能得到最高的奖赏。尽管冒犯教会将导致被绑在木头上被大火烧死，但这和宗教裁判所（Inquisitions）精心设计的令人毛骨悚然的死亡方式相比却是相形见绌。最臭名昭著的刑具被称为“old iron maid”，是一种经过精心设计的装置，可以将数百根长矛慢慢地刺进受害者的身体里，在受害者成为血淋淋的活着的肉块时，再扔到一个放置着旋转刀片的坑里。然而，最痛苦的死亡方法也比对永恒地狱之火煎熬的恐惧好一些。

究竟是什么样的冒犯招致如此恐怖的死法呢？包括质疑宗教的权威、信仰，以及更严重的，质疑它攫取大量财富的行为在内，几乎任何让宗教政权感到不满的权威挑战者都有可能被处以极刑。这种侵害还很有可能是间接施加的。举个例子说，16 世纪早期的波兰天文学家哥白尼（Mikolaj Kopernik）（其拉丁名字 Copernicus 更为人所熟知）推断，地球实际上并不是宇宙的中心，而是围绕太阳不断旋转的。由于那时拉丁文这门古老的语言几乎不被占统治地位的神职人员、皇室和富商以外的平民所掌握，因此，当“异端学说”是用这种当时流行的学术语言出版的时候，宗教势力多少对其还是睁一只眼闭一只眼的。哥白尼十分明智地没有跨过拉丁文这条语言禁线，使用本国语言出版自己的异端言论，故而梵蒂冈对他还比较宽容。即便是那个时代中最有启蒙贡献的学者，包括伊拉斯默斯（Erasmus）和托马斯·莫尔（Thomas Moore），都对哥白尼的新宇宙理论大加批评。有意思的是，哥白尼在阿尔卑斯山脉以北地区更加不受欢迎，许多曾经积极倡导教会变革的领导人，如马丁·路德，都呼吁要处死哥白尼。

意大利哲学家布鲁诺（Giordano Bruno）则很不明智地散发用本国语言写成的支持异端言论的小册子，其中还有支持哥白尼学说的内容，梵蒂冈的宗教裁判所冷眼看他被活活烧死。在接下来的几十年里，教会对“太阳中心说”一直进行着不痛不痒的斗争，最终才把最有影响力的支持者伽利略（Galileo）带到宗教裁判所进行审判，而伽利略一见到那些酷刑工具就软了下来，放弃了他坚持的科学。

中世纪后期，教会掌握了对意识形态的绝对控制权，这种绝对控制很可能让后来的希特勒和波尔布特（PolPot）都会眼红不已。有这么一种说法：权力都是腐败的，而专制就是绝对腐败。到了 16 世纪，教会日渐腐朽，连最虔诚的教徒都很清楚地看到了它的致命弱点所在——行贿受贿、买卖圣职、勒索钱财成了神职人员生活的主要内容。教会的腐朽在阿维尼翁教区达到了极致，“教会的一切，从红衣主教的帽子到朝圣者的遗骸都被拿去卖钱。”大主教和红衣主教利用什一税和赦罪金（人们用钱从教会那里买来对所犯罪行的赦免）聚敛了惊人的财富。约翰十二世在他执掌教会的 1316 年至 1334 年间表现出来的对黄金和皮草的嗜好至今无人能及。贵族为家族中的幼童购买神职，20 岁左右的年轻人就能当上大主教根本算不上新鲜事。在 1342 年至 1343 年中合理授予的 624 个神职中，有 484 个职位是被在任神职人员的后代掌握了。在 16 世纪英格兰的各地，1/4 左右的性侵犯案是由神职人员犯下的，这个犯案率比他们占全国总人口数的比例要高出 10 多倍。

然而，反教会腐败的运动开始相对平静、分散地发展起来，在 14 世纪瘟疫大爆发后的后启示录氛围下表现尤甚。比甲派运动（Beghards）是当时兴起的一项反传统文化的运动，它提出了废除神职以获拯救、把教会和贵族财产充公以及自由性爱。教会和统治阶级残酷地镇压运动成员，很多人都被烧死在火刑柱上。那时广泛流传着一首诗《耕者皮尔斯》（*Piers the Plowman*），诗中列举了一张中世纪的坏人名单，而神职人员赫然列于其首。

更坚定的反对教会的声音来自于14世纪牛津的约翰·威克理夫（John Wyclif），他十分聪明，利用英国和罗马教会的长期不和来反对教会的统治。作为马丁·路德的直接智慧启蒙人，他在《论国民政府》（*On Civil Government*）一书中“以一种隐喻的方式公开表达自己的观点”[芭芭拉·图克曼语]。在这本小册子中，他陈述了把教会财产充公并把神职人员排除在政府以外的观点。最后，威克理夫像那些比甲派运动成员一样，否定了宗教教条和教士存在的必要性。这些言论在攻击异端者的英国人和罗马神职人员两边都不讨好。

威克理夫还把《圣经》译成了英文。幸运的是，他生活在前古腾堡时代，因此他的“罪行”因为当时印刷技术的落后而未被放大。1381年，牛津贝列尔学院驱逐了他。尽管这还算是一个较为温和的惩罚，但牛津却因此受到了更大的惩罚：牛津从此经历了长达两个多世纪的衰退，而威克理夫这个令人印象深刻的思想传播者仍然有着巨大的影响力，直至三年后，亦即1384年，他因自然原因离开人世。在他被驱除出贝列尔学院以后，他的追随者们——威克理夫派教徒开始转入地下，从此开创了长时间的英国清教/非国教派的传统。

廷德尔事件（Tyndale Affair）① 为威克理夫的英文圣经提供了后古腾堡时代的后续篇章。德国美因兹城的约翰·古腾堡发明了现代印刷术以后，德国人于是最大限度地放大了“异教徒”们的声音。威廉·廷德尔，牛津和剑桥大学的杰出学者，最初以皇权高于教会权力的观点取悦了亨利八世国王。1525年，像威克利夫和从前许多不守规矩的僧人们一样，廷德尔把《新约》翻译成了英文。在威克利夫和廷德尔之间的一个半世纪里，现代印刷术改变了一切，廷德尔的学说被复制了上千次。而神职人员恰好就是不想看到没受过教育的农民也能阅读和讨论《圣

① 廷德尔（1494？～1536）是英国宗教改革家和殉教者，他对新约的翻译是詹姆士国王钦定圣经（King James Bible）的基础。

经》，他们希望90%的人都是文盲，只懂盲目地顺从。

廷德尔自己国家的出版商无论如何是不会出版这本经书的。他逃到德国，差一点就在科隆牧师发现以前印出了圣经《新约》。最后他还是在新教的地盘——沃尔姆斯地区（Worms）成功付印，并把6000册运回了英国。这6000册很快就被抢购一空，但在“虔诚”的亨利八世的一再坚持下，教会的神职人员把廷代尔监禁了16个月，并把他当成异端进行审判，最终以出版英文版《圣经》的罪名判处他当众被吊死（这件事发生在亨利八世因教会判决他与阿尔贡的凯瑟琳公主婚姻无效而与教会决裂之前）。

共有175本威克理夫版本的《圣经》有幸流传至今，因此我们可以推断，当时至少印刷了几百本。在当时，拥有一本那样的《圣经》足以让主人因阅读异端学说而被定罪。抄写几本就会被处以火刑，但由于那时都是手抄版本，因而受到宗教裁判所审判的风险相对来说要小一些。而廷德尔用现代印刷术大量复制《圣经》，使因阅读和转录而被定罪的风险大大增加。那些使用现代印刷术的异教徒们，无论是从象征意义还是从字面意思来看，他们都无异于在引火自焚。

马丁·路德最终还是使用古腾堡的现代印刷术颠覆了教会的统治，但他是在用另一个令人憎恶的、尽管也许不那么腐败的暴政取而代之。最典型的一个狂热的新教徒是在日内瓦掌教的约翰·加尔文（John Calvin）。纪尧姆·法莱尔是当时的一个巡回传教士，他邀请正在流亡途中的牧师卡尔文去日内瓦这座湖畔城市掌教，那里刚刚兴起新教。卡尔文并不是像一些现代历史学者所描述的那样，是一个“独裁者”，相反，他只不过是当地宗教法庭的头头。这种宗教法庭通常都由承担着保卫共和国道德精神任务的普通公民组成（事实上，卡尔文直到他离世前5年才被日内瓦授予公民身份）。在卡尔文长达16年的领导下，宗教法庭共判处89人死刑，多数因施魔法的罪名而被处死。根据那时的标准，处死89人根本不算多。信奉天主教的邻国处死的异教徒远不止这个数，他们被处死之前往往还要遭受可怕的酷刑折磨，而这种情况在日内瓦通常是不会出现的。那个时代最著名的一个审判故事是1553年发生在日内瓦的一次审判。异教徒迈克尔·斯文图斯因否认经书中描述的三灵合一和圣子出生的经文而被处以死刑，当被问到希望在日内瓦还是在法国受审时，他双膝跪地请求在日内瓦接受审判。

卡尔文和他掌管的宗教法庭的确为这个小国提供了一个前现代的治国方略模型。且不论日内瓦对这群自得其乐的人来说地方是否太小了点儿，他们这种“微型”的治理却很有威慑力。1562 年，他们迫使垂暮的新鳏、日内瓦人弗朗西斯·波尼瓦尔德同一位年轻妇女结婚。当新妇和一名青年男子发生婚外情的时候，宗教法庭砍下她情人的头并把她淹死了。还有一个例子，当宗教法庭发现五名老人对新教没有足够虔诚的信仰时，就命令他们请一名导师进行辅导，并在下一次宗教集会时当着众人的面进行宗教知识问答。

政府权利与国王、议会和用以保证个人自由、法治和财产权的司法机构三权分立以前，上帝和恺撒二者是分离的。被意识形态上所存在的差别的热焰引燃，天主教和新教、新教同新教之间的宗教战火在欧洲燃烧了近两百年。参战的几方都被折磨得筋疲力尽且元气大伤，然而他们彼此之间的冲突为独立持久的政府的建立和启蒙时代更为宽容的信息传递铺平了道路。

1.9 前现代时期有效资本市场的缺失

现代商业界人士对从他方获取资本然后加以利用的商业理念觉得再自然不过了。今天，最有信誉的大公司能够以每年大约 5% 的利息为代价，从债券市场上获取长期贷款用于公司的发展和扩张，那些经营状况良好的小公司对此要付的利息可能稍高一点儿。

即使是在500 年前货币出现之前，人类就开始了借贷。数千年来，谷物和牲口的借贷便能产生赢利：在冬天借出去一蒲式耳谷物或是一头小牛，在收获季节就能收回两倍的数量。这种交易方式目前在一些欠发达的社会仍然广泛应用。

古代信用市场的历史源远流长。最早关于货币借贷的历史记录多数来源于肥沃的新月沃地，如苏美尔、巴比伦和亚述等地区。汉谟拉比著名的巴比伦法典是已知最全面的商业交易法则。我们举几个古代的小例子就足够说明这一点。在公元前 3000 年到公元前 1900 年的苏美尔地区，大麦借贷的利率一般为 33%，而白银的借贷利率只有 20%。两种利率的差别反映了大麦借贷比白银借贷的风险要高得多，因为后者不会被消耗或被损坏，“银作物”也不会歉收。

如此高的利率阻碍了长期的项目。以每年 20% 的利率为例，借贷者的还贷数量在不到 4 年时间里就要翻一番。面对如此沉重的还贷负担，理性的商人或企业都不会考虑借钱来投资一项在 5 ~ 10 年内都不能盈利的项目，而在当今社会，多数大企业都会有不少这种长期投资的项目。

根据经济史学家理查德·西拉（Richard Sylla）的理论，利率能够准确地反映一个社会的健康度。在实际操作中，一个较长期的利率图就是该国的经济“热度曲线图”。在社会动荡的时期，利率会因为公众安全和信任感的减弱而上升。从长期的历史范围来看，几大文明古国的利率图都表现为“U 形”模式。这是因为在其历史初期，社会的不确定因素过多，利率通常会升得很高，然后随着该文明的成熟和稳定，利率缓慢下降。当该文明的发展达到顶点时，利率就会降至最低点。最后，当该文明开始衰退，高利率又开始回归。举个例子来说，公元 1 世纪和 2 世纪时罗马帝国的国力达到鼎盛，它的利率在彼时仅为 4%。上述结果只在一个较长的历史时期内的一般情况下才成立，各个较短时期内还是会有一些波动的。即使是在 1 世纪和 2 世纪罗马帝国统治的和平时期，利率在某些危急时刻也曾升至 12%。

公元 476 年罗马帝国解体后，利率飙升。大约两个世纪以后，西方世界的商业遭受到另一次沉重打击——穆罕默德伊斯兰元年的开始和统治伊比利亚半岛大部分地区的阿拉伯王国的崛起。通过获得直布罗陀海峡的控制权，阿拉伯人成功地切断了西欧同地中海的贸易。

对利率的历史回溯在罗马时期突然中断，直到近 1000 年以后又在英国重新出现。在 12 世纪的英国，记录显示利率大大高于 40%；而在同一时期的意大利，平均利率也接近 20%。而更加理性的未来的一线曙光出现在荷兰，那里的利率在 12 世纪初降至 8%。

如此高的利率显示了当时资本市场处于缺失状态，这种状态紧紧地束缚了后来几个世纪的经济和贸易的发展，使之无路可走。宗教教条扼制了思想的发展，资本市场的缺失也使日常贸易的发展停滞不前。基督教禁止放债也于事无补。这个禁令起源于《圣经·出埃及记》篇22：25："如果你借钱给任何因你而变得贫穷的我的子民，作为高利贷者，你不能成为我的子民。"圣奥古斯丁坚信"商业本身就是罪恶的"，而圣杰罗姆（Saint Jerome）则认为"上帝不喜欢商人"。

公元325年，世界首个教会选举会议组织——尼西亚议会——禁止牧师放贷。到了850年，教会开始把放贷者从教会中驱除出去。欧洲备受阻碍的商业市场在刚刚开始的时候并没有对资本有太大需求。

对放贷者的责难逐渐增强。1139年第二次拉特兰议会宣布：抵押也是一种高利贷。而在13世纪中期圣·托马斯·阿奎那斯复兴了亚里士多德的概念——"所有大规模的商业活动天生就是罪恶的"。至此，教会反资本的热度达到顶点，一直到列宁和马克思时代的情况才能与之相提并论①。

放贷是人类体系的重要一部分，像对毒品和酒的消费需求一样，它们不是通过立法消除的。即使是在反对高利贷最厉害的中世纪，街道上也是当铺遍布；荷兰实际上允许放贷，放贷者定期向执政的国王们提供资金；犹太人可以自由借贷而不会被驱逐出教会。直到1571年第五次拉特兰议会废除放贷禁令，投资者们才能从事充满活力的贸易活动。

1.10 前现代时期有效交通和信息沟通的缺失

罗马帝国分裂以后的一千多年里，日益败落的罗马帝国的道路仍称得上是欧洲最好的公路。像历史学家劳伦斯·帕克德所说那样：

> 中世纪的人几乎是"原位不动"，他们哪儿都不去。直至十字军东征时期才有很少的人会出远门。由于对地理和对远离自己居所的地点极度不了解，那时候的人们对陌生地方和陌生人十分害怕，这种害怕甚至发展成了迷信。其实真正危险的是那些强盗式的贵族、海盗、状况恶劣的道路（也许连路都没有）和破损的桥梁

① 亚里士多德鼓励农场或家庭小买卖所有者，但他谴责从事零售和出借的人。参见 See Politics，Ⅲ，23.

（可能根本没有桥梁）——这些都是阻碍贸易发展的重要因素。更糟糕的是，各个封建领主还要征收高额道路通行税，这就大大地提高了货物的成本。如果运输成本过高而商家毫无利润可言，就没有人愿意把谷物从丰饶之地贩卖到贫瘠之地；或者商家把价格提高，而饥饿的穷人们根本就买不起。

帕克德所说的机械交通运输的缺失只是问题的冰山一角。经济史学家赫克歇尔（Eli Heckscher）认为："中世纪贸易发展的最大阻碍是道路通行税的征收。"在现代，道路通行税是指使用修缮过的道路所需缴纳的费用或边界关税。然而在 19 世纪以前，许多地方统治者不知廉耻地垄断了道路通行税的征收，并将此作为其收入的重要来源。他们把收费点设立在河道和关口等交通要塞，这样商人就无法逃税了。

对欧洲北部缺乏道路的情况要一分为二地看待。一方面，它使斯堪的纳维亚和德国大部分领土免遭罗马的占领；另一方面，恶劣的交通状况扼杀了阿尔卑斯山脉以北，尤其是斯堪的纳维亚地区的一切贸易活动。罗马帝国衰弱以后的 1000 多年里，新闻和货物传送的速度慢得就像那时的帆船航行速度，从威尼斯到君士坦丁堡得花上五个星期的时间。倘若是只走陆路，效率还要更低，速度也更慢，如从威尼斯到伦敦，走陆路的话大概要花去四周时间。很多农民甚至从未离开过他们的出生地，只有身体特别强壮和运气特别好的人才能经受得起长时间的海上航行，也只有非常富有的人才支付得起长途陆上旅行的驿马费。直到 20 世纪初福特 T 型汽车发明以前，绝大多数美国人一生的活动仅限于他们出生地方圆 20 英里的范围。

19 世纪以前，缺乏有效的交通运输途径不仅仅阻碍了商业贸易的发展，对社会公平原则的损害也是致命的。现代社会里，人们可以很容易把食物从有盈余的地区运送到短缺的地区，因而即便出现谷物歉收的情况，也不太容易导致大面积的饥荒。相反，在中世纪，一个城镇遭遇大灾难，而隔一条山谷的邻镇人们很可能正过着富足的生活。这种情况尤其容易在那些没有河运或海运条件的地区（在 20 世纪的某些国家里，对正常市场和交通机制的干涉人为地制造了大规模的饥荒）。

在蒸汽动能出现以前，运输成本、安全威胁、旅行不适，最主要还是令人痛苦的缓慢速度让现代化的步伐迈得缓慢且蹒跚。19 世纪末期，欧洲大陆上交通要道的运输速度达到了每天 20 英里。而一般来说，要把货物从巴黎运送到里昂，290 英里需要走上 6 个星期，平均每天行走不到 10 英里。坐马车走陆路的乘客要更幸运一点，他们的速度比货物运输快了 1 倍。

旅行的花费高得令人咋舌。在 1820 年的时候，坐马车从纽约到当时的文明前沿西俄亥俄得花 80 美元，这可是当时一个人两个月的工资。在英格兰，60 英里的旅行需要花掉 1 磅纯银币，那也是一周的工资了（如果乘客愿意挤在马车车厢的两侧，车费可以便宜一半）。只有最富有的人才坐得起四轮大马车。

旅行费用主要是花在不断需要更换的马匹上，这是长途跋涉所必需的。于是，马、牛和骡子在拥挤城市里的高密度出现带来了长期被忽略的市容和卫生问题。

前现代时期的旅行安全问题也是需要重点考虑的。路匪一直威胁着英国的道路安全，直到 18 世纪中期才逐渐消失。但在欧洲大陆上发生马车劫案的频率仍然非常高，进入 19 世纪才有所好转。据在意大利的英国旅客说，在 1817 年还时常有乘客在马车里被劫杀，甚至被烧死在马车里。小规模的盗窃屡见不鲜，而马车罪案也时有发生。1829 年，一名在纽约市和辛辛那提之间往复的旅客记录下了不少于 9 次在崎岖路面的翻车事件——灾祸每天都在发生。

长途旅行和海上航行的不舒适感让最坚强的旅行者都感到难以忍受。英国画家特纳（J. M. W. Turner）这样描绘了 1829 年的一次意大利之旅：

> “在佛利诺（Foligno）的时候天开始下雪了。马车因为负重过大开始摇晃起来，我身上的衣服是湿了又干、干了又湿。到达萨尔河谷后，马车滑进了沟里，于是我们不得不往回走了 3 英里去找了六头牛把马车拉出来，但是这花去了我们 4 个小时的时间，如此一来我们到达马沙达（Macerta）的时间至少要推后 10 个小时。当我们最终赶到博洛尼亚的时候，个个又饿又冷。但麻烦接踵而至，我们乘坐雪橇穿过了塞尼（Cenis）山，点着火把在塔拉特（Tarrat）山的雪地里花 3 个小时把马车从沟里拖出来。当天晚上，我们再一次在刚刚堆积起来的、高及膝盖的雪地里徒步行走。”

从人类有记录的历史开始，货物和信息的传播速度就同马车和航海的速度一样缓慢，直到现代的曙光出现，情况才有所改观。19 世纪中期，蒸汽机在轮船和火车机车上的运用和强有力的国家政府对道路通行税的废除为经济发展提供了最后一个必要条件。铁路、蒸汽轮船和电报的发展引燃了繁荣，它甚至超越了前现代时期最乐观的梦想家对此最大胆的想象。

1.11　土地、劳动力和资本

16 世纪以前，普通百姓的福利没有任何改善。在今天看来，其根源相当明显。首先，也是最重要的一点，由于财富很容易被封建独裁者、国家、教会或普通罪犯们掠夺，人们失去了创造财富的动力。其次，没有哪个欧洲人敢于在思想上和科学上创新，因为那时的创新思想常常让创造者丢掉性命。再次，即便能创造财富的发明和服务被产品化了，大规模生产所需的资本却又无处可寻。最后，即使发明成果被大批量生产出来，发明者无法让新产品广为人知，同时也无法以低廉的费用把产品运给远距离的消费者。

传统上来说，经济学家认为，财富的创造需要以下三个要素的加入：土地、劳动力和资本。经济学家们指出，对这三个经典要素的行为和彼此互相作用关系的理解揭示了全球繁荣的历史性根源。不论是建起一座农庄、一家工厂还是卫星广播网，这三个要素都是不可或缺的。能否经营得当创造财富就要看对这三个生产要素的把握程度。

假设你是一个企业家，你首要关心的问题不在于每方土地、每个员工或每份贷款的生产力，而在于边际土地、边际员工或边际贷款的生产力。“边际”一词指你可以马上得到的土地、人力和资本。如果某农业生产区中所有的好地都被别人拿走了，你能得到的只是一块贫瘠的土地，那么打算在这一地区耕种的意义就不大；或者你想在熟练纺织工稀缺的地区建一家纺织厂，但最好的工人早被别家雇走了；抑或你想在某处规划建设可以分期付款的公寓楼，该地的抵押贷款利率很低，但对新贷款的利率却上升了。

这三个经典要素中，边际土地——你可以马上得到的土地——的生产力最低。因为在任何时期，最肥沃的土地总是有人在耕种，人们只能买到贫瘠的土地去开垦，而新的土地总是不如已有的土地生产能力高。因此，对农业经济不断追加投资实际上是徒劳的，收益递减法则对耕作农业来说是很适用的①。

然而，边际劳动力比土地更容易保持其生产力。只要有可以培养的劳动大军存在，对多数工厂的追加投资几乎能同原始投资获利一样多。受益于规模经济，雇用人工数量不断增长；从平均成本来算，培训 100 名工人要比培训 10 名工人的成本更低。边际劳动工还得益于"学习曲线"，只要工人具有创造力而老板们又能为他们提供更好的培训和更科学的工作程序，他们的工作效率将大大提高。如此，每次新雇用一个工人，边际劳动力就会更具生产力。用现代术语来表述就是：劳动力密集型的工业制造经济被称为"规模经济"（意思是规模和产量可以快速提高），而农业经济却与此不同——工业经济可以迅速地发展起来，而农业经济想要做到这一点却相当困难。

最后，资本连同作为其基础的通信技术，随着投资的不断增加，生产力变得越来越高。当资本市场达到一个"临界点"的时候，效率就会得到极大的提高，于是出现了电话、信用卡、因特网和最著名的 Windows 电脑操作系统等。它们的应用范围如此广泛，已经成为现代人日常生活的一部分。

资本市场本身也是这样运作的。人们把钱放在床下面或地板下面，或者存储在一个无效率的银行系统中，那么这种储蓄对国家经济的发展是没多大好处的。正如在工业时代初期的法国，银行系统糟糕的信用，导致一些运作良好的企业失去了积累财富的机会。当某一产品所有的买卖双方聚集在同一时间和同一地点进行交易时，市场才能最好地运作。在这种情况下，该产品的定价变得非常"有效率"，也就是说，每个人都会以基本相同的价格进行买卖。举一个最容易理解的例子：贩卖黄牛票。当国家严格执行反对私自贩卖票据时，票贩子们只能偷偷摸摸地四

① 对于所有一般化都有例外。18 世纪和 19 世纪美国向西部的扩张就使大量高质量的土地投入了生产之中。

处交易。于是，票据的价格波动就很大。另外，由于票贩子们总能比一般购票人得到更多的票务信息，票价就容易走高——这样的一个市场实际上是“没有效率”的。在开明的社会中，人们发现如果允许在一定的时间和地点，例如在即将开场的剧院外面，门票可以自由买卖，票价就会降下来，最后趋于统一。个中原因十分明显：把票据买卖集中在某地某时可以使买卖双方的信息流最大化，因而消除了票贩子们的信息优势。市场效率追求的就是把全世界打算购买某一物品的买卖双方都集中在同一时间同一地点进行交易——eBay 就是这么干的。

金融市场也同样如此。当大量资本交易双方能聚集在同一地点进行买卖，例如在纽约证券交易所的大厅里买卖，资本就会变得更加便宜也更加可靠[①]。也就是说，当金融交易活动增多时，利率就会下降并保持稳定。政府通过消除资本成本和供给的不确定性而在投资过程中起到了核心作用。1993 年，克林顿总统问阿兰·格林斯潘：“你的意思是计划的成功以及我是否可以获得连任，都取决于联邦储备系统和那帮搞债券交易的家伙吗?”是的，总统先生，你说对了。威廉·克林顿在 1996 年大选中的绝对胜利有很大一部分应当归功于格林斯潘成功的货币调控。

交通运输方面的情况也不例外，用大船运输货物比用小船运输要有效率得多。通信也是这样，能够传递大量信息的邮递员和电报服务收费比能力较低的服务收费要低得多。这些业务都是高度规模化的。生产力最高的大规模制造产业是软件制造业，只要你能负担其研发的耗费，产品配送和销售几乎没有什么成本，特别是当你用电子手段发送软件产品时。边际资本由于获得了现代通信技术的支持并得益于不断增长的参与者数量，其生产力在三个传统要素中是最高的，边际劳动力次之，边际土地最低。

1.12 知识：第四种投入

几十年前，由于西方财富的快速、持续增长和生产力日益外显，经

① 纽约证券交易所最近开办了收盘后交易（after-hours trading）业务，但很快就证明不如正常营业时间的效率高，因为正常营业时间的交易量要高得多。

济学者们意识到，在土地、劳动力和资本生产力基础上解释经济产出的经典三要素模型已经不足以解释现代经济发展的良好态势。经济学家保罗·罗默（Paul Romer）认为，在某种程度上，科学技术知识本身在经济增长中日益发展成为一个重要因素。他还指出，社会发展受益于技术的“外部性”，即所有制造商对领先行业的最佳操作手段的迅速采用。知识的边际生产力随着知识的不断累积而提高，这同资本市场的边际生产力的增长方式是相同的。罗默认为，经济增长只受限于人类的想象力。而将世界各工业化国家的实际增长率限制在历史上的2%是毫无道理的。

1.13 第一阶段：狩猎和采集

让我们来考察一下这四个要素（土地、人力、资本和知识）在人类历史上是如何发挥作用的。经济史学家通常把人类历史分为四个阶段：狩猎和采集阶段、农业阶段、工业阶段和后工业阶段。这种四阶段范式毫无疑问是过于简单化了。比如在今天的巴西，仍有很多人在从事每个阶段的工作；即便是在世界上最发达的国家里，后三个阶段仍然十分重要。

然后，人类在地球上生存以来，超过99%的时间都是仅以狩猎和采集的方式生存。这种极为依赖土地的生产活动在1平方英里的范围内只能够养活一个居民，游牧型的狩猎和采集者很快就能把可食用的动植物消耗殆尽，因此必须不断迁移。狩猎和采集者只拥有很少量的物质财产，他们也没有固定的居所。

就四个经济投入来说，狩猎和采集对土地和人力的依赖最大，而二者的生产力基本保持恒定。对一个部落来说，要在几千平方英里的范围内增加动物和浆果的数量是不可能的，人力同样也很有限，因此狩猎和采集的生产力几乎得不到多少提高。尽管如果在某片土地上增加劳作的人数（狩猎者和采集者），短期内可以提高土地的产出，但一旦该地区的食物被吃光以后，产出就会大大下降。

狩猎—采集社会是不需要资本的。由于这种生产方式极大地依赖于四要素中生产力最低的土地，即便社会生产力有所提高，其速度也是相当缓慢的。因而从经济学的角度来看，狩猎—采集社会具有重大经济缺陷。最后，狩猎—采集社会的知识积累速度几乎是凝滞不动的。由于狩猎—采集技术是在数千年的时间发展起来的，因而对其增长率的计算毫无意义。

1.14　第二阶段：农业

大约在12000年前，人类开始在新月沃地定居并开始从事农作物的耕作。农业耕作的生产力比狩猎和采集的生产力要高得多，每平方英里的范围内可以养活好几百口人。当狩猎和采集者遭遇农业群落时，他们存活下来的几率很小，原因有四点。第一点是简单的人口密度比较：狩猎—采集社会在每平方英里的范围里只有一个人，而农业社会每平方英里的范围里可以存活几十口人，一些地区（如爪哇和本州）甚至可以存活上百人。这两者的武装力量根本无法相提并论。第二，农业群落有一小部分战斗精英专门用来消灭游牧部落，还有更小的一部分领导精英计划并指导这种消灭行动（只要“文明”发展程度足够，小部分人专门负责社会职能在农业社会是完全可能的）。第三，农业群落中居民和驯养的动物之间存在密切的接触，使得致病微生物如天花和麻疹病毒大量繁殖，由于农业居民对这些微生物具有了免疫力，而这些微生物对狩猎—采集者则是致命的。天花致死的阿芝台克人的数量远远超过了科忒兹（Cortez）军队的数量，在17世纪，大约2000万北美土著因此丢掉了性命。

最后，也是最重要的一点，许多农业群落保护个人私有财产，而狩猎—采集部落想要在广阔的野外居所掌握四散的财产几乎是不可能的。早期的很多农业部落都带有公社性质，而我们发现，在有记载的历史出现以后，农民很快就有了私有财产和土地。这种私人农庄比早期的农业公社生产效率要高得多，而保护私有财产的农业群落不但远远超过狩猎—采集部落，甚至比早期农业公社更加先进。

经济学家、诺贝尔奖获得者道格拉斯·诺斯（Douglass North）把人类向农业社会的转变称为“第一次经济革命”（第二次经济革命是工业革命），他说：

> “第一次经济革命之所以成其为革命，不是因为它把人类的主要生产活动从狩猎和采集转变为定居农业，而是因为这种转变创造了改变人类基本比例关系的动机。这种变革动机来自于两个不同体系的财产权。**当公共财产权超过了现有的公共资源，人们获取更高级技术和知识的动机就减弱了**。”

农业社会的主要经济缺陷基于这样一个事实：在狩猎—采集社会，土地是最关键的要素。假设人口数量增长了10%，为了维持人均食物消费量不变，农民们就不得不耕种更多的土地。边际农田的质量低于现有农田的质量，因而其生产力也更低。因此，为了满足新增人口的需要，农民需要额外多耕种超过10%的土地。这并不是意味着农业生产力的提高是不可实现的，先进的灌溉和施肥技术以及谷物轮作可以显著地提高土地的亩产量。但是，这些先进的耕作技术是在几个世纪的时间里发展起来的。如果像历史学家所说的那样，谷物产量在公元1000年至公元1500年间增长了4倍，那么年增长率仅为0.28%。在这段期间内，人口数量的增长迫使农民去耕种一些产出量很低的土地，这抵消了500年里大部分农业生产力的增长。因此，纯粹农业社会的生活水准是相对静止的。

的确，12000年前人类向农业社会的过渡带来了世界人口的巨大增长；农业技术后来的小幅度进步让世界人口再次有了较明显的增长。然而，这些进步并没有带来生活水平持续的提高。直到18世纪中叶，欧洲大地上还时常爆发饥荒；而在19世纪，“大饥荒”（Great Hunger）夺去了数百万爱尔兰人的生命。

中世纪时，科技知识有了一定的积累，但是都是零星出现的。在18世纪的英国，那种不断采用最先进耕作技术的“与时俱进的农场主”还远远没有出现。

这是令人如此沮丧的现实，以至马尔萨斯（Malthus）不得不把它描述成为一个人口增长速度大大超过几近静止的农业产量增长速度的世界。著名的马尔萨斯“现实性抑制”理论成为解决需求和食物供给失衡问题的必由之路。

1.15　第三阶段：工业化

到 16 世纪，农业技术的适度发展同财产权、资本市场、交通技术的首次活跃使得大量农业人口离开农田，进入工厂务工。在欧洲南部和北部地区，工业制造主要是指纺织业。在意大利，熟练织工们把丝和进口织物制作成昂贵的丝制品。英国人把未经加工的羊毛运到勃艮第（大致包括现在的荷兰、比利时和法国北部地区），在那里，高度熟练的工匠们把它们纺织成精美的布匹。造船厂和机械厂开始发展起来。尽管中国人在织物和瓷器出口方面有着悠久的历史，但这些产业在国家经济中所占的份额还不足以让中国人像欧洲人一样放弃农业，专事工业生产。

由于制造业不需要大量的土地，限制其发展的因素就是劳动力和资本。尽管收益递减法则有时也会对劳动力造成影响，但与土地不同的是，劳动力对于扩大规模不太敏感。一般来说，工人们的生产力不会因为雇用更多的劳动力而降低。在现代，由于工人密度增大，工作场所使得生产者之间更便于沟通，劳动生产率会随生产规模的扩大而得到提高，这一点我们可以从底特律汽车装配线和硅谷芯片制造厂那里得到印证。

何况，制造业还是资本密集型产业。如果旧的厂房过时，兴建新厂房就要花费大量资金。人口密度的增加使得资本市场更有效率，这使得为提高生产能力进行的融资更加容易。最后，在工业社会中，知识日益被人们认为是通向财富之路，“最佳实践”迅速投入使用并流行开来，全面提高了产量。

从某种程度上来说，欧洲和美国在 19 世纪进入了一个“良性循环”：技术的发展带来了生产力的提高，生产力的提高又带来了财富的积聚，这样就有更多的资本为更大的技术进步提供动力。随着工业经济不断地采用高生产力的资本和知识，增长就具有了自我可持续能力，势不可挡。

1.16 “建立制度，繁荣自然到来”

工业社会的快速经济增长迷惑了几代经济学家。当然，他们会争辩说，经济发展本质上就是工业化的过程。单纯的工厂建筑物、现代的基础设施和对工人的训练就能自动产生他们所鼓吹的“经济起飞”。唉，现代历史上一些国家工业化和在外援帮助下建立起来的庞大的第三世界基础设施项目的失败早已充分说明，工厂、水坝和铁路远远不足以给社会带来繁荣（在第 9 章里我们将进一步讨论发生在 18 世纪土耳其帝国自上而下的工业化改革是如何失败的）。

一个国家进入工业化阶段不仅仅是工业化本身的结果，更是由于几个决定性的潜在制度因素——财产权、科学探究和资本市场——所带来的。国家一旦进入这个发展阶段，贫穷的桎梏就被打碎了。经济的发展与其时的文明是紧密联系在一起的，即便这些国家的经济受到外部力量的重创（如第二次世界大战中的轴心国），它们也能迅速地恢复过来，并获得更大的繁荣。

比战争更可怕的是对财产权的侵蚀。20 世纪，民主德国在世界大战的破坏中恢复起来只用了几十年的时间，但要从对财产权的侵蚀中恢复过来却要几代人的时间。

1.17 第四阶段：后工业化社会

人类社会发展的另一阶段——后工业化社会的轮廓在 20 世纪末逐渐显现出来。在后工业化社会当中，制造业开始让位于服务业。后工业经济同工业经济相比，对劳动力和土地的需求更少。它对资本的需求至少与传统工业经济相同，但它对知识的胃口（主要以技术创新形式出现）可以用贪婪来形容。40 年前，一家电话公司可能需要雇用一大群接线员为它工作，而现在，电话公司只需雇用少数技术人员负责维护极其昂贵的卫星、蜂窝式网络和光纤网络。由于资本市场和知识基础是四要素中“升级”最快的，因此资本密集型和知识密集型的后工业社会维持最快的增长。

西方世界并非在一夜之间进入如此良性的发展状态，它花去了第二个千年中大部分时间来消除封建制度对财产权的压制，摆脱教会对知识的禁锢，克服资本市场的缺失，改变有效交通和通信的缺乏。只有在这四项任务全部完成后，新工业社会和后工业社会的人们才能尽情享受他们的劳动成果。

第2章

财产权

没有对私有财产权的保障，社会便毫无自由可言。

——米尔顿·弗里德曼

阿里（Müezzinzade Ali Pasha）是土耳其帝国的一名海军将领。1571年秋天，他在阳光灿烂的西海岸城市勒班陀经历了可怕的一天。在那场持续了几小时的海战中，他的舰队被奥地利的唐·胡安（Don Juan of Austria）所率领的西班牙、威尼斯和梵蒂冈联合战队——神圣同盟（Holy League）打败，几乎全军覆灭。那是历史上最血腥的战争之一，双方共损失了4万人，平均每分钟就有150个人死去。当神圣同盟舰队上的许多战士，包括唐·胡安率领的"帝权"（La Reale）号指挥舰上的战士登上了阿里的指挥舰"萨尔塔娜"（Sultana）号时，两军将领也参加到了互搏战中。阿里挥动着一张小弓，唐·胡安手持一柄战斧和一把宽剑。战斗中，阿里脑袋被击中，他率领的舰队也惊恐四散。作为史上最伟大的、最具有转折意义的战役之一，西欧军队在这场战斗中成功地阻止了土耳其帝国对地中海东部地区的影响，从而阻止了土耳其帝国企图征服意大利的计划。

在勒班陀战役里，阿里输掉的不仅仅是这场战争和他自己的性命，他还失去了整个家族的财富。如同许多富裕的土耳其人那样，他把容易变卖的财产都随身携带。神圣同盟的战士们在"萨尔塔娜"号上阿里的财宝箱里发现了15万枚金币。为什么一个海军指挥官要把自己所有的财产都放在他的舱房里呢?《国富论》一书作者亚当·斯密给我们提供了一个最好的解释："如果不幸，国家专制，君主暴虐，人民财产随时有受侵害的危险，那么，人民往往把资财的大部分藏匿起来。这样，当他们所时时刻刻提防的灾难一旦临头的时候，他们就可随时把它带往安全地方。据说，在土耳其，在印度，并且我相信在亚洲其他国家，都常有这种事情。"

除了苏丹，没有哪一位土耳其公民是自由人，就连阿里这位王室姻亲都不是。每一个老百姓的生命、自由和财富随时都可能被查抄没收。所以，对极权社会的终结和建立自由市场体系的原因就在于：如果私有财产和公民权利得不到保障，那么发明家和商人发明或生产人们真正所需产品的积极性就不高。

2.1 第一块积木

实现现代繁荣要具备四个基本要素：财产权、科学理性、立即可用的资本，以及高效的交通和通信技术。在这四个基本要素中，财产权首先出现，是带来繁荣最重要的元素并最先在古代世界里看到繁荣的曙光。即便是在现代社会中，财产权也是四个要素中最关键的一个。正如伟大的经济学家奥鲁尔克（P. J. O'Rourke）所说："朝鲜人民的受教育率达到了99%，他们有纪律，工作努力，但他们的人均GDP只有900美元。摩洛哥人的受教育率只有43.7%，他们成天靠喝咖啡和说服游客买小地毯打发日子，但是他们的人均GDP达到了3260美元。"

当然，仅靠私有财产权是不足以刺激经济发展的。从希腊和古罗马帝国的经济停滞或衰退的例子中可以看出：它们都只具备保障私有财产权的要素，其他三个统统缺失。

私有财产权和公民权利的关系是很复杂的。社会主义者试图否定两者之间有任何联系，比如19世纪法国社会学家皮埃尔—约瑟夫·蒲鲁东（Pierre-Joseph Proudhon）就坚定地支持公民自由，但他把财产所有等同于财产掠夺。尽管传统观点断言财产权产生于公民权，但相反的观点也成立。知识渊博的社会主义者利昂·托洛茨基却认为公民自由来自财产权。对财产的所有权是其他一切公民权利的基本保证。没有任何财产的人很容易遭受饥饿，而饥饿和恐惧让人更容易屈服于国家意志。如果个人财产被国家肆意威胁，那么权力将不可避免地被统治阶级利用以胁迫那些持有不同政见和宗教信仰的人。

弗雷德里希·哈耶克（Friedrich Hayek）在半个世纪前就意识到，公民权和财产权是等同的，它们不可能彼此独立存在。那些放弃财产权的人很快就会发现自己踏上了“通往奴役之路”［在此我们借用了哈耶克的名著《通往奴役之路》（*The Road to Serfdom*）］。

约翰·洛克（John Locke）提出的私有财产权的神圣性概念是迄今为止对财产权最权威、最人性化的解释。尽管洛克的概念定义举足轻重，但他的解释还是来得太晚了。1690 年他发表的《政府论》中明确提出了对生命权、自由权和财产权的保护是文明政府的基本职能，基本公民权利和私有财产权从那时起就深深地嵌入了英国的普通法。其实，这些权利可以从古希腊城邦的土壤里找到根源。

2.2 拨开历史迷雾

由于财产权的起源早已湮没于浩渺的时间长河之中，这让我们无论从何时以何种方式来讲述这个故事都显得有些武断。当然，多数远古社会都曾经出现过财产私有权的萌芽，特别是在土地私有制社会里。狩猎和采集社会也不例外，但是由于保护私有财产权需要花费成本，因此实施起来相当困难——一个小部落无法为保护数量不多的财产而对几千平方公里的辽阔土地频繁地巡逻。

那些能成功保护财产权的部落实际上更有效率。设想一下，当时的情形可能会是这样：当人类的首选食物——巨型哺乳动物在石器时代末期绝迹后，任何一群可以垄断和管理好正日益减少的猛犸象群的猎人无疑比他们的对手具备更多的竞争优势。当然，这仅仅是我们的推测，因为我们所谈论的是石器时代的事情，对那个年代已知的确定事实几乎没有。

虽然我们对史前狩猎者和采集者仅停留在猜想阶段，但是我们对文字出现以前那段时期的耕种部落却了解得更多一些。在最早关于土地买卖的记录中，历史学家发现了史前社会如何转让土地权的详细记载。例如在《旧约》里，亚伯拉罕从他的邻居——一个叫以弗仑（Ephron）的赫人（Hittite）那里为刚死去的妻子撒拉（Sarah）买了一小块坟地。起初，以弗仑打算把这块地当礼物送给亚伯拉罕，但亚伯拉罕坚持要付钱给他。他称了足够的银两，并当着其他赫人的面与以弗仑进行交易。交易双方似乎都表现出邻邦友好的意思，但是亚伯拉罕坚持要有见证人在场的理由很充分：首先，他获得了对这块土地的永久所有权，以弗仑无法随意废除这次转让；其次，由于其他村民的到场，使得没人能或再会和亚伯拉罕去争夺这块土地。最后，付钱买下这块土地也让亚伯拉罕日后不必偿还一份人情。类似这种在部落里进行的有见证人参与的财产交易在古代社会是很常见的。

财产权的精髓在有记载的历史初期就体现出来了。第一，这些权利都被清晰解释过了：毫无疑问，亚伯拉罕和他的后代们从此就对这块土地享有所有权。第二，这些权利是可以转让的：它们可以自由地被买卖。在接下来的1000多年里，所有国家的命运就同它们是否遵循上述两点休戚相关。

诞生于肥沃的新月沃地和埃及的人类最早的文明社会是等级制的、极权的社会。如果对古代历史进行粗略解读，我们几乎可以认定法老是整个埃及领土的所有人。然而这种认识肯定是不正确的，因为那时仍然有一些土地还是被私人拥有，至今历史学家们还在热切地讨论关于古代埃及普通农民和百姓的财产权究竟到达了何种程度这一问题。

最古老的文明社会——美索不达米亚（意思是“河流中间的土地”），是位于底格里斯河和幼发拉底河中间一块宽阔贫瘠的土地，位置大致相当于今天的伊拉克地区。倘若要在这片土地上进行集约式耕种，需要掌握高超的灌溉技术，而只有强有力的集权政府才有可能做到这一点，因此历史学家们把后来的美索不达米亚文明称为“水利社会”（hydraulic society）。在那几个世纪里，这些部落很可能使用农奴修建了大量的土制沟渠。正是这个庞大的水利工程使得高产量的农业耕作和高密度人口成为可能。

在美索不达米亚文明早期，像亚伯拉罕和以弗仑这种有见证人在场的公开土地交易开始让位于保留交易记录的买卖方式。这些交易记录都被保存在公共存档室，建筑学家们就曾经发现过公元前 2500 年左右政府对当时土地买卖的记录，其时距离文字的出现大约只有 500 年。

尼罗河流域农业的大规模发展来得要更晚一些，它们关于土地买卖的记录在公元前 2500 年前后也开始出现。由于埃及的象形文字不如美索不达米亚楔形文字简洁，因而埃及关于财产交易的历史记载不如苏美尔和巴比伦的详细。在古巴比伦，从公元前 2100 年起石柱上就刻着指导人们如何进行土地交易的步骤，并颁布了相应的法律保证它们严格实施，公元前 1750 年颁布的《汉莫拉比法典》更是增加了它的权威性。后来，以色列人在《旧约》的首五卷里详细地描述了他们进行财产交易的情况，首章大约在公元前 1150 年左右完成。

上述三个历史性来源——苏美尔、埃及和以色列都为我们提供了有关古代财产交易的细节描述，遗憾的是，它们都不是描述土地所有制的整体结构的内容。举个例子来说，苏美尔和埃及的宗教神权都拥有大量土地，但土地为个人私有的现象也很普遍。但是我们并不清楚神权所有与私人所有土地的相对重要性及其生产力的差别，也不知道面对贪婪的宗教神权与世俗权力机构，个人私有财产能得到多大程度的保障。

基督教中十诫的教义让有心吞并他人财产的人只能干着急了——它这样写道："不可贪恋人的房屋……" 即便是在公元前 2050 年苏美尔的吾尔三世——当时美索不达米亚南部最严厉的极权统治下，都存在承认皇权授予个人的房屋、土地归私人所有以及收取租约的权利。

"摩西诉讼案"（注意不要同希伯来的摩西混淆）可以让我们对古埃及财产交易过程窥见一斑。大约公元前 1600 年，法老赏赐了一块土地给摩西的祖先——一名海军将领。300 年后，一名叫凯（Khay）的官员很不老实，他向皇家司法部、农业部和财政部的官员行贿，想把这块土地据为己有。摩西在法庭上出示了从当地政府调取的历年纳税记录，成功地粉碎了凯的阴谋。这场诉讼为我们提供了一个保护私人财产免受政府背信弃义伤害的古代典型案例，展示了司法和记录保存体制如何在几个世纪里强有力地保持了家庭土地不被掠夺。

长时间以来，美索不达米亚和以色列对土地买卖的限制越来越宽松。起初，两地的居民可以阻止其他人之间进行土地买卖交易。然而随着时间的推移，财产公有的潮流逐渐演变成财产私人所有的趋势，在公元前700年至前500年的某个时间，土地开始可以自由流通。

财产所有权受土地的自然物理状态所影响，这种状态有两个极端的例子：一极是美索不达米亚南部干旱且宽阔的土地，需要大规模的灌溉工程，因而土地多集中在极少数人的手里；另一极是以色列的多山地形，那里几乎没有什么大片土地是属于某一个人的，倒是个人都拥有小块土地的形式较为普遍。

人治的因素时不时会破坏古代国法的实施。为了在各自的国民当中获得政治支持率，美索不达米亚的国王们通常在上台初期会宣布“免去赋税”，即抹去一切现有债务和税收。这种政策导致了美索不达米亚地区很高的借贷利率。对放贷者来说，由于担心国王随时可能宣布“免去赋税”的政策，那样的话，放出去的贷金就白白葬送了，因此他们通常都对谷物借贷收取33%的利率，对白银借贷收取20%的利率，以弥补随时可能变化的政策带来的风险。

《申命纪》呼吁每7年应该取消一次现有债务①，最激进的《利未纪》这样规定大赦：每50年后要把土地归还给以前的主人。尽管这些规定都是记述在《圣经》里面的，但它们仍然很可能是虚构的。如果它们被照此执行的话，古代以色列的土地市场早就垮掉了。

2.3 被遗忘的早期民主

在颇具影响力的《另一批希腊人》（*The other Greeks*）一书中，古典主义学者维克多·戴维斯·汉森提出了西方民主起源于比雅典伯里克利统治时期还要早几百年的农业耕作社会的观点。汉森的理论指出，私人财产权在山地国家阿提卡（雅典城及市郊地区）的力量增长刺激了古希腊民主萌芽的生长。尽管人们对汉森的观点尚存争议，但它毕竟为我们展示了私有财产权和个人自由权利之间的重要联系。这种联系分别被思想家托洛茨基和哈耶克所观察到，因此它也算得上是一个很“老”的理论了。

① 这就是安息日（sabbatical）一词的来源。

汉森提出的这个理论假设从迈锡尼文明时期（大约在公元前1600年至公元前1200年间）就初现端倪。迈锡尼文明的解体带来了农民、统治者同财产之间关系的一场革命，其影响延续至今。迈锡尼社会与美索不达米亚及封建制度下的欧洲社会有很多类似之处：农奴和奴隶们耕作了大面积的土地，而这些土地的所有权往往都集中在极少数的贵族统治者手里。当迈锡尼文明于公元前1200年神秘地从内部开始分裂后，土地所有权逐渐转移到少部分社会精英的手中。迈锡尼文明分崩离析以后，社会的动荡让一些富有冒险精神的农民开始有机会抛开大片平原土地，给自己圈了不少相对贫瘠的山地（这就消弭了美索不达米亚和以色列人的差别）。这些"新人类"野心勃勃，富有创新精神——这正是自由人为自己的土地干活时所应该具备的特点。也正因为如此，他们克服了新土地贫瘠的障碍，产量很快就超过了旧土地，不少人甚至还把旧土地都接管过来。由于在其他方面彼此平等，自由农民比封建领土所有者更具经济方面的优势。汉森曾对此进行过如下叙述：

> 若要使农业获得发展，没有什么能比自由意志这一因素更强有力了。它能把新思想注入农业发展，从而开辟出一条经实践证明可行的路子，它能从一次残酷的谬误中获取经验教训，它能脱离政府独立摸索出一条生存之道……佃农、农奴、契约佣工或承租人不能以任何有效的方式投资基本作物，如树木或蔓生作物；他们也不会冒相当大的风险在一片不属于自己的土地上种葡萄之类的东西。

这当然不是什么新的概念。亚里士多德就曾断言："民主的最佳形成因素是农业人口，在有大量依靠农业或牲畜耕作生存的人口的地方，民主制度的形成就不是什么难事儿。"

这些早期后迈锡尼时代的农场主们，不论贫富，都可以被称为是最早的"中产阶级"。问题在于，这种边际土地（marginal land）的可利用性表明，民主，以及服务于民主的人对财产权的敬畏只能在像阿提卡山地这样有着大量边际土地的地区才能发展起来。富人们认为没必要花大精力提高边际土地的产量，穷人们有这个想法，可他们没钱投资。因此，生活在平原地带（如马其顿地区和斯巴达地区）富裕的希腊人不会发展民主、财产私有权和个人自由权利，难怪希腊民主政治的反对者和破坏者——亚历山大大帝的拥护者都是来自宽阔、富饶的北部地区。

我们还可以把一位早期的希腊农户赫西奥德称为古代农民中的时尚人物，他创立了可以和新教徒道德规范相媲美的工作规范，至今仍影响着美国农业文化。对于农业耕作，他认为人们一定要带着对土地的敬意，竭尽全力地去耕种。这种观点在任何一个时代都是相当了不起的。皮奥夏地区一位叫赫西奥德的农民在他写的《工作与时日》一书中把这种对土地的奉献价值说得清清楚楚："上帝和人类都会对那些懒汉们感到生气！"

典型的农民会尽可能地把自己生产的农产品多样化，他会同时种植葡萄、燕麦、豆类、水果，同时还会饲养家畜。但是，从长远来看，那几个经济发展的基本要素或命运三女神最终会摧毁这种农庄形式，即便是经营着最多样化农庄的最有经验的自耕农也不能幸免。幸运的是，在西方文明中，那些相互竞争的小农户们，就像希腊的大农庄主一样，都还不懂得现代农业联合风险管理的技术，而农庄的所有权也尚未过分集中。这种情形一直延续，直到亚历山大征服这座古老的城邦，并扫除了当地的一切自治权利，情况才有所不同。

在财产和权力继承几乎总是胜过智慧和干劲的时代，情况却在后迈锡尼时期发生了短暂逆转。这个时代肇始于公元前1100年，它为希腊农民们提供了第一个发展资本主义的机会。他们的人口数量剧增，到公元前700年左右，希腊已经活跃着10万小农户，平均每人所拥有的土地大概在10英亩左右。具有强烈个人主义和反独裁的农民们用现在仍深深植根于现代西方生活的重要理念表明了他们的独立自主性——他们甚至从以下三个方面改变了文明自身的发展路线：

- 他们重视财产私有权——首要的就是对农庄、农具和农产品的所有权。为了避免把他们描述得过于理想化，我们必须看到，他们还很重视对自己奴隶的所有权，那时典型的农民都拥有一到两个奴隶。古代社会里有大量的奴隶，尤其是在一场战争之后，奴隶通常都被胜利的一方当成战利品进行买卖。希腊人通常会在同邻邦交战以后买卖奴隶，那时奴隶数量众多，因而价格也相对便宜——一名奴隶只需要几十德拉克马（古希腊银币，相当于现在的100美元）就能买到，而在平时，一名奴隶可以卖到100甚至150德拉克马。

- 他们珍惜自己的平等权。西方民主其实是孕育于那些从没受过教育、皮肤黝黑、衣着粗糙的农民们身上，而不是那些著名的城市政治家们，如梭伦（Solon）、克里斯提尼（Cleisthenes）或伯里克利（Pericles）（他们或许没有希腊哲学家们那么出名，但是绝大多数都是顽固的反民主主义者）。公元前6世纪和7世纪希腊盛行的金权政治，是一种由财产数量的多少决定选举权的政治体系。幸运的是，希腊的财产都是以小份额的形式广泛散布的，直到公元前6世纪末期，希腊最先进的城邦——雅典，才把完全公民选举权扩展给没有土地的城市贫民。
- 他们的武装力量都自给自足。彼此相邻的农民们一般都会组织一个50~60人的重型装备步兵持盾团，每位士兵都配有全套甲胄（矛、盾、头盔和身体装甲），他们在战斗中密集行进，并摧毁一切阻挡前行道路上的障碍。

这三个因素——私有财产权、金权政治（timocracy）和自给自足的武装力量——之间强有力的相互作用是具有革命性的。农民依此把自己的身份定位在土地、立法集会和步兵方阵，并紧紧依靠着他的邻居们。由于他和他的邻居们组成了自己的武装分队，他们便可以联合起来抵抗来自邻邦的入侵者和自立为王的独裁者，保护自己的财产所有权。而自给自足的武装力量有着更微妙的意义——那时，武装战斗频繁发生，不像在闲散的16世纪和17世纪，每过10年或20年左右才有一次。因此，这些战斗带来的损耗并不高，钱主要是花在全套甲胄上。虽然每套大概要花去100德克拉马——相当于现在的500美元——但是它们可以一代一代地传递下去。那时候的希腊人因此躲过了后来的单一民族国家因征收高额税金用作军费开支而造成的经济掠夺。

他们利用新被授予的选举权建立起了一个稳固的法律框架。这个保护生命和财产权的法律框架比英国法学家们开始构思这些基本权利的时间早了几千年。最终，也许是有史以来头一次，他们的生产力使得很大一部分普通老百姓——不是统治者、僧侣或是军队将领——能够集体脱离耕作的生活。希腊社会成熟的、城市的和非农耕的这一面为后来的西方世界高度重视。别搞错了：如果不是之前金权政治统治打下的农业基础，就不可能有后来希腊的城市国家。西方文明，也就是自由公民享有处理私有财产权力的文明，其赖以存在的基础是起源于比伯里克利统治下的雅典文明还要早几个世纪繁荣起来的城邦。

这些分散的希腊城邦不能够招募武装自给的农民以补充日益升级的对外战争，不能强迫他们交纳最大限额的税金。更为重要的是，即便是专制君主也不能威逼他们，因为一旦得不到公民的一致同意，城邦就无法聚集大规模的武装力量。重装备步兵自我领导，他们的“将军”在方阵中也不过是一个普通的战士，同他的战友一起用手中的武器协同作战。

2.4 梭伦的预言

正如我们所看到的，雅典农田的平均大小为10英亩左右。为什么这些农田的面积都如此之小呢？这很有可能是有意而为之的。大约在公元前592年，出身富商家庭的梭伦被推选为执政官（archow），也就是地方长官。为了避免出现大规模土地丧失抵押品赎回权而引发民事纠纷的情况，他取消了许多农民不得不承受的沉重债务，就像历史上美索不达米亚和以色列曾经采取的“大赦”措施一样。

尽管我们没有看到详细的文字记载，但是梭伦至少应该为大农庄没有在雅典出现承担一部分责任。到公元前8世纪的时候，同其他许多城邦一样，雅典把可用于耕种的大面积土地分割成许多小块，由数以万计的集农民、战士和公民于一身的人单独耕种。苏格拉底把几何学的发展归功于当时对农田面积和收益进行精确计算的需要。小土地耕作变成了一种神圣的制度，以至于后世保守的哲学名家们，包括柏拉图和亚里士多德都对此心怀敬畏，要知道，亚里士多德可是一位为希腊各城邦写过100多篇政治说辞的大哲学家呢。

标志着雅典民主诞生的最重大的事件就是梭伦建立起来的雅典的司法体系。该体系允许普通的雅典市民参加司法集会，就连那些没有土地的非公民自由人也得到许可，而他们仍然被禁止参加立法集会。尽管梭伦不是“发明”民主的人，但他毕竟还是找到了民主得以存在的秘诀——独立于国家权力以外的司法体系。只有这样的司法体系才有能力保护普通百姓的生命、自由和财产。雅典的历史充分地说明，尽管这种司法保障远远称不上尽善尽美，但相对于之前乃至之后的那些司法保障体系，它仍然是一个相当大的进步。我们无法精确了解现代财产权保护盾——法规和法律面前人人平等的原则——的起源何在，但是梭伦的司法改革无疑是最具说服力的一个答案。

那场耗资巨大的伯罗奔尼撒战争（Peloponnesian War，公元前431年~前404年）破坏了希腊当时普遍存在的私人拥有小块土地的形式。高额的战时税金迫使大批农民放弃自己的土地，由贵族掌握大量财产的古老土地所有制形式又重新回归。到公元前2世纪，农场的面积最大可以达到数千英亩。这些大农场通常都由非公民自由人和奴隶来耕作，却只养活了仅够得上过去一小部分希腊人口数量的人。由于这种“合作社”式的农场产出量不如小型农场产出量高，因而国家的总税收实际是下降了。当局不得不继续高额征税，加重了本来就已经很沉重的赋税负担，这样一来，越来越多的农民放弃耕作，从而引发了致命的社会问题。

一个国家若想获得长久的繁荣，就必须让大多数的公民——至少也得有一小部分中坚分子——能够把握经济发展的时机。对于农耕社会来说，这就意味着对土地的所有权。不幸的是，它让太少的人拥有了太多的土地。大量土地日益集中到少数人手中，最终也对古希腊的城邦带来了致命的影响，同样也主宰了罗马帝国的命运。民主，对一个以农业为主的国家来说仅仅是昙花一现。一旦财产不可避免地被过度集中，政治和经济的稳定性就被打破了。

为什么我们要如此关注在一个颇具文化影响力的古代小国里短暂出现的财产权现象呢？它实际为我们揭示了如下三点：

- 只有存在独立的司法制度才能激发有活力的财产权。
- 因经济发展而得来的公民权对社会生产力的发展至关重要。
- 光靠财产权不足以带来活跃且持续的经济增长。

尽管古希腊的政治形态已经发展得比较高级，但它仍然缺乏经济增长的另外三个必要条件：适当的科学构架、成熟的资本市场和高效的交通运输及通信能力。直到 2000 多年以后，人类社会才具备了这四个要素，因而有幸获得了持续的繁荣。

2.5　罗马的财产权

从公元前 500 年罗马建国伊始，到公元前 60 年恺撒（Caesar）、庞培（Pompey）和克拉苏（Crassus）的三人执政时期，理论上来说罗马是一个由两位执政官共同执政的共和国。这两位执政官从贵族中选举出来，任期为一年，他们掌握着国家最高行政权力。掌权者，又称执政官（praetors），共同执掌权力。最高司法官由城市执政官担任，第一任于公元前 367 年被执政官指派。

表面上，执政官不能制定法律。罗马的律例是由大约在公元前 450 年颁布的所谓“十二铜表法”（Twelve Tablets）组成的，后来经过公民大会（popular assemblies）投票，又通过了一套更简明扼要的法例。然而实际情况是，执政官通过压制老的起诉缘由或是利用《执行官法》（ius honoranium）新创一个起诉缘由，从而重新解释和创造法律。

第一任执政官是由两名牧师担任的，但是到了公元前 3 世纪，一个被长期执行的立法传统确立了。这个新体制制定了复杂的财产条例，其中许多条款对现在仍然具有相当的启发性。举例来说，妇女在婚姻状态中依然享有对其婚前财产的支配权，离异后重新享有对婚前财产的所有权。尽管她的嫁妆在婚后成为丈夫的财产，但离婚后又回到妻子手中。对于妇女财产权有一个今天看来奇怪的规定：若要从事正式的财产交易活动，如出售土地或奴隶，妇女必须要有监护人的指导。

罗马的法律当中还有些让现代人感到不可思议的条款。家庭中的老年男子，也就是家长，掌握着家中每一位成员的生死大权。当他还活着的时候，他的孩子或孙子就不能有任何财产。从理论上讲，就算是 50 岁的执政官也得听命于家里的老父亲。不过现实中这也不是什么大问题，因为那时的人都不太长寿。据历史学家推测，当时 40 多岁的人中，父亲尚健在的只有 10% 左右。当然，随着时间的推移，这些规定也日益松懈，首先是士兵可以保留战利品，后来这个范围日渐扩大。

对现代人来说，最奇怪的条款当数这一条：即使是像医生、教师或商人之类的备受尊敬的专业人士也可能会沦为奴隶。在古代罗马，财产权不能给个人政治身份带来任何改变，即使这个人是当时社会上最多才多艺的一位。

罗马人执行着严格的、详细的和高度发达的商业交易与财产权法律。比如：他们深深领会了关于偷盗财物条例的微妙之处。由于过于松懈地执法将刺激偷窃行为，过于严厉的执法又会使得守信交易困难从而阻碍商业的发展，罗马的法律非常严格地区别定义“所有权”（ownership）和“占有权”（possession），因而在必要的时候可以分开判定。

历史第一次有这样的法律将普通交换同价值转让区别开来。普通交换可以满足简单的物质交换行为；而价值转让，尤其是像土地这一类财产，法律规定必须要出具正式的转让文件。

关于资本市场法律条款的制定，罗马人更是大大地前进了一步。他们的法律详细规定了各种不同阶层的贷方。一般来说，能够产生利息的银行存款被称为“借贷”（mutuum）。由于储蓄可以生息，存款人必然会担忧因银行破产带来的风险，在这种情况下，他们得到赔偿的机会就低得多。另一方面，如果存款人不愿意借贷，只是把钱放进保险箱不收取利息，这样他就更容易规避因银行破产带来的风险。

复杂的法律规定了贷款安全条款。现代社会中，大笔贷款通常要用不动产来提供安全保障，这种保障是间接的。假如房产主无力支付分期款项，贷方就可收回房产。而在古代罗马，所有的保障都维系于个人担保，提供担保的人往往是朋友、合伙人或者亲属。如果贷款无法追回，担保人必须承担个人责任。令人称奇的是，债权人仅有一次机会从担保人那里收回资产——他们只能起诉对方一次，如果该次起诉未果，则不允许上诉。因此，为了保护债权人的利益，法律规定他们有权获知担保人的详细信息。在如今的社会中，倘若有人提出这样的贷款担保要求只会遭到拒绝而把关系弄僵；可是在古罗马，这只不过是日常社会责任的一部分罢了。

如我们所料，古代社会严厉处置那些不履行义务的人。在古罗马，哪怕是没法偿还最轻的债务的人，他的财产都可能被全部没收，然后拿去公开拍卖。更极端一点的例子是，债务人被关进囚牢，除非他能偿清债务才会被释放。这项条款在西方世界一直延续到19世纪，被人们称为“债务狱”（debtor's prison）。因此，对不履行义务的惩罚不仅仅是一种法律补救的手段，更应视为维持严肃性远远超出追求公正的一种惩罚形式。因为十分严厉，它却极大地提升了古希腊的日常行为准则，开始用“充奴”的方式惩罚不履行义务的人。

如此严厉的个人担保条律严重阻碍了创新的发展。所有的新投资都绝对不允许自己遭遇失败，干练的企业家们宁愿相信这种投资项目都隐藏着高风险。如果投资失败已经够倒霉的了，要是因此再失去了人身自由可就大大不妙了。1500年后英国废除了“债务狱”并建立了有限责任公司的制度，这大大改善了国家资本市场，并引发了世界经济的飞速增长。

2.6 罗马人的致命缺陷

如果把商业行为放在一种朴素的视界里，那么罗马人的法律的确是使商业活动更加容易进行。然而在社会和政治领域，罗马人的法律是失败的。我们都看到，经历时间的打磨后，古希腊代表的体系正逐渐流行开来，古罗马体系则正好相反。到公元前200年左右，来自对外征服的战利品已经成为罗马共和国经济发展的驱动力，奴隶和战利品源源不断地流入意大利。这股急流促使小面积的土地被人收购，最后形成面积巨大的大庄园。

古罗马用延长军团服役期的方式对贫困的农民课以重“税”，富人们则靠使唤奴隶替他们干农活来逃避服兵役。奴隶是不允许参军的，因为害怕他们会因此而起来反抗他们的主人。共和国的平民大会在公元前133年也确实考虑过要进行一些改革，当时有两位领导人——台比留·格拉古（Tiberius Gracchus）和盖约·格拉古（Gaius Gracchus）——提议分给穷人一些土地。这立刻招致了议会中贵族成员的反对，他们刺杀了台比留，12年后，又刺杀了盖约。共和国的分裂和公元前45年尤利乌斯·恺撒的独裁统治砸碎了共和国最后一点国家责任，同时也终结了古罗马独立司法体系的存在。

共和国解体后，君主亲自制定法律。虽然他们常常要仰赖法律专家们的协助，但仍然有一些君主，特别是像克劳狄乌斯（Claudius）和塞普蒂米乌斯·塞维鲁（Septimius severus），喜欢亲自主持庭审。当然，绝大多数法律问题不是由君主来处理，而是由独立的部门负责。这些部门都雇用了大量的公务员来处理申诉材料。不论职务设置有多成熟，不论设备有多么完备，君主这个至高无上的统治者还是毁掉了古罗马法律。鉴于此，罗马法律同那些原始部落没有多大的区别，都是由首领一人兼任法官和陪审团。

即使是在共和国存在的期间，陪审团也是顶着巨大的政治压力工作。当上了行政长官实际上就踏上了成为执政官的踏板，而当上执政官就拥有了进入位高权重的元老院的敲门砖。共和国的最后几年里，八名行政长官互相抢夺两个执政官的名额，每个人都志在必得，为了赢得胜利不择手段。因此，历史学家们都怀疑那时候是否真的存在司法独立性。相应地，普通罗马人的公民权和财产权也是不稳定的。

在帝国时代，给司法披上独立性外衣的所有伪装都消失不见了。只要君主有这个想法，他就可以制定法律并强制人们执行。这样的政治环境严重损害了普通公民的生命和财产权，因而也大大减弱了他们发明创造和投资的积极性。

罗马的政体还存在另一个重大缺陷：公民权和政治权从属于财产权。这使得整个社会架构的稳定性遭到了破坏。无论是哪种社会形态，奴隶制度和征兵制度都会阻碍财产为多数人掌握。因为大量廉价且自由买卖的奴隶让大面积土地的耕作变得更加容易，加上很多大地主都享有免交赋税和免服兵役的特权，使得情况变得更加严重。如果国家可以要求自由公民服役十年以上并对他们课以重税，那农民为什么不干脆把小块土地卖给那些享有特权的大地主们，这样还能省去自己耕种那么一小块地带来的诸多麻烦。

奴隶制度和超长的服役期在罗马政体中深深扎根，容不得任何对它的质疑或挑战。尽管古希腊也买卖奴隶，但它同时也逐渐放松了对个人享有公民和政治权利的限制。到伯罗奔尼撒战争爆发的时候，所有的希腊城邦都赋予了绝大多数本地男性公民一切基本的公民权利。

这是一个建立在征服者刀锋上的国家。当公元3世纪帝国靠扩张而获得的战利品停止流入罗马时，这一亏空也无法靠对萎缩的农业和商业部门的征税来弥补。公元5世纪，这个庞大的西方帝国瓦解了。

2.7 普通法在英国的出现

财产权的概念几乎是伴随着文明的产生而出现的，甚至还可能出现得更早一些。但对于个人的基本权利来说，情况就大大不同了。古时候，只有希腊少数城邦对此作出保障。那时候的个人基本权利往往是建立在独立的司法系统之上的，它十分脆弱，仅仅在古希腊和古罗马共和国时期短暂出现过；在古罗马帝国和帝国瓦解之后的几个世纪的黑暗统治期间，它消失殆尽，难觅踪迹。

到1600年，个人基本权利同财产权有力地结合在了一起，自此在英国蓬勃发展起来。那时约翰·洛克尚未提出他的自然法（natural law）体系；美国人则十分信奉托马斯·杰斐逊宣称的“生命、自由和对幸福的追求”是个人不言而喻的基本权利。

事实上，在1787年美国那场关于宪法的大辩论中，反对者们认为该宪法无法为他们的自由权利提供足够保障，尤其是对于他们作为“英国人的权利”（rights of Englishmen）无法有效保障。作为对反联邦党（Anti-Federalists）的让步，宪法的附加条例——《权利法案》（*Bill of Rights*），即美国宪法前十条修正案诞生了。第五修正案（the Fifth Amendment）为法律程序的公正性提供了特别承诺，保护公民权利免受不公正执法的侵害。后来的第十四修正案进一步保障了正当法律程序的实施。

现代经济繁荣的起源同财产权、个人基本权利自11世纪伊始在英国发展起来是密不可分的。但这并不表示财产权在别的国家没法独立发展，最被人们所熟知的是它在意大利的文艺复兴时期以及晚些时期在荷兰的发展。但真正到了国王掌权期间，这些权利才获得生机，成为改变世界历史进程的重要因素之一。

我们可以将美国宪法第五和第十四修正案相关条例的血统，甚至将西方发展史本身的起源，追溯至第二个千年开始之初，考察表面上很无能的约翰国王同他的子民以及教皇英诺森三世（Pope Innocent Ⅲ）的关系。在中世纪时期，按理说大多数西方统治者都得听从教皇的命令。实际上，这些小国的统治者将领土上贡给古罗马，之后又被古罗马当成教会属地租还给他们以从中获利。在约翰国王时期，每年可以因此敛获1000银币。从某种意义来说，这种制度是滋养在宗教温床上的。作为回报，国王依靠宗教来威胁那些试图反抗的大臣们，把他们驱逐出教会。而主教对国王的额外补偿就是保护他免受永世无休的诅咒。

但是约翰国王就不吃这一套。1209年，教皇英诺森三世把他驱逐出了教会。三年以后，梵蒂冈正式剥夺了他英国国王的职务。第二年，约翰不得不向教皇低头，答应他的各项要求。

由于约翰输掉了1214年夏为收复诺曼底同菲利浦·奥古斯都进行的那场战争，他急需大笔资金来支持进一步的军事行动，于是他给手下的大臣们施压，鲸吞他们的土地，提高地租，甚至没收他们的财产。约翰的错误在于他没有经过公正程序就专横地掠夺了大臣们的财产，更有甚者，他还常常随心所欲地制定和颁布各项法律和处罚条款。不仅如此，他甚至还侵吞教会的土地，绞死战犯，囚禁大臣们的子女以胁迫他们的父亲就范。

约翰的做法让自己在大臣和子民心中成为了一个暴君。1214年末，人民终于揭竿而起反对他的统治。在罗伯特·费兹沃尔特（Robert Fitzwalter）的领导下，他们占领了伦敦，迫使国王在兰尼米德（Runnymede）同他们进行谈判。1215年6月15日，战士们同国王签署了一份长达63章的协议——《男爵法案》（*Articles of the Barons*），也叫《自由大宪章》，后来被世人称为《大宪章》。自此，这场由下议院贵族领导的、与国内对抗的战斗以贵族胜利告终。大臣们迫使约翰执行协议上的规定，因为他霸占臣民财产的行为严重违背了国家至高行为准则——普通法。

2.8 发生在英格兰的意外惊喜

到约翰在兰尼米德同大臣们谈判的那个时代，英国法理学家早已经为所有英国人——平民、贵族，甚至从理论上来说，还包括君主——搭建了基础扎实的判例法来管理公民权利、义务和刑罚。“普通法”一词指的就是这类判例法的集合。司法判决地位的提高使普通法成为唯一选择。直到1600年，议会很少在没有普通法判例先例的情况下立法。即便是这样，议会成文法也总是对已有判例法的总结和完善——议会很少在普通法管辖范围以外制定法律，更不能通过与普通法相悖的任何法例。

17世纪著名的法理学家爱德华·库克（Edward Coke）非常尊重普通法的重要地位，他把普通法视为高于成文法的法律。在现代社会，人们常常把起源于英国的普通法和起源于古罗马并被欧洲其他各国以及世界上某些国家采用的民法进行比较。二者之间的区别并不在本书的讨论范围之内，但我们如果简要地概括一下，就可以看到普通法着重于法律先例的优先性，使立法部门同政府其他部门分权而立；而民法则规定公共机构的中央集权，立法行为享有优先权。普通法和民法最主要的区别就在于：想要影响依民法而建立的国家制度只需要抓住立法机构开刀就可以了，而对于一个依普通法而建立的国家制度，要影响它可不是一件容易的事情，必须要三管齐下，分别影响政府的三个主要权力分支。

较早的金雀花王朝（Plantagenet）和诺曼王朝（Norman）统治者们都对平民和贵族颁布了较为温和的宪章。而《大宪章》（*Magna Carta*）诞生的戏剧性背景，使它在今后的几个世纪里在英国人心中都占据了重要位置。

《大宪章》为约翰国王和他的贵族大臣们之间的冲突提供了四个解决良方。第一，它迫使国王吐出他过去的非法所得；第二，它敦促国王不得再次实施偷盗、绑架或谋杀行为；第三，它将“英国人的权利”编成法律条文，明确地将此权利赋予每个自由人；最后，也是最重要的一条，它详细地解释了保障这些权利所必需的公正司法程序。

《大宪章》里的很多章节在今天看来还是比较随意的，而且有些定义模糊。例如，第一章和最后一章许诺教会可以不受皇权干涉，第十章和第十一章详解了如何向犹太放债人支付利息，第五十四章规定除非死者是该妇女的丈夫，不然不允许执法机关仅凭该妇女的证词就逮捕疑犯，等等。

最能让美国读者产生共鸣的条款出现在第十二章里。这是同议会席位和税金相关的规定，例如：如不纳税就无法获得代表席位。《大宪章》明确规定，未经“全国公意”（the general council of the nation）的同意，不得征收新的赋税项目。

令人丝毫不感到意外，宪章从第十七章至六十一章都是针对约翰国王滥用职权所制定的管理者公正执行的条例。例如第二十章禁止不公平的罚款，禁止没收人们必要的生活工具的惩罚。那么，什么才能够决定处罚的公平与否呢？只有“国法”（the law of the land），也就是英国普通法。《大宪章》第二十八章至第三十一章就是禁止国王获取各类特殊财产的专断权的相关规定。

这是历史上首次将国王权力归置于法律的管辖范围之内。第三十九章作出了最为重要的一个承诺，它规定国王不得任意对一个自由人“如未经其同级贵族之依法裁判，或经国法判决，皆不得被逮捕、监禁、没收财产、剥夺法律保护权、流放或加以任何其他损害”。

这些保障措施还被赋予了每一个自由公民，而不仅仅是赋予那些牧师、伯爵或男爵们。换句话说，国王不得随意剥夺任何人的生命、自由和财产。公正的过程是必需的，这比库克、洛克和杰斐逊的理念早出现了近 6 个世纪。

还有更坏的消息在等着国王呢。第五十二章和第五十三章强制他把在签署《大宪章》之前几年里非法敛聚的财产统统归还给原主。对约翰国王来说最恼怒的事情可能是第六十一章里面的规定：成立并授权由 25 名男爵组成的监督委员会，以期在必要的情况下纠正王权的不公平行为。

《大宪章》还替自由贸易权利小小地战斗了一番。第四十一章和第四十二章禁止国王在非战争时期阻挠本国和外国商人的自由旅行和商业活动。

自从古希腊民主政治带来的短暂平静生活以来，再没有哪个法律能像《大宪章》这样给如此多的普通人赋予如此多的自由权利。伴随着这种自由权利而来的即是走向繁荣的契机。毫不夸张地说，约翰国王在 1215 年 6 月 15 日作出的让步是引发世界经济爆炸性增长的一个飞跃性政治进程。

与此形成鲜明对照的是，个人权利之花仅仅在希腊领土上的几条山谷内开放了4个世纪，局限在用不了几天就能徒步走完的雅典市场(agora)。古罗马帝国的法律根本就没有提供对个人基本权利的保障。试图限制君主的权利不仅不可能延长执政官的任期，而且在任何情况下也不可能取得成功；试图限制中世纪欧洲各国统治者的权利也是徒劳的。不论是出于何种目的被制定出来，《大宪章》都是引发个人基本权利和财产权爆炸的导火索，它带来的震动波及全球，影响延续至今。

8个世纪之后，仍有一些国家没有受到这场革命的冲击。然而，我们不能否认这是一个持续的过程。普林斯顿大学政治科学家迈克尔·多利（Michael Doyle）追踪了“自由民主政治”的发展历史，他所说的“自由民主政治”就是典型民主政治、司法权和财产权（如市场经济）。下表中所列的数字就是表示符合上述条件的国家数量。从表中我们可以看出，18世纪末仅有三个国家符合这项条件，分别是英国、美国和瑞士。如表中所示，过去的两个世纪里，“自由民主政治”国家数量增长迅猛，中间仅有一次因法西斯战争的爆发而使其有所减少[①]。

年份	自由民主政治国家
1790	3
1848	5
1900	13
1919	25
1940	13
1960	36
1975	30
1990	61

不消说，自由民主政治在英国的发展并不是在兰尼米德的那个美好的春日里一下子就达到全盛，但那天无疑将自由民主政治的种子播撒进了肥沃的土壤里。关于《大宪章》存续的重要性，大卫·休谟（David Hume）如是说：“君主，甚至贵族们残暴的权力自此受到了越来越多的

① 弗朗西斯·福山（Francis Fukuyama）为“自由民主政治”给出了一个更好的定义：“自由”是指个人的基本权利，特别是财产权受政府保护。“民主政治”是指一个国家的领导人是通过多党竞选、不计名投票被最广泛的全民公选出来的。根据这个定义，19世纪的英国是自由但不民主的国家，而伊朗是民主但不自由的国家。原文出自：*The End of History and the Last Man*，（New York：Avon Books，1992），42-44。

限制：人民获得了更多对个人财产和自由权利的安全保障：而政府也更加接近了终极形态……”

狡猾的约翰对这份协议当然怀恨在心，很快，皇室就开始进行反扑。1215 年 8 月 24 日，约翰国王从梵蒂冈那里捞回了他极不情愿地臣服教皇的好处：教廷出面宣布《大宪章》无效。幸运的是，这以后不到一年，这个老恶棍就一命呜呼了。他的儿子亨利三世继任后，要求摄政。年幼的国王和他的摄政大臣们向起义的革命贵族们妥协了。在他们的威迫利诱之下，摄政大臣们二度确认了宪章的合法性。亨利三世正式掌权后，他在特别庆典上重新颁布了这部宪章，并于 1225 年对这部宪章进行修订，形成了一个 39 章的新版本。

1225 年亨利三世颁布的这部大宪章被多数学者视为迄今为止最权威的《大宪章》版本。亨利三世和他的继任者爱德华一世对这部法律的修订多达六七次，而在后来的几个世纪中，英国国会也不断对其加以修订，巩固了它的重要地位。

1225 年宪章的第二十九章取代了 1215 年宪章的第三十九章。在此，我们有必要再次摘录这一段文字，它是目前最广为人知的从拉丁文译过来的一段文字：

> 任何自由人都不得无故被逮捕、关押、剥夺财产和自由权、课税、流放、驱逐或遭到其他各种形式的伤害；除了被与同地位平等的人或按国法的条例判决，任何人不得对其行为进行裁判或诽谤。我们不轻视任何人，除了遵从公平和公正的原则，我们决不屈服于任何人。

这段文字对人的基本权利的宣告充满正义的力量，完全超过了较早版本中第三十九章中类似的描述。它取代了老版本对自由和税收的狭隘保护，用一种更加全面的方式从更广泛的意义上保护了人权和税收——每个人都平等地享有“公平或公正”的权利。美国宪法中的《人权法案》几乎所有内容都是从这段著名的文字中演绎出来的。新的宪章禁止国王任意剥夺任何公民的自由权利，从那以后，对任何人的自由和财产权的剥夺都需要经过公平程序。

1215 年和 1225 年的英国大宪章使人们的财产得到保护，免受贪心的皇室吞噬。两个版本中均有大量详细条文严格规定国王不得随意掠夺私有财产，如玉米、马车等物品，并为后来的美国宪法第五修正案提供了参照条文。

13世纪的法理学家、法典巨著《英格兰的法律与习惯》（*de logibuset conswetudins anglias*）的编撰者亨利·布拉克顿（Henry Bracton）很早就认识到了《大宪章》革命性的意义。他认为《大宪章》于历史上首次明确地将国王权利置于普通法的约束之下："国王不必服从任何人的命令，除了上帝和法律。因为是法律使他拥有王位。"因此，不论是农民还是国王，任何人在法律面前一律平等的理念第一次登上了人类历史的舞台。既然这项规定适用于国王，自然也适用于法官和国会议员们，这也为个人财产权的稳固增加了筹码：如果法律同样也适用于制定法律的人，那立法者便很难随意剥夺他人的生命、自由和所有物，否则他也将遭到同样的境遇——这是显而易见、不言而喻的。

自古希腊时代以来，第一次有一部法律能够平等地对待每一个自由人，不论他是身份低微的农民还是高贵的国王。古罗马和中世纪各国的法律则大不相同，在那些国度里，法律是有阶级性的，针对不同的人有不同的法律适用性。只有在英国和古希腊的一些城邦内出现的全民平等的意识，使得法律的这条基本原则得以出现，最终出现了对个人财产权的法律保护。即使对丘吉尔时代进行最宽容的解读，它依然不代表专制的终结，甚至不能被视为专制统治终结过程的开端。然而，尽管如此，在1215年开始的专制政权的动摇仍然成为了英语国度里民主自由政治出现的第一线曙光，自此，专制体制解体的过程在全世界范围内缓慢地、步履蹒跚地进行着，一直走到今天。

在随后500多年的时间里，继任的诸位英国统治者以各种形式不同程度地冲击着个人财产权或法律的基本规范。要不是在一代又一代的法理学家、哲学家和国会议员们的不懈教化与捍卫下，在遍历金雀花王朝、兰卡斯特王朝、约克王朝、都铎王朝和斯图亚特王朝以后，个人财产权和自由权利的微弱火焰随时都面临被扑灭的命运，如果是那样的话，如今西方世界里的繁荣景象可能永远都不会出现。对此，作出最大贡献的人当数这两位了——爱德华·库克（Edward Coke）和约翰·洛克（John Locke）。

2.9 刻画了财产权雏形的人

兰尼米德会议之后的那个世纪里，英国人开始将《大宪章》以及后来颁布的一系列获得皇室和议会许可的修订版视为个人自由——英国人基本权利的保护伞。爱德华·库克爵士在这股潮流中于1552年降生在诺福克（Norfolk）的马尔汉（Mileham）。从剑桥大学毕业以后，他转入伦敦的林肯学院学习法律，迅速地成为了法律界一颗耀眼的新星。由于具备了丰富的法学知识和司法技巧，年纪轻轻的他就接触到了当时厚厚的法律判例卷宗。很快他就成为了那个时代最伟大的法律实践家，身居司法和立法的最高职务，甚至还担任了下议院的发言人。虽说库克是个十足的聪明人，办事也相当诚实谨慎，但他在法庭上的表现可以说是相当大胆。有一次，他作为首席检察官对沃尔特·罗利（Walter Raleigh）爵士提起公诉，对这位伟大的人物，他以相当轻蔑的口气说了一句著名的话："你长着一张英国人的脸，跳动的却是西班牙人的心！"

1606年，库克被任命为民事诉讼庭的法官，后来又被擢升为内阁大法官。他那些令人吃惊的举动更是增强了他的独立司法权威，助长了法庭同国王和议会相抗衡的力量。从很大程度上来说，他的一些判决和意见构成了现代意义上行政、立法和司法三权分立制度的根基。

都铎王朝的司法机构是枢密院（Privy Council），奉行的是罗马（民）法，这使得枢密院和王权的其他机构维护君主的神圣权利得以延续；而在英国的常规法庭中奉行的却是普通法。于是，两者之间的冲突不断，17世纪时，法院、国会和国王之间的斗争激烈程度达到了顶点，这实际上就成为了常规法庭同罗马式的皇权法庭之间的斗争。

库克的对手不是别人，正是那位赫赫有名的弗朗西斯·培根（Francis Bacon）爵士——詹姆士一世国王的首席检察官。他们俩之间最著名的一场交锋是发生在1606年，那年利奇菲尔德（Litchfield）大主教向国王詹姆士发难，声称国王欠发了曾向他许诺的银饷。詹姆士对此拒不认账，还请求法庭容他同审判员们私下商谈后再作出判决。这种要求要是搁在今天，肯定会让人觉得不可思议，但在17世纪却一点儿也算不得什么新鲜事儿。当然，库克驳回了国王的请求，并促成法庭以文书的形式宣判国王的要求是不合法的。

詹姆士这回可是大大的不高兴了，他把法官们召集到议院，希望能推翻之前的判决。其他法官都吓得瑟瑟发抖，跪着恳求获得国王的宽恕。只有库克毫不畏惧，他十分镇静地告诉国王自己是不会屈服的。尽管国王一再施压，库克都坚持自己作为一个大法官的职责。

詹姆士怀恨在心，于是把库克免了职。好在他是为了普遍百姓的利益说话，因而获得了广大人民的拥戴，幸运地保住了自己的脑袋。后来，他重返议会，但本性依旧不改，仍然不断地为了捍卫议会的权利而与王室特权进行斗争。多年之后，查理一世国王掌权期间，库克的作品被皇权无情地践踏，很多见解被粗暴地删去，不允许公开出版①。

在当时的背景下，这段传奇虽然算不上经典，但已颇具象征意义。古代希腊人首先意识到个人财产权的保护神是一个独立的司法系统；如今在欧洲历史上，第一次有一名法官胆敢站出来同国王面对面地进行交锋。也许，当库克面对詹姆士的压力表示自己绝不屈服的那一刻，内心也有着同样的念头闪过吧。在古代，违抗王命无疑将断送性命，但是在17世纪的库克时代，皇室早已不再拥有这种至高无上的权力，因而库克走的这一步棋算是有惊无险了。

而最让库克名垂青史的成就莫过于他的皇皇巨著——四卷本的《英格兰法总论》（*Institutes of the Laws of England*），成书时间大概在1600年至1615年间，全书凝结了他多年行政和司法工作的经验。事实上，本书的最大受益者是当时英国在美国的殖民地，因为它是殖民地法律体系的核心，深深影响了殖民开拓者们的立法观念。有人曾经无限感慨地评论说，就算是库克犯的错误都够格写进普通法里去。

这部书确立了《大宪章》为英国普通法的基石。库克对这部宪章1225年版本极为欣赏，他称赞道："这部被称为《大宪章》的法律之所以成其为'大'并非因其长度亦非因其广度而得名，事实上，恰恰是其中所包含内容的重要性成就了它的伟大，简而言之，皆因其乃众法之基

① 就在库克与国王发生冲突的15年以后，也就是1631年，查尔斯国王极力阻挠出版库克的集子，因为"他简直被当成了一个圣人，以至于老百姓都遵照他说的和他写的去做"。参见 William Holdsworth, *Some Makers of English Law*（Cambridge：Cambridge University Press，1966），116－118.

的缘故。”

库克的伟大之处在于他敏锐地洞悉到普通人所需的保护不仅是来源于国王的善心，还要有议会的参与；而对这种保护权的保障自然就落在了普通法之上，亦即“保护每个主体的人生来即被赋予的最基本、最重要的权利——财产、收入、家人、身体、名誉和生命等权利”的法律。

尽管各个不同版本的《大宪章》对普通人权的定义有所混淆，含糊不清，但库克始终坚持一点：《大宪章》保护所有自由人的权利，而不是仅仅保障贵族、皇室和教会的权利。他认为1225年版本的第二十九章是英国普通法的核心章节，并将其解释出了至少九个分支体系。上述这些使得任何一个案件只要与监禁、没收财产、剥夺法律保护权、流放和死刑相关，就必须有公正程序介入。另外，他还认为第二十九章的内容能够防止国王在任何情况下任意判决、直接刑罚、买卖个人权利或侵扰公正，或赋予任何人特殊权利。

值得一提的是，1215年在兰尼米德签署的那份《大宪章》中还有这么一条——第六十一章——规定，由贵族组成的委员会可以监督国王，1225年亨利三世时期的版本却没有出现这一条。而到库克写《英格兰法总论》的时候，司法机关早已经肩负起了监督国王的职责了。到了1628年，库克向议会陈述：“有了《大宪章》，国王就没有必要存在了。”

库克的种种言论影响深远，深深地渗入英国人和美国人的法律体系中，这些言论读起来并不有趣，但是它的影响深远，至今尚留有余音。

波恩医生案就是库克式法律体系下的一个典型案例。托马斯·邦汉姆（Thomas Bonham）是一名生活在伦敦的医生。那时，经国王亨利八世授权，议会批准，只有伦敦医生协会（Physician's College）有权给伦敦市的医生颁发从业执照。尽管邦汉姆完全具备行医能力，但遗憾的是，他毕业于剑桥大学。由于医生协会垄断了执业资格，且没有颁发给波恩行医资格证，所以他们把波恩关进大牢，还处以罚款。

1610年波恩对协会提起诉讼，状告协会错误地关押自己。库克是这个案子的主审官，他本人十分同情这名医生。尽管他承认学院为了保护公众健康不被庸医葬送而负有颁布医生执业许可的责任，但他仍然判决协会没有公正地对待邦汉姆医生，因为他完全有能力成为一名合格的医生，但协会的做法剥夺了邦汉姆先生的基本权利之一——生存权。这个审判结果让库克先于亚当·斯密200年、先于谢尔曼（Sherman）的《反托拉斯法》300年率先提出：不受垄断阻碍的自由市场也是一种基本权利。库克在法例中这样写道：“一般来说，所有的垄断都是不符合《大宪章》精神的，因为它们违反了主体个人的自由和自主权利，因而也是与国法相抵触的。”

医生协会企图用自己在行业中的地位来掩盖其垄断行为，在中世纪，行业协会一向是以高行业标准的守护人的面目出现的。事实上，行业协会就是一个企业联合体，它人为地抬高了行业的准入门槛，并保持高价格水准。普通法一般认为一个卖家形成垄断，而行业协会由多个卖家组成，这样就可以免除普通法禁止垄断条款对其的约束。国王常常钻普通法（1624年议会将其编入法律）中的空子来特许垄断，而这个小小的便利使得英国的商业竞争和经济发展受到极大阻碍，影响一直持续到19世纪。库克还注意到，医生协会还违反了普通法中规定的“无私裁决”规则，因为它对邦汉姆罚款10英镑。他于是规定，任何一个执法实体在与其切身利益相关的案件当中都不允许作出此类裁决。

当代的法理学家可能会提出异议：“重要的是过程而不是结果。”在多数判例法中，最重要的结果就是审判程序，而不是实体本身。库克对这个问题的处理简直是惊世骇俗，他认为，议会居然授予医生协会关押和处罚医生的权利，这肯定违反了普通法里“公正程序”的条款。于是，库克主张执法机关应当监督王权和议会权利。这个主张的确实施了一阵子，但最终英国下议院还是在1688年的光荣革命后踩在了司法机关的头上。在斯图亚特王朝的纵容下，议会丝毫没有把新获得的权利交还给司法机关的意思。直到今天，英国的议会仍然凌驾于法庭之上，而在远离英国本土的美国殖民地区，却仍然在谨守库克的教义，使其司法权威性深植于整个国家体系中。

有人说司法机构的权威性只有获得了清晰、强有力的宪法条款的支持才可能得以实现，基于这一点理由，它在英国没有发挥作用，而在美国却得以体现［然而美国宪法中并没有明确规定司法权威性，只不过是约翰·马歇尔（John Marshall，美国首任最高法院大法官）的一个偶然之作］。不管它究竟源自于何处，是库克为美国宪法中的分权制度提供了最坚实的哲学基础。

到17世纪初期，我们如此重视的个人财产权同个人基本权利的结合在英国建立起来了。用现代人的观点来看，库克借用普通法的力量坚持保护这些权利无疑是一个巨大的历史进步。然而，在那个世纪，许多观察家则完全不这么认为。那时，人们对现代欧洲的理解就是新组成的、中央集权的、单一民族的、以重新被解释过的罗马法为国家宪法的国家，因此英国当时就被视为停滞不前、一潭死水的国家。这样，库克所坚持的普通法，也就是从混乱的中世纪裁判权中发展而来的判例法，就被视为是过时的、毫无希望可言的法例①。

17世纪以库克借普通法之手对皇室特权的削弱直至其最终消失为开端，以血腥的国民革命为武器，议会得以最终掌权。尽管库克关于司法机构权威性的主张成为了议会在1688年国民革命胜利后的牺牲品，但革命因推翻王室而收获的果实一点儿也没有少。

而在18世纪，约翰·洛克和美国殖民地将司法机关同议会权力的福音传遍西方世界的各个角落。用三权——行政、立法和司法——来分隔并约束国家权力的过程甫一完成，个人的自由和财产权就紧跟着被确立了。

到17世纪中叶英国国民革命时期，英国人的财产比以往任何时期都更有安全保障。然后，由于其他三个因素尚未得到充分发展，英国此时仍然未能出现繁荣的迹象。在接下来的200多年内，英国将逐渐具备其他三个要素，在19世纪时蒸汽机和电报发明后条件完全成熟。就在那个时刻，英国及其殖民国家在财产权的驱使下，实现了前所未有的繁荣。

2.10 约翰·洛克——财产的基本法

如果说爱德华·库克是为自由和财产权的结构搭起了架子，那么约

① 在库克的时代，普通法法庭正在与国王的谘议会议（King's Council）、大法官法庭（Chamcery）和海事法庭（Admiralty）争夺哪个更杰出。谘议会议由国王主持，并直接对国王负责，另外两个法庭主要处理商业纠纷。谘议会议最臭名昭著的是星法院（Star Chamber），它和宗教裁判所一样使用酷刑。在显示出优于其他三个竞争对手后，普通法法庭更多地优先采用判例法。参见 Holdsworth，111-13，131-32.

翰·洛克就是一位精心装饰架构的雕塑家，他极富艺术感地将这两者的精髓和魅力传达给全世界的人们。

在库克死后不久的 1632 年，洛克出生于英国国民革命的飓风中。这场革命对于英国议会来说不啻于一场同斯图亚特王朝生死攸关的决战。洛克的父亲是一名清教徒，教育孩子的工作完全由自己在家完成，后来又把洛克送到议会一方的军队中接受军事训练。年轻的洛克曾这样写道："从我懂事时起，我就发现我置身于一个巨大的漩涡中，这种感觉延续至今。"他的职业生涯与他在牛津的好朋友安东尼·阿什利·库珀（Anthony Ashley Cooper）［即后来的沙夫茨伯里伯爵（Earl of Shaftesbury）］密不可分，这位伯爵日后成为他的赞助人，而洛克也是伯爵最信任的顾问。

沙夫茨伯里后来在国民革命中站在了议会这一边，在这场革命运动轰轰烈烈的进行过程中，他们两人分别被迫逃居国外。沙夫茨伯里于 1675 年逃离英国后，洛克也去了法国避难，之后才返回伦敦和牛津。在牛津的日子里，他写下了启蒙性的著作——《政府论》（*Two Treatises of Government*），书里陈述了他关于自然法和财产权的理论。1681 年，沙夫茨伯里因参加反查理二世的阴谋集团的罪名被捕入狱，由于对生命安全的担忧，加上出狱后健康状况不断恶化，沙夫茨伯里在逃往荷兰的第二年也就是 1683 年病逝。

沙夫茨伯里死后，洛克依然留在牛津，他的内心充满恐惧，担心有一天会遭到国王的报复。事实上，便衣时常监视他在大学里的私人谈话，最后，他不得不像沙夫茨伯里一样逃往荷兰。1688 年，光荣革命最终以议会的胜利而告终，洛克作为英雄凯旋而归，但他仍然惧怕国王会卷土重来，直到他死去也没敢承认《政府论》是他的著作。

《政府论》一书是为了回应罗伯特·费尔默（Robert Filmer）《君权论》（*Patriarcha*）一书而作的。洛克大概在 1680 年就开始动笔，但直到 1690 年此书才能正式出版。费尔默的书完全是为了迎合当时独裁立法的吹捧之作，他认为普通法和财产权是源于王权的神圣性；而在《政府论》一书中，洛克认同霍比斯的观点，即在自然状态下，生命是"孤独的、贫穷的、肮脏的、野蛮的和短暂的"，出于生存的需要，人们组织政府来保护自己。从这里便产生了分歧：霍比斯认为解决问题的办法是组成一个集权主义国家，即“利维坦”（Leviathan），而洛克则主张建立一个良性国家体制，其最终目的就是要保持财产的完整性（出于公平，霍比斯置疑了王权的神圣性，并将政府立法体系的起源归功于普通人民的权利）。但是，根据洛克的自然法，国家立法体系是起源于对这种保护责任的推脱。如果国家不能很好地保持财产完整，“立法者会想尽办法夺走它们，损害老百姓的财产权”，那么这个国家政权随时都可以被取代。因为“他们（立法者）把自己置身于一场同人民进行的国家战争之中，而人民从此可以不再听从他们的命令”。

如果说洛克的《政府论》反映了1688年后期英国的普遍呼声，那么它对于生活在美洲殖民地的人们来说简直是天籁之音。他们紧紧地抓住这个信条，以此作为起义的合理性借口。的确，《政府论》里有很多条款几乎原封不动地被搬进《独立宣言》中，其中就有以下的内容：

> “人们既生来就享有完全自由的权利，并和世界上其他任何人或许多人相等，不受控制地享受自然法的一切权利和利益，他就自然享有一种权力，不但可以保有他的所有物——即他的生命、自由和财产——不受其他人的损害和侵犯，而且可以就他认为其他人罪有应得的违法行为加以裁判和处罚，甚至在他认为罪行严重而有此需要时，处以死刑。”

同著名的《独立宣言》中的第三段文字比较一下，“我们认为下面这些真理是不言而喻的：人人生而平等，造物者赋予他们若干不可剥夺的权利，其中包括生命权、自由权和追求幸福的权利。”

英语语言的演变使我们今天读来更倾向于接受杰斐逊的表达方式，但考虑到两者的相近程度，他应该很庆幸在1776年尚未出现反抄袭的法律。

还需要提醒注意的是，杰斐逊把洛克写的“财产”一词改为了表意模糊的“追求幸福”一词①。哥伦比亚大学历史学家查尔斯·比尔德（Charles Beard）在1913年发表的《美国宪法的经济观》一文中提出一

① “追求幸福”也不是杰斐逊最早使用的。在弗吉尼亚《人权宣言》的早期草稿中，乔治·梅森（George Mason）使用了“通过获得并拥有财富，享受生活和自由，追求并获得幸福和安全”这样的话语。参见David Greenberg，“Debunking America's Enduring Myths,” *New York Times*, 29 June 2003.

个令人吃惊的观点，他认为文件作者有出于经济利益考虑的私心。洛克关注的是财产权，他对美国的开国功臣们造成如此深远的影响，说明他很可能洞悉了美国革命本身就是与财产密不可分的。举例来说，在下篇中，洛克谈到法制国家向公民征税的合理性，但同时又警示如果“征税人未征得民众同意而强行征税，他就侵犯了有关财产权的基本规定”。

洛克用自然法的方式来陈述他关于个人自由和财产权的观点，这样，他几乎就等于找到了普通法中最令人敬畏的经济潜力所在。人类社会，即使是最初或最原始的社会形态，都有管理风俗、行为直至财产权的规则。法学家布鲁诺·莱奥尼（Bruno Leoni）曾这样写道：“罗马人和英国人有一个共识，那就是法律实际是一个早已存在但并未完全被发掘的东西，而不是后人凭空颁布的东西。任何社会的任何人都不可能有如此强大的力量能在自然法的管束下随心所欲，恣意而为。”同样，秘鲁经济学家赫尔南多·德·索托（Hernando de Soto）在他的代表作《资本的秘密》一书中指出，人们是不会听命于强行颁布的法律的，成功的司法系统应该植根于社会固有的文化和历史中。换句话说，财产权应该很容易被人民大众理解和接受。

自然，没有哪个法律体系会同人民的历史智慧完全合拍，同时还能保护个人自由与财产权，就连英国的普通法都做不到。即使是今天，这一点在繁荣的国度中仍然无法实现。

2.11 智慧财产

财产不仅仅是有形的，它也可以是知识和智慧。从1730年开始，在世界范围内发动了一场前所未有的科技革新运动，这场运动持续至今，催生了专利法案。经济学家道格拉斯·诺斯指出，发明创造同时为个人和社会带来了好处，给发明者和社会带来了收益。如果法律不能给予发明者以足够的奖励和保障，他将失去发明创造的动力。通过对发明者提供丰厚的回报，社会也将受益。如果可以随便获取别人的发明成果且不被惩罚的话，那么没有谁会愚蠢到把大量的资金、时间和精力投入到创造或大批量生产一项发明中去。在封建主义的中国，情况比这还要糟糕，皇帝可以轻易地占有一项新的发明，中国古代的发明，如印刷、造纸以及票据等都遭此厄运。

当然，我们说"知识产权"时，通常是指发明（即专利）、文字作品（即版权）和商标。在这一部分当中，我们将着重讨论关于专利法的问题，因为它在经济上最重要。

上述三种形式的知识产权都是由其所有者独占发明、作品和商标的使用权。正如其他财产，这种独占权是具有可转让性的——只要所有者愿意，它们可以被出售给其他人。不幸的是，垄断的历史可是向来不怎么光彩的，统治者往往将垄断权授予亲信、行业协会或个别商人，以换取国家税收。

在第8章我们将会读到，中世纪和早期现代时期，垄断权的授予是国家税收的主要来源，这一点在法国和西班牙尤其突出。然而，这种做法的后果就是阻碍了发明创造、抑制竞争。更有甚者，这种由政府授予的垄断权利需要昂贵的国家机器给予保障，甚至需要庞大的官僚机构去执行。

我们在第7章还将读到在英国和荷兰首先实现经济发展的主要原因。这是由于当地政府废除了垄断行为，用特许权税取代成为国家收入的主要来源。

于是，我们遇到了专利法的一个核心悖论：对于发明者利益保护的缺失会打击他们创造和生产的积极性，而过度保护又会抑制竞争和商业的发展。在意大利的文艺复兴时期，对于专利的保护在商业和贸易领域中显得尤为重要。1421年，佛罗伦萨的第一份有记录的专利授予了菲利普·布鲁涅内斯基（Filippo Brunelleschi）——著名的佛罗伦萨天主教堂圆顶的设计师，他获得这一专利是由于他的设计和用一艘大船把建筑圆顶需要用的大理石和其他材料从阿尔诺河（Arno）运往市区[①]。到1474年，威尼斯议会通过了第一部专利法：

> 我们当中存在着一些天才，他们擅长发明和发掘独特的装置。

① 这艘名为Badalone（海上怪物）的船在一次运送修建教堂用的白色大理石时沉没在阿尔诺河中。参见Bruce W. Bugbee, *Genesis of American Patent and Copyright Law* (Washington, D.C.: Public Affairs Press, 1967), 17-19.

> 由于这座城市的美丽和美德，越来越多的天才从世界各地来到这里，现在，如果我们规定这些精巧的作品和装置是由这些人创造的，那么其他人就不能依样制作或抢占发明者的荣誉。这样，越来越多的人就可以更好地发挥他们的天赋，发明和制造更多伟大的工具以造福整个社会。

这部专利法规定发明者们从共和国社会福利总署申请专利，如果发明者能向总署证明该项发明是原创的，并且具有实用功能，总署就会授予他为期十年的专利权。而仿造品必须被销毁，仿造者也将被处以100达克特（相当于今天的4000美元）的重罚。这部法律在当时来说简直是一个奇迹，它认识到了专利刺激财富创造的社会价值。而最为重要的一点就是，它只是在一定期限内将垄断权排他性地授予原创者。

跟意大利不同的是，早期的英国垄断和专利权并不是一件有益于社会的事情。国王时常会把垄断权授予有价值可利用的从业者，比如在14世纪、15世纪的时候，王室为了吸引佛兰德手艺精巧的羊毛纺织匠和布匹织工到英国去，便赐给他们垄断特权。然而实际上，宫廷往往会将垄断权的归属作为利益的交换条件，这种皇室文书被人们称为“专利特许证”（letters patent）。在这里，“专利”一词表示这种特许并不是封闭式的，也就是说，专利仍然是处于公共状态，不为某个人所独有。而且，英国专利授予的程序也远不如威尼斯的公正。威尼斯的做法是依靠公共机构执行并形成了一套严格的申请手续，而英国国王的授权全凭个人好恶。伊丽莎白一世就是一个典型的例子，她滥用专利特许证为自己大肆谋利，沃尔特·罗利爵士就是因为深得她的宠爱而获得了禁酒令的独断权。

1571年，也就是伊丽莎白统治的早期，议会开始首度反对王室的这种做法。伊丽莎白却不畏惧，依旧我行我素，把很多需要长时间生产的工艺行业的垄断权利授出，如盐业、硝石和润滑油等的制造权。1597年经济萧条时期，人们不得不在收入锐减的情况下花高价购买垄断产品，这更加剧了人们对女王的愤怒。这一年，议会宣布垄断违反了普通法。到了1601年，女王又出尔反尔，恢复了她从前授予的许多垄断权。5年以后，在英国就上演了库克与女王的继任者、国王詹姆士一世抗争的一幕。16世纪末的英国在历史上显得如此重要，因为法律的日渐强大削弱了王权，从此英国走上了国民革命的道路。

在这之后，法律与王室之间纠纷不断，其中最著名的一个例子就是达尔西诉阿林（Darcy v. Allin）案。当时法庭发现伊丽莎白把独家出售扑克牌的权利授予了她的男仆达尔西，于是判定这种做法是违背普通法的。

然后，法庭承认"新发明"的垄断权，认为这种垄断"在国内提高商品价格并不违法，不危害国家利益，不会损害对外贸易，或者不会带来不便之处"。1615 年伊普斯威奇（Ipswich）纺织工人案中，法庭就裁定国王詹姆士一世授予的垄断特权是合法的，因为它规定了有效期限，并且是适用于一项新发明上。

对专利权的保护有两个条件：新颖性和有限期限。这两个条件至今仍然发生效用，奠定了当今西方社会专利法的哲学基础。1624 年，议会把多年积累的判例法汇编成一部《反垄断法案》，这部法案除了保护满足上述两个条件的垄断外，其余皆被视为违法的垄断行为。

实际上，判例法和法令仍然解决不了英国专利权程序中存在的根本性问题：专利权仍然由国王来授予，而王权依然会滥用这项权利。专利权问题在英国国民革命中竟然微不足道，议会只是要求王室缩减皇家授予垄断权的特权。另外，申请专利权的过程很复杂，令人头疼。通常一个发明者想要申请专利，必须得跑上十个不同部门，交 100 英镑左右的费用才能办下来，而且因专利而获得的报酬也相当微薄。直到 1852 年，王室才逐渐退出这个领域，不再插手专利事宜了。

而从一开始，美国专利程序就吸取了英国人的教训。美国革命之前，很多殖民地区就已经有了相当完备的专利管理程序，同英国比起来要简便且高效得多。1781 年独立战争胜利后，羽翼初丰的合众国在专利法方面完全超过了英国。

《联邦条例》（Articles of confederation）限制了美国政府的外交政策和战争行为，将征税和商业行业规范以及专利等权利下放至各个不同的州郡。但是，这种分权体制中存在的一些弊病也日益暴露出来——如果一个发明者在宾夕法尼亚州注册了专利，他的专利权到了纽约州就不再有效，他的发明可以被人任意复制，因此发明者就不得不在纽约州再度申请专利保护。这样就会陷入一个在各个州里不断循环上演的复制与反复制诉讼，最终导致局面失控。

美国的开国元勋们深知知识产权的重要性，而国家宪法的主要缔造者詹姆斯·麦迪逊（James Madison）更是重视这个问题。在弗吉尼亚议会的时候，他就积累了丰富的关于专利问题的经验，并且清楚地意识到13个陪审员审判制度将成为专利法体系的软肋。于是，在北方工厂主的强劲支持下，麦迪逊把以下内容写入了宪法第一章内：“国会有权……保护作者或发明者对于自己的作品或发明享有的有时间限制的、独占性权利，以此来促进科技和实用技术的发展……”

杰斐逊却不怎么喜欢这样的宪法，他强烈地支持成立一个统一、完整的联邦政府，因而反对麦迪逊的这个条款。1788 年 10 月，作为对杰斐逊的回答，麦迪逊这样写道：

> “至于垄断权这个玩意儿，当被归类为政府事务中最讨厌的那一类。的确，我们需要鼓励文学作品和原创发明，难道不应该把这些作品和发明视为至关重要，被绝对与人隔绝地保护起来吗？以废除某种特权为代价来特许某个权利，从而保护这种权利在任何情况下都不受任何人的侵犯，这个理由难道还不够充足吗？如果我们的政府也滥用这种特权，造成的危害同其他采取相同措施的国家里所带来的危害难道会更少吗？垄断就是牺牲多数人的利益来保护少数人的利益。当权力掌握在极少部分人手里时，他们很自然就会为了自己的利益和腐败而牺牲大多数人的利益；**而当权力是掌握在我们大多数人的手中而不是少数几个人手里的时候，少数人受到偏袒的危险就不会太大。少数人为多数人牺牲利益更加可怕。**”

1789 年 3 月 4 日，按照宪法组织起来的首届国会召开了一次集会，主要讨论与新生共和国休戚相关的立法和财政问题，复杂的知识产权问题也是讨论的一部分。但是会议开始后不久，作家们和发明家们就开始试图制定一部能够保护他们作品和发明的“私人立法”。第一次国会会议以后五周左右，南卡罗来纳州的托马斯·塔克（Thomas Tucker）为他的委托人——一名叫大卫·拉姆齐（David Ramsay）的外科医生提交了第一份关于美国独立革命史著作权的议案，至此情况一发不可收拾，越来越多的人开始向参议院和众议院提出此类私人议案，要求得到著作权和专利权的保护。国会很快就意识到了专利权和著作版权立法的必要性，并着手准备开展这项工作。

参、众两院进行了激烈的辩论之后，美国第一任总统乔治·华盛顿于1790年4月10日签署了第一份美国专利法案。这部法案里的规定令现代读者称奇——整个体系以国务卿、军务卿和司法部长共同协作为基础。这部法案的关键点在于它创建了一个“体系”，一个无私且公正的机制，即使这个机制的操纵者身份显赫、官居高位，但仍然可以正直、公平地处理事务。这个体系的出现，甚至比英国那个建立在皇权基础上的、摇摆不定的专利法还要早好几年。

极具讽刺意味的事情是，管理专利法案的重任落在了第一届国务卿托马斯·杰斐逊的肩上。尽管杰斐逊反对中央政府过多的干预和集中式的专利授予程序，但他同时也是一个思维活跃的发明家，因而他被任命为第一位专利权审查官，非常专业地履行了自己的职责。

新的体制高效运转，运作成本低廉。1791年的某一天，杰斐逊就签发了14份专利书，每份收取的费用为4美元至5美元不等，这同英国专利程序中收取的高额费用和拖沓的办事作风形成了鲜明的对比。

杰斐逊当上总统后，于1802年把专利办公室从国务院分离出去，成立了一个单独的部门——专利局，并委任麦迪逊为部门主管。接下来的几十年中，这个体制变得有点过于高效率了，以至于到1835年的时候，专利办公室已经对外颁发了9000多份专利书，而伪造和复制他人产品的情况随处可见。1836年，国会设立了专利专员的职位，并补充了一批训练有素、具备相应技术资质的职员——这无疑是一个革命性的创举，从那以后，对于专利发明的审查程序变得更加严格。新的专利制度使得美国诞生了许多著名的制造厂商，包括生产科尔特（Colt）左轮连发手枪、奥的斯（Otis）电梯和伊士曼（Eastman）照相机的生产商。

英国人很快就意识到，在这场专利立法的竞赛中，他们已经输给了美国人。最终于1852年，英国人改革了他们沿袭300年之久的体制。如图2.1中所示，19世纪英国和美国专利授权数量的暴增，生动地反映了两国经济繁荣程度的提升。回顾历史，图中美国比英国在创造力上略为胜出的情形，恰好预示了后来英国国力被美国赶超的事实。

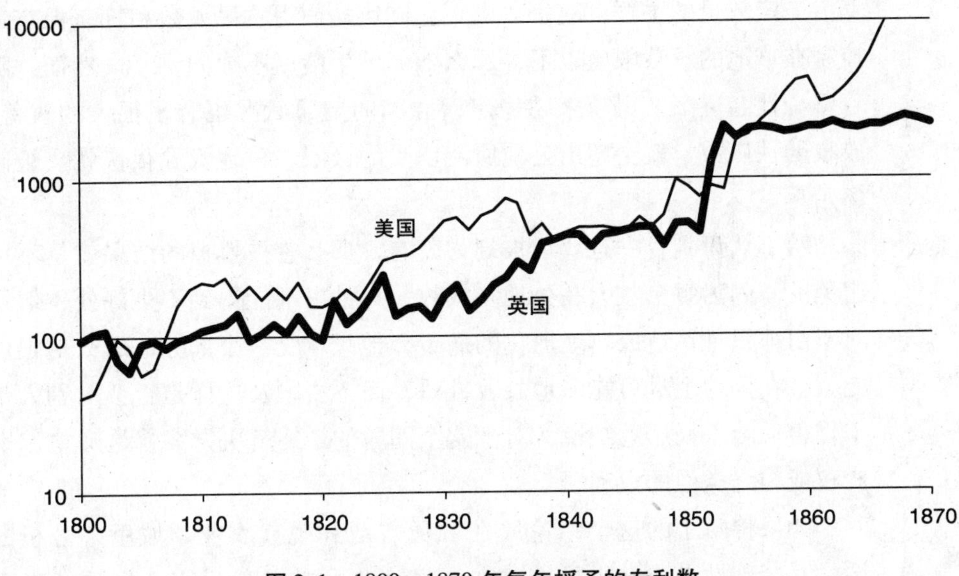

图 2.1 1800～1870 年每年授予的专利数

资料来源：Data by personal communication from James Hirabayashi，U. S. Patent and Trademark Office，and from Allan Gomme，*Patents of Invention*（London：Longmans Green，1946）

英国和美国以专利的名义提供对财产权的保护，将私人财产权的发展往前大大地推进了一步，进而为个体创造财富提供了强有力的激励措施。作为 19 世纪经济大发展的具体体现，工厂、蒸汽船、铁路和电报无疑是由新兴法律体系下期望获得巨大利润的人们用智慧创造出来的。

2.12 公地的悲剧

1968 人，加州大学一位名叫加勒特·哈丁（Garrett Hardin）的人类生态学者在《科学》杂志上发表了一篇文章，文章的题目正是本小节采用的标题。在这篇文章中哈丁指出，财产权的好处早在原始游牧部落就已经存在[①]。想象一下牧人在公共牧地放牧牛群的情景：每块草地只能

① Garrett Hardin，"The Tragedy of the Commons，" *Science* 162（1968）：1243-1248. 哈丁的文章本来是一位环境保护主义者对控制人口和全球资源管理发出的呼吁，但可笑的是，它却被作为自由经济宣言而具有持久的影响力。

养活一定数量的牛群，战争、饥荒连同疾病使得牧民人数和牲口保有量控制在草地的承载限度以下，那么他们的生活就不成问题了。然而，随着整个社会逐渐变得越来越稳定，居民的健康状况也有了很大的改善，放牧的牲口数量就会超出公地所能承受的极限，公地资源很快就会被破坏殆尽。

哈丁认识到，一旦草地被划为公有，那么它被毁掉的结果就是不可避免的。因为每个牧人在公地多放牧一只牲口都能得到不少好处，但是对于由那只牲口造成草地退化的痛苦，他只承受一小部分，那么他很可能就会在公地上尽可能多地放牧牲口，而不去顾及这样是否会对别人带来伤害。哈丁最后总结说，对于这个问题的最终解决方案就是确立“财产权或与之类似的权利”。

如果将哈丁的这个结论放在古代农业和现代农业领域里来分析的话，其合理性是非常明显的。文章发表之后的几年里，人们陆续发现“公地悲剧”的案例还存在于其他许多领域当中，卫生保健领域尤甚，病人不计成本地在“医疗公地”上“过度放牧”导致对所有人的医疗保健的可获得性与质量的下降。

不论是从基本常识的角度还是从公地逻辑出发，我们都不难看出在私人独有的耕地上劳作远比在公共所有或他人所有的耕地上劳作要高产得多。各类社会都不需要像现代社会一样自觉地推动政治、法律和习俗来适应财产权，因为这些习俗和法律的演化或多或少地会将重心移至个人财产权上。

纵观整个历史过程，在其他方面都相同的条件下，特别注重财产权的农业社会比其他类型的社会形式获得了更大的发展。由于土地的收成提高了，社会人口也随之增多，武装力量也更为强大。讲得更直接一点，如果这种农业社会被卷入战争，人们都会为了保卫自己的领土和作物而战，因此这种士兵的士气也更加高涨。

这就能很好地解释古希腊和冷战时期的局势了。在冷战期间，战争的结果已经不再是由军队和战场决定，而是由经济状况来决定。不论用哪种方式来对比20世纪资本主义国家的繁荣和其他社会体制实验的历史，我们都很清晰地看到问题的答案：所有权很重要。

事实上，如今的时代对财产权看得比以往任何时候都重。在当今世界的大多数地方，对财产权安全性的追求足以区分人民的贫富程度和国家经济发展的快慢程度。而在某些国家里，繁荣的另外三个基本因素——科学理性、充足的资本和现代交通与通信技术都早已具备，但由于完全剥夺了公民的财产权和个人自由权利，因而带来了毁灭性的后果。

还需要特别提醒的一点是，财产权的含义在过去的几个世纪中早已经有了巨大的变化。19 世纪以前，财产几乎是土地的同义词，因为那里只有土地是相当有价值的东西，这也就是导致许多古代农业社会如希腊城邦和罗马帝国最终灭亡的原因。当土地变得越来越稀少、越来越昂贵的时候，它们日益集中到极少部分人手中，这就缩减了因土地产权而获取社会福利的基础。一个国家若想获得极大的发展，它的大多数公民必须要拥有自己的财产，这样他们才会有兴趣加入到政治活动当中去，也就是我们所说的“利益相关者效应”。在前现代社会，土地被消耗殆尽，利益相关者也越来越少，这个国家的政治基础就岌岌可危了。

然而，农业集中化并不能影响工业和后工业社会的稳定性。这一点是毋庸置疑的。例如，美国经济大萧条过后，个体农场数量越来越少，但是规模却越来越大。从 1870 年美国统计局开始收集数据起到 1935 年为止，农场的平均面积大约为 155 英亩；到了 1987 年，面积增长至 462 英亩。在 1900 年的时候，有 9% 左右的美国人都有自己的土地，而现在这个数字仅为 1%。有人大概会说，现在的美国社会比一个世纪以前要动荡得多了。原因很简单：后工业经济不再需要依靠土地供应来使民众成为利益相关者，只要能拥有非实物资产或资本（这两者是无限的），都能达成这个目标。现代资本所有权以前所未有的广度满足了更多人的需要，这一点即使是在古代阿提卡（Attica）也办不到。要知道，那时候的阿提卡可是有 25 万的人口，却只有 20 万英亩的耕地。如今，土地所有权是有限的，而资本所有权是无限的。

现代西方的体制很大程度上起源于英国普通法，在过去的数千年时间里它痛苦地、缓慢地发展，通过英国殖民者在世界范围内传播，借助了美国革命理想主义的翅膀，最终得以成形。在当代，很少再有人会质疑财产和个人基本权利作为世界繁荣最重要的条件了。

第3章

理　性

智慧主要起源于希腊人，它是知识的早期形态，当然也就具备了早期形态的特征：它可以被描述，但不能被复制。

——弗朗西斯·培根（Francis Bacon）《新工具》

每天，全世界都有数以万计的人登录到美国国家宇航局（NASA）的网站上下载一个小软件，通过这个软件可以计算出从国际空间站观测到的本地下周卫星观测图；每个月总有那么几次在日出之前和日落之后，生活在北纬60度和南纬60度之间任何地方的人都能够看到空间站巨大的平台折射着太阳光飞越星空的壮观景象。

然而，大概只有少数人清楚，如今在一台普通的个人计算机上便能轻松完成的天体运算，在300年前可需要花费当时最伟大的数学家大量时间和脑力。17世纪下半叶，刚刚处于萌芽状态的天文学计算科学深深地吸引了那个时代的人们。

天体力学（研究天体运行的科学）的发展，尤其是1687年牛顿出版的《自然哲学的数学原理》一书以及对书中很多预测的证实，在那时的西方人头脑中引领了一场重要的思想革命。新兴科学也成为了现代繁荣起源的思想火种。

如果我们想要精确定义现代西方社会的演化过程，那么我们可以把它当成是一场残酷的科学发展过程。很难相信在人们对自然界的探索过程中，观察、实验和理论归纳的科学研究方法曾经会在一段时期里不被人们所接受，事实上，在17世纪之前，科学研究发展的状态正是处于这样一个时期。

直到400年前，自然界还是令人类敬畏的统治者。人类被自然力量任意摆布，无法对类似疾病、干旱、洪水、地震以及火灾等自然现象进行解释，即使是美丽的天文现象，如彗星和日食、月食等都被当时的人们视为不祥之兆，试图用迷信和宗教的方式来加以解释。的确，像哥白尼（Copernicus）和开普勒（Kepler）这样的现代天文学先驱，都只能靠做一些天文学预言来维持生计，这些预言可供统治者和农民之类的人制定日常决策。

为了抵抗内心的蒙昧和恐惧，人类构建了信仰体系；文明出现后，这种信仰体系就变得组织化了。犹太教、基督教和伊斯兰教之所以能拥有大量信徒，不仅是因为它们对人类正在经受的灾难提供了一个令人满意的独神论解释，还因为它们让信徒持有对未来幸福生活的美好憧憬。然而不幸的是，古代的宗教组织，特别是那种等级制度森严的宗教组织，却极少能够容忍不同意见的存在。

用经济学术语来表示就是：几百年前的很长一段时间内，大多数宗教组织都是大型的垄断机构，按照不同等级行使垄断权。它们从信徒那里搜刮黄金和财物，回报的是对他们现世的认可以及来世的救赎的美好许诺，现代经济学家把这种行为称为“寻租行为”[①]。在古代和中世纪西方以及中东地区，宗教组织的统治日益残酷，甚至禁止任何质疑与反对的声音。不管信仰体系曾经对人的精神生活带来怎样的好处，它们同时也阻碍了物质生活的进步。

本章将要探讨的问题是罗马教廷对思想的垄断是如何被打破的。要做到这一点，就必须从质疑亚里士多德时期发展起来的知识方法论开始。1550年后的200年间，这种思想垄断最终被一群勇敢的自然哲学家们从天体力学的领域中打破了。

不少读者会觉得把这一章写入经济发展史是非常奇怪的。其实，从根本上来说，经济发展的历史就是科技发展的历史。毕竟现代社会的繁荣驾驶的是发明创造这辆战车。经济发展几乎可以等同为生产力的提

① 关于社会精神信仰强度与垄断行为程度的逆相关关系的有趣讨论，请参见 Gary S. Becker and G. N. Becker, *The Economics of Life* (New York: McGraw-Hill, 1997), 15-17.

高，而这一点正是科技发展的最终结果。一个人如果能轻易地操作几千马力的机器，能靠轻轻一点电脑鼠标就把信息瞬间传遍地球，他无疑就比不拥有这项能力的人生产力高出许多，自然也就富裕许多。

大约在300年前，科技创新飞速发展，步伐越迈越大。要是把1700年以前出现的重大发明都列在一张纸上，大概也就只能列出这么几项：风车、水车和印刷术。而在此之后，发明创造开始源源不断地出现，并有日益增多的趋势，正是大量的发明成果推动了今天人类社会的繁荣。

西方人对自然界观念的转变和努力探索引发了这场创新革命，因此，将西方人和西方文化的诞生过程解释为科学理性主义的诞生过程是毫不过分的。这场革命要求彻底切断科学——当时被称为自然哲学——同宗教的联系，人类要想最终获得繁荣，就必须把神性的东西和俗世的东西割裂开来，正如伽利略所信奉的那样："圣灵是想要教导我们如何在死后升入天堂，他并不能告诉我们天堂到底是一个什么样子。"

3.1 头顶上的星星

人工照明技术的出现让人类脱离了夜间的黑暗，然而在此之前，由于没有可用的夜间照明设施，人们晚上除了仰望天空，就没有别的什么事情好做了。前现代社会的人们在太阳落山之后仅靠看星星的运动变化来打发时间，除了少数学者会去研究物理、化学和医学外，大多数老百姓对星相预测倒是颇有兴趣。

前现代时期，人们对天空的好奇心恰恰表明证实那些新天文理论预测的迫切性，其中最为著名的就是1700年前后哈雷（Harlley）和牛顿（Newton）对彗星以及日食、月食现象的预测在那一瞬间，人类开始领悟自然、神和天空的奥秘，从此不再为超越个人能力之外的神秘力量完全迷惑。新科学把欧洲人的思想从西方基督教会的严厉束缚下解放出来，而革新时代和启蒙时代的非科学因素早已把教会的力量削弱了。

3.2 法国大革命前的社会及政治制度

如今我们往往会把中世纪的思想架构称为“亚里士多德学派”(Aristotelian),它的创始人是柏拉图(Plato)最著名的学生、亚历山大大帝(Alexander the Great)的导师。亚里士多德的思想体系是繁复的修辞和三段演绎论式推理的结合,而后者正是西方思维与古希腊城邦政论文章的基本结构。

从有史之初,人们就试图弄清楚天空的构造。仰望夜空就能发现星星都是围绕着北极星在天空中运动的。而星与星之间的位置相对固定,让人们很快就能记住星群的大概模样。远古时期的人就注意到了这个天文现象,他们认为,每颗星星以及它们所属的星群都是包含在一个以地球为中心点的圆球里的。每天这个圆球都围绕着固定不动的地球旋转一周,宇宙就是一个以地球为中心的体系。和亚里士多德差不多同时代的其他希腊哲学家,包括阿波罗尼奥斯(Apolleonios)和阿里斯塔克斯(Aristarchus)等都对日心说深信不疑,认为太阳是天体系统的中心。

地心宇宙理论中存在这样一个问题:七大天体似乎是沿弯弯曲曲的轨道穿行在这一固定体系中的。月亮和太阳每天穿越相对固定的星群围绕地球旋转一周——这一点不难理解,真正复杂、神秘且难以理解的是其他五大天体——水星、金星、火星、木星和土星。这五大天体与太阳和月亮都在黄道上运行,但当它们穿过星群的时候,运动轨迹就开始变得不规则了。火星尤其特别,当它在运行过程中遇到了星群,还会时不时地进行向后迂回的运动(如图3.1所示,1982年火星的运行轨迹图)。希腊天文学家们很快就摒弃了阿波罗尼奥斯和阿里斯塔克斯的日心说,这种做法无疑是正确的,因为他们对天体运行的推测比实际观察到的结果整整差了10度。造成推测结果不精确的原因很简单,日心说假设的前提就是所有天体都是在正圆轨道上运动,而实际上它们都是在椭圆形轨道上运动的。

公元2世纪,亚历山大(Alexandria)的一位名叫克劳狄乌斯·托勒密(Claudius Ptolemaeus,更多地写成Ptolemy)的天文学家提出了一

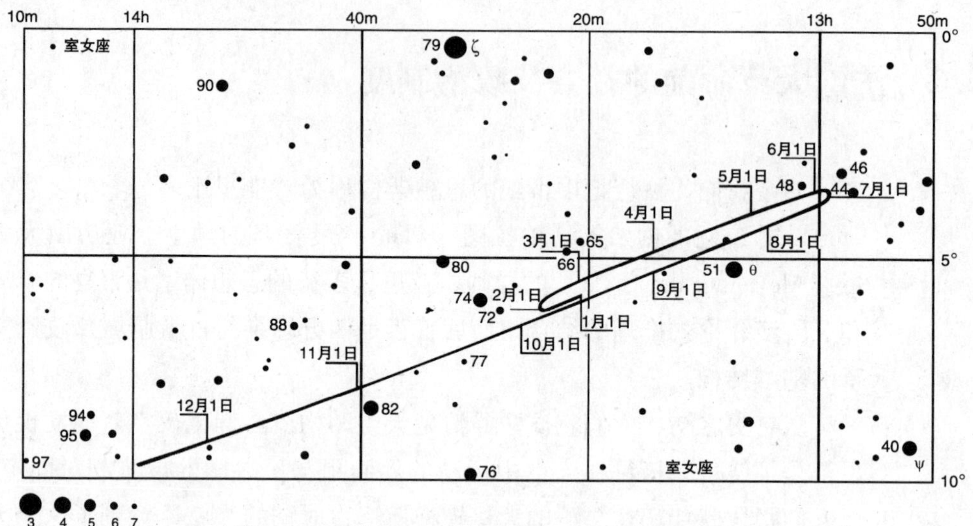

图 3.1　1982 年火星沿黄道运行路线

资料来源：经出版者许可转载和改编自 Ivar Ekeland, *Mathematics and the Unexpected* (Chicago: University of Chicago Press, 1990), 5.

个创造性的体系构想，纠正了日心说中存在的很多不精确之处（如图 3.2 所示）。他指出，七大天体围绕地球在两个而非一个轨道上运行：一个是大的围绕地球的主要运行轨道［即均轮（deferent）］，另一个是更小一点的以均轮上的某一点为焦点运行的本轮（epicycle）。

今天的科学家们称托勒密、阿波罗尼奥斯和阿里斯塔克斯的体系为“模型”，即用简化、抽象的方法来解释自然现象。他们的模型解释了七大天体是如何在星群中运动的。然而，不管这些模型搭建得如何成功，最终还是被证实是错误的，并很快就被更科学的模型取代。建立模型、对模型进行测试、证实或否定这些模型构成了科学的进步。

要驳倒这些看起来很唬人的理论其实只需要亲自做一次具有可重复性的观察或实验就行，而依靠公式建立理论模型然后不断地通过试验对此进行验证的做法逐渐成为西方人的行事特征。也就是说，要判断一个社会有多西方化，就得看它的信仰体系与这种精确性研究方法的契合程度了。

托勒密的天体运行模型获得了那时人们的高度认同，在那个没有计

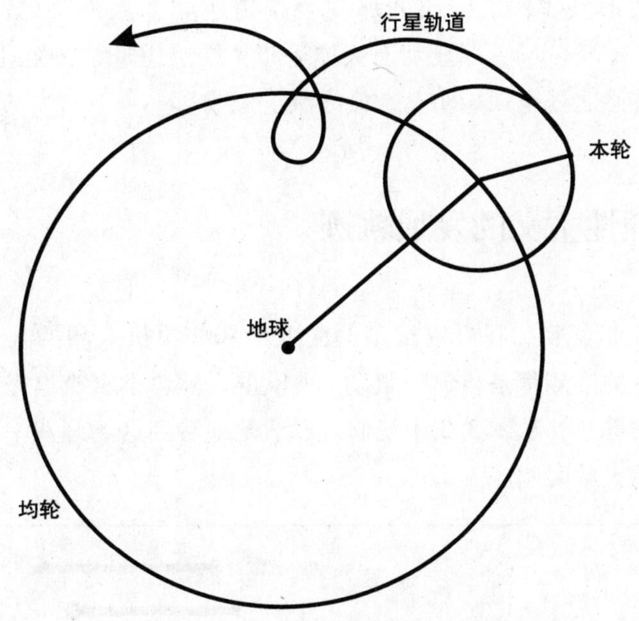

图3.2 托勒密模型的简化图

算机和天文观测工具的年代，他的预测简直是无懈可击①。这个模型最具“优势”的一点就是天文学家永远都可以捏造出均轮和本轮的大小及时间以满足新的观测结果。然而，托勒密模型中对运行轨道的假设作为对日心说的超越仅在用肉眼观测结果的前提下才成立，几乎那时候所有见多识广的观察者都认为托勒密模型比同类模型要强出许多。

托勒密模型最大的问题还不在于它不够完善——事实上任何模型都是有瑕疵的。真正的问题在于，在模型被建立起来后的1000多年内，它逐渐被教会采纳，并赋予它相当神圣的权威性，可是，就算这个模型颇具竞争力，这在任何社会对人类健康并没什么大作用。

多个世纪以来，随着天文学家们积累了更多的天文观测数据，他们试图用亚里士多德或托勒密的模型来解释更多更复杂的观测结果，但这恰恰推翻了模型的合理性。到1650年为止，第谷·布拉赫（Tyco Brahe）在丹麦天文观测台用伽利略发明的天文望远镜观测到了不少于55

① 用肉眼观察，太阳和月亮似乎是没有本轮的。但是，为了解释在其轨道上季节性的加速与减速，就需要有微小的本轮。这些本轮太小了，以至于在行星上看不到它们造成的向后运动。

个托勒密天体，最内层的那一个就是地球［最外层的一个是原动天（primum mobile），带动所有天体运转，层层递进，终至地球］。这种学说的荒谬之处越来越明显，最终流于失败①。

3.3 科学理性主义的发展轨迹

17世纪初，托勒密模型的失败给那些投机取巧的人提了个醒：并非所有的推测都是科学的假设。西欧的自然哲学家被迫完全改变他们对世界的看法，从图3.3中我们可以清楚地看到这场好戏中各位演员粉墨登场的大致时间。

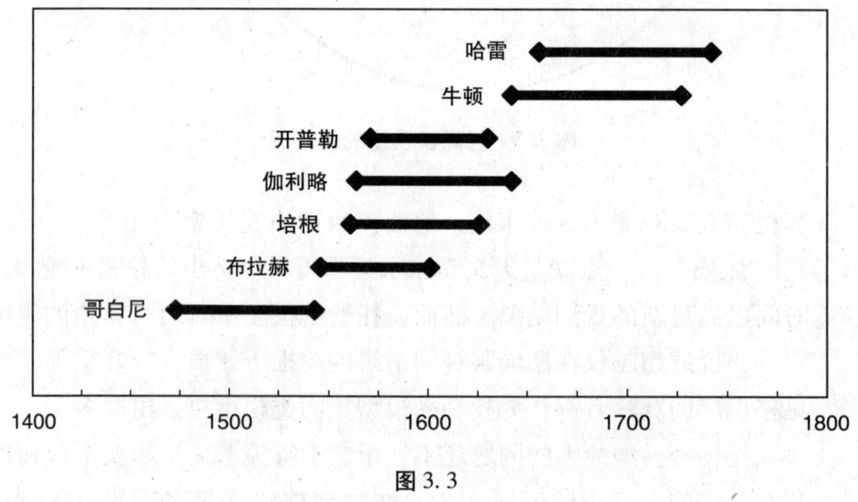

图3.3

哥白尼所主张的地球围绕太阳旋转的日心学说彻底打破了僵局，引发了一场思想革命。他去世之后，布拉赫、开普勒和伽利略继续了这项事业，为观测和理论科学的发展作出了巨大贡献。与他们同时期的弗朗西斯·培根爵士是一位著名的律师、经济学家和科学家，尽管他在实验性科学方面略微保守，但他依然敏锐地觉察到了西方知识架构中的硬

① 中世纪时，大多数受过教育的人都知道世界不是平的，只有在地球是球形时，亚里士多德的学说才有意义。

伤，针对这一问题，他设计了一个更为清晰的科学方法。

继五位科学家的启蒙性发现之后，艾萨克·牛顿（Isaac Newton）和埃德蒙·哈雷（Edmond Halley）对宇宙的解密震惊了整个西方世界。自此，教会所宣扬的所有神学知识遭到重创，神职的地位开始动摇。从那时起，西方公民可能依然会从宗教中寻求了解未知世界的线索，但他将不再相信宗教可以完全解释神秘之事。

3.4 一个更新但并不更完美的模型

哥白尼（Mikolaj Kopernik）1473 年出生于普鲁士统治下的波兰。他出身富裕，在南、北阿尔卑斯地区——波兰的克拉科夫（Cracow）以及罗马和帕多瓦（Padua）等地接受了良好的教育。前面我们已经谈过了哥白尼并不是像人们想的那样首次提出了日心学说，他只是对早于他2000 多年的希腊哲学家阿里斯塔克斯的日心假设进行了修正。希腊人比哥伦布早1700 年就提出了地球是圆形的假设，而他们对地球直径的估算比哥伦布要精确得多。

到1500 年左右，很多观察家都开始对托勒密的模型提出了质疑，哥白尼在帕多瓦就遇到了一位叫多明尼哥·诺瓦拉（Domenico Novara）的人，他找出了托勒密模型中好几处致命缺陷。哥白尼回波兰当了好多年药剂师，最后搬到波兰费琅堡（Frauenburg）定居，开始用当时都算得上简陋的工具来观测天空。他日渐相信日心说模型有其正确之处，于是在他的著作《天体运行论》（*De Revolutionibus Orbium Coelestium*）当中提出论据来支持日心宇宙论。这本书成于1530 年，但是直到1547 年哥白尼死前才得以出版。

与我们今天所持的观点相去甚远的是，哥白尼的模型不仅有着重大失误，在当时也并没有引起很大反响。首先，这本书是在作者去世的当年才被出版发行的，出版语言当然是拉丁文。由于当时拉丁文仅为神职人员和商业精英所掌握，因而他的模型对教会带来的冲击并不大。后来，各类错综复杂的关系使哥白尼很快逃脱了宗教审判所的毒手，而他的助手安德里亚斯·欧西安德（Andereas Osiander）由于担心自身安全，在匿名序中声称这本书中的观点都建立在假设的前提上。他写道，地球事实上并不是真的围绕着太阳旋转，但同时他又称作者对此的确进行了更加精确的天文计算。

在解释行星运动方面，哥白尼的模型比托勒密的模型更好一些，特别是水星和火星从来不会偏离太阳 28°和 48°，因为它们都位于地球轨道之内。

哥白尼和托勒密的宇宙学说都存在缺陷，他们假定行星运行的轨道是正圆形的，所以需要另外假设一个本轮的存在才能使其学说得以成立，后来开普勒发现，行星运行的轨道实际上是椭圆形的。事实上，哥白尼的模型中出现了三套轨道体系。更糟糕的是，哥白尼还吸取了托勒密关于各层天体都与最内和最外层天体紧密联系的概念，认为整个宇宙就是由这种紧密性组成的。他没能认识到宇宙中还可能存在着大量的真空，直到 100 多年后这个假设才被英国人托马斯·迪格斯（Thomas Digges）提出。

我们现在把哥白尼宇宙体系学说提到一个相当高的高度，认为它打破了亚里士多德的地心说，尽管相较于托勒密的体系学说而言更复杂、更笨拙。事实上，哥白尼的体系实在是太复杂了，很多天文历史学家根本就没法把它讲清楚。不过，这两个模型都有个相同的致命弱点：它们的灵活性太强了，几乎可以适应任何观测数据，因而它们是不可能被证明有错误存在的。

一个科学模型只有在“可证伪”时才有价值，换言之，应该能够很容易地想象出与其不相符的证据。而那两个模型就因为可以任意调整天体运行轨道和本轮，因而可以符合所有新发现的数据。

现代西方社会的核心精神就是在被“证伪”时不感到难堪。西方社会同传统的非西方社会最大的区别不光是像现代学术批评家阿兰·布鲁姆（Allan Bloom）所鼓吹的对希腊和文艺复兴论的热爱与推崇，更应体现在对现有知识不断质疑和挑战上。没错，在很多发达的西方国家里，许多人仍然保留了宗教信仰，就连科学家也不例外。但很多时候现代西方社会都可以宽容地去分析和看待几乎一切问题，转变旧观念中不合时宜的部分；这在前现代社会几乎是不可能发生的。我们可以通过约翰·梅纳德·凯恩斯（John Maynard Keynes）的例子来分析一下这种奇特的现象。凯恩斯爵士的一位同事指出他的观点与之前的某个观点互相矛盾，这位伟大的经济学家回答道："如果有人能说服我错在哪里，我就改正过来。你能做到这一点吗？"[①] 这种态度对绝大多数中世纪的欧洲人来说是不可想象的，其实，在很多现代传统社会也是如此。

17 世纪以前，哥白尼和托勒密的模型都不能被"证伪"。直到 100 年后人们发明了具有革命意义的天文观测工具——望远镜，它们才最终被证明是错误的假设。哥白尼的学说同托勒密学说几乎同样复杂，而且更加缺乏吸引力，因此哥白尼的体系没有对教会主导的知识探求造成很大挑战。教宗利奥十世尊重和支持哥白尼学说，并就当时最紧迫的问题——旧罗马儒略历（old Julian calendar）中存在的问题日益明显——向他征求意见[②]。

马丁·路德不像教宗那样尊重那位波兰天文学家，他极力阻挠哥白尼著作的出版，并四处悬赏他的人头。在南阿尔卑斯山地区的意大利天文学家乔达诺·布鲁诺（Giordano Bruno）可不理会《天体运行论》前言中那些捏造的谎言，他用意大利文把前言中认为日心宇宙论是假设的说法说成了是确凿的事实。我们在第 1 章也讲过，布鲁诺后来因为这件事情，以及他本人的一些异端学说招来了教会的嫉恨，最后被绑在火刑柱上烧死了（布鲁诺很可能是第一个提出恒星是像太阳一样的天体的天文学家，我们之所以看不清它们是因为它们离我们实在是太远了）。

在那个年代，《天体运行论》一书并没有造成多大影响，然而它却是教会对科学探求的残酷管制下出现的第一条真正的裂缝，对英国的影响深远。新教后来在英国的兴起使日心说逐渐摆脱宗教束缚，流传开来。

---

① 尽管这些话像是凯恩斯的话，但实际上他从来没有这样说过。来自唐纳德·莫格里德（Donald Moggridge，多伦多大学）和罗伯特·斯基德尔斯基爵士（Lord Robert Skidelsky，英国沃里克大学）的个人通信。

② 儒略历产生于恺撒（Julius Caesar）统治时期，它假定每年的长度为 365¼天，即我们熟悉的 365 天加一个闰年的体系。可惜的是，真正的太阳年比它短 10 分钟。到 1500 年，日历与季节整整相差了 10 天，这对中世纪的观察者来说也是一个很明显的差距。哥白尼巧妙地暗示教皇，在日历问题得以解决之前，应该先研究宇宙哲学问题。James E. McClellan Ⅲ, and Harold Dorn, *Science and Technology in World History* (Baltimore: Johns Hopkins University Press, 1999), 208.

3.5 第一个西方人

历数英国史上出现过的奇才，弗朗西斯·培根是其中最为突出的一位。培根出生在一个贵族家庭，父亲是著名的尼古拉斯·培根爵士（Sir Nicholas Bacon），是女王手下的司法大臣；他还是伊丽莎白女王的财政大臣兼信臣伯利爵士（Lord Burghley）的侄儿。1573 年他进入剑桥大学学习，当时年仅 12 岁。

培根的导师发现了他的天赋异秉，但培根自己却很快对剑桥沉闷的学术氛围感觉厌倦。同中世纪后期的各个地方差不多，剑桥在好几个世纪里没有什么大的改变，伊丽莎白时期的高等教育仍然将亚里士多德的教义奉为圭臬。想象一下，假如我们现在的整个教育内容不是宗教教义就是修辞逻辑，讲的理论都是来古代的学者如普林尼（Pliny）或者西塞罗（Cicero），这样的课还有什么意思！然而这就是 18 世纪前年轻才俊们不得不学习的东西。

培根每天都要花大量时间为“辩论”作准备，这是一种在学生中进行的三段演绎论竞赛。在业余时间里，他开始致力于研究亚里士多德复杂的宇宙观，尽管后来这个观点很快就被哥白尼、伽利略和牛顿推翻了。

在培根那个年代，年轻的学者们只允许学习一种专业——神学。一个世纪以后，约翰·洛克进入牛津学习的时候，60 名高年级学生中只有一名是研究道德哲学，研究法律和医药的各两名，其余 55 名学生都在学习神学。

培根并没有留在这个著名学府，三年以后，也就是 1576 年，他像父亲当年一样进入格雷法律学院（Gray's Inn）学习法律。没过多久，父亲辞世，年轻的培根变得身无分文，不得不求助其富裕的亲戚们（特别是他那有名的叔叔）和王室。

为了更好地了解培根当时在剑桥的课程，我们得先了解一下古代希腊的知识结构是怎么样的。2000 年前创立的几何学是一个重大成就，对地球形状以及接近精确的球体直径演算是公元前 1 世纪人类最伟大的成就。随之而来的黑暗时代是人类的倒退，中间的知识断层少说也有1500年。

无论如何，古人面临着很大的劣势。那时候零的概念还没有出现，希腊人用简单的字母数字系统来进行运算，后来又被罗马人接受。但是希腊和罗马知识宝库真正的缺憾尚不在此，他们缺乏的是我们今天所说的科学研究方法。

希腊人和罗马人不懂得用归纳推理法（inductive reasoning）——将观察结果收集并综合成模型的理论——来认识世界的普遍规律。他们采用的是演绎推理来认识自然法则，即从一个所谓的首要原则出发，先将某个原则假定为正确的、毋庸置疑的，然后在这个原则的基础上进行推理。这些人为制造出来的概念很容易同期望中的结论相符——整个过程类似于由假定事实或公理来推演数学公式。

那么，这些公理又是什么呢？同样的托勒密/亚里士多德体系，哥白尼在100多年前就见识过了。我说得简单点，这两个体系中存在的严重问题使一切科学进步的可能性都被消灭了。更为糟糕的是，两个体系假设人类早已经掌握了宇宙中的全部真理，至少从理论上来说是这样的。在1000多年的时间里，西方人了解自然的方法可以总结为四个字：不要尝试（Don't try）。这种错误的、自闭的和自满的知识体系容不下一丁点儿反对意见，布鲁诺和伽利略就是它的牺牲品。亚里士多德的知识体系当然也不能刺激人们对真理的探究，同样不允许任何关于世界认知的创造性思考和真正的进步，最终使得普通百姓的福利无法得到改善。研究中世纪史的历史学家约翰·赫伊津哈（Johan Huizinga）这样写道："要使一个社会自动产生持续改革或改进的想法是不可能的。任何一种制度要不就是好到极致，要不就是坏到极致。以神的名义建立起来的制度，本质上是好的，只有人的罪恶才会使其走上歧途……"

在长达千年时间内，社会、知识和科技没有得到发展，人类的整体状态几乎处于静止，但对16世纪的普通欧洲人来说，这些根本无关紧要。培根的天赋让他明白了这样三个道理：（1）的确存在这样一个问题，中世纪人的状态绝对不正常；（2）演绎推理法存在问题；（3）关于自然界的认识是可以不断丰富的，这样才能不断造福人类。要改善人类的福利，就必须摒弃亚里士多德知识架构中的演绎推理法，取而代之的是不带任何偏见地去收集大量事实，然后再加以分析的归纳推理法。

培根认为，要改善人类生存条件还有另外一个方法，那就是通过掌握大量的有用知识。知识就等同于力量。1603 年到 1620 年间，他完成了最伟大的著作集——《新工具》（*The New Organon*），号召人们掌握知识的武器。

《新工具》的第一卷中，培根用巨大的篇幅来抨击那些“曾经对科学发展造成巨大伤害的人。因为当他们成功地建立起信仰体系，就意味着他们有效地扼杀了科学探索……”他认为问题就在于人们学习毫无意义的理论、与实验数据的脱离、无意从事了解真实世界的工作；培根认为，“自然的精妙之处远胜于辩论”。

他甚至还认为，人们现在用来观测的工具都有重大缺陷，它们利用四种假象来抹杀真理，制造“谬误”：

- 种族假象（Idols of the Tribe）的谬误。它把人的本性混杂到事物本质当中，而扭曲了事物的真相。种族假象普遍存在于人类的天性之中，它像一面不平之镜，先入为主而忽视其他否定或反对事例，将少数观察普遍化，将心灵建构的抽象物赋予实在性。简而言之，就是以“人为万物的尺度”会产生谬误。
- 洞穴偶像（Idols of the Cave）的谬误。每个男性或女性个体观察物质世界的方式都各有不同，我们可以用柏拉图的“洞穴理论”加以说明。人们达到对事物的正确认识，就好比穿越曲折的洞穴来发现洞口的火光。事物在火光和洞穴之间穿行。人们仅能通过自己投射在洞穴上的影子来了解自己的本性。一个美洲印第安人看见自己的大影子可能会认为自己简直跟水牛一样结实，一个澳大利亚土著居民则会用袋鼠作比喻。所以说“牛对某些人来说是圣物，对有些人来说是麦当劳巨无霸中夹的牛肉”。
- 市场偶像（Idols of the Market-place）的谬误。言语产生谬误，是人与人沟通时最常犯的错，对培根而言这是最危险的谬误，也是最难被排除的。语言具有约定俗成的性质，人与人沟通要用语言进行，但语言游戏或各说各话，经过时间的推移也会产生语义变化，因此会迷惑与扭曲人的判断。
- 剧场偶像（Idols of the Theatre）的谬误。指未经批判就盲目沿袭既有的哲学体系和权威而形成的错误。哲学体系有如舞台戏剧，以不真实的幻象来展示哲学家所创造的世界，虽然比真实世界更精致、更令人满意，但是远离了客观真理。亚里士多德将自然装入他的抽象架构之中，经验上由少数实验跳到一般的论定。亚里士多德知识体系可能是他要攻击的主要对象，但是这很容易使我们联想到，培根自己也在玩一些文字游戏。

- 最后，尽管他并没有把这一点人性弱点上升到谬误的高度，但培根巧妙地预示了人类会倾向于“假想出许多根本不存在的命令和规则”，这比现代行为心理学提出类似观点早了至少300年。有了能够准确无误地看到本不存在的联系或阴谋的能力，人类就不只是一种寻找规范的灵长类动物了。

在《新工具》的第二卷中，培根阐述了他建立的归纳推理法。他在书中写道，首先，用尽可能客观的方式来观察和测量自然是十分必要的，尽可能避免使用人类感观直觉作出判断，他认为这是让个体得出错误理解的重要原因。对于科学家来说，他们需要借助器械和方法使不同的测量主体得出相同的测量结果。

培根很肯定地认为没有哪个人可以掌握全部真理，除了万能的上帝。我们知道，即便是牛顿也需要一点帮助才能找到那些惊人的发现。在第二卷的备忘录里，培根列出了一张清单，其中囊括了许多需要深入调查的艰深领域，他还在当中作出了对科学研究应该是如何通过对大量朴素事实的观察上升到次要公理，再到中级公理，直至放之四海而皆准的普遍真理的过程的枯燥解释。

当然，这并不是科学研究方法的真实步骤。由于科学家们没办法完全破译培根在第二卷中描述的研究手段，于是他们很快得出结论，认为首先作出一项科学假设，假设其是“次要公理”或者“主要公理”，再直接对此进行验证的方法较为经济可行。

培根后来跟有钱人家联姻，成为了贵族，让他有了丰厚的收入。最终，他因为受贿罪被起诉，这一指控没有严重到令他失去贵族身份，但他被迫辞去职务。1626年，他死后不久，在伦敦皇家自然科学促进协会（现在简称皇家协会）的资助下，他的信徒们把他的思想变成一种体系保留下来，最终于1662年得到查理二世国王的特许。致力于促进新科学——也就是那时人们所说的“哲学”——的发展，皇家协会招募的成员背景十分繁杂，各行各业均有涉及。按某位早期历史学家的说法，社团活动仅仅同“新哲学相关……不包括神学和政治事务的内容”。艾萨克·牛顿后来也谈到：“应该把宗教和哲学分开。我们不应该把神学启示引入哲学研究中，也没有必要把哲学观点带进宗教视野中去。”尽管这些批评意见对现代读者来说相当高尚，但他们的本意却很现实：协会的成员不愿意受到宗教冲突的连累，特别是贵格会成员同非国教派成员之间的冲突。

如果我们把培根和皇家协会的成员看成是反宗教人士，那就真是大错特错了。任何一个人都很虔诚地想要从上帝那里汲取力量。社团的成员把牛顿和哈雷在物理和自然法则方面的发现看成是茫茫大海上的一座小岛，而这片大海就是人类对整个自然现象的未知领域，尤其是对生物身体结构的未知。当然，人类自身是无法设计和制造出令人惊叹的生物体的，只有造物主才拥有这样的神奇力量。即使是最微不足道的家蝇的复眼，在显微镜下看也是一件精密无比的艺术品。家蝇的复眼中大概有14000个独立单位，或称为“珍珠”，这让罗伯特·胡克（Robert Hooke）十分感动，他说：“每一颗这样的‘珍珠’的结构都和鲸或是大象的眼睛一样。只有万能的造物主才具有如此精湛的技艺，让两者以如此类似的形式存在……”

显微镜的出现让人类可以观察到从前难以想象的丰富的生命形态，如原生动物和多细胞生物等。这只会让人类更加惊叹于造物主的神奇，增加对它的敬畏。实验主义者罗伯特·波义耳（Robert Boyle），气体定律的发现者，把自己和自然哲学同行们比成是“造物主的传教士”，因此，他从不在安息日的时候进行他的神圣实验。

把科学和宗教分离独立发展的过程才刚刚开始，这种分离对两者的发展来说都是有好处的。科学研究的是什么（what）和如何（how）的问题，而宗教把自己的研究范围局限在谁（who）和为什么（why）的问题上。再后来，宗教和政治分道扬镳，为经济繁荣彻底扫清了道路。

3.6 观测大师

在培根提出要将科学研究的重点放在大量耗费心力的观察和测量上之前，著名的丹麦天文学家布拉赫（Tyco Brahe）在几十年前就预示了这一点。布拉赫于1546年降生于瑞典（那时被丹麦统治）西南部的一个非常富有的贵族家庭，1560年，在他还十分年轻的时候，曾经观测到一次日食现象，他暗自决定要终生致力于探索神秘的天空。在德国罗斯托克（Rostock）念大学的时候，他跟人决斗，鼻子被打掉了，从此以后他就整天戴着一只金属假鼻示人。他念的是法律和化学专业，但自学了天文学。1571年他回到家乡，他的叔叔在家族的城堡内为他修建了一座小型观测台。

布拉赫是个幸运的宠儿。1572年11月11日，他在仙后座（Cassiopeia）星群中观察到了一颗“新星”［即现在的超新星（Supernova）］。第二年，他在自己出版的小册子《论新星》（*De Nova Stella*）中描述了这一发现，并于1574年到哥本哈根对皇室进行了一次演讲。他开始四处游学，最后他希望能够住在瑞士的巴塞尔。这是不是他用以获取丹麦国王的让步而要的小花招，我们就不得而知了，不过在1576年的时候腓特烈二世（Fredrick Ⅱ）为了让这个国宝不流失国外，特地赏赐给布拉赫一座位于哥本哈根和瑞典海峡之间的岛屿——维姆岛（Hvem），并在那里为他修建了一座天文观测台。为了增加布拉赫对国家的忠诚，国王还赏赐给他不少财产，以及丰厚的健康津贴。

布拉赫的过人之处就在于他极强的观测能力。与他同时代的天文学家们都是时断时续地观测天体，布拉赫则连续不断地观测它们的位置，除非是在白天，或者有云层挡住了他的视线才肯罢休。他放置在乌拉尼堡的天文仪器，如庞大的四分仪、六分仪都配有十字准线来帮助瞄准，这在当时已经是相当先进的设备了。

具讽刺意味的是，布拉赫最大的理论贡献就是发现了不论制作工艺如何精湛，设备如何精良，仪器永远不可能做到绝对精确。所有的试验都有出现误差的可能，误差必须被量化。布拉赫小心测量可能出现的误差，并将其整合进观测结果中，使得观测结果更精确。

布拉赫曾经试图构建一套行星运行理论，可惜没有成功。后来他假设水星和金星围绕太阳运转，而其他天体仍然围绕地球运转，这实际上是一种理论倒退。布拉赫可能是伟大的文艺复兴时期最后一位被宗教迷信所束缚的科学家了，他按照字面上的意思来解读《圣经》，竟然相信地球是静止不动的①。腓特烈二世死后，布拉赫发现新王并不那么好相处，于是就搬到布拉格去安度晚年。在那里，命运再一次垂青，给他送去了一位叫开普勒的年轻助手。

布拉赫给后世的天文学家们留下了丰富的天文观测财富，数量众多，成就巨大。如果没有这些财富，人类对天空的探索会落后几个世纪之久。

3.7 有的模型被抛弃了，有的被保留下来

年轻的约翰尼斯·开普勒（Johannes Kepler）可没有他的导师那么幸运，他从小就备受磨难。1571 年，这个小早产儿降生人世，父母都患有严重的精神疾病。他的母亲没念过多少书，毫无修养可言，父亲对家庭生活十分不满，因而在开普勒出生后不久就参了军，到前线去为西班牙的阿尔巴公爵（Duke of Alba）卖命，参加了那场异常惨烈的西荷战争。四岁那年开普勒染上了天花，他的视力因这场病而受到损伤，手也变得不灵活了。由于身患残疾，父母把他送进了神学院，想让他日后谋个牧师之类的差事。

神学院的老师很快就发现了他的数学天才，这对开普勒本人以至整个西方文明来说，都是一件幸运的事情。后来他开始了编撰通俗天文读物的工作，在工作中，开普勒发现托勒密模型远不能够满足他的运算需求，于是他相信宇宙间一定有一股统一的力量存在。在了解到哥白尼的

① “Thou didst cause judgment to be heard from heaven; the earth feared, and was still,” Psalms 76:8.

日心说假设之后，他开始着手探求行星运行之谜。起初，他的学术工作都是在德国南部的图宾根（Tübingen）大学城附近进行，经常受到该地区宗教冲突的影响。后来，他于1600年来到布拉格，在那里当上了布拉赫的助手。几年以后，他的导师意外辞世，他自然就成了欧洲最好的观测室的主持者，开普勒从此不仅获得了可以帮助他进行学术研究的仪器，还掌握了布拉赫那一套独特的观测方法。

还记得吧，前面我们曾经讲到过，早期希腊天文学家抛弃了阿波罗尼奥斯和阿里斯塔克斯日心学说体系中假设的正圆形轨道，因为它的预测同实际情况相差了10度。这种差别之大，即使是用肉眼也能轻易分辨出来。托勒密的学说体系之所以得到了广泛认同，因为它所产生的误差仅有几度。1000多年以后，布拉赫设备的误差率已经控制在1/10度左右，因而他所获得的数据就更凸现了托勒密模型中存在的问题，使之完全不能符合这种精密观察数据。开普勒明白，如果他想要更好地解释天体运转的真正规律，他就必须抛弃前人都用过的搭建模型的正圆形轨道这一假设。

开普勒对火星运行轨道的研究特别有兴趣。在当时可观测的天体中，火星运行轨道最为古怪，它背离正圆轨道的事实在布拉赫数据中反映得也很清楚①。开普勒摒弃了前人两个模型中附加在正圆轨道上的本轮，用一个椭圆形的轨道取而代之。摆在他面前的下一个挑战是要确定这种安排下的轨道周期，开普勒怀疑天体在椭圆形轨道上的运行速度同它与太阳之间距离的远近有关系，于是他开始系统地试验各种不同的行星运行数学模型。

尽管要解开火星轨道之谜并不是一件容易的事情，但有了开普勒的数学天分以及布拉赫的观测数据这两个有利条件，谜底揭开的时间被大大提前了。开普勒还具备了一个布拉赫所没有的优势：他接受了培根基于观察基础上的科学研究体系，而当时最优秀的观测者布拉赫及其同时代经验丰富的观测家们依然将亚里士多德和托勒密奉为精神权威。开普勒则不同，他花了近十年的时间反复计算布拉赫的火星数据，这些数据

① 尽管在古人知道的五个行星中火星的轨道最不规则，也只是略微倾向于椭圆，其长轴比短轴长不到1%。然而，由于太阳位于椭圆的一个焦点上，偏离中心大约9度，使得火星运行的不规则性很明显。

既不符合哥白尼的模型，也无法用布拉赫的方法进行修正。因此，他推断这两种模型都应该被推翻。开普勒的脑子里可没有什么不能被亵渎的理论。在现代西方社会，我们很自然地就会认为没有哪个科学模型或理论体系如此神圣，以至于它能在充满矛盾的数据中生存下来，而这一点是把西方社会和非西方社会区别开来的本质。开普勒就是最早采纳实证架构的自然哲学家之一，这种架构恰恰是现代生活方式的基础。当理论与可靠的数据相互矛盾时，理论应该被推翻。

作为一个经验丰富的数学家，开普勒要想象出一个新的模型替代品倒是不难。在找出能符合布拉赫数据的三条行星运行法则之前，他做了很多试验。这三条法则描述了行星围绕着太阳在轨道上运行的形状、距离和速度的关系①。开普勒可能也会偏好某个模型，但这无伤大雅，最终他还从这些模型中挑出了最符合数据的一个。

开普勒发现了行星运行的规律，但还是不能解释它们运行的根本原因。比如说，他的第三条法则描述了当行星运行至离太阳更近的位置时，速度就会加快，运行的周期也比距离太阳远时更短。他并不了解为什么会出现这种情况，而且也无法解释为什么月亮围绕地球旋转时不符合这条法则。

像哥白尼一样，开普勒在世的时候，他的工作并没有造成多大的影响。今天，我们只要提到这三条法则，就会想到开普勒作出的巨大贡献，而与他同时代的人却很难意识到这些成就的伟大。三大法则深深地隐匿于对行星及太阳同诸天体之间交替进行的吸引与排斥力量等神秘规律的思考中；三大法则的发现仰赖于伽利略发明的天文望远镜，它让天文观测往前发展了一大步；还仰赖于牛顿和哈雷帮助人们理解天体的运行规律。这些科学家杰出的成就把科学探索从教会的严格控制下解放出来，搬开了通往繁荣之路上的另一块绊脚石。

---

① 三大法则是：（1）所有行星都是在椭圆轨道上运行，一个椭圆有两个焦点，太阳处于椭圆的一个焦点上。（2）行星公转周期的平方与它们轨道半长轴的立方成正比。（3）行星离太阳越近运行速度越快，在行星运动时，连接行星和太阳的线，在相等的时间内，永远扫过同样大小的面积。彗星的运行能够最好地说明这一点。当彗星离太阳很远时，由彗星轨道确定的扇形边界是瘦长的；而当它运行到太阳附近时，这一扇形则变得更短更宽。对于任意给定的一个月，扇形区域的面积是相等的。

3.8 教会的衰落

我们都知道，文艺复兴运动是从意大利兴起的。1453 年，穆罕默德二世统治的土耳其帝国灭亡后，拜占庭的珍宝和手工艺品大量涌入西方，其中最为重要的是整个古希腊手稿的馆藏。如果单从地理位置上来讲，意大利学者是西欧最早读到这批藏品的，这重新点燃了长期沉寂下去的对希腊艺术、文学和建筑的热情。但意大利对处于分裂状态的拜占庭来说既是福祉也是诅咒：艺术上开始得到极大发展，尤以雕塑和绘画艺术为甚，教会对此给予了创造的极大空间。不幸的是，教条主义盛行的意大利绝对禁止进行科学探索，这对科学发展是一个巨大的打击。在这一章中出现过的大科学家们，只有这一位一生中大多数时间都是生活在阿尔卑斯山南部地区的。他的名字叫伽利略·伽利雷（Galileo Galilei），1564 年出生于意大利佛罗伦萨——教会与科学发生冲突的焦点地区。

伽利略的父亲文森齐奥·伽利雷（Vincenzio Galilei）是托斯卡纳一个没落贵族家庭的子弟。同现在的许多家长一样，文森齐奥觉得要想重返贵族阶层，他儿子当医生是最好的出路。文森齐奥·伽利雷自己就是一位杰出的数学家，他发现儿子对数字很有天分，很担心如果儿子沉迷于数字世界的话，会放弃从医的道路。文森齐奥的担心并不是多余的，当小伽利略在当地一位公爵的庭院里偶然听了一场为另一个学生讲授的数学课后，他被数学的魅力深深吸引住了。

最终，他在意大利的比萨谋到了一份薪水很低的数学工作职位。他在比萨斜塔上做的落体实验吸引了人们的注意。通过这个实验，他证明了亚里士斯德多关于物体垂直下落的速度同物体质量成正比的理论是错误的。伽利略不是一个好糊弄的人，因为批评美第奇家族一位私生子所设计的港口清扫机而惹恼了公爵，于是他不得不返回佛罗伦萨老家。

很快，他在帕多瓦大学得到了一个与数学有关的职位，当时帕多瓦还处于威斯尼人的掌管之下。他在那里开始发展，除了给很多听众讲课之外，他还发明了不少玩意儿，其中较为著名的就是密封球体温度计

（sealed-bulb thermometer）。

1608 年，一名荷兰光学仪器制造者约翰尼斯·利普舍（Johannes Lippershey）发明了一架简陋的望远镜，并在荷兰申请了专利。第二年，消息传到了意大利。对光学成像法则思考了几个小时以后，伽利略就设计出了自己的望远镜。他不断对此进行改进，最终实现了 32 倍放大功能，大大超过了荷兰人的装置。伽利略制造了几百架望远镜，把它们卖至整个欧洲。但是，就是那些从望远镜里看到的东西差一点儿要了他的命。

天文望远镜带来的影响是巨大的。天文学家们从此可以把银河划分为一颗颗独立的星星、发现了月球上有山脉、观察到月光是太阳光在地球表面反射结果；从望远镜中可以看出行星是圆形的，但是不管把星星放大多少倍，它们看上去还是闪烁不定的亮点；通过望远镜我们还能发现许多“新”星，光是昴宿星团（Pleiades）里就达 40 多颗，而在这以前我们只知道有 7 颗；我们还能看到太阳上有黑子，土星具有“三重结构”，后来，杰出的荷兰天文学家、数学家克里斯蒂安·惠更斯（Christian Huygens）才告诉我们那其实是土星的环状星云。

实际上，伽利略还发现木星有自己的卫星，只不过这个发现同上述成果相比就黯然失色了。任何一个人通过伽利略望远镜都能观察到这些天体围绕着另一个天体运行，这个观测结果同托勒密的宇宙学说完全相反。更可怕的是，伽利略还观察到金星的相位同托勒密模型所预测的完全不同。对行星自有其运行规律的认识，使他萌生了一个想法：用这些天体可以做成一个精确的天文钟，这样就能解决当时航海上最大的问题——对经度的计算。

尽管帕多瓦大学给伽利略开了很高的薪水想留住他，但家乡的大财东美第奇家族也想吸引他回到佛罗伦萨。新发现的木星的卫星就被命名为美第奇星。但事实证明，伽利略真不该回到佛罗伦萨。

1605 年，伽利略尚在帕多瓦大学任职，教皇保罗五世同长期脱离教会权威的威尼斯发生了一场激烈冲突。事情的起因很小，两名威尼斯牧师被控企图诱骗和故意伤害罪，威尼斯方面希望让民事法庭来审判他们，但主教坚持只有教会才有权审判神职人员。当这两名神职人员没有移交给罗马教廷时，主教颁布了一纸禁令，把整个共和国都驱逐出了教会。威尼斯不愿意向罗马教廷妥协，最直接的反抗方式就是不让自己的牧师们继续庆祝大弥撒。

共和国把主教逼到了绝境，然而上帝之手并没有对这个最平静的共和国实施报复，最终还是主教退让了一步。威尼斯大胆的举动刚好反映了罗马教廷日渐式微，神权丧失了在世界范围内的领导权。当时，帕多瓦大学处于威尼斯的保护之下，因此具有世界上最自由的学术环境。然而，佛罗伦萨的统治者美第奇家族最重视的财产与权利全部都仰仗于罗马教廷的支持，他们能对伽利略能提供的保护就比不上帕多瓦大学了。

为了避免同基督教义产生冲突，哥白尼把书稿内容说成是假设性的，保护了自己的安全；但伽利略的发现是对教会教义赤裸裸的挑战——冲突在所难免，一旦导火索被点燃，伽利略冲动的性格会加速它的燃烧。

尽管伽利略勇敢应战，但他实在是对此事想得过于天真。带着科学工作者典型的风格，他在写给女大公克里斯蒂娜（资助人科西莫·美第奇二世的母亲）的信中说道，哥白尼的体系内容其实和经文是相一致的。然而教会并没有善待支持日心学说的伽利略，被傲慢无礼的人教导该如何解读圣经更是令他们焦躁不安。1615 年初，梵蒂冈把伽利略召至罗马，把他送入宗教裁判所。

最初情况还不是那么糟糕，检控官是红衣主教罗伯特·贝拉明（Robert Bellarmine），红衣主教团（College of Cardinals）最具影响力的成员之一，他还是伽利略的私友。一开始，裁判所并没有惩罚伽利略，只是不允许讲授哥白尼《天体运行论》中的理论了。他们命令伽利略不得“保留、讲授或为违禁学说辩护”。他很高兴地接受了条件，作为交换，贝拉明给他出具了一份文书，表明宗教裁判所没有对他进行任何形式的责难或惩罚。

当他确信自己已经躲过了这场劫难后，伽利略返回佛罗伦萨，在那里谨慎地生活了 7 年。1624 年，伽利略最有力的支持者、红衣主教团的马斐奥·巴布里尼（Maffeo Barberini）被任命为罗马教皇，伽利略沾了光，再回到罗马的时候可是春风得意。教皇乌尔班八世（Urban Ⅷ）和教会的首脑们以及少数几个私人朋友盛情款待了他。伽利略在各种场合积极游说，想为 1615 年的审判翻案，但乌尔班教皇每一次都拒绝他的请求。

伽利略对此百思不得其解，但心中对此仍然抱有一线希望。1624年拜访教皇回来以后的好几年里，他都认为教皇实际上是支持他翻案的。事实上，是朋友们的善意使他心存幻想。1630年的时候，一位叫托姆索·康帕内拉（Tommaso Campanella）的僧侣给伽利略写信，说教皇曾经表露出对那次审判结果的不满，这就更坚定了伽利略的想法。他开始写作他的另一部著作——《关于两大世界体系的对话》（*Dialogo dei due massimi sistemi del mondo*），这里，两大体系分别指代的是亚里士多德和哥白尼各自主张的宇宙体系。

这部对话集里共描写了三个人物。第一个出场的是一位身患疾病的方法论教师，名叫萨尔维阿蒂（Salviati），其实是以伽利略自己为原型创造出来的一个人物；第二位名叫萨格列陀（Sagredo），是一个聪明、善良的朋友和中立者；第三位叫辛普利丘（Simplicio），他是一个有点儿傻气的学究。表面上，伽利略是把辛普立丘描绘成了一个研究亚里士多德学说的人，但书中的描写处处都显示出他讽刺的就是亚里士多德本人。为了增加这本书的影响力，伽利略没有选择拉丁文，而是用他的母语意大利文来写作。他在书中以自己从天文望远镜中观测到的金星相位为证据，旗帜鲜明地反对托勒密的宇宙假说模型。更糟糕的是，伽利略还招致了流言蜚语，说他写的辛普利丘实际上是在嘲讽当今的教皇。

1632年1月，这本《关于两大世界体系的对话》终于出版了，但它立刻就招来了强烈的反应。8月，教会明令禁止该书的发行；10月，宗教裁判所再一次发出提审伽利略的通知。他以年老有病为借口，直到1633年2月，他才不得不来到罗马，反复被关押和释放。这一次，年老的天文学家还受到了酷刑折磨。1633年6月，他终于出现在法庭上。在法庭上，他声称自己从来没有真正相信过日心说的理论，并公开表示放弃对该学说的支持。最终，他被特别法庭判决为“有强烈嫌疑的异教徒”（罪名仅次于异教徒，异教徒都会被处以火刑），并将他关押在锡耶纳（Siena）城的一间牢室里忏悔。据说，当伽利略被释放出来的时候，大声喊了一句：“但是地球的确是在转动啊！”（Eppur si muove！）但实际上由于直到130年后才有人声称他在出狱时喊了这句话，因此这个传说很可能是捏造出来的。

教会的胜利其实是相当不堪一击的。尽管伽利略服了输，但他赢得了一场科学之战。在早年间同威尼斯的较量中，教会神权力量的没落已经初露端倪；而在这场对伽利略的审判中，更是暴露了教会全部教义的致命弱点就在于缺乏应有的诚实。在这场旷日持久的教会与新科学的争斗中，教会早已经丧失了大部分公信力，再也无力阻挡真实科学向前发展的滚滚车轮。对伽利略的这次审判为人类历史前进的道路扫去了一个巨大的障碍。

尽管伽利略在他的晚年双目失明，他仍然坚持工作，直到1642年溘然辞世。在这一年里，一个伟大的人物离开了，另一个伟大的人物降生人世，他就是艾萨克·牛顿。伽利略一生成就卓著，但也有一些瑕疵。他否定了开普勒的椭圆形行星运行轨道的假设，反而支持哥白尼的正圆形本轮与双重附加轨道的假设。他还没实现重力的自然规律的理论突破，仅仅模糊地推测出由于重力的存在使得地球依其轨道围绕太阳运转，同理适用于月球围绕地球运转，以及木星的卫星围绕木星运转的现象。同布拉赫一样，伽利略的过人之处就在于他超强的观察能力和机械制造能力。最终，在伽利略伟大的实践和观察成果基础上，艾萨克·牛顿以其无与伦比的天才智慧，揭示了宇宙运动的终极秘密。

3.9 科学进程背后的故事

我们最好是把艾萨克·牛顿和爱德蒙·哈雷（Edmond Halley）的生平与事迹放在一起来讲述。牛顿出生于1642年，比哈雷大将近6岁。他们在差不多的环境中开始各自的科学探索，并在几乎同一时间解决了自然之谜中最重要的问题——主宰所有宇宙物体而不仅是行星运动的自然规律。两个人当中，牛顿是公认的大天才，他的数学天分简直盖世无双，很多当代的科学家都惊异他怎么能够在如此短的时间内取得如此高的成就。他的性格也变化莫测，和他的天分一样令人捉摸不透：忧郁而不失风趣，风格独断，十分敏感，还有些害羞。哈雷则完全不同，不论男女老少，一致对他交口称赞，大家都认为他魅力十足，慷慨善良，性格开朗。尽管他的天分比不上牛顿，但他所涉猎的领域更加宽泛，不单单局限在基础科学的范围内。

牛顿的少年时代生活清苦。在出生前 3 个月，他的母亲便成了寡妇。他因早产提前出生于林肯郡的伍尔索普（Woolsthorpe），自小瘦弱多病。后来，母亲迫于生计改嫁一个老头，把他扔给了外祖母抚养。至于是谁第一个发现了他的天才已无法考证，也许是他的一位叔叔，或者是他就读的格兰瑟姆（Grantham）村小学的校长，总之，牛顿在 1661 年靠在学校打零工的方式奇迹般地升入了剑桥三一学院（Frinity College），成为了一名半公费生。

如果说我们对牛顿小学时候的学习情况了解甚少的话，那能收集到的关于他在剑桥早期生活的资料更是少得可怜。1664 年左右，他开始意识到自己关于数学和自然界的知识已经超过了同时代的人，从那时起，他就不得不独自肩负起开拓创新的重任了。

极其幸运的是，那时的英格兰刚刚开始出现第一个突破——对亚里士多德教育体系的否定。三一学院率先废除了这个古老、陈腐的教育方法，几十年前，笛卡儿（René Descartes）发明了解析几何学（analytic geometry），这可是帮助解决轨道运算的极佳方法。牛顿所在的三一学院是当时全国唯一可以传授笛卡儿新理论的地方。

1665 年 6 月，一场瘟疫爆发后，剑桥被迫停课，牛顿于是返回了伍尔索普老家。他在老家一待就是一年多，期间除了短暂回过一次剑桥，18 个月孤独的乡村生活让他集中精力，彻底改变了数学、物理学和天文学。

他首先解决一个长期困扰他的问题：能够让月亮沿着自己的轨道运转的力量有没有可能也是让苹果从树上掉下来的力量呢？对此，他得出一个肯定的答案，这个力量就是重力（事实上，牛顿的确是因为看见母亲的园子里有苹果从树上掉下来才开始思考这个问题的。但是至于是不是苹果砸在了他的头上，这一点可说不准）。

他很快又发现光靠解析几何学不足以解决天体运行轨道的运算问题，因此他又发明了微积分（calculus）。遗憾的是，牛顿常常会犯一些小迷糊，这次也不例外。由于无法去图书馆查询，他使用了一个错误的地球半径值（他将地球中心到那颗苹果树的距离作为他的计算值）来进行计算。因此，根据对月球运动的观测，他计算出了一个并不十分精确的地球重力值。这个错误的结果使他无法合理地解释天体的运动规律，因此被他扔进了抽屉。他开始进行另一项研究——天体运动的三大法则。在研究这个项目的时候，他同时还在数值级数方面取得了突破性的成就。他仍不满足，后来又用棱镜推导出光学的色彩组成，发明了现代光学。

3.10 爱德蒙·哈雷：发挥天分

1658 年，爱德蒙·哈雷（Edmond Halley）出生于一个富商家庭，在父亲的支持下，他从小就在位于伦敦西北部的圣保罗学校（Saint Paul's School）接受一流的教育。年轻的哈雷天文学成绩优异，1673 年，他进入牛津大学学习的时候，已经拥有了大量的天文观测设备，完全能够搭建一个属于自己的高规格天文观测台。

牛顿在伍尔索普度过将近 20 年后，科学家们仍然无法解决天体运行以及重力问题，与牛顿和哈雷同时代的、最著名的科学家罗伯特·胡克（Robert Hooke，显微镜的发明者，牛顿最恨的敌人）以及著名建筑学家克里斯托弗·瑞恩（Christopher Wren）对此也束手无策。哈雷、胡克和瑞恩凭直觉认为在自然中存在引力，但要证明这股力量的存在需要进行大量数学运算，即使是这几位伟大的人物也不敢轻易尝试。

17 世纪 80 年代的时候，牛顿的数学天赋已经广为人知，但那时他同胡克之间的对抗已经大大升级。胡克声称自己已经掌握了解决这个问题的数学方法，但就是不肯给牛顿或哈雷看。哈雷没有轻易相信胡克的话，他跑到剑桥大学，想听听牛顿的意见。

哈雷了解牛顿的重力理论——行星同太阳之间的引力同天体的质量成正比，同其与太阳之间的距离的平方成反比。哈雷向他请教，如果该理论成立的话，那么这个行星的运行轨道应该是什么形状呢？牛顿不假思索地回答道：是椭圆形的。哈雷顿时愣住了，同当时的许多科学家一样，他尚未摆脱亚里士多德宇宙假说的影响，认为所有的轨道都应该是正圆形的。哈雷接着又问牛顿是如何得出这个结论的，牛顿告诉哈雷自己 20 年前还待在伍尔索普老家的时候就已经在研究这个问题了。据说牛顿当时就拉开抽屉，从里面翻出他那张写着错误计算结果的草稿，哈雷很快就发现地球半径是错误的，但方程式是对的。当时整个学术界都开玩笑说：全欧洲都在努力寻找解决天体运动问题的答案，牛顿却把这个答案给扔了。

很快，人类就彻底揭示出了天体运动的真正本质。哈雷鼓动牛顿把这个发现写书出版，甚至还支付了印刷费用。这本书就是后来受到高度赞誉的著作《自然哲学的数学原理》（*Philosophiae Naturalis Principia Mathematica*，这本书更加深了牛顿和胡克之间的积怨，胡克指责牛顿抄袭自己的研究成果。哈雷试图帮助两人和解未果，直到1703年胡克去世，两人的恶劣关系才算告一段落。那一年，牛顿从他手中接掌皇家协会)。

这些不可思议的科学成就震撼了整个欧洲，一个接一个的精确天文学预言得到了证实，连老天似乎也变得特别配合起来。如果想展示当时新科学的巨大威力，最好的例子就是1715年4月22日发生在伦敦上空的一次日食。哈雷绘制了一幅日食路径预测图和一份日食实际路径图。第一幅是在日食发生的两周以前公开发表的，图3.4是这张图的一个复制品，预测了日食发生的路径。之所以要发表这幅图，哈雷有两个考虑：其一，提前向老百姓告知即将发生日食的消息，向他们保证这只是一种自然现象。这是英国历史上第一次有人指出日食并不是上帝发脾气的预兆。发表这幅预测图的目的是：

> 当黑暗突然出现，以及能在太阳周围看到星星时，人们不至于惊慌失措。如果他们没有得到事先的通知，很可能会把这种现象当成是不祥之兆，把它想成是上帝向尊敬的乔治国王陛下以及政府发出的凶信。我希望他们能把这种现象当成一种自然现象，一个由于太阳和月亮的运动而带来的必然结果……

其二，哈雷想借这次日食，请英国南部的观测家们观测整个日食的过程和全食（太阳完全被月球遮住的时间）过程的持续时间。哈雷得到了不少这样的数据了，利用这些数据，他可以计算出自己的预测到底有多精确。

根据这些观察结果，哈雷画出了真实日食路径图（参见图3.5）。

图 3.4　哈雷对 1715 年日食轨迹的预测

资料来源：经 Houghton Library, Harvard University 许可转载。

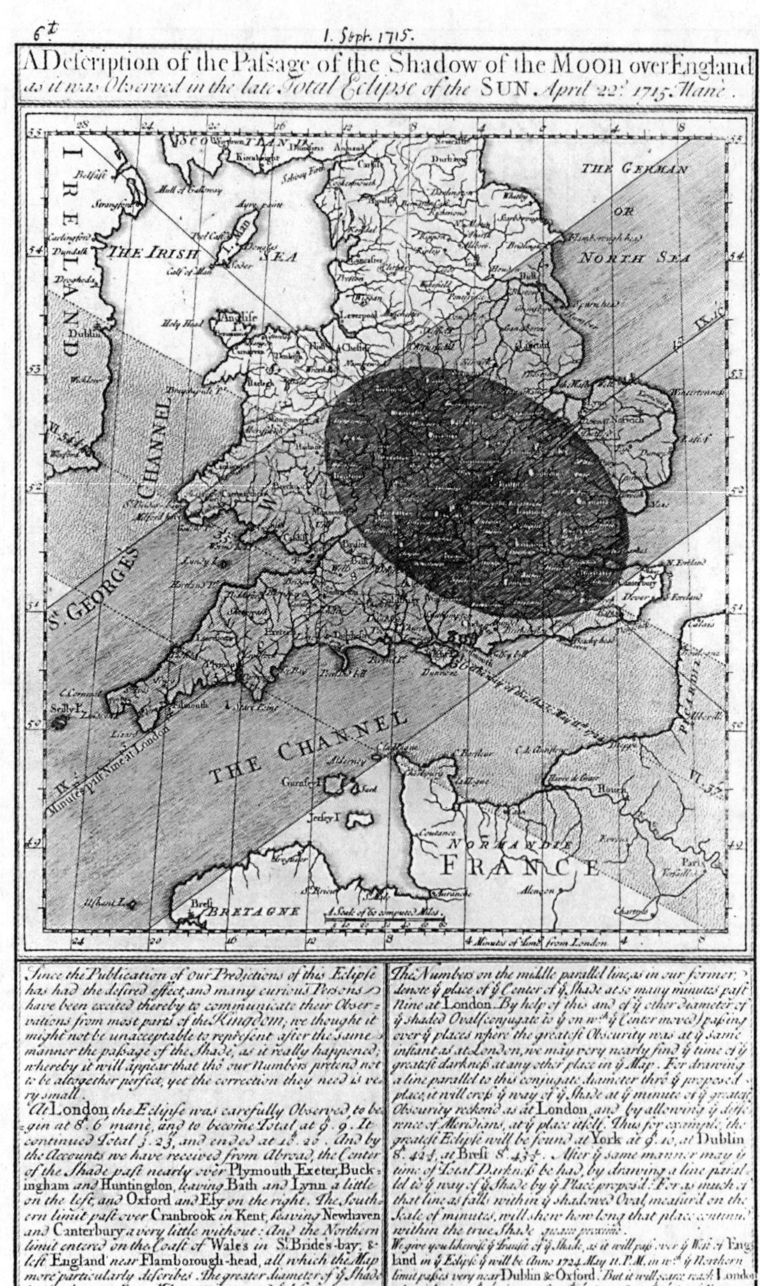

图 3.5　1715 年日食的真实轨迹

资料来源：经 Houghton Library，Harvard University 许可转载。

这两幅图几乎没有多大的区别，也就是说，除了在方向和范围上稍有出入外，哈雷的预测路径几乎同真实路径完全一样。另外，第二幅图还预测 1724 年将再一次发生日食，路径是西北至东南走向的。

哈雷对日食路径的精确预测让公众备感震惊，这个成就预示着培根归纳科学研究方法的胜出——首先要经过大量的观察，再得出理论假设，最后对此进行科学验证。到了 18 世纪中叶，新科学彻底取代了亚里士多德的演绎法，并清除了教会对科学研究的不良影响。

然而，宗教和科学的彻底分离是在 100 多年以后才实现的。牛顿和哈雷同当时的人们一样，依然虔诚地相信万能的上帝早就安排好了宇宙运动的各种规律。他们甚至都十分相信经文上所讲的一切故事。举个例子来说，哈雷认为《圣经》中记载的大洪水（Deluge）是因为彗星离地球太近所导致的，牛顿不同意他的看法，他认为这是其他小行星互相碰撞惹的祸。18 世纪的时候，接任牛顿担任卢卡西数学教授席位（Lucasian Profession of Mathematics）的威廉·惠斯顿（William Whiston）在伦敦举办了一个大型讲座，讨论天文学现象同《圣经》记载事件间的联系。牛顿本人也无法彻底摆脱中世纪迷信思想的影响，他的大部分研究生涯和著作都同炼金术有关，他还同当时许多启蒙科学家互通炼金心得，包括约翰·洛克（John Locke）和与他决裂前的罗伯特·波义耳（Robert Boyle）。

3.11 爱德蒙·哈雷：繁荣的最大推动者

除去他和牛顿合作的成果，爱德蒙·哈雷自己取得的各项成就也十分引人注目。1682 年他发现了一颗后来以他的名字命名的彗星，并计算出这颗彗星的椭圆轨道周期大约为 76 年。1531 年和 1607 年，欧洲和亚洲地区分别又观测了这颗彗星。哈雷预测 1758 年的圣诞节期间它将再次回归，他甚至将由于木星和土星的引力作用会将回归时间略微推后的因素都考虑到了。他知道自己不可能活那么久，于是呼吁后世的天文学家们不要忘了去验证他的预测。

其实他根本无须担心。自遥远的上古时期，彗星就被人们赋予宗教和历史意义。比如，哈雷彗星在1066年黑斯廷斯战争（Battle of Hastings）爆发前7个月也出现过一次。后来，这一天文奇观被绣入一张精美的贝叶挂毯（Bayeux Tapestry，刺绣工艺品）中，上面的图画描绘的是诺曼底人征服英格兰的故事。1758年，这颗彗星准时回归，更增加了人们对科学研究方法的信任之感。

哈雷在他的闲暇时间将从德国城市布雷斯劳（Breslau）那里收集来的死亡记录编入了第一张保险精算表，此举促成了新保险产业的诞生。作为第一流的天文学家，他当时还是经度委员会的当然成员（ex officio member）。利用这一职位，他为约翰·哈里森研究可靠、精确的航海钟提供了十分必要的鼓励、建议以及资金支持。

哈雷一生的成就远不止这些，他还促成了欧洲对大陆地区的探险行动。他建议派遣一支考察队去太平洋观测1761年到1769年间（这是在他死后20年）金星的变化路线，以更精确地测量地球和太阳之间的距离。詹姆斯·库克（James Cooke）船长后来指挥了这些海上航行，成为第一个到访过大部分太平洋国家（包括澳大利亚和夏威夷群岛在内）的欧洲人。在带来现代繁荣的四个要素之中，爱德蒙·哈雷对其中三个要素——科学理性、资本市场和现代交通运输——的发展都作出过重大贡献，把他看成是我们这个故事当中最核心的灵魂人物一点儿也不过分。

3.12 科学理性的传播：巧夺天工的发明

尽管科学研究方法获得了如此瞩目的成就，但直到两个世纪以后，它才经历了一次革命性飞跃，大大促进了世界经济的繁荣。1850年以前，很少有科学家会致力于工业生产方面的研究，许多重要发明都是由天才的匠人或发明家创造的，如托马斯·爱迪生（Thomas Edison）和约翰·斯密顿（John Smeaton）等人，后者重新发掘出了因为罗马帝国衰落而长期失传的混凝土工艺。19世纪，钢铁产业首先建立起现代工业科学常规实验室，由一批全职研究者持续跟踪铁矿质量与最终成品之间的关系。钢铁大亨安德鲁·卡内基（Andrew Carnegie）为实验室给他带来的竞争优势雀跃不已，他说："在我们采用化学试验来指导生产的许多年后，（有竞争者）说他们雇不起化学家。如果他们看到事实真相的话，就会明白没有这个实验室会让他们付出多么大的代价。"直到20世纪的时候，配备优秀专业技术人员和大量资金的研究部门才逐渐成为大型制造企业中必不可少的一部分。

马丁·路德曾经这样诅咒过伟大的波兰天文学家哥白尼："那个傻瓜会毁了整个天文科学！"几个世纪过去了，世界发生了翻天覆地的变化。在路德的时代，企图颠覆早已被接受的知识是一桩弥天大罪；300年以后，胆敢挑战现有权威的"罪犯"还可能会得到荣誉，甚至一大笔财富。据说（很可能是杜撰的），拿破仑（Napoleon）问天文学家拉格朗日（Lagrange）还有没有可能再出现一位像牛顿那样的人物，拉格朗日的回答对那个时代作了一个相当好的总结："没可能了，陛下，因为我们只有一个宇宙可以去探索。"

就这样，人类对星星的好奇使我们具有了只需要轻轻敲击几下电脑键盘就可以轻松算出人造卫星运行轨道的能力。天文学的发展主要是在17世纪完成的，从那时起，人类同所处的自然环境的关系就发生了革命性的逆转。英国的科学家和工匠们，他们的知识和财产权得到了普通法的保护，而现在他们又拥有了用于创新的正确的科学研究工具。

在未来的两个世纪里，资本市场的发展将为他们所付出的努力提供资金，而即将出现的现代动力、交通和通信技术的发展将把他们的成果传遍全国乃至全球，引发了当代财富的第一波浪潮。

第4章

资 本

简单来说，市场资本主义需要资本——收回资金继续经营商业企业。不论是大企业还是小企业，在进行生产或提供服务之前，都需要采购设备和原料，正如自古以来农夫在收获和出售粮食之前需要借钱购买种子和农具一样。通常，在企业支出资本很长时间以后才能获得收入。就算在纯粹的农业社会，种植与收获之间也可能相隔几十年，就像在葡萄酿酒业中那样。

在工业社会中，支出资本与获得收入之间相隔很长时间是正常的，而且需要的金钱更多。在现代西方经济中，大部分收入都来自新的发明，而且几乎全部来自一个世纪前并不存在的发明。将这些产品推向市场需要大量的资本。想一想 20 世纪前半段，1950 年主导经济的汽车、飞机、家用电器产业在 1900 年时根本就不存在。1900 年时存在的是这些发明以及梦想把这些发明带给普通市民的创业者。

令人羞愧的事实是，西方社会绝大部分的繁荣来自为数不多的天才，这些人数量稀少，上百万人中才能找到一个。将他们的创意转变成经济现实需要数量惊人的资本，而这只能由受投资者信任的充满活力的金融系统提供。

托马斯·爱迪生（Thomas Alva Edison）在 1879 年发明的白炽灯泡就是一个典型的例子，它生动地说明了当代资本主义生产过程是如何运作的［电灯本身并不是爱迪生发明的，这与我们通常认为的不同。俄罗斯电力工程师保罗·雅布洛奇科夫（Paul Jablochkov）比爱迪生早两年用电弧灯点亮了巴黎的一条大街］。爱迪生尽管很有钱，但他靠自己的资本进行生产的规模毕竟有限。为大众市场生产灯泡需要修建大型的工厂，雇用成千上万名熟练工人，采购大量的原材料，即使是全国最富有的个人也不可能单独完成这一任务。更糟糕的是，如果没有可靠的电力供应，灯泡就毫无用处。任何想要卖出第一个灯泡的人将不得不建立发电站和传输网络以输送电力。但出人意料的是，有人愿意投资爱迪生的这项发明，让它变成有钱可赚的商品。

在19世纪末期的美国，大型企业的投资一般来自J·P·摩根（J. P. Morgan）。然而，以摩根的个人财富，要为爱迪生电力照明公司（Edison Electric Light Company，这一公司是为将爱迪生的发明商品化而成立的）支付全部费用也是远远不够的［约翰·洛克菲勒（John D. Rock）听说摩根1913年去世后留下了价值8000万美元的遗产，曾经奚落他"甚至算不上一个富人"］。

然而，摩根财团（House of Morgan）能够提供的远远大于其流动资产。20世纪初，摩根作为美国银行业领袖的地位使他可以将大批银行召集起来组成辛迪加，供应巨额资本。经济史学家经常指出，从1837年美国第二银行的特许经营到期至1913年联邦储备系统建立之前，这段时间里美国根本就没有中央银行——巧合的是，这正是摩根出生与去世的年份。在那段时期的大部分时间里，摩根财团实际上扮演了国家中央银行的角色，甚至一度帮助美国财政部摆脱了困境。

摩根正是一位在美国经济史上举足轻重的人，他可以轻而易举地调动数以亿计的资金修建铁路、建立公用事业、建造钢铁厂，将美国推向工业化国家最前沿。他非常清楚，投资于新技术是一项风险极高的事业，常常注定要失败，互联网时代的人和投资新技术的人最近又重新学习了这一课。这不是什么新鲜事，就算在摩根时代也是如此。英格兰的技术投资史是一部充满欺骗、灾难、损失的历史，它始于17世纪的水下打捞公司①，经过18世纪的运河开凿公司，终结于19世纪40年代壮观的铁路泡沫。因此，摩根只为已经成熟的技术融资。

爱迪生的例子是一个例外。作为一位电力的热心支持者，他在纽约麦迪逊大街219号的宅第里装配出最早的白炽灯泡。这需要在他的住宅后面修建一座噪声巨大的、烦人的发电厂，房间里电线线路还会经常着

① 17世纪90年代的英国股票市场见证了人们购买一些公司股票的热情，这些公司是为打捞沉没的宝藏而成立的，这是被记录下来的最早的股市狂热。见 Edward Chancellor, *Devil Take the Hindmost*（New York：Penguin，1999），36-38.

火，还烧坏过他的办公桌。他投资修建了曼哈顿最大的电厂，为位于华尔街23号的摩根银行办公大楼供电。在骄傲地向媒体炫耀这些设施时，摩根小心地隐瞒了发电厂超过预算200%这一事实。

摩根/爱迪生传奇精彩地展示了资本市场所扮演的建设性角色。19世纪80年代，摩根与投资银行家亨利·维拉德（Henry Villard）帮助爱迪生融资修建了其早期的工厂，随后将最初的爱迪生电力照明公司并入爱迪生通用电气公司（Edison General Electric）。19世纪90年代早期，摩根和他的同事都认识到，尽管爱迪生是一位才华横溢的发明家，但却是一个不称职的商人。那时，直流电与交流电发电机和电器正在为被人们接受而进行市场竞争。由于直流电是在低电压下工作，爱迪生对直流电的偏爱超过交流电。但不幸的是，直流电不适合远距离传输，这限制了其市场潜力，其竞争对手汤姆森—休斯顿公司（Thomson-Houston）则既生产直流电也生产交流电。1883年，一种将长途高压交流电逐步降低电压以供地方使用的变压器在英国获得了专利。几年之内，乔治·维斯汀豪斯在美国颁发了这一系统的许可证，而汤姆森—休斯顿公司凭借这一技术抢占了爱迪生的市场份额。

摩根和他的同僚们迅速意识到，避免失败的唯一出路就是将爱迪生通用电气公司与汤姆森—休斯顿公司合并，新公司的名字叫通用电气公司（General Electric）。通用电气在19世纪90年代的衰退时期继续需要大量资本，直到它成为一个主宰美国电气市场长达一个多世纪的庞然大物。正如他一贯的作风一样，合并后不久，出于不满，爱迪生出售了他持有的合并公司的股份，并将获得的收入投入到未来的发明中。当后来有人告诉他，如果他当初继续持有通用电气的股票现在会值很多钱时，他是这样回答的："噢，一切都过去了，但我们过了一段痛快花钱的日子。"（爱迪生后来投资铁矿业，不但花完了所有的钱，还欠了很多债，其投资的3/4来自出售通用电气的股票。但他并没有气馁——译注。）这个故事说明，为爱迪生的公司投资的银行家们，与以前及此后的几代风险资本家一样，不仅提供融资支持，还会在其发展的关键时刻提供至关重要的指导。

与摩根在这个故事中扮演的角色一样，投资者并非只提供资本，他们还要承担风险。在大多数情况下，他们是把钱倒进了下水道里。正如最近网络公司的惨痛失败告诉我们的，绝大多数新公司和企业都面临着失败的风险。只有在事后的分析中，如我们把眼光集中在通用电气、通用汽车、微软公司时，投资于新企业才似乎有利可图。从这种意义上说，为新企业融资的资本市场的行为与公开的抽彩很类似。数以百万计的人购买了彩票，但幸运者只有几个而已。在以资本为导向的社会里，我们可以轻易地从股票市场和私人手中获得资本，这本身就是对创新与发明的强有力的激励。

爱迪生、摩根和维拉德共同表演的金融之舞标志着19世纪末资本市场巅峰的到来。我们将在后面讲解这一系统是如何在古代诞生并在中世纪和现代社会早期得以发展的。从最根本上讲，这是一个关于成本（cost）、风险（risk）和信息（information）这三大因素的故事。

4.1 资本的成本

所有的商业冒险都需要钱。与其他商品一样，钱也有成本，即利息率。那些在春季借来种子耕种的农夫收获后必须归还种子，还要支付利息。当利息率很高时，我们就说钱很贵；当利息率较低时，我们就说钱比较便宜。便宜的钱会刺激商业投资，而贵的钱则会使人们失去投资热情。当利息率高到一定程度时，农夫就会放弃种地，商人也会推迟商业活动。

有许多因素可以决定钱的成本，最基本的因素是供给与需求之间的平衡。当有大量的出借人而只有少量借款人时，钱就会比较便宜；当只有少量的出借人而有大量的借款人时，钱就会很贵。图4.1记录下了1200~1800年间英国、荷兰、意大利和法国利息率的下降。利息率的逐渐下降是由很多因素决定的，其中最重要的是投资资本供给的增加，即人们可以随时借到钱。资本成本的降低不仅有助于商业活动的增加和增长的发生，更是起到了引领的作用。

早期的经济学家非常理解利率的重要性。英国最早的经济观察家之一约西亚·柴尔德爵士（Sir Josiah Child）在1668年注意到，“今天所有国家的贫富与它们为钱支付的利息呈严格的比例关系”。在柴尔德看

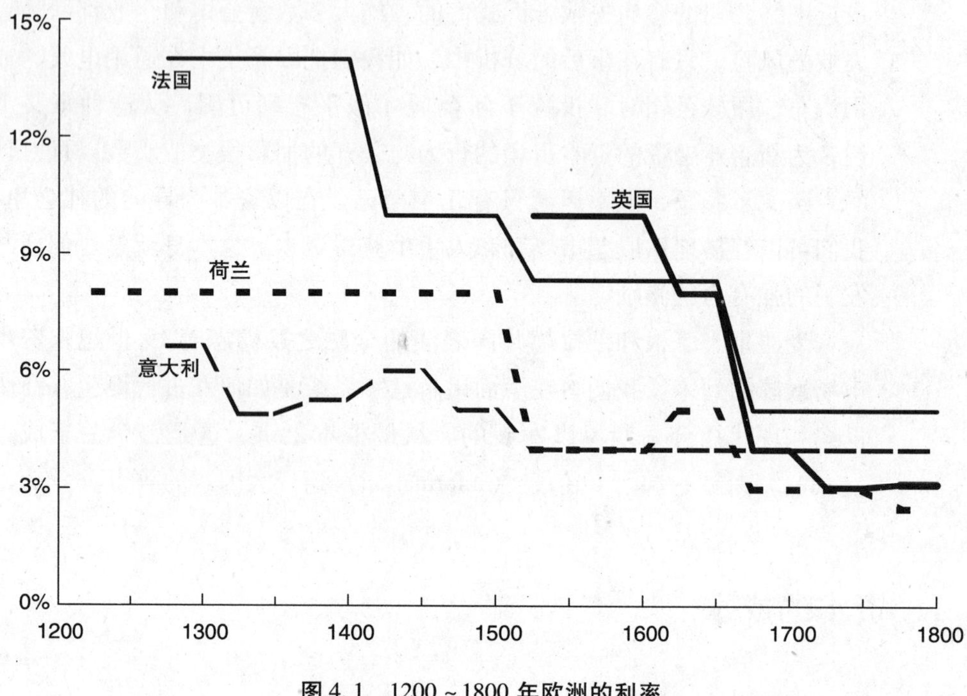

图 4.1　1200～1800 年欧洲的利率

资料来源：数据来自 Homer and Sylla，*A History of Interest Rates*，137-38.

来，这是一种数学关系，如果一个商人能够支付一定数量的利息，那么，当利率为3%时，他就能获得两倍于利率为6%时的钱。历史学家阿什顿（T. S. Ashton）说：

> 如果我们要寻找18世纪中期经济增长步伐加快的单一原因（这样做是不对的），我们不能忽略低利率。深深的矿井、坚固的厂房、通畅的运河以及其他工业革命的产物都是相对来说比较便宜的资本的杰作。

面向个人的贷款以及政府和企业债券的资本成本很容易理解，这种成本就是贷款或债券中包含的利率。许多投资者并不太理解资本成本是如何应用于所有权份额（公司股份）上的。这要从每股股票的价格（即每股股票的公司收入）说起，它是用“美元/每股”表示的。下一步，我们将这个表达式倒过来，即“股份数/美元”——公司为购买厂房、设备和劳动力而向股东筹资，从而付给股东的每1美元的收益量。

当股份价格高时，权益资本——公司通过出售其股份而获得的钱——的成本就低，公司因而很愿意向投资者发行新股以获得投资资本。最近的因特网和科技类股票的繁荣正是如此，新公司向狂热的公众发行价格高得离谱的股票。

另一方面，当股份价格低时，资本的成本就高。公司必须向外人出售大量的所有权以换取资金，因此投资就会减少。20 世纪 80 年代就出现过这种情况，那时股价非常低，公司管理者竞相以垃圾债券的形式借钱从公众手中回购现有的股份。

有时候，公司可以通过出售股份很便宜地获得资本，这时它们就不会出售债券或申请贷款，20 世纪 90 年代末就出现过这种情况。有时候情况正好相反。但是，不管从哪里得到，资本总是有成本的。这种成本决定了经营活动的多少以及财富的增长速度。

4.2 资本的风险

仅仅是供给与需求不足以说明一切——商业企业的风险在资本价格的确定中也扮演着关键的角色。把钱贷给一个可信且可靠的借款人收取的利率比贷款给一个不可靠的借款人的利率低得多。美国财政部发行的债券的利息远远低于比如说王牌赌场（Trump Casinos）的债券利息。在国内动乱或受到外部军事威胁时，所有的债券，包括政府债券，风险都会增加，因此利率也会提高。如第 1 章所述，一个国家的利率图可以看成是这个国家的“热度图”（fever chart），它是一个关于经济、社会和军事健康程度的指标。

风险可以被集中也可以被稀释。假设你正在考虑一个商业机会，有 1/5 的几率成功。你需要投资或借入 10 万美元。如果成功了，你就可以赚 100 万美元（即你获得了 90 万美元的利润）。这非常诱人，但你也意识到有 80% 的几率会失败，这样你就会损失所有的 10 万美元。由于有 20% 的几率赚 90 万美元的利润，有 80% 的几率损失 10 万美元，这一投资的期望报酬是 10 万美元——即“平均来说”，你会使你的投资翻一倍①。当然，除非你得不到平均收益——或者损失得很多，或者赢得更多。

就算在这样诱人的赢利预期下，你可能仍然在决定追逐这一机会时犹豫不决。如果你不能轻而易举地省下或借到这 10 万美元，损失或欠下这笔债务的痛苦可以会超过获得 90 万美元横财给你带来的快乐。假设你生活在前现代时期的欧洲，在那里，拖欠债务意味着牢狱之灾，而在古希腊，这意味着你会成为债主的奴隶。

这样的风险是高度集中的，在前现代时期，没有人会对此满不在乎。在 19 世纪，英国的金融家们敏锐地意识到拖欠债务的严酷后果对投资的阻碍，因此英国国会下议院颁布了破产法。免除债务人坐牢的威胁后，投资活动有了爆发式增长。

并不是只有前现代时期的企业家由于拖欠债务而遭遇到个人的毁灭，直到现在，公司股东也会陷入这种境地。显然，如果仅仅因为是公司股份的持有者就会使你有可能由于企业无法履行其所有责任而遭到严厉的惩罚，那你就不可能愿意购买公司的股票。解决这一问题的方法是现代有限责任公司制，这是 19 世纪的一个立法进步，它可以保护股东不受公司债权人的伤害。我们将在本章后面讲述这一制度的发展。

回到我们的例子中，假设你可以分散风险，而不是由你一个人承担损失 10 万美元的风险，即和许多投资者分担这一风险。如果有 100 股，万一失败，每一股只损失 1000 美元，而一旦成功则可以获得 9000 美元的收益。通过分散风险，有更多的人愿意进行投资了。

最后，作为一位投资者，你可以通过大量的募股交易分散风险。你彻底失败的机会将大大减少，因为只有在上述投资的 90% 都失败时，你才会赔钱。敢于冒险的人越多，你赔钱的机会就越少。图 4. 2 显示出本例中成功（以赚钱或持平为衡量标准）的概率随着人数的增加而增加。在只有 4 个人的情况下，你成功的机会超过 50%；在有 18 个人的情况下，成功的机会将达到 90%②。

---

① 计算如下：90 × 0. 2 + (− 10) × 0. 8 = 10（万美元）。

② 本图这种奇怪的增长形式是下面这个例子的典型后果——当有 10 个人时，只要有一个人成功你就可以避免赔钱，而在有 11 个人的时候，需要两个人成功，成功的概率更低了。

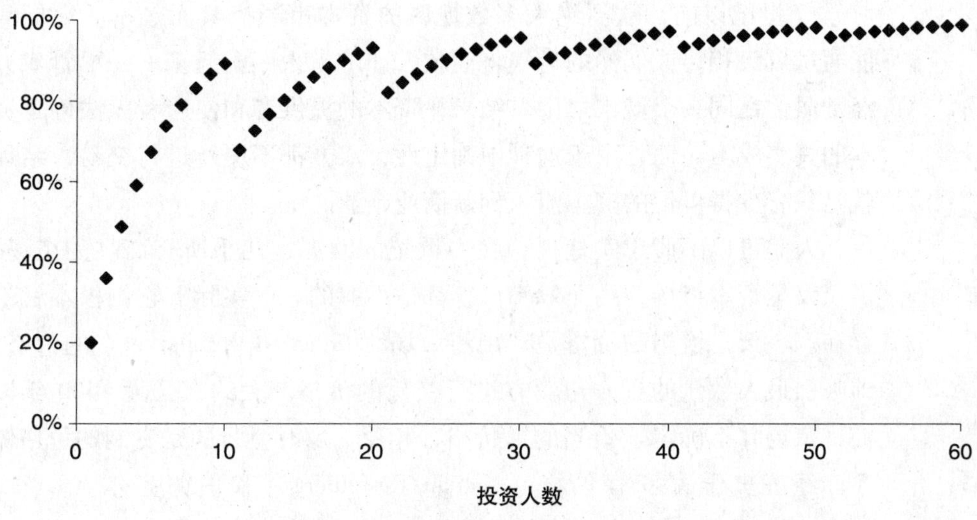

图 4.2 分散度不断增加时成功的概率

当你可以与很多人一起购买股份时，你成功的机会就会大大提高，你就更有可能向需要资本的企业投资。17 世纪股份公司的出现就是对这些需求的响应——共担并分散风险，以便增加对新企业的资本投资。

4.3 信息与资本

就算资本的成本很低而且很充裕，市场还是需要协调借款人和出借人，正如它需要将出售股份和债券的企业与愿意购买的人联系起来一样。这绝不是无关紧要的事。资本市场就像杂货市场、二手车市场和钻石市场一样运作，买卖双方充分协商，交流信息，才能形成适当的价格。

市场要实现将买卖双方匹配起来并确定价格的目标，但不同的市场效率是不同的。有效率的市场是指买卖双方可以以几乎相同的价格自由、公开地进行大量交易的市场。加油站为我们提供了一个关于有效率市场的极好的例子。仅仅通过每天开车上班，人们对每加仑普通无铅汽油的价格就有了一个明确的看法。无效率的市场是指不同商品之间很少发生交易，并常常在暗中进行——如房屋的销售。

17 世纪以前，欧洲绝大多数地区的资本市场极其无效率。它们只能通过口头相传或偶然的运气将借款人和出借人匹配起来——尽管双方经常居住在同一个城市之中。结果，资本的提供者和使用者无法确定资本的真实成本，而且由于这种不确定性，双方都不愿意进行交易，结局就是只有少得可怜的资本流入到新商业企业之中。

人们可以不假思索地说，在中世纪的欧洲，几乎所有商品的市场，不仅仅是资本市场，用无效率形容都是不够的——实际上它们根本就不存在。今天，恰当的价格是“出清市场”（cleared the market）的价格，即吸引最大数量的买方与卖方进行交易的价格。大约在公元 1400 年以前，市场并不确定“恰当的”价格，相反，那时盛行的是专制的价格体系。经济史学家罗森伯格（Nathan Rosenberg）和伯德齐尔（L. E. Birdzell）观察到：“这一体系可以概括为道德意义上的‘公平价格’（just price）和‘公平工资’（just wage）。价格和工资是对价值的道德判断（moral judgment）。而供求关系实际上是与道德不相关的。”

罗森伯格和伯德齐尔进一步发现，只有在饥荒时期食物供给急剧下降时，价格才会上涨。这与我们现在熟悉的“自由市场经济”的理念是背道而驰的。

经济学家们早就知道，当在同一时间和同一地点吸引尽可能多的买者与卖者时，市场的运作才最有效率。中世纪著名的商品交易会（trade fairs），其中一些保留至今，就起到了这一作用。你可能已经注意到，在许多国家（甚至在美国的某些城市），所有卖肉的商贩或者珠宝店都集中在同一条街上。在没有电话和报纸的时代，集中在一起可以使买方与卖方获得的价格信息流最大化，并能增加总交易量。17 世纪，荷兰通过将多个金融交易所（financial exchanges）安排在阿姆斯特丹相邻的几个区域，对这一现象的利用达到了令人叹为观止的程度。

但对荷兰来说不幸的是，地理上的邻近也只是到此为止。在当代复杂的经济体系下，强迫买者和卖者穿梭于不同的街道或城市去买卖大量的商品和金融品是极为无效率的。电报的发明以及在 19 世纪中叶跨大西洋电缆的铺设解决了这一问题，并彻底改变了资本市场。资本以及其他商品的供给者和消费者不再需要面对面交易，甚至不必住在同一个大洲。参与者越来越感到价格是公平的，资本的流动以指数的速度增长，而且交易几乎可以在转瞬间完成。

4.4　资本市场的古代起源

甚至在两河流域文明的“新月沃地”时代（Fertile Crescent，中东的一片弧形地区，横跨叙利亚沙漠北部，从尼罗河流域一直延伸到底格里斯河和幼发拉底河流域，据说是人类的发源地），或更早的“神圣千年”时代（《启示录》第20章提到的神圣的一千年，在此期间耶稣及其信徒统治着世界），资本市场就已经不可或缺。《汉谟拉比法典》（*The Code of Hammurabi*）花费了大量篇幅来论述资本市场交易，正如我们在第2章中看到的，它将白银的借贷利率上限规定为20%，而将当时的一般交换物谷物的借贷利率的上限规定为33%。在这里，我们第一次遇到了风险与收益的关系问题。由于谷物收成不好将会损失很多，所以谷物的借贷风险比白银的借贷风险更高。风险越大，要求的利率就更高。

在公元前7世纪吕底亚人（Lydians）发明硬币之前，古代的人把称好重量的银块和银条作为他们在神殿中的储蓄，而神殿在当时起到了中央银行的作用。现代投资者习惯于既包括债务（即支付固定利息并偿还本金的贷款和债券）也包括权益或称股权（要支付部分公司利润）的资本市场。在现代世界里，权益在绝大多数情况下意味着普通股股份。股份公司（joint stock company）这种安排最早出现在罗马和中世纪的法国，但直到17世纪在荷兰盛行后才广为传播。在古代，简单的合伙关系，即一方向企业经营者提供资本以交换部分利润，目的与股份公司差不多。

从最早有记录的历史直到最近，人们实际上很少采用任何种类的权益融资。人们更偏好采用债务而不是权益进行融资。股权融资的问题很容易理解——经济学称其为“信息不对称”（information asymmetry）。经营企业的人——营运伙伴——发现很容易对投资者隐藏利润（或亏损）信息，而投资者发现监督这种制度安排以确保管理者不进行欺诈要花费大量的时间，成本高昂。正如我们在最近的公司会计丑闻中看到的，这仍然是现代投资者关心的实际问题（当然数额要大得多）。

债务融资则简单、直接得多，投资者很容易监控，它只不过是连本带息归还的贷款，并以借款人的财产和人身作为担保。借贷双方都预期在固定的日期发生固定的支付。抵押借款具有特别的吸引力，因为在债务得不到偿还时出借人可以获得借款人的真实资产。

在古代的世界里，与权益融资相关的信息和强制执行的成本是难以逾越的。出于这一原因，在20世纪前，利用债务——贷款和债券——为企业活动融资比利用权益融资常见得多①。

至少从投资者的观点出发，《汉谟拉比法典》将债务融资作为资本供给中更受欢迎的方法，因为它允许借款人以其土地、房屋、奴隶、妻妾甚至孩子作为担保品。但是，如此高度有效的条款也有其缺点。对失去生命中最宝贵的东西的预期使人们不愿意冒险，而冒险恰恰是一个有活力的经济的生命之源。

4.5 货币的兴起

可靠的货币在现代是一个老生常谈，我们很难想象在吕底亚人第一次将金银合金压制成硬币前世界是如何运转的。

假设一个原始的经济只有10种不同的商品参与交易。在没有货币的情况下，商人们必须每两个一组对这些商品进行实物交易：10包棉花换1头牛，2蒲式耳的谷物换1整车柴火，等等——一共有45种不同的商品配对，每一个商品对都有其自己的价格②。更糟的是，比如说当一个想要从别人手里购买棉花的人必须拥有那个人想要的物品。货币简化了这一过程。

在存在货币的情况下，只有10种价格，购买者不必担心他想要的东西能否与另一个人匹配。在不讨人喜欢的经济学词汇里，金银货币被称为“交换媒介”。值得注意的是，人类没有货币的历史非常久远。

---

① 对前现代时期人们更偏好使用债务而不愿采用权益还有其他的解释。前现代时期期望寿命的不确定性对股权的更长的回报期产生不利影响，股票所有权更高的风险也产生类似的影响。

② N种商品可能的配对数量的计算公式是$N(N-1)/2$。

另一种管理风险的技术——保险是希腊人以船舶抵押贷款（bottomry loan）的方式发明的，这种贷款是为贸易航行融资的。如果船只沉没，贷款就会被取消，它们可以被看成是与贷款捆绑在一起的保险契约。由于其内含的保险特征，得到这一资本的代价高昂：在和平时期，利率是22.5%，而在战时，利率是30%。这些货款的特殊结构是由于前现代时期信息的缺乏造成的。如果没有这种保险特征，万一船只出现损失，出借人就不得不去收集借款人的其他资产。这又会导致另一个不可能的任务，即确定每一位货主的财力。收取一个统一的、作为船舶抵押贷款一部分的“保险附加费”做起来容易得多。

在人类历史中非常早的时期，我们就遇到了资本市场的根本问题：信息。当借款人的财力、合伙人的诚信度、收成的好坏、现有的利率以及各方面的信息都可以获得时，出借人就愿意把钱借给别人，而借款人也会迫不及待地借钱。在其他条件不变的情况下，经济就会活跃起来。但是，在前现代时期，信息不是非常昂贵，就是根本得不到。这导致债务融资的利率非常高，反过来又阻碍了经济的增长。

4.6 罗马的资本市场

罗马的一切都在变。社会相对稳定使得罗马在公元1世纪时的利率下降至约4%。不幸的是，罗马帝国主要的收入来源是战争掠夺。当在公元2世纪征服逐渐停止后，罗马开始忍受着几乎是持续不断的财政危机。于是罗马人恢复了对农业的税收，并将税收的征收外包给私人团体。具有讽刺意味的是，罗马商人出于这一目的而率先成立了股份公司，在卡斯特神庙（Temple of Castor）里买卖其股份。

剥削性的税率无情地压迫着罗马农夫。从前出现作物歉收或经济低迷很容易度过，现在出现这种情况农夫常常要背井离乡。这减少了乡村的人口，并破坏了农业活动，而这是前现代社会的主要收入来源。罗马帝国的衰落主要是由于财政问题。罗马帝国统治下的和平（Pax Romana）时期的低利率不足以抵消靠征服而不是靠发展商业形成的经济体带来的不良影响。

4.7 意大利的复兴

中世纪早期的经济及其资本市场由于受到教会高利贷禁令的限制而比罗马更加无效率。资本流动几乎停止，但还是有一些亮点。早期最具戏剧性的进展是商品交易会，它迅速成为年度商业日程表中的高潮。当地统治者承诺保护参加交易会的外国商人，这对一个乡村来说，在几乎毫无法纪可言的年代，并不是种小特权。

通过设计出结算方法，交易会解决了中世纪商业的重大问题之一——金银币的短缺。每个商人都保留着一个买卖的簿册，然后提交给一位官员，他负责注销掉相互平衡的交易。例如，如果一位商人购买了价值 1500 弗罗林（florin）的商品，卖出了价值 1400 弗罗林的商品，那么他只需支付 100 弗罗林就能付清他的债务。

信用为商业之轮注入了润滑剂。没有润滑剂，机器就不能转动；润滑剂充足，机器就能欢快地运转起来。交易会结算机制创造了一种能够刺激贸易的信用。后来的欧洲人将把这些早期交易会的结算机制发展成为更加强大的金融工具。

渐渐地，随着商业活动在欧洲的复苏，教会针对限制利息支付制定了额外条款。如果借出的钱可以用于其他用途获利，那么教会的法律允许对这一借贷支付利息。例如，如果出借人不得不卖掉自己的财产来为贷款融资，出借人就可以向借款人收取利息，因为出售的土地本来可以为出借人带来收入。政府强制的贷款也需要支付利息。随着政府贷款的蔓延，教会发现越来越难维持对高利贷的禁令。

公元 5 世纪，随着日耳曼部落在意大利半岛的横冲直撞，越来越多的难民在亚得里亚海西北端的一些隐藏在孤立的环礁湖中的小群岛中找到了安全的栖身地。公元 425 年，阿提拉汉（Attila the Hun）征服了位于亚得里亚海最前端的罗马阿奎莱亚（Aquileia）要塞，将这一难民“小溪”变成了“洪流”。在罗马帝国消亡后充满混乱的 1 个世纪里，哥特人和首都位于君士坦丁堡的东罗马帝国展开了对这一地区控制权的拉锯战。

为了保护自己免受周围战乱的伤害，环礁湖的居民变得极为独立。最初，最大的殖民地是位于阿奎莱亚南部的格拉多（Grado），在那里难民们成立了一个松散的联邦。渐渐地，领导权转移到西南方向的里亚尔托岛（Rialto），威尼斯城就建在那里。威尼斯最初受君士坦丁堡统治，在拜占庭皇帝列奥三世（Leo Ⅲ）宣布破坏所有圣像和宗教偶像的命令后于726年摆脱了其控制。年轻的城市选举奥尔索（Orso）作为其指挥官和领袖，封他为军事长官（dux）。这一头衔后来变成了总督（doge）——一个城邦117位统治者中的第一人，这个城邦后来成为欧洲金融创新的高产地，并且有时候还是对抗教会的最坚固的思想堡垒。

为支持几乎是连续不断的战争而发行的公债成为威尼斯资本市场的一个重要特征，这些战争使得威尼斯的历史动荡不堪。到13世纪，共和国准备通过贷款方式从其最富有的市民手中筹集大量的金钱。这些贷款被称为prestiti，永不到期，永久性地支付利息。Prestiti的所有者随后可以在国内或国外的资本市场上将其出售（通常以一个比最初支付给威尼斯财政部低得多的价格出售）。这些销售的记录跨越了3个世纪，为经济史提供了一个欧洲最重要的资本市场的连续的利率图景。

威尼斯迅速成长为一个军事大国和海上贸易巨人，控制地中海东部地区长达500年之久。其他意大利城市如佛罗伦萨、米兰、比萨、热那亚紧随其后。所有这些城市都继承了有缺陷的罗马商业法律体系，即限制大规模的商业企业。罗马法律要求一家公司的所有伙伴或称合伙人（societas）承担公司债务的个人责任。由于不履行契约会导致一个人所有的财产被充公，而且在极端情况下合伙人及其家人还要受奴役之苦，因此合伙人通常局限于家族成员之间，血缘关系可以提供某种程度的信任。

就算商业被限制在诚实的家族成员之间，对不能履约的极度惩罚也会阻碍人们承担风险，而这是商业与经济进步的根本。因此以佛罗伦萨的美第奇家族为代表的家族银行成为早期最著名的企业形式就毫不奇怪，因为家族结构降低了“一颗老鼠屎坏一锅汤”的可能性，而且银行业是一个要保证存款人随时可以轻松获得资本的行业。

4.8 汇 票

在16世纪早期，汇票成为欧洲商业的活力之源。它们就是债务人给异地的债权人开出的本票（promissory note）。尽管它们的起源已无从考证，但汇票在新月沃地就已经广为使用。使用白银和大麦作为货币的巴比伦商人在出发去亚述（Assyria）做生意前，就会要求以亚述货币lead开出的汇票。

希腊人也非常频繁地使用汇票，但文艺复兴前意大利银行使它们的应用进入了全盛时期。为了理解汇票如何起作用，让我们以一位佛罗伦萨商人为例说明。他希望从威尼斯的一位丝绸进口商手中购买刚到达港口的一船丝绸，需要花费500达克特（ducat）。由于无法立即拿出500达克特，佛罗伦萨商人必须借到这笔钱，因此他给威尼斯商人写了一份票据——更准确地说是借据。

但是，为什么威尼斯商人愿意接受一位根本就不认识的佛罗伦萨人开出的借据呢？在1500年左右，安特卫普的商人们将一系列创新引入了这一概念中——他们使得这些票据可以转让，即它们可以转让给最初的债权人以外的人。这一进步为意大利带来了巨大的利益。这一由佛罗伦萨商人开具的可转让汇票在威尼斯丝绸批发商手中起到了现金的作用。

威尼斯的进口商，实际上是一位批发商，可能会带着这张票据到当地银行兑换现金。当然，他可能得不到全部500达克特——银行会少给他一些。他得到的钱比500达克特少大致依赖于三件事：佛罗伦萨丝绸商人的信誉；汇票的到期日；交易发生的地点。汇票的到期日越近，债权人越可靠，兑现的地点离银行越近，汇票的价值越高。

在结算与进口商的交易时，威尼斯的银行可以说对汇票“打了折扣”。此处我们的例子代表的是一个相对简单的情况。更常见的情况是汇票涉及两种不同的货币，并且跨越几个月的时间。在这种情况下，票据会涉及两种货币的汇率，并需要考虑从票据开出到最终支付之间的利率变化。17世纪，世界上最繁忙的商路之一是从阿姆斯特丹到伦敦。

图4.3显示了票据的流动如何将商品、债务和现金在两个城市间联系起来。

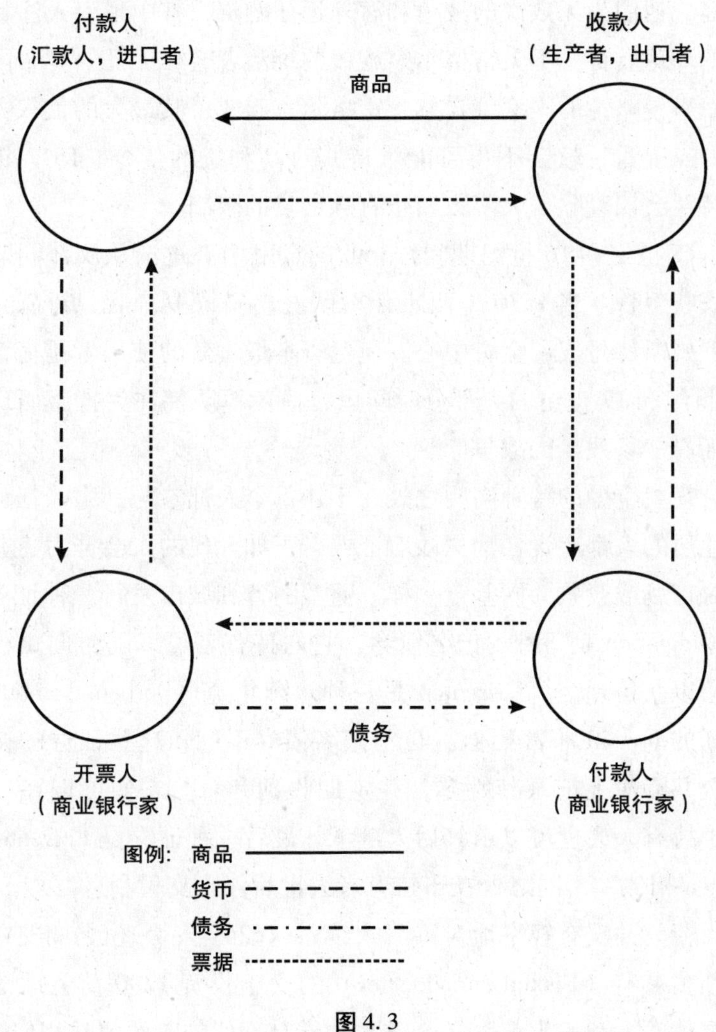

图4.3

资料来源：摘自 Larry Neal, *The Rise of Financial Capitalism*, 6，经 Neal 教授和剑桥大学出版社同意。

4.9 荷兰金融的兴起

15世纪末，资本流动逐渐向北转移，首先流向汉莎商业区（Hansa

cities）——德国不来梅和汉堡周围的区域。在那里，富格尔（Fugger）家族从采矿业中积累了巨大的财富，随后又从放款业务中获得了更多的财富。他们为无数次的战争和海外远征融资，其中最引人注目的是麦哲伦的环球航行。不欠富格尔家族钱的统治者寥寥无几。梵蒂冈是欧洲最具军事侵略性的国家。自然，富格尔家族成了其最大的债权人之一。从那一点上看，教会不再可能维持其对高利贷的禁令。1517 年，第五次拉特兰会议废除了大多数禁止有息借贷的限制。

15 世纪和 16 世纪期间，北欧的金融中心逐渐从汉莎同盟国转移到了安特卫普。当 1576 年西班牙军队洗劫安特卫普后，新荷兰联邦的中心阿姆斯特丹成了金融中心。荷兰资本最贪婪的使用者是荷兰军队，在 16 世纪和 17 世纪的大部分时间里，荷兰军队都在为推翻西班牙人的统治而打一场残酷的战争。

荷兰金融的特别高明之处在于让每个人都参与其中。任何有多余的荷兰盾的人都有责任购买政府证券，正如现代的人会努力将其储蓄投入金融市场或股票共同基金一样。荷兰的省和城市发行三种证券：短期票据 Obligatien 是一种不记名债券，它的持有者可以随时向银行或经纪人出售以获得现金。Losrenten 是一种永续年金（perpetual annuity），与威尼斯的 prestiti 非常相似。与不记名债券不同，这些证券的持有者在一个公共账簿上记录其姓名，并定期收到利息。它们可以在二级市场出售，持有人去世可以由其后人继承。最后一种证券是 Lijfrenten，与 Losrenten 相似，不同之处在于持有者去世后停止支付利息。

荷兰并没有轻率地对待“永续”：1624 年，一位名叫艾尔斯肯·乔里斯多赫特（Elsken Jorisdochter）的女士投资 1200 荷兰盾购买了堤防维修债券，利率为 6.25%。这种债券与现代的市政债券相似，可以免除任何税赋。她把债券传给了她的后人。大约 1 个世纪后，荷兰政府经协商将利率降低为 2.5%。1938 年，这些债券到了纽约股票交易所手中，到 1957 年，交易所仍然要求乌得勒支支付利息。

Lijfrenten 要求更高的收益——最初是 16.67%——因为这种债券在持有者去世后将停止支付利息。Lijfrenten 16.67% 的利率与 Losrenten 8.33% 的利率之间的差异明确反映了当时欧洲人的寿命预期。尽管荷兰的金融市场很先进，但还没有精确到能够根据购买者的年龄来改变 Lijfrenten 利率的程度！到 1609 年，这些利率分别下降到 12.5% 和 6.25%。1647 年，荷兰停止了与西班牙的敌对关系，第二年，西班牙承认荷兰独立，这对利率产生了有利的影响。不仅共和国的生存得到了保障，而且它对资本的需求也大为减少。到 1655 年，政府能够以 4% 的利率借款，这一利率在罗马帝国最辉煌的时期后在欧洲就没有出现过。荷兰最后的伟大的金融进步出现在 1671 年，当时担任荷兰最高行政长官、身为杰出数学家的约翰·迪维特（Johan de Witt）将帕斯卡（Pascal）最新的概率理论应用到金融中。迪维特推导出一个根据购买者年龄来决定 Lijfrenten 利率的公式。迪维特执掌权力本身就说明荷兰人知道将最优秀、最有智慧的人推到政府高层位置的重要性①。

低利率使得本来就很繁荣的荷兰商业更加强劲，北欧的商业也紧随其后。当时的账户显示，受尊重的荷兰公民可以以省政府或市政府的低利率获得贷款。当时最前沿的技术——排水与回收系统、运河的建造、泥炭的采掘以及造船业——都极大地受益于便宜的资本。那些想要购买房产、地产和农场的普通公民也受益匪浅。更重要的是，以低利率轻松获得信贷意味着商人可以维持大量的商品库存。阿姆斯特丹和荷兰的其他贸易城市在欧洲逐渐成为众所周知的在任何时间可以买到任何商品的地方。

荷兰处理货币交易的效率使得阿姆斯特丹成为欧洲的金融中心。到 1613 年，《价格新闻》（*Price Courant*）——17 世纪版的《华尔街日报》（*Wall Street Journal*）——每两周发布一次汇率。到 1700 年，已经能够得到 10 种货币的定期报价，另外 15 种货币也可以得到基本上是定期的报价。例如，18 世纪中期，英格兰为参加德国的七年战争（Seven Years War）进行融资时，其票据要通过阿姆斯特丹结算。在北海的对岸，英国人约翰·卡斯塔因（John Castaing）于 1697 年开始出版《交易的进展》（*Course of the Exchange*），同样也是每两周一次公布 52 种股票和政

① 不幸的是，迪维特登上了权力的顶峰但却没有一个好下场。在对 1672 年法国入侵荷兰时他犯的明显错误进行报复时，他被射杀并被吊起来，他的遗体被一群愤怒的暴徒搞得残缺不全。参见 Poitras，190。

府年金与汇票（bill）的价格，以及外汇汇率。

《价格新闻》和卡斯塔因只有一面的大幅报纸提供了最有效率的金融润滑剂——信息。没有这一至关重要的要素，投资者就不会愿意提供资本，资本主义本身就会慢慢停下来。从前世界上从来没有提供过像阿姆斯特丹这样集中的金融服务。在市政厅附近的几个街区内就有威索尔银行（Wisselbank）、Beurs（股票交易所）和 Korenbeurs（商品交易所），以及主要的保险公司、经纪公司和贸易公司的办公室。在电报出现前进步缓慢的时代，荷兰主要金融机构彼此之间相互邻近为它们带来了竞争对手无法超越的优势[①]。甚至在当代，这样的地理优势在一定程度上也能自我维持（self-sustaining），因为越来越多的专家受到吸引而来到同一个地方。好莱坞、硅谷和曼哈顿不会在很短的时间内失去其在电影、电子和金融舞台上的控制力。

因此，不出意料，在 17 世纪和 18 世纪的荷兰出现了几项金融创新，包括保险、退休金和年金、期货和期权、跨国证券代理（transnational security listing）以及共同基金，而最重要的进展就是当代投资银行的诞生。贷款的风险有史以来第一次可以在数以千计的投资者之间分摊，投资者可以通过购买投资银行出售的多种债券而分散其投资风险。投资风险降低将导致人们的投资意愿增加，这反过来又会使得利率进一步降低。

荷兰对外投资的胃口非常贪婪。经济史学家弗里斯（Jan de Vries）估计，1800 年荷兰的对外投资达到了大约 15 亿荷兰盾，这相当于荷兰年 GDP 的两倍。相比之下，今天美国在海外的投资还不到其 GDP 的一半。每一个时代资本都会从经济发达、财富过剩的国家流向需要这些资本以求发展的国家。17 世纪，在英格兰从一个政治、经济落后的国家发展成为世界强国的过程中，资本主要是从阿姆斯特丹流向伦敦。19 世纪，高度发达的英国经济向发展中的美国提供资本。20 世纪，美国又成为向发展中国家输出资本的主要国家。世界就是这样不断发展。

---

① 在伦敦和阿姆斯特丹，码头附近的咖啡馆成为了非正规的股票交易所，受咖啡因刺激的经纪人可以根据信息立即采取行动。要了解一个有意思的半虚构的咖啡与早期资本市场互动的说明，请参见 David Liss 有趣的作品：*The Coffee Trader*（New York：Random House，2003）.

4.10　荷兰金融的衰落

1770年后荷兰金融的遭遇令人失望。荷兰金融的优势自那时起开始衰退，原因很复杂，但有两个主要原因。第一个是因为阿姆斯特丹从来没有建立过强大的中央银行，也没有建立过负责保护投资大众的规制机构，而后来的英国和美国都建立了这样的机构。更不祥的是，荷兰发现自己被北海对岸逐渐成长起来的金融和军事巨人压倒了，而正是荷兰用自己的资本创造了这个巨人。

不幸的是，荷兰走上现代金融的另一条岔路：利用投资银行剥夺小投资者。18世纪末的外国战争债券，不管冲突的哪一方获胜，都会有很多不能被偿还，但这些债券的利率只比国内债券的安全利率4%略高一点——对承销商来说有利可图，但对容易上当受骗的小投资者来说则是极为糟糕的交易，因为其中还包含了欠债不还的风险。喜欢捏造事实的投资银行家在20世纪90年代后期向容易上当的公众兜售烫手的网络股，在1800年的荷兰投资者看来一点儿都不奇怪。

4.11　英格兰和美国的债务

17世纪将荷兰打造成世界贸易和金融巨人，但英国则差得远。在上半个世纪，英国议会和法院与斯图亚特王朝——詹姆斯一世（James Ⅰ）和查理一世（Charles Ⅰ）发生了小冲突。这一冲突于1645年议会军队在内斯比（Naseby）大败皇家军队、1649年查理被砍头而告终。这同样也毁灭了英格兰经济。

即使在冲突暴发前，英国政府的资本就不足。对现代读者来说不可思议的是，与几乎所有的欧洲君主政体国家一样，英国皇家没有可靠的金融资源。正如我们已经看到的，国王收入的主要来源是出售垄断权，以及出售或出租国家土地和进出口关税——所有的活动都会抑制企业与贸易。英国的君主，与其他皇室一样，借钱支付代价高昂的军事冒险。

他们经常不偿还贷款，由于向当权的君主讨债难于上青天，所以债券的利率很高。1660年斯图亚特王朝复辟后，英格兰的债务高到难以偿还的地步。这导致了英国历史上最声名狼藉的贷款爽约事件：于1672年废除这些债券，通过这种手段，查理二世让绝大多数借钱给他的银行破产了。

1688年的光荣革命（Glorious Revolution）为持续了将近一个世纪的内战画上了句号，英国人“邀请”荷兰的前总督威勒姆三世（Willem Ⅲ）登上英国的王位，就像奥伦治的威廉（William of Orange）一样（总督是荷兰一种很特别的制度——一般是受指派为荷兰统治者，有时可以世袭）。威勒姆/威廉没有孤身一人来到英格兰。由于感到阿姆斯特丹作为世界金融中心的日子已经屈指可数，荷兰的金融精英，包括巴林（Barings）和霍普（Hope）家族，跟着他一起跨越北海。被宗教裁判所从西班牙赶到葡萄牙再被赶到荷兰的葡萄牙犹太人也一起到达了伦敦。经济学家大卫·李嘉图（David Ricardo）的父亲亚伯拉罕·李嘉图（Abraham Ricardo）也许是最著名的葡萄牙犹太移民。

荷兰的思想也随他们而来。英国狂热地复制了“荷兰的金融”，在17世纪毁灭性的内战后短短几十年，其资本市场已经使荷兰的资本市场黯然失色。自然，原来的英国金融家们与后来者产生了摩擦。英国作家丹尼尔·笛福（Daniel Defoe）抱怨道：

> 我们埋怨国王过于依赖陌生人、德国人、胡格诺派教徒和荷兰人，很少就英国的事务与英国的议员协商。

光荣革命后，英国的财政状况迅速改善。首先，过去王室对短期贷款的依赖被荷兰式的、利息和本金的支付受营业税支持的长期政府债券取代。其次，英国财政部开始与银行业团体合作，测试不同种类的债务形式，以确定哪一种最能为投资公众所接受（即能够以最低的利率吸引投资人）。议会的决策权得到了恢复。成功的商人充斥着下议院（House of Commons）：当政府爽约会使其议会成员受到伤害时，议会是不允许爽约发生的。最后，1749年，财政大臣亨利·佩尔汉姆（Henry Pelham）将一片混乱的政府贷款合并成单一系列的债券，即著名的“统一公债”（consols），它与威尼斯的Prestiti和荷兰的Losrenten类似，永不到期，并支付永续利息。统一公债直到今天还在伦敦交易。

尽管政府贷款乍看起来与商业贷款无关，但实际上，一个健康的政府债券市场是融资业务的基础。原因是双重的：

- 由于政府的信誉很高而且其债券的交易量巨大，这种债务的定价与销售最简单。由于商业资本的定价与销售机制和政府债券及票据的定价与销售机制相同，因此在商业债务市场平稳运行前，必须先建立一个成功的政府债务市场。在不断发展的前现代经济中，政府债务在向企业提供资本中扮演着"辅助轮"（training wheels）的角色。
- 政府债务提供了一个基本的、"无风险"投资的标杆，政府债券和票据的交易很活跃，为商人和企业家提供了一个完全安全的企业所要求的回报率的实时衡量指标。它提供了一个"基准线"（baseline），我们可以在其上加上"风险溢价"（risk premium）：根据贷款的风险而要求的额外利息。例如，在佩尔汉姆统一各种债务时期，统一公债的利息率是3%。这代表着最可靠的借款人——1688年后的英国王室——能够得到的最低利率。因此，对于一个中等风险程度的商业企业可能要求6%的利率，而对于投机性企业，利率可能超过10%。一个易于观察到的无风险利率（政府债券的利率）的出现有利于更容易地为向企业的贷款定价。

首先建立一个健康的政府债券市场的重要性在美国的内战期间生动地展现出来。1862年，林肯政府的财政部长蔡斯（Salmon P. Chase）未能成功地发行5亿美元的战争债券，于是向杰伊·库克（Jay Cooke）求助。这位著名的费城投资银行家利用电报调动2500家代理商直接向公众销售这些债券。库克在1865年还发行了更大规模的债券，并且从1870年开始，他利用同样的技术为宾夕法尼亚州铁路建设筹集资本。他的方法是将任务分成两组：第一组相当于证券包销商，它以一定的折扣向公司购买债券，承担着万一销售失败则要持有大量无法售出的债券的风险；第二组是向公众直接销售债券的数量巨大的分销商。这样，这一新兴国家需要的巨额资本得到了满足。

4.12 股份公司的兴起

17世纪从北海对岸输入到伦敦的金融发明中，股份公司对后来的经济发展影响最大。影响无孔不入的巨型公众持股公司实际上确定了我们的生活方式。事实上，普通公民与这些庞然大物每天的相互关系就是区分发达国家与发展中国家的特征之一。将由庞大的跨国公司引起的强烈的政治情绪放在一边，我们可以看到，毫无疑问，由它们控制的经济更加稳定和繁荣［我们将在后面讨论生活在现代“公司国家”（corporate state）中的人是否更幸福这一问题］。

为什么这些巨型公司会如此深入地渗透到当代商业中？原因与企业的联合以及本章前面讨论的分散风险有关。将企业风险分散成成千上万份增加了投资者承担风险的意愿，降低每股的金额使得潜在投资者的范围更广。另外，能够购买许多不同企业的股份进一步降低了个人投资者的风险水平，使得他们更愿意提供资本。

还有，现代股份公司是一种有限责任公司，即股东个人不对公司的债务负责。他最多只损失他的投资，公司的债权人不能索要他的个人财产。在没有有限责任的世界里——所有的企业合伙人和普通股东要对其他人的行动负全部责任，公司经营失败可以导致牢狱之灾甚至沦为奴隶——大型非个人所有的公司是不可能成立的。在这种情况下，就连规模不大的企业也只能是由可信度高的家族成员共同建立。

除了信任之外，家族并不太适合巨型企业的长期发展。在商业上获得成功需要智慧、领导力以及愿景。拥有这三种特质的领导者如凤毛麟角，一个家族的每一代人中都出现这样的人才实际上是不可能的。

管理大型企业的能力是一种宝贵的技能，但18世纪和19世纪工厂的兴起还需要一种更加珍贵的能力：将成百上千的雇员——各自从事高度专业化的活动——组织成一个高效运作的有机体的能力。在工厂出现以前，这种能力只能在最优秀的高级军官身上找到。对于任何一个家族来说，为大型企业提供大量具有这种天赋的中层管理者几乎是不可能的，原因在于，财务上的成功常常会侵蚀家族后裔的雄心和节俭精神——正如谚语所说，“富不过三代”。

有限责任几乎彻底满足了大众分享公司所有权的要求，如果没有有限责任，公众就不会投入资本使企业发展壮大。《1720 年诈欺防止法案》（*The Bubble Act of* 1720）规定，任何未经议会批准的企业合伙人不得超过6 个，每个人都有责任“用他最后一先令钱和最后一寸土地”为整个企业的债务负责。大型、有生命力的企业不可能在这种环境中生存。

股份公司也不是没有缺点。公司管理者可能持有公司的少量股份或根本就没有持有，他们的兴趣与那些股东的兴趣可能差异极大，股东只是希望看到自己的股票价格和红利不断提高。当代经济学家把这种无效率称为“代理成本”（agency cost）。在最为极端的情况下，管理者可以厚颜无耻地掠夺一家企业，如最近在世通公司（WorldCom）、安然（Enron）和 Adelphia 公司发生的事件。更有甚者，管理者可能虚报成本或者出于建立企业帝国而不是增加利润的目的为企业投资。时代华纳（Time Warner）和美国在线（AOL）的合并是这一现象的最好实例。为了应对这种显然不恰当的企业行为，从理论上说，股东可以通过投票驱除不称职或为自己谋利的管理者以降低代理成本。但是，这种情况很少发生。

因此，现代股份、有限责任公司的确通过上述机制极大地降低了投资风险。除此之外，这一机制还通过寻找新人代替越来越迟钝和懒惰的创始人后裔而提高生产率，创始人的后裔可能持有股份，但没有实质的控制权。

这样的一个系统并没有在 1688 年光荣革命后完全形成。与当今正统的市场原教旨主义者相反的是，股票市场要求强大的政府机构保护股东不受“信息不对称”（information asymmetry）的伤害——即他们不会受到公司管理者的欺骗。最近的会计丑闻生动地说明，尽管股份公司已经生机勃勃地存在了 4 个世纪，但仍然没有达到完美。股东和政府都要对企业进行有力的监控。

股份公司的起源已经无从考证。为了收税和向帝国提供必需品而成立的罗马商号至少是间歇性地出售股份。大约在公元 1150 年，法国南部巴扎克尔（Bazacle）一座拥有 300 年历史的水磨将其所有权分成若干份。其股票价格从大约1400年开始就有几乎是连续的记录。商号的股票在巴黎证券交易所（Paris Bourse）进行交易，直到1946年法国政府将这座水磨收归国有为止，当时的法国政府对资本市场不像对历史那样欣赏。

第一批股份公司是在垄断势力的保护下提心吊胆地成立的。英国王室提供了一个早期的例子，1248年，为控制全国的羊毛交易成立了伦敦交易中心（Staple of London）。1357年，爱德华三世（Edward Ⅲ）授权交易中心向其他羊毛生产商征收出口税，以此换取为他的法国军事冒险筹集资金；交易中心随后答应为爱德华提供更多贷款。交易中心位于加来（Calais），以羊毛垄断权换取贷款的交易持续了两个世纪，直到1558年加来落入法国之手。

最初的现代股份公司到底是不是荷兰东印度公司和英国东印度公司，这一问题还存在着争议。正如低地国家（Low Country）的居民和经济史学家们所知道的，1609年，荷兰的VOC公司（Vereenigte Ost-Indische Compagnie）是第一家通过发行永久分红的股份筹集大量资本的公司。18世纪早期，学者们估计公司的价值是650万弗洛林，大约分为2000股，每股价值3000弗洛林（大约相当于今天的1.4亿美元）。股东的回报非常高——在一个多世纪中，股息率约为22%。VOC公司股份极高的回报反映出两种不同的风险：一是全新的、极度危险的长途贸易活动内在的风险；二是与新股份公司本身的不确定性相关的因素。它们对投资来说可能是一个恩惠，但如此高的成本对需要这些资本的公司来说却是一场灾难。一家公司必须非常成功才能向股东支付每年22%的股息！

17世纪英国的资本市场与北海对岸相比显得极不发达，英国东印度公司（EIC）的历史最好地显示出最初的股份公司遇到的问题。EIC从事着一种风险极大的业务——在英格兰、印度和印度尼西亚群岛三方之间进行香料和织物贸易。一般来说，公司用西班牙白银购买印度的棉花，然后在印度尼西亚用棉花交换胡椒、肉豆蔻和丁香，最后将这些香料运回英国出售换回银币。与中国和其他东南亚国家进行的糖、咖啡、茶、靛蓝类染料和丝绸等贸易是对基本的三方贸易的补充。

贸易巨大的盈利能力被其面临的无穷风险所抵消。除了商业正常的盛衰变迁外——爪哇岛棉花价格的下跌再加上香料的短缺可能是灾难性的——旅途本身也充满了风险。由于疾病和海难造成的极其可怕的船员死亡率是众所周知的，更不必说当地海盗的掠夺和十分不友好的荷兰、葡萄牙和印度军队。船只失踪并不是什么不寻常的事。

每一次航行都要根据季风精心规划，而且要持续16个月。相关的资本运作相对简单一些。每次航行的十几艘船需要的装备以及白银要花费一大笔钱。如果一切顺利，16个月后，这些船就会满载着来自东方的香料和其他货物返回泰晤士河。巨大的需求和少量供给保证了这些商品能卖出高价，并获得极为丰厚的利润。

VOC公司和EIC公司很快就发现，这种贸易实在太危险，最好尽可能将它们限定在亚洲，并只将最终产品——金币和银币——运回欧洲。这样做有两个优势：首先，将大部分贸易限制在印度洋可以在财富和船员生命两个方面降低可怕的成本，并减少了绕过好望角的往返航行次数。其次，在亚洲当地进行贸易不需要从欧洲运送金银币来购买香料和织物。这保持了重商主义时代的精神，即将一个国家的繁荣与其金银的存量等同起来。

公司的处女航始于1601年。尽管在精密的资本市场上荷兰公司可以非常容易地获得资本，但那个时期英国的资本市场才刚刚开始发展。1601年，英国几乎没有途径获得荷兰的资本，而荷兰无论如何也不愿意向VOC公司的竞争对手提供资金。看到无法获得长期资本，EIC公司不得不出售每次航行的股份。一般来说，每次航行需要大约5万英镑的资本，分成500股，每股售价100英镑。当货物在16个月后到达伦敦时，公司将这些货物存储在仓库里，然后慢慢地拍卖出去，以防大量货物充斥市场而压低价格。拍卖的收益将在第二年分发给股东。这些周期性拍卖成了伦敦商业活动中的保留节目。后来，拍卖被用于另一个或许是更重要的目的。由于吸引了大量的股东，拍卖发展成一种交易公司股份的相当有效的市场。

这些个人集资的航行几乎全部为股东带来了高额回报。事实上，只有一次赔了钱。例如，1611年第10次航行每股的回报为248英镑，而销售价格为100英镑。这凸显出当时资本市场的重要特征：高投资回报意味着公司的高资本成本。EIC公司更希望以低利率为其远航筹资而将巨额利润据为己有。不幸的是，17 世纪早期在英国根本就没有便宜的资本，特别是对高度投机的冒险来说。随着 EIC 公司不断显示出其可靠的履行诺言的能力，它的资本成本开始下降，并开始成功地以合理的利率发行短期债券进行筹资。

除了获得垄断授权之外，最初的股份公司还通过另一种方式与政府联系在一起——债券市场。英格兰银行（Bank of England）就是一个极好的例子。与它的名字显示的含义不同，它实际上是一家私人股份制银行，直到 1946 的工党政府将其国有化（回忆一下，法国也是在这一年将巴扎克尔的水磨收归国有）。

光荣革命后，英格兰银行还是一家脆弱、年轻的组织。1697 年，它率先尝试了一种被称为“转嫁”（engraftment）的制度。银行开始购买政府债券，实际上，这意味着政府债券和票据的私人持有者用这些债券和票据交换英格兰银行的股份。政府债券为股东提供了稳定的收入流，间接地为进一步借款做好了准备，而且使银行知道政府未来的借款需求——这是很有价值的信息。

EIC 公司也进行了类似的“转嫁”操作。1711 年，南海公司（South Sea Company）获得了与南美进行贸易的垄断权，条件是购买大量的政府债券，它也采用了“转嫁”技术。面对被西班牙和葡萄牙占领的这片大陆，这一垄断权最终被证明是无益的。1719 年，南海公司进行了一次更大规模的“转嫁”操作，导致了声名狼藉的“南海泡沫”（South Sea Bubble）。受到南海公司南美贸易垄断权的诱惑，天真的投资者将他们手中的政府债券换成公司不断暴涨的股票。当泡沫不可避免地破灭后，成千上万的股东成了穷光蛋。成了穷光蛋的人中，有一位就是当时的铸币大臣（Master of Mint）艾萨克·牛顿爵士（Sir Isaac Newton），他声称：“我能够计算天体的运动，但却无法预测疯狂的人的行为。”①

英国政府也在保护海外贸易公司的股东，包括南海公司和 EIC 公司的股东。1662 年，公司有史以来第一次拥有了有限责任的身份，这对

① 南海公司的股票每股从它持有的政府债券中获益 5 英镑。当时的利息率为 3%，这意味着每股价值约为 150 英镑，几乎与股价从泡沫中的高点 1000 英镑下跌后的价值完全相同。参见 Chancellor，69，93.

股东有利，但损害了债权人的利益。由于股东和债权人对自己的权利都非常敏感，因此议会认为由贸易公司持有的被“转嫁”的政府债券在公司万一破产时应该获得更多的保护。由于大多数公司没有“转嫁”的政府债券，议会并没有授予贸易公司之外的公司有限责任的身份，直到1856年《公司法》(*Companies Act*) 颁布才将有限责任扩展至大多数公司的股东。有限责任的保护很早就传到了美国，并在独立后很快就被许多公司接受。到19世纪30年代，有限责任实际上保护了美国所有的公司。

在《冻结的欲望》(*Frozen Desire*) 一书中，英国作家詹姆斯·布坎 (James Buchan) 对货币的本质进行了反思，生动地描述了股东没有受到有限责任保护时可能受到的伤害。布坎出生于作家世家，他的曾曾祖父约翰·布坎 (John Buchan) 不幸拥有格拉斯哥银行 (City of Glasgow Bank) 的股份。当1878年银行由于管理者的欺诈行为而破产时，它欠存款人600万英镑。根据法律，约翰·布坎要分摊2700英镑——这一数量差不多相当于他的全部财产，远远超过他持有的股份的价值。法院判定《公司法》对他不适用，几年后他在心灰意冷、痛苦和贫困中死去。

股份公司短暂的历史再一次生动地显示出政府在建立和维持有效的资本市场中的重要性。在17世纪的英格兰，如果没有垄断保护、政府债券的“转嫁”、贸易公司的有限责任股权，很少会有投资者向高风险的企业提供资本。前两个制度消亡了，而第三个保留了下来。近代市场历史强化了两个概念：(1) 公司管理者会欺骗股东；(2) 如果政府不对证券市场进行强有力的管制，投资者就不愿意扩大资本投资。

始于17世纪初并在18世纪不断发展的英国资本市场到19世纪开始全面收获，当时英国资本被召集起来为维也纳会议 (Congress of Vienna) 后不久发生的伟大的工业扩张提供资金。瓦特 (Watt) 和博尔顿 (Boulton) 的蒸汽机将为生产与运输的转变提供动力，那个时代的奇迹——运河、铁路、蒸汽动力的工厂——需要数量惊人的资本。1813~1850年，英国纺织厂的动力织布机数量增长了100倍，1806~1873年，钢铁制品增长了30多倍。英国资本不仅为英国的铁路、工厂、运河提供了资金，而且还为欧洲其他国家和增长更快但缺乏资金的前殖民地提供了资金。

4.13 英国资本市场的全盛时期

在南海公司事件（1719～1721年）之后，只有议会有权力为所有者超过6个人的公司颁发执照。议会还禁止卖空和期权交易，而这些操作可以强化市场的流动性和效率。在一系列始于1820年的法案中，议会逐渐消除了《1720年诈欺防止法案》的限制，简化了成立股份公司的程序，扩大了有限责任保护的范围。其他立法也有利于贸易和商业。1846年，议会终于废除了《谷物法》（*Corn Laws*），这部法律在长达4个世纪的时间里通过对谷物进出口的管制与税收保护国内的生产商并榨取消费者的血汗。

最终，在19世纪，债务人的牢狱之灾也被免除，而这一点几乎被所有的经济史学家忽视了。在英格兰，《1869年债务人法令》（*Debtors Act of* 1869）在很大程度上实现了这一目标（如果能够在法庭上证明债务人显然有钱还债时，这一法令仍然允许监禁）。几乎是在同时，美国的所有州和西欧的许多国家都通过了类似的法令。废除由于不能履约而坐牢的法令不仅有利于更是鼓励人们承担创业的风险。

19世纪后期，英格兰已经成为世界投资资本的主要来源。全球最具天赋的商人和发明家为了融资而聚集在伦敦，英国经济成了全球的发电厂。记者和经济学家沃尔特·白芝浩（Walter Bagehot）在1873年出版的《伦巴第大街》［*Lombard Street*，这一名字来自早期意大利银行家伦巴第（Lombardy）］中对那一时期英国货币市场进行了最动人的描述：

> 描述伦巴第大街最简单和真实的方式就是把它说成是有史以来经济动力与经济敏感性的最佳结合……每个人都承认，与其他国家相比，它拥有更多可随意支配、能轻易获得的资金，但很少有人认识到英格兰的现款余额（the ready balance）——可以借给任何人从事任何活动的浮动借贷资金（floating loan-fund）——比其他国家多得多。

白芝浩列出了1873年初主要金融中心的存款数量：

伦 敦	120000000 镑
巴 黎	13000000 镑
纽 约	40000000 镑
德意志帝国	8000000 镑

任何想要探寻19世纪英国在经济和军事上主宰世界的原因的人不需要看得很远。英国创业者可以自由地追寻他选择的商业思想。如果他拥有令人满意的信誉，市场就会为他提供充足的资本使他的计划开花结果。白芝浩在一篇杰出的文章中称，资本“可以借给抱有任何想法的人”。

上述数据中最令人惊讶的是伦敦的货币市场规模是巴黎的9倍，而那时英国的经济规模只比法国大28%。事实上，这些数字低估了这一差距。英国人在伦敦以外也开辟了活跃的货币交易市场。而法国乡下的资本市场可以忽略不计。为什么法国（也包括德国）的资本市场规模如此小呢？按白芝浩的说法，原因与文化与历史相关：

> 当然，银行家的存款并不是一个货币市场资源的非常准确的衡量指标。相反，在法国和德国，以及所有没有银行体系的国家，与已经建立了银行体系的国家如英格兰或苏格兰相比，更多的现金游离于银行之外。但是，那些现金并不是“货币市场的货币”，它们是不可得的。除了为了应付巨大的灾难，除了能够获得确切的信贷保证，什么也不能从法国人的钱箱里提取资金。

换句话说，法国人和德国人并不相信他们的金融机构，剩余的法郎和马克被放到了床垫下面，而没有进入企业。法国和德国的创业者并非不如英国的竞争对手聪明，也不是不努力，他只是得到资本的途径少一些。白芝浩更进一步指出，资本集中在国家的大银行手中是英国独一无二的优势：

> 某一个银行家拥有100万英镑可以发挥很大的能量，他可以立刻把这笔钱借给任何他愿意借给的人，借款人会登门拜访，因为他们知道或相信他有一大笔钱。但同样数量的钱如果是你一点儿我一点儿地分散在全国的银行手中，则根本没有能量可言：没人知道在

哪里能找到这笔钱，也不知道应该去找谁。

白芝浩对这种形势感到非常兴奋，“任何一个国家从来都没有享受过这种奢华”。他进一步指出，资本的易得性为市井平民提供了机会，正是他们在19世纪推翻了那些安逸的贵族（他们中的许多人在一两代前也是市井平民）。“英国简陋、平民化的商业结构是其生命力的一个秘密，因为它包含着‘变化的趋势’，这在人类社会和动物王国同样都是不断进步的基础。”这些后来者不仅进行创新，而且还以低于市场价格的价格进行销售，将创新的成果带给大众。简言之，大量可得的资本为持续的技术与商业创新（换句话说就是经济增长本身）提供了资金。实际上，资本变成了“不长眼的资本”。在19世纪前，借款人和借款人相互认识，而在白芝浩的新系统中，双方是互不知名的。一个日益精密、复杂而且有效的中介系统有史以来第一次将资本的供给者与消费者分离开来，就像工业化日益将产品的生产者和消费者分离开来一样。

那么，为什么在荷兰人、英国人和美国人将他们的钱存到银行中以在资本市场中赚取利息时，法国人、德国人、印度人、土耳其人却没有这样做呢？白芝浩没有讨论这一话题。为回答这一问题，我们必须考察一下前现代时期的国家政府。

想想看，由于土耳其缺乏资本和财产权制度，迫使阿里（Müezzinzade Ali Pasha）不得不将他的财富带在身边。奥斯曼土耳其帝国的腐败、文艺复兴前的全面堕落，以及今天的许多非西方国家出现的问题，已经成为人们关注的焦点。在没有对个人财产提供保护的地方，就没有创新的激励。就算是在愚昧的土地上，也有激动人心的创新，但那里却没有资本开发产品，将他的创新推向市场。一个国家所有的资本都将被压在床垫之下，制作成珠宝饰品戴在身上，甚至封闭在自己的墓室里——尤其是帝王。

伊斯兰教对利息的禁止使得土耳其处于更加不利的地位。没有利息，就没有贷款，没有贷款，就没有投资。在勒班陀战争期间，这些约束与西方国家背道而驰，而阿里也在这场战争中丧生。穆斯林世界与此不同，其经济落后于西方国家的主要原因是财产权和资本市场的不发达。在1856年之前，我们所知道的私人财产权、金融市场和银行业在奥斯曼土耳其帝国是不存在的，直到那一年欧洲人才在土耳其建立了第一批银行。

勒班陀战争最著名的（当然，他在那场战争中只是个小人物）参与者塞万提斯（Cervantes）对土耳其帝国进行了最好的归纳："全世界都认识到，相信土耳其帝国不可战胜是多么荒唐。"土耳其既不是第一个也不是最后一个遭遇这种命运的国家。其他一些缺乏自由公民权和有效市场的看似不可战胜的国家如17世纪的西班牙最终消亡，正好印证了塞万提斯的观察。

第5章
动力、速度与信息之光

5.1 不会讲话的儿媳妇

几年前，有一种多功能平台出现在西非的村庄里，外表很难看。这种装置是一位瑞士援助人员发明的，它可以将一个10马力的汽油发动机与很多种工具如漏斗、石磨、搅拌器和活塞连接起来。这些机器通常是由当地的妇女协会掌管使用。不论这些新工具出现在哪里，都会彻底改变当地的生活。例如，村里的妇女可以租用这种工具，租用10分钟，费用大约是当地货币25分钱，可以磨碎、搅拌15磅花生，制成花生酱。这种活儿以前要花一天的工夫而且很费劲。传统上，很多体力活儿都是妇女的事情，她们在家里的地位最低。村民们将这种机器称为“不会讲话的儿媳妇”。

事实证明，这种机器带来的好处是难以计量的。到了自由市场上，花生产量高的那些家庭可以大大增加花生酱的销售量。年轻妇女摆脱了没完没了的繁重劳动，有时间和钱上学了。年纪大一些的妇女也有时间做更多的事情，并种植其他作物。

这些机器还能作为发电机使用，有了电灯，日落之后商店做生意、妇女生孩子都更加安全。就连男人们都很高兴——他们以前很少跟这种机器打交道。有一位丈夫说：“老婆再也不用那么累了，手也光滑了。我们很喜欢。”

这些机器使现代读者明白了19世纪西方日常生活中发生的巨大变

化，也可以让人们明了19世纪经济迅猛发展而在此前却发展缓慢的根本原因。现代繁荣的另外三个基础——财产权、科学理性和高效率的资本市场——早已在英语世界和欧洲大陆的许多地方根深蒂固，而企业家缺乏的是交通运输能力、有效的通信手段以及可靠的动力。蒸汽机和电报的发明为现代西方的经济增长提供了最终的要素，同时迅速、不可逆转地改变了人们沿袭了几千年的生活方式。

5.2 动 力

不论是种大豆、浇注钢锭还是组装精密电路，你都需要动力，而且越充沛越好。没有牛的农户会落后于有牛的；有拖拉机的农户会利用机械驱动进行生产，从而将以牛作动力的对手置于死地。

公元1000年以前，几乎所有的农业、工业、工程和军事活动都是靠人力来完成的。人类能产生多少力量呢？可怜的一点点。自行车测功计通常只能使车灯发出微弱的灯光，如今已经成了科学博物馆的陈列品。如果身体特棒，才可以不太费劲地产生1/10马力的持久动力，短时间内可以达到半马力的水平，可是几秒钟之后你的腿就会酸痛不已，你的肺就会有一种快要破裂的感觉。

古人，特别是古希腊人，发明了多种装置，用螺杆、滑轮和杠杆，使我们人类的微小力量发挥到最大限度。但是，在前现代社会，对于一些繁重的工作，其基本方法是采用历史学家所谓的“社会工具”（social clevice），即征召大量工人来修建庙宇、金字塔、运河及水渠。

灵巧的装置和人类劳动力集中产生的力量只能达到这种程度。由于力量的唯一来源是人的肌肉，因此不可能实现农业和制造业的任何可持续性增长。欧洲各国政府直到19世纪中叶才逐步取消了臭名昭著的徭役制度（corvée），不再强征非志愿劳动力修路。

为了弥补人体力量的不足，古人只好使用牲畜。利用测力计对现在的人与各种牲畜持久力进行的对比如下表所示：

	持久性马力
人与机械泵	0.06
人与绞车	0.08
驴	0.20
骡	0.39
牛	0.52
役　马	0.79

虽然古代社会知道使用畜力，但其成本高昂且效率很低。在古希腊和古罗马以及中世纪时期，人与家畜都比现在的小。几千年以前，役畜所产生的动力只是今天役畜的1/3。希腊和罗马人依然利用马来完成负重轻且要求速度快的任务，但是成本却很高。进而言之，由于马具质量差，又缺少马掌，古人未能充分利用马的力量，而且传统牛轭又使马不能快速奔跑。直到12世纪农夫才开始使用有效的马具。

5.3 财富的车轮

即便是人也未能有效地利用自己的力量。在古代社会，不仅人的个头小，身体不够健壮，而且还缺少主动性。没有财产权的农奴或者农民完成了绝大部分工作。经济史学家估计农奴的生产力是做同种工作自由人的一半。

水车使动力生产第一次取得了真正的进步。最早而且最没有效率的那种，即所谓的戽水车（如图5.1所示）出现在古希腊时期，大约是公元前150年。历史上，水磨的主要工作就是碾碎谷物。现代西非的“不会讲话的儿媳妇”显然是得益于对水磨充满快乐的描写：“在磨坊里辛勤劳作的女人们不用再推磨；睡上多久都可以，即便是鸡叫天亮。”尽管这位不知名的作者充满热情，但新装置在古希腊和罗马却用得很少，原因是设计粗糙，动力输出太少。

在欧洲西部，在其后的两千年当中，水车的设计多次变化，最终大约在公元1500年出现了装有齿轮的上冲式水车，如图5.2所示。只有快速移动的水流才能驱动早期无齿轮的水磨，而传运装置的引入使得在

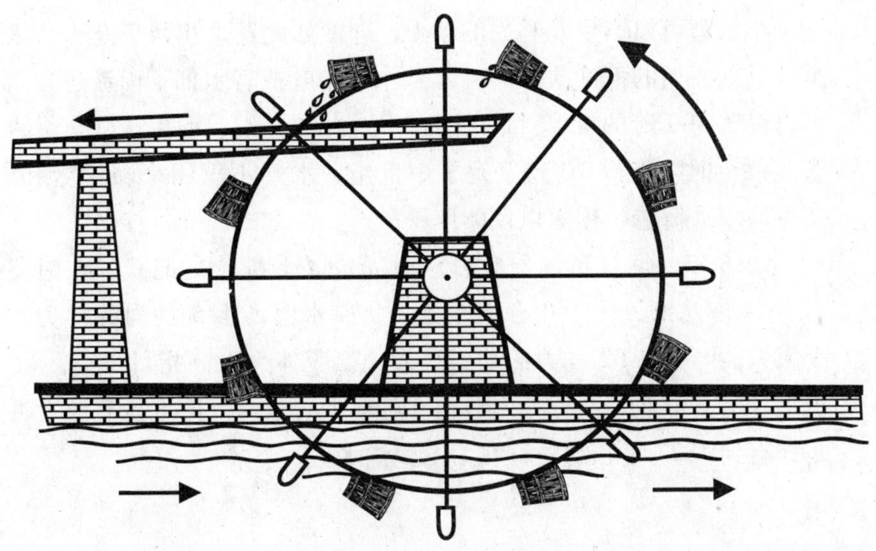

图 5.1　戽水车

图 5.2　上冲式水车

水流迟缓的河流小溪上修建磨坊成为可能。人们在河流上筑起水坝，让水从水车的上端流下，使河流的水力得到最有效的利用。

小水磨可以产生几马力的动力，即便如此还是相当于几十个人的力量。早期原始的下冲式水磨（水从水车扇叶或者水桶下面流过）每小时可以碾压400磅的玉米，相当于3马力的功效，而两个人推动的“驴磨”每小时才能碾10磅。到了中世纪，水磨不仅用来碾玉米和麦子，还可以用来铸造、锯木以及碾压铁矿石。

1086年，据《英国土地志》（*Domesday Book*）记载，在南英格兰有5624座水磨，为150万人服务。每座水磨产生5马力的动力，而每个人只能产生0.02马力的动力。人类摆脱体力限制指日可待。进入19世纪，水车依然是西方人生活中不可缺少的东西。伦敦桥有座上冲式水车，直到1822年，它一直在给伦敦供水。

5.4 获利于风

尽管自古以来人类就利用风力驱动帆船，但利用风能驱动机械还是后来的事情——公元10世纪波斯人首次将其用于工业目的。风车有两个先天不足。首先而且最明显的是不能每天都提供稳定的动力。其次，风车要始终依赖风。最早的“杆”状风车是单体设计，很笨重，操作员要将整个装置一起扭动。后来，塔式风车在荷兰广泛应用，这种风车只有顶端旋转。1745年，埃德蒙·李（Edmund Lee）发明了翼片，这是一种巨大的垂直鳍状物，能够自动地使风车的扇叶转动起来保持一致。这种装置时至今日在美国的一些农场还能看到。

虽然风车的生产率不断提高，但是在大多数工作中没有替代人力。它产生的动力平均只有10马力，水车的改进也不大。在17世纪的荷兰，这样的装置大约有8000个，主要用来提取海水，为100多万人服务，每个居民只能得到1/10马力，是英国编写土地志时的5倍。

自然界的反复无常限制了风车和水车使用的范围和时间。前现代时期动力最强的水车是路易十四的马利机（Machine of Marly），是用来驱动凡尔赛宫喷泉喷水的，动力据说能够达到75马力。西方世界的经济起飞还缺乏一个条件，那就是在任何地点和任何气候条件下都能够提供强大动力的技术。

5.5　蒸汽为现代经济升温

古人知道沸腾的水可以承担物理工作。公元前100年，亚历山大大帝时期的几何学家和发明家希罗（Hero）描述了两种蒸汽动力装置。第一种装置如图5.3所示，是一个安放在水平轴上的圆形器皿，即人们熟知的希罗发动机（Hero's Engine）。加热的时候，沿正切方向的喷嘴将蒸汽导出，圆形器皿开始旋转。

图5.3　希罗发动机

第二个蒸汽发动机是鲁伯·戈德伯格装置，用来开关亚历山大的庙门。蒸汽将水从大容器送到小桶之中，在地球引力的作用下跌落，转而经过一个复杂的滑轮—立柱系统驱动门的运动。

希罗在《压缩空气的理论与应用》一书中描写的这两种装置也许存在，也许不存在。如果存在，也只是展品或者最多是个玩具，没有任何实际用途。直到 17 世纪末，蒸汽在实际中的应用都很少。那个时代，最紧迫的工程问题是从煤矿井下排水。几百年来，矿工们都知道从 30 英尺深的井下排水很难。这样一来，就不可能进行有效的深井采煤。科西莫·梅第奇的工程师尝试从深井中排水但失败了，他们求助于伽利略。伽利略则把这一任务交给了他最聪明的助手托里拆利（Evange lista Torricelli）。虽然托里拆利研制不出有效的抽水泵，可是他却在解决问题的过程中发现了一个更有价值的现象：30 英尺限制是大气压力的结果。大气压力施加了巨大的反作用力，每平方英寸超过 14 磅，相当于 30 英尺高水柱产生的压力。

1654 年，德国科学家奥托·冯·居里克（Otto von Guericke）通过一个别出心裁的试验，证明大气动力的潜力。他将两个直径 20 英寸的金属半球放在一起，然后将其中间抽成真空。真空度很高，两组高头大马反向拉动，居然无法令其分开。

科学家们很快意识到，利用真空可以产生强大的动力。克里斯蒂安·惠更斯首先进行了尝试，他通过点燃一个气缸中的火药制造了半真空。高温气体连同周围的空气通过一个阀门排出气缸。在冷却过程中关闭阀门，就产生了半真空状态。这种方法适用于展示，不如机械泵抽真空更有效（这一装置可以说是第一部内燃机）。

惠更斯的助手丹尼斯·帕平（Danis Papin）从理论上说明了蒸汽是一种更为有效的制造真空的方法。

> 水有这样一种特质，加热之后水会变成蒸汽而且跟空气一样富有弹力，遇冷后又会凝结水，因而上面所提到的弹力就消失了。我认为，可以在有水的地方设立一些机器，不要过分加热，费用也很少，就可以产生一种用火药根本得不到的完美真空状态。

在写下这些很有预见性的文字之后不久，帕平建造第一台活塞蒸汽机的样机。将少量水放入气缸之中煮沸，将活塞顶起。在冲程的最高点，将火关掉，此时会有一个钩子将活塞钩住。然后对这一装置进行冷却，蒸汽凝结成水，就产生了真空。当气缸完全冷却下来以后，松开挂钩，活塞就会迅速下落。严格来讲，这个装置不是蒸汽发动机，而是一个真空发动机。帕平的蒸汽活塞不是靠压力下的蒸汽驱动的，而是靠蒸汽冷凝成水产生的近乎完美的真空来工作的。此时，水与蒸汽密度之比为1200:1。

5.6 蒸汽走向市场

就像希罗和惠更斯的发动机一样，帕平的发动机也很笨重，运转很慢，无法实际应用。可是不久就有人将他的发明变为可以产生经济效果的装置。17世纪，英国的伍斯特侯爵（Marguis of Worcester）和托马斯·萨瓦瑞（Thomas Savery）设计了蒸汽泵，但我们还不知道侯爵是不是真的建造了自己的发动机。萨弗瑞制作了自己的工作样机，但是并没有取得商业上的成功。然而，历史学家却将能够工作的第一台蒸汽发动机归功于萨瓦瑞。比起他们的技术和商业成就来说更有意义的是二人都获得了专利权，萨瓦瑞的专利权是他在汉普顿皇宫为王室成员演示之后才获得的。

17世纪末，发明者受到工业专利有利可图前景的吸引，技术革新的步伐加快了。虽然科学革命的重要人物受教育程度很高，而且许多人出身于贵族之家，但工业革命时代伟大的工程师和发明家几乎无一例外地都是没有受过教育的工匠，他们大多为商业利益的前景所驱动。就像同时代的萨瓦瑞一样，托马斯·纽科门（Thomas Newcomen）也是一位典型人物。纽科门地位卑微，但是这并没有妨碍他与当时的大科学家之一罗伯特·胡克通信，讨论帕平和伍斯特侯爵的工作。纽科门认识到，早期的设计之所以命运多舛，应该归咎于气缸是外冷式，速度很慢。他设计了一种发动机，是将冷水注入气缸里面进行冷却。由于萨瓦瑞的专利覆盖面很广，囊括了纽科门所能想到的所有设计方案，因此纽科门只好与萨瓦瑞合作。

史书对他们合作设计的第一个装置几乎没有记载。1712年的一天，在伍斯特郡的达德利堡的煤矿上，世界上第一台可以工作的常压蒸汽机（atmospheric steam engine）开始从矿井深处排水。这里关键词是“常压”。纽科门的发动机（如图5.4所示）只靠大气压进行操作，跟帕平的一样。静止状态下，活塞位居冷气缸的顶端。锅炉中的高温蒸汽被注入气缸之中，冷空气通过左边的阀门排出（如图5.4所示）。气缸中现在充满了蒸汽，活塞在冲程的顶端，接着从右边的阀门注入冷空气，将蒸汽冷凝，形成近似真空。近似真空产生的巨大压力将活塞拉下来，水就抽到泵中。蒸汽再次被注入气缸，活塞轻轻上提。冷空气注入，下一个循环就开始了。因此，这种发动机纯粹由大气压驱动——其活塞不是由高温蒸汽驱动的，而是由蒸汽冷凝时产生的真空驱动。

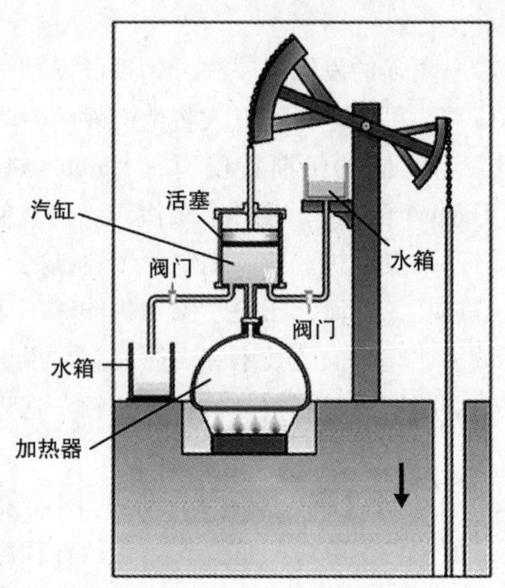

图 5.4 纽科门常压蒸汽机

资料来源：经纽科门协会（Newcomen Society）授权转载。

纽科门的主要贡献在于将阀门的自动操作结合起来，其开闭由主传动杆的运动控制。这种机器每分钟循环 12 次，可以产生 5.5 马力。尽管并不比水车或者风车产生的动力更强大，但随时随地都可以使用。人类现在可以自如运用力量了，再也不必看自然界的脸色行事。新专利法鼓励发明和革新，推动了发明者摆脱早期原始的设计。几十年内，纽科门发动机的功率达到了 75 马力。

纽科门发动机成了制造和运输业革命的中心，而这一革命将永远改变世界经济增长的面貌。但是，从经济上讲，这种机器并不是切实可行的。由于需要对整个气缸交替加热冷却，这种设计先天效率低下，另外，由于是常压蒸汽机，其活塞表面的压力只有每平方英寸 14.7 磅。这种发动机是“煤老虎”，因此只能用于从矿井中抽水。更为糟糕的是，这种发动机只在下行冲程的时候产生动力，用其驱动车船是不可能的。用一位历史学家的话讲，这是一种“有希望的怪物”。

尽管有这些限制，纽科门的发动机仍然达到了很高水平，发明之后的几十年中也有少量应用。1769 年的一项统计表明，全国共有 76 台蒸汽机在运转。虽然技术上有瑕疵，这种机器的基本概念却是非常好的，其后几代手艺精湛的人都对其功率和燃烧效率进行过改进。

其中一位就是詹姆斯·瓦特（James Watt）。他于 1736 年出生于苏格兰一个穷商人家庭，家庭经济上的困难使他不得不去学徒。他 19 岁那年去了伦敦，在那里学做“哲学仪器”——即现在我们所说的科学仪器。当他返回格拉斯哥想在这个行业中谋生时，当地行会却把他拒之门外。幸运的是，他具有很高的机械天赋，格拉斯哥大学聘请他修理并制造仪器。

有了这个职位，他就可以接触苏格兰那些最伟大的科学家了，他们使他熟悉了蒸汽物理。1764 年，命运眷顾了他，他应邀去修理格拉斯哥大学的纽科门发动机的样机。瓦特很快发现，这种机器效率不高，原因在于需要对气缸进行交替加热冷却。如果能在热的情况下持续运转的话，燃煤消耗就会减少很多。其后不久，当他在格拉斯哥绿地散步的时候——今天听来好像寓言一般，突然灵机一动，如果蒸汽在气缸之外冷凝，气缸本身就会始终都是热的，这会大大节约燃料。第二天，他回到实验室，利用了一个小的黄铜医用注射管，证明了外冷凝器的可行性。瓦特设计的供鉴定用的外冷凝器如图 5.5 所示。

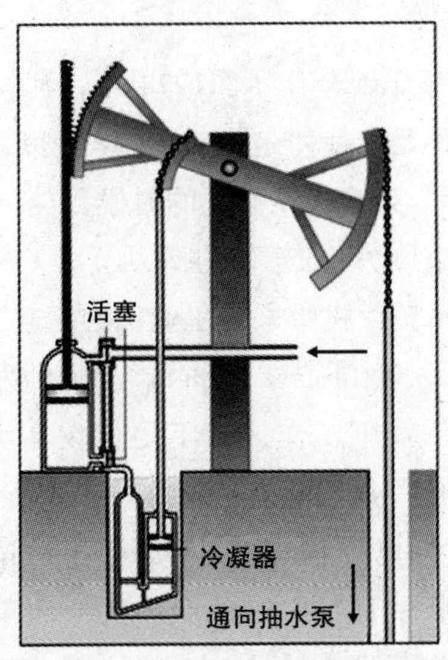

图 5.5 瓦特蒸汽机

当瓦特准备将这个装置投入生产时，他遇到了托马斯·爱迪生（Thomas Edison）一个多世纪以后遇到的同一问题。发明艰苦得很。对瓦特来说更为困难的是寻找熟练工人，大批量生产他的蒸汽机。最困难的是寻找资金进行大规模生产。开始，瓦特与他的发明家朋友约翰·罗巴克（John Roebuck）合作，但是活塞—气缸蒸汽机的巨大资金需求，特别是昂贵的精密机械加工使得他们最终破产。

为了谋生，瓦特找了一份土木工程师的工作。命运再一次站在了他的一边，十年以后，即1774年，他时来运转。一次他在伦敦工作的时候遇到了伯明翰的一位工业家马修·博尔顿，后者对瓦特的设计很有兴趣。就在同一年，军械员约翰·威尔金斯完善了一种能够给大炮精确镗孔的办法，而活塞—气缸发动机镗孔正需要这样的公差精度。几个月之内，瓦特和博尔顿生产出了符合工业尺寸的蒸汽机，是由威尔金斯提供的精密部件组装的。第一台发动机给了威尔金斯，给他的鼓风炉安装通风设备，以报答威尔金斯提供气缸之情。

钢铁与蒸汽技术之间的关系最好地说明了"协同"（synergy）这一概念。蒸汽技术的发展提高了钢铁的产量与质量；高质量的钢材使得对气缸更精密的加工以及更高的公差要求成为可能，这反过来又带来了更高效的蒸汽动力。

就连下议院都开始合作了。1774年，瓦特最初的专利还有8年到期，剩下的时间不足以使博尔顿—瓦特蒸汽机赢利。议会批准对他们的发明再保护25年。到延长期截止的时候，英国有496台蒸汽机在运转，为矿井抽水泵、鼓风炉和工厂提供动力。

博尔顿—瓦特蒸汽机带来的工业机会掀起了发明的浪潮。瓦特设计了一种可以旋转输出（rotary output）动力的发动机，主要用于工厂和运输，是在正蒸汽压下工作，而不是仅仅在大气压（负压）下工作。但是，瓦特对于使用压力远远超过1个大气压的蒸汽十分谨慎。煤矿工程师理查德·特里维西克（Richard Trevithick）却不是这样。1802年，议会对博尔顿和瓦特的延期保护到期两年之后，他申请了一项发动机专利，可以在每平方英寸145磅的压力下工作，这是正常大气压的10倍。

到了 19 世纪末 20 世纪初，人类已经决定性地脱离了人力、水和风的长期限制。一个人操纵一台机器或者落煤风镐生产的产量也许是前辈们的几十倍，甚至是上百倍。轮船再也不用依赖自然界的变化。更有意义的是，产生大量机械能的新方法鼓励人们去发明以前不可想象的东西。其中两项发明——铁路机车和发电机很快就从根本上改变了人们的日常生活，而且在这一过程中破解了全球繁荣的最后一个难题。

5.7　速　度

丰富多彩的消费品，如果不能有效地在各地流动，其价值就微乎其微。衣服、食品、电器，不管生产效率有多高，如果不能以廉价快速的方式送到消费者手里，其价格依然会令人望而却步。

工业革命的前半部分就是这样。1821 年末期，英国作家雷・亨特携全家去意大利，由于暴风雨不断，两个月以后他们依然未能离开英国海岸。他们到达里窝那（Livorno）时已是第二年 7 月份了。

在同一时期，路上旅行比海上旅行也许要安全、舒适一些，但是也好不了多少。1820 年末期，公路抢劫还是司空见惯。在欧洲大陆，情况要糟糕得多。法国商船一般都需要安全警卫，意大利公路上的谋杀案也并不罕见。蒸汽机车出现以前，欧洲大陆旅行者通常要携带武器。

更加复杂的是道路状况很差。大部分是土路，车辙纵横。除了旅行速度受限制以及不舒服之外，路面不平常常也不安全。即便速度不快的时候马车翻车，对乘客来说也是致命的。直到 1820 年约翰・麦克亚当（John L. McAdam）发现，用细砾石铺路平坦而且没有车辙，从而改革了筑路的方法。

海上旅行比陆路旅行更危险，但是在蒸汽动力发明前，尽管陆路可以直达，但海上旅行要便宜得多。铁路旅行出现之后几十年中，从伦敦到爱丁堡经海路仍然比陆路要便宜一些。

同样的情况，新大陆也有。阿巴拉契亚山脉是去内陆旅行的一大障碍，这从图 5.6 所示的旅行时间可以看得清清楚楚。从沿海乘船航程是

500 英里，可能需要一个星期。陆路走同样的距离进入内地需要三个星期。

图 5.6　1800 年从纽约出发到各地的旅行时间

资料来源：经出版者授权转载。John F. Stover, ed., *The Routledge Historical Atlas of the American Railroads* (London: Routledge, 1999), 11.

5.8 慢，但有把握、安全且便宜

在18世纪，交通运输方面并非乏善可陈。自古以来，统治者就开凿运河，虽说航运速度很慢，但是却不昂贵。蒸汽技术的出现大大增加了对燃料的需求。从偏远的煤矿大量运煤就是一个不小的挑战。1767年，布里奇沃特公爵（Duke of Bridgewater）想到了一个主意，在他位于沃斯利的煤矿与位于30英里之外朗克恩的纺织厂之间开凿了一条运河。运河开凿获得极大成功，直到今天还在运营。20年中，英国人开凿的运河超过1000英里。

然而，这与19世纪初美国修建运河时代不可相提并论。因为在革命之前，资金长期短缺，殖民者不支持开凿运河，因为开凿运河的初期费用非常高。到了19世纪20年代，缓慢增长的美国经济开始带来越来越多的资本流入，商人们开始梦想有一个庞大的内陆运河系统，以方便大宗货物的运输。伊利运河（Erie Canal）在1825年完工，使这一梦想开始实现。作为这一时期最大的建设工程，伊利运河的挖掘被历史学家乔治·泰勒称为“自信的行为”。对从奥尔巴尼向西到广袤荒野开凿的长达364英里长的人工水道，人们还有什么说法呢？

开挖运河是一个宏大的工程。联邦政府认为这项计划过于草率，因而不予支持。于是，这件事到了一位地方政客——纽约州州长德·维特·克林顿（De Witt Clinton）那里，他请纽约州支持发行债券，为运河融资。今天的自由论者忘记了，在不发达的国家（和美国在19世纪初的情况类似），没人愿意把钱借给私人企业家。国家常常是唯一能以合理利率吸引资金的一方。

甚至在全部工程完成之前，伊利运河在财务上就已经取得了巨大的成功。尽管后来有铁路的竞争，但直到1880年，其吞吐吨位才达到了顶峰。运河留给人们显而易见的遗产是纽约这个大都市。运河开凿之前，纽约在波士顿、费城甚至后来的华盛顿特区眼中都无足轻重。伊利运河使纽约市成了中西部大量农产品的贸易中心。装载这些产品的船只通过伊利运河驶入哈得逊河（Hudson River），然后到达纽约市的码头，从那里装船运往目的地，通常是东海岸的其他地方或者欧洲。

虽然运河获得了成功，但是并没有带来革命性的变化。对那时的人们来讲，运河在比较平坦的内陆地区还可以，伊利运河海拔最高的地方是650英尺。同时，运河上的航行速度也不快。运输上的真正变革有待于蒸汽用于海上和陆路交通。

5.9 蒸汽用于远洋运输

在世界各大洋之中，帆船不会轻易向蒸汽船认输。在茹弗鲁瓦·德阿班侯爵（Marguis Jouffroy d'Abbams）在1787年建造了第一艘明轮船后的一个多世纪，帆船在竞争中胜利了。实际上，竞争压力推动了帆船在技术上进行改进，这种改进跟蒸汽推进船几乎一样引人注目。19世纪中叶的快速帆船可以装载多达几千吨重的货物，而行进速度可以达到20节。直到19世纪末，蒸汽船才在世界远洋运输中占据了主导地位。

蒸汽机与远洋船的结合非常困难。早期的发动机头重脚轻，使船航行不稳而且还要消耗大量的燃煤。在河流或者沿海航行，频繁添煤不是什么问题，但是远洋运输就是另一回事了。最早进行远洋航行的蒸汽船中有一艘叫"英国女王号"，上面装载了500吨货物，煤却带了750吨。海军应该能够远距离快速采取行动，一开始却不屑于采用新技术。那时候最大的船是铁壳船"大东方号"（Great Eastern）。这艘船1858年下水，是用短桨、帆和螺旋桨推进的，长692英尺，排水量225000吨。由于频繁停船加煤以及费用昂贵，"大东方号"在经济上注定是在劫难逃。

随着高压船用发动机与螺旋桨的完善，蒸汽动力终于变得实用了。实践证明，特里维西克最初设计的高压发动过于昂贵，而且使用起来也不安全，但是到了1870年，每平方英寸达到150磅的气压已屡见不鲜。到了19世纪末，就在油涡轮机（oil turbine）出现之前，皇家海军的旗舰——"巴布科克号"和"威尔逊号"蒸汽管的压力，每平方英寸可以达到250磅。

5.10　一种价格，一种工资

蒸汽船运输量的增加足以使英国和美国的三种基本经济投入——土地、劳动力和资本——达到均衡。在工人和商品不易流动的情况下，不同国家甚至是相邻城市之间的商品价格和工资也会存在巨大差异。这造成了土地价格的不同，如果缺乏有效的通信技术，投资回报也会因地域不同而有很大差异。

由于远洋运输能力不足，1870 年以前，世界经济的特点就是价格不平衡。一方面，由于土地在英国是稀缺的，而在美国是充足的，因此英国的土地价格和食品价格高得多；另一方面，由于劳动力在英国是充足的，而在美国是稀缺的，因而付给英国工人的工资远远低于付给他美国堂兄弟的工资。这样，在英国，一个劳动力的工资能够购买的东西要少得多，因为工资比美国低，商品价格却比美国高（资本也是一样。因为英国的资本远远多于美国，所以其回报就会比美国低很多）。

蒸汽船运输时代的到来平衡了美国与英国之间的价格和工资差异。1870 年，伦敦牛肉的价格比辛辛那提高 93%。到 1913 年，这种差异下降到 18%。在同一时期内，美国的土地租金上涨了 171%，英国的却下降了 50%。伴随着这一下降的是同样显著的英国土地价格的暴跌。

两个国家不仅商品价格、土地价格和租金达到了平衡，实际工资也趋于一致。这不仅仅是因为美国的食品价格低廉，还因为英国工人向美国移民的能力增加了，从而使英国当地的劳动力市场吃紧。最后，信息和运输更有效了，海外投资有利可图的选择更多了，英国投资的回报也改善了[①]。当我们今天谈起“全球经济”的时候，我们说的是这样一个世界，即不同国家之间商品和制成品的价格与工资趋于一致。在 19 世

① 商品价格的趋同理论还导致了三种基本投入——劳动力、土地、资本——的价格趋于一致。这一理论被称为赫克歇尔—俄林模型。最先提出这一模型的是两位瑞典经济学家，他们是在第一次世界大战以后提出这一假设的。如今，这一假设已经被当代经济学家所证实。这一晦涩的理论在日益增强的全球经济一体化条件下非常重要。参见 Kevin H. O'Rourke and Jeffrey G. Williamson，“Late Nineteenth-Century Anglo-American Factor-Price Convergence：Were Heckscher and Ohlin Right?” *Journal of Political Economy*，54 (*Dec.* 1994)：892-916.

纪下半叶，随着蒸汽动力将大量的商品和人员运到世界各地，人们沿着这一方向方向迈出了最初的步伐。

5.11 铁路的到来

蒸汽发动机对陆路运输的征服更快速，意义更深远。发明者立即尝试把它应用到陆路交通工具上。完成这一任务困难重重，因为陆地车辆比起轮船来讲，容纳发动机的空间更小。1801 年，特里维西克最终成功地将其早期制造的高压发动机安装在了铁路机车上。到了 1804 年，他的机车可以装载 10 吨铁和 70 个人，时速 5 英里，穿梭于威尔士佩尼达伦铸造厂和附近的一条运河间，路程是 10 英里。1808 年，他在伦敦尤斯顿广场附近修建了一条铁路，让人们乘坐他的火车，费用是 5 先令。

真正让铁路机车时代到来的是乔治·斯蒂芬森（Geroge Stephenson）。1781 年，他出生于一个贫困的煤矿工人家庭，从小在煤矿长大，父亲是个“司机”（engine man）。他陶醉在蒸汽机车的轰鸣声中，因而也成了煤矿抽水泵的“司机”。最终，他见到了机械设计师罗伯特·霍索恩并向他求教。

斯蒂芬森的才华很快就引起了英国政府的注意。对拿破仑的战争进行得如何，煤的生产至关重要。斯蒂芬森 30 岁的时候，还在纽卡斯尔的大型煤矿高坑开蒸汽机。他没有文化，但是他的成功使儿子罗伯特接受了教育。不久，儿子就开始教父亲读书写字还有数学和科学知识。

煤矿为铁路机车的发展提供了最好的摇篮。几个世纪以来，在德国和英国，煤车一直是行驶在木轨上。18 世纪，木轨渐渐改成了铁轨，煤矿蒸汽机取代昂贵的马匹已不可避免。这在很大程度上应该归功于斯蒂芬森。

对拿破仑的战争导致马的草料和煤的价格上升，这一不足成了实用铁路机车发展最直接的催化剂。斯蒂芬森最初设计的机车动力不足，常常需要一个壮汉去推才能使机车发动起来。他设计的“布吕歇尔号”（Blücher）也是一样，1814 年这辆机车曾让人们去乘坐尝鲜。斯蒂芬森和儿子罗伯特继续改进机车设计，每次改进之后，动力都比前一次更加强大。最著名的设计是“火箭号”，每小时达到 30 英里，引起了英国公众的注意。女演员范妮·肯布尔的反应最典型。她回忆第一次乘坐“火箭号”的时候说：

> ……一只喷着响鼻的小动物，我真想拍拍它。它全速前进，每小时 35 英里，比鸟飞得都快。你很难想象穿透空气的那种感觉是什么样子，行进平稳极了。我本来要看书或是写字，可实际上，我站了起来，摘下帽子，呼吸着迎面而来的空气。我闭上眼睛，飞起来的感觉是那么美好、奇怪，难以言表。虽然不太习惯，可是我安全感十足，一点都不害怕。

1821 年，议会授权一家财团建造一条铁路，从达灵顿到蒂斯河畔的斯托克顿。达灵顿的煤矿因处偏僻之地还没有开发，这个问题铁路和蒸汽机车可以解决。三年以后，铁路建成，几乎是立刻就开始挣钱。不久，将曼彻斯特和利物浦连接起来的更宏大的工程也开工了。这条线将国家的工业中心和港口相连，真是雄心勃勃。工程师们要移走大量土石，还要架设桥梁。斯蒂芬森凭借“火箭号”赢得了机车的竞争，这辆机车载着沉重的货物行进了 60 英里，平均时速超过 40 英里。

1830 年 9 月 15 日，线路通车。通车仪式上，铁路爱好者和议员威廉·哈斯基森被“火箭号”辗过而身亡。虽然铁路史上第一个死亡事件给仪式投下了阴影，然而，显而易见的是铁路使现代生活发生了一场革命。10 年以后，英国的铁路达到 2000 英里。蒸汽船在提高速度和舒适程度上很有限，铁路则不同，它改变了旅行的本质。过去用天和周计算旅行时间，现在则用小时计算，而且时间本身也获得了一个新的修饰语，那就是“铁路时间”，以此表示日常生活节奏突然加快（与其类似的是最近的“因特网时间”）。长途旅行以前只限于有钱人家，现在人人都可以旅行了。1835 年，有 1000 万人次乘马车旅行。1845 年，3000 万人次乘火车旅行。1870 年，乘火车旅行人次达到 3.3 亿。

从格拉斯哥到伦敦以前需要好几天的艰苦旅行，到 1830 年，时间只需要 24 小时，而且很舒适。《铁路时代》（*Railway Times*）欢呼道：“一个理性的人还能有什么要求呢？”

5.12 信息之光

有一个经久不衰的传说。1815 年 6 月 18 日午夜过后不久，有一只孤独的信鸽在英吉利海峡上空俯冲下来，给英国带来了拿破仑在滑铁卢战败的消息。这则重大新闻既不是被新闻界和翘首企盼的公众掌握，也不是被军政部门获得，而是只被一个人看到了，那人就是金融家纳森·罗思柴尔德（Nathan Rothschild）。

那天早上，股票交易所员工就猜想，罗思柴尔德可能知道战事的结果。罗思柴尔德意识到股市上有人怀疑他先知道结果，他故意卖出统一公债，从而造成了人们的恐慌。然后这个狡猾的家伙又悄悄地买了回来，因为他知道胜利的消息第二天到达股票市场的时候，价格肯定会猛烈上涨①。

这就是现代时期来临时的通信状况。在两个相邻的国家间传递最要紧的消息也需要好几天的时间，这意味着对那些拥有这些信息的人来说，信息就是存在银行里的钱，而对于没有获得这些信息的人则是灾难性的。

5.13 用电传送信息

电被发现以来，科学家们一直梦想将其用于传递信息。从 18 世纪

---

① 事实远比这复杂。罗思柴尔德确实使用了信鸽，但只是为了获得常规价格数据，而不是为了在合伙人之间传递重要信息。拿破仑在滑铁卢战败的消息实际上来自布鲁塞尔报纸报道，由私人信使送到罗思柴尔德的办公室。虽然罗思柴尔德根据这提前得知的消息购买统一公债而赚了一笔，然而拿破仑意外溃败险些成了罗思柴尔德家族的灾难。他们本希望这是一场持久战，因而储藏了大量黄金，但敌对关系的结束使得黄金价格下跌。罗思柴尔德巧妙利用滑铁卢战争的传说使当代读者联想到了金融的威力，这一传说最早出现在一些当代排犹作家的作品里，其中最著名的作家是巴尔扎克（Honoré de Balzac）。19 世纪的读者很敏感，罗思柴尔德传说中利用战争结果牟取暴利的做法深深伤害了他们的感情。为此，维多利亚女王拒绝授予罗思柴尔德贵族头衔。See aslo Niall Ferguson，*The House of Rothschild*（New York：Penguin，1999），14-15，98-101.

中叶开始，人们进行了无数次的尝试。1746 年，法国神甫让—安东尼·诺雷（Abbé Jean-Antoine Nollet）让 200 名修道士每个人都握着一根 25 英尺长的铁棒的一端，这样互相连起来，组成一个 1 英里长的队列，然后对排在最前面的修道士进行电击。令他惊讶的是，最后一个修道士和第一个修道士感觉电击的时间相同。电流传递看来是瞬间进行的。

除了电击修道士以外，到 1800 年，电子通信依然是遥不可及。主要存在三大问题：

- 没有可靠的电力来源。
- 科学家发现将电流转变成有用的信号极为困难。
- 正如诺雷实验所显示的，探测和解析那些信号的能力还很差。

最先出现的是发电问题。1800 年前，人们只能通过摩擦物体产生不稳定的静电。那一年，亚历山德罗·伏特（A. Volta）正确推断出，路易吉·加尔瓦尼（Luigi Galvani）实验中的青蛙腿抽搐是由于它接触到了放在盐溶液中的两种金属。伏特开始系统地对不同的金属配对进行实验，发现两组组合——锌铜与锌银产生的电流最强也最稳定。通过将这些金属片交替着叠放起来，每层间夹上用盐水浸泡过的法兰绒布，他制造出了连续的电流，从而有效地制造出了第一个电池。

下一个障碍是在接收端解析电流的问题。这是一件意义重大的工作。可以回想一下诺雷神甫从受电击的修道士那里获得的口头报告。19 世纪初，指针式技术对电报员来说仍然是最好的。

1820 年，丹麦科学家汉斯·克里斯蒂安·奥斯特（Homs Christian Oersted）发现流经金属丝的电流使罗盘指针偏离，此时可以检测到电流。剩下的问题就是如何改变电流使得奥斯特的指针显示出可以理解的信息。到了 1825 年，一个叫帕维尔·勒沃维奇·许林格（Pavel Lvovitch Schilling）的俄国人做了一个奥斯特式的装置，指针可以左右摆动，这些脉冲的组合可以用来表示所有字母或者数字。许林格甚至说服沙皇支持这项计划，但是装置还没有制造出来他就去世了。

发明可以在实验室外使用的电报机的任务留给了两个独立的发明团队——英国的威廉·弗瑟吉尔·库克（William Fothevgill Cooke）和查尔斯·惠斯通（Charles Wheatstone），以及在美国由萨缪尔·莫尔斯

(Samuel Morse) 领导的团队。

莫尔斯 1791 年出生于马萨诸塞州的查尔斯顿，是个受过训练的职业艺术家。34 岁的时候，他接受了好几份颇受尊敬的委托，其中之一就是给拉斐特（Lafayette）将军画肖像。可是，他的胸膛里却跳动着一颗发明家的心脏。他设计了一种新颖的水泵和一种能够复制大理石雕像的机器。1832 年，在他从欧洲回国的路上，船上的一位同行者给他讲了诺雷和奥斯特的实验。莫尔斯认识到可以用一组由奥斯特的指针显示的开关码（on-off code）来传递字母和数字。

在他完成了 6 个星期的海上旅行时，他已经对后来以他的名字命名的那套著名编码有了一个概念。莫尔斯完全是个业余爱好者，毫不在乎前人的失败。另外，他简直没有任何技术知识，无法自己制作样机。他所拥有的是无穷无尽的精力、热情以及将电报变为现实的冲动。

威廉·库克是一个跟莫尔斯意气相投的英国人。莫尔斯领悟到了可以利用一根电线工作的编码系统，而库克则十分幸运地有机会在 1836 年亲自参加许林格装置的演示会，他立即发现了其实用价值。几个星期内，他就制作出了样机，由三根指针与三条金属线连接而成（每一根针都可以指向右、向左摆动或者原位不动，总共有 27 种可能的组合。这样字母表中的所有字母都可以编码）。用现在的话讲，莫尔斯发明了软件，库克开发了硬件。

那时，莫尔斯也深深地沉浸于硬件的开发中，但是不论是他还是库克都遇到了同一个问题——信号传送不超过几百码。两位发明家都没有经过专业训练——库克是个解剖学家，莫尔斯是个肖像画家，没有任何这一领域的知识。两人都没有认识到这是因为电池的电压太低。

现在任何一个初中生都知道，解决的方法是将几百个电池捆在一起。不论是莫尔斯还是库克都不知道，到 19 世纪 30 年代，科学家已经能够用高电压通过导线将电流送到数英里外。在成功做到这一点的人中，有一位是伦敦国王学院（King's College）的查尔斯·惠斯通，他是著名的“实验哲学”（相当于物理学）教授。库克拜访了惠斯通，他们立即意识到，库克的创业动力和惠斯通的技术知识使他们成为一个理想的组合。可是他们很快发现彼此并不喜欢，而且是终生如此。惠斯通认为库克是一个无知的商人，库克则将惠斯通看成专横的假内行。但无论如何，他们还是在几个月内设计出了由五根金属丝和五根指针组成，能够迅速、远距离传输信息的装置。

虽然莫尔斯领先库克和惠斯通四年，可是他却把领先的时间浪费在设计一套过于复杂的发射装置上。他同样也没能解决距离与电压的问题。几乎就在库克和惠斯通制造出了第一台样机的同时，被迫在纽约大学讲授文学和艺术的莫尔斯遇到了教化学的伦纳德·盖尔（Leonard Gale）和富有的、见多识广的年轻人阿尔弗雷德·韦尔（Alfred Vail）。三个人组成了一个团队，改进了电池设计，将莫尔斯电码改成了人们熟悉的形式，简化了按键设计，以便用一个手指就可以快速操作。

5.14　一根金属丝连接起整个世界

大西洋两岸都提出了专利申请，两个团队之间展开了激烈的竞争。在这一阶段，美国人作出了重大改进——他们发明了继电器（relay）。从根本上讲，它是由自身携带的电池提供动力的电报电键，可以一点不差地重复和转发接收来的各种信号。将许多继电器连在一起就可以把信号传送到几百乃至几千英里以外。

最终，莫尔斯的中继式单电线设计被证明是两者中更为可行的。要使单电线连接完美无缺已经相当困难，而在长期远距离中保持库克—惠斯通设备的五条线同时连接则几乎是不可能的。库克和惠斯通慢慢发现，用更少的线路也能工作，最终他们也采取了单线技术。

在大西洋两岸，电报都遭到了人们深深的怀疑。原因不难理解，电报不像蒸汽机可以令人信服地进行演示。在一次典型的演示会上，电报员通过一堆乱七八糟的导线将信息传到另一个房间，而在接收端人们只能看到几根摇动的指针。报纸和政客们不止一次地指责莫尔斯和库克搞骗局。尽管国会最终给了莫尔斯 3 万美元，在华盛顿和巴尔的摩之间架设一条示范线路，但不论是美国团队还是英国团队最后都迫不及待地把自己的资产投入到第一个电报网中。

库克将目光对准了最明显的客户——铁路。库克为了获取优先权，同意铁路公司免费使用电报服务。在 19 世纪 40 年代初，库克在伦敦铁路沿线建立了电报线路。最长的线路是13英里，从帕丁顿到西德雷顿。

同时，莫尔斯、盖尔和韦尔开始沿着巴尔的摩到华盛顿的铁路架设40英里长的电报线路。国会怀疑莫尔斯一伙人是在骗钱，指责之声四起。政府任命了一个叫做约翰·科克的人担任观察员。科克建议在辉格党1844年5月1日于巴尔的摩召开会议的时候测试这条电报线路。韦尔要从尚未完成架设线路的东端——距巴尔的摩13英里的地方——将候选人名单拍发给华盛顿的莫尔斯和科克。当莫尔斯比火车报信者提前一个多小时报告大会结果的时候，对电报的所有怀疑都烟消云散了。

英国也发生了类似的事情。美国辉格党大会3个月后，报务员将维多利亚女王次子诞生的消息从温莎城堡传到伦敦，比乘坐火车报信的信使快了很多。不久，英国公众开始为这一新的发明所带来的各种奇迹感到惊讶不已：那些认为乘火车可以轻而易举逃跑的罪犯被抓住了；被错误告知亲人已去世消息的人可以马上确定亲人还活着；20英里以外的大炮可以根据命令开炮。

就在同一年，库克说服海军部在伦敦与朴次茅斯之间修建一条88英里长的电报线路。此后不久，金融家、经济学家大卫·李嘉图（David Ricardo）的远房亲戚约翰·路易斯·李嘉图（John Lewis Ricardo）花了14.4万英镑一次性购买了惠斯通和库克的专利（而不仅仅是授权），建立了电报公司（Electrial Telegraph Company）。公司随即建立了连接全英主要城市的网络。

这种新的技术引起了轰动，用作家兼记者汤姆·斯坦迪奇的话说，它是“维多利亚时代的互联网”。电报线路的长度开始快速增加。1846年初，美国投入使用的只有一条从巴尔的摩到华盛顿的40英里长的线路。到1848年，线路达到大约2000英里，到1850年则达到了1.2万英里。1861年，横贯大陆的电报线路建成。数日之内，快马邮递就停业了。

那个时代的最大成就是在1858年铺设了第一条横跨大西洋的电缆。由于这条线路把美国和欧洲的网络连了起来，8月5日线路建成之时，几乎所有文明世界——从密西西比河到乌拉尔山都为之一振。纽约人乔治·坦普顿·斯特朗在日记中写道：

> 昨天的《纽约先驱报》说，电缆无疑是《启示录》中一只脚

在海上一只脚在陆地的天使，告诉人们那一天已不再久远。一般人都说这是人类历史上最伟大的成就。

第一条跨大西洋电缆的建成并非那么令人激动——有一段时间那条线并没有真的与美国系统在纽芬兰的登陆点连上。这条电缆线路的速度缓慢至极。直到 8 月 16 日维多利亚女王才给布坎南总统（President Buchanan）发来一份 99 个字的电报。世人很久以后才得知那封电报用了 16 个多小时才传送完毕。电缆开通之后不久，传输质量急剧下降。到 8 月底，若干天传送的信息全部无法看懂。9 月 1 日，在发出一阵噼啪声之后，信号彻底消失。

工程师们说，需要更结实、更耐用的电缆。1865 年，当时唯一有能力装载数千英里长电缆的“大东方号”开始铺设工作。但这次工程也失败了，电缆掉在两英里的水中，多次打捞未能成功。第二年，这艘巨船不仅成功铺设了新的电缆，而且还修复了旧有线路，从而有了两条线路。到了 1870 年，“大东方号”将电缆铺到印度，又过了一年，澳大利亚也被纳入 19 世纪世界网络之中。

从人类口头交流的角度考虑，到了 19 世纪 40 年代末，国家已经小到几乎不值一提的程度，到了 1871 年，整个世界变成了一个整体。很多地方的基础设施差不多是一夜之间冒出来的。成千上万的信使和成百上千英里的蒸汽驱动的导管将复杂的电报站网络连接起来。

早期的电报服务贵得让人望而却步。横跨大西洋的电报收费为 100 美元，这相当于一个工人几个月的工资。正如罗思柴尔德用信鸽一样，最前沿的通信技术只传递最有价值的信息，而且绝大部分都是与金融相关的信息。19 世纪 50 年代早期，世界上最繁忙的线路是伦敦股票交易所与中央电报局。早期横跨大西洋的业务中，90% 多是商业方面的，几乎所有的电报都简化成了缩写代码，以降低费用。1867 年，电报操作员卡拉汉（E. A. Callahan）发明了一种特殊的机器，可以连续传送股票价格。这种机器与众不同的声音使它获得了 stock ticker（股票行情自动收录器）的名字，时至今日一直在用。

然而，极具有讽刺意义的是，正如今天极其兴奋的幻想家设想人类的联系能够越来越紧密，最终会走进大互联网和平的幸福怀抱之中一样，18 世纪的记者们同样对电报痴迷到了极点，说它能够结束人类的所有冲突。不幸的是，电报并没有结束世界的冲突，就像2001年9月11日发生的事件使人们痛苦地看到，让不同文化面对面地处于由一个导线连接起来的世界中并不是世界和谐的灵丹妙药。

5.15 大坝崩塌

从1825年到1875年的半个世纪中，人们的生活方式发生了彻底的变化，这是历史上任何一个时期所没有的。人们觉得，这个时代是一个技术变化快得无与伦比的时代。所有的东西都距离真理越来越近。我们的上两代人在理解计算机、喷气式飞机甚至互联网方面几乎没有问题。相比之下，如果19世纪20年代的人穿越时空来到1875年，看到仅仅在半个世纪间就实现的高速铁路旅行和瞬间的全球沟通，他们会瞠目结舌。1825年以后的几十年中人类被如此有力而迅速地拉入未来，可以说是空前绝后的。

是什么引发了19世纪的革命性变革并导致其后财富连续稳定地增长了200年？打个比方，我认为18世纪的西方经济犹如一道大坝，它后面的“潜能”水库不断蓄积。这座水库中蕴藏着始于《大宪章》的英国几个世纪以来在普通法方面的进步，其间由爱德华·库克及后来者的卓越才华发扬光大，在判例法和管理垄断与专利的法规出现时达到顶峰。这座水库中还包含着令人眼花缭乱的科学技术进步以及后来由意大利、荷兰、英国引发的资本市场的进步。

这些成就的确改善了人们的福利，但是步伐却非常缓慢。1500年至1820年期间，西部欧洲国家人均国内生产总值每年才增加0.15%。然而，对财产权的有力保护促使手工艺人搞发明创造，科学理性主义给他们提供了工具，资本市场为他们的奇妙发明注入了资金。不足的是开办工厂需要的自然资源、运输商品的工具以及协调整个过程所必需的通信速度。

蒸汽机和电报机的发明冲垮了这座大坝，引发了前所未有的经济增长洪流。这座大坝永远也不会重建，西方发展的洪流也不会很快停下来。

第6章

增长的综合分析

重要的是制度——包括财产权、个人自由、法律、科学理性主义中的理性包容和资本市场的架构。上一章我们重点讨论了前现代时期技术的快速发展，但并不会减弱对制度的强调。要不是自由的科学探索成就了惠更斯和帕平，要不是对专利和财产保护日益成熟成就了瓦特和莫尔斯，要不是资本市场的出现成就了库克和惠斯通，伟大的铁路、电报和电网是不可能出现于人类社会的。

从曼彻斯特通往利物浦铁路的修建史就很好地说明了科技创新对资本市场的依赖。1825 年，这条铁路刚修了一半就遭遇了资金短缺的危机，如果当时没能及时得到政府 10 万英镑紧急贷款的支持，这条铁路恐怕是修不成的。

对知识产权的利用则不同。正如第 5 章所述，某项创新的发明者往往不能最大限度地挖掘出其中的价值。以电报的发明为例，直到这项发明的专利权被易手之后才真正被广泛应用开来。发明的新主人——英国人约翰·刘易斯·李嘉图和年轻的美国富商阿莫斯·肯德尔比莫尔斯、库克和惠斯通推销电报的本领可强多了；肯代尔和李嘉图赚钱的本领也不小，他们挣的钱比三个发明家自己能挣来的钱多出了一大截。

甚至制度的细微之处也相当重要。蒸汽时代早期的很多观察家认为，蒸汽驱动的公路车辆比铁路机车更具有发展前景。世界上最初的“公路蒸汽机”（road-steamer）与最初的铁路机车一样运行良好，而且在 18 世纪初，麦克亚当（McAdam）与著名的道桥设计师托马斯·泰尔福特（Thomas Telford）合作，用英国收费公路信托基金修建了一个全天候的公路网。泰尔福特更喜欢公路交通，他说服蒸汽机工程师高斯沃西·格尼（Goldsworthy Gurney）设计出一种轻型发动机，重量“只有”

3000 磅，为新型公路车辆提供动力。

另一方面，铁路网则是从零开始修建。另外，从本质上说，铁路是一种垄断行业，它必然要排斥其他公司的机车，因而必须克服普通法对垄断的反感。相比较而言，公路与普通法的精神更接近，任何人都可以在公共的或收费的道路上经营。

最终，议会的诡计得逞了。为铁路和马车四处游说议员的人狡辩说，快速行驶的汽车会对人的生命安全造成巨大威胁。这种说法迫使立法会通过决议，向新型公路交通工具征收高额费用。然后即便如此，他们也没能捞到多少好处。几年以后，议会差一点撤销了反对公路汽车发展的法案，可惜的是，泰尔福特于 1834 年去世，英国的公路发展从此陷入尴尬境地。如果制度天平能够稍微倾斜一点儿，英国很可能会建起一个高速公路体系，而不是铁路网。

在引发西方经济持续增长的四个主要因素——财产权、科学理性主义、资本市场以及蒸汽机和电报技术之中，迄今为止哪个最重要呢？这个问题困扰了经济历史学者们很长时间。《西方致富之路》（*How the West Grew Rich*）一书的作者罗森伯格（Rosenberg）和伯泽尔（Birdzell）认为：技术因素是其中最重要的一个，因为世界经济的发展进程几乎等同于技术发展的进程；经济史学家杰克·葛德斯通（Jack Goldstone）也认为蒸汽机和内燃机的发展是 19 世纪经济爆炸的首要原因。其他的一些学者却持有不同观点，如作家汤姆·贝瑟尔（Tom Bethell）和经济学家赫尔南多·德·索托（Hernando de Soto）就坚信，如果没有法律对财产权的保障，就不可能有现代经济的迅猛发展。

如果仔细思考一下的话，我们就会发现他们的观点可以说是全对，也可以说是全不对。现代经济的发展进程可以被比喻成一栋摩天大楼的搭建，这四个要素是四根支撑架构的梁柱，彼此互为依存，缺一不可。

铁路和电报技术的发展为这个观点提供了最好的注解。要不是有了财产权、科学观和在资本市场融资的激励，这些重要发明是不可能出现的。需要再一次重申的是，每一个制度的细微之处都很重要。举个例子来说，要不是 1776 年"七年战争"结束之后借贷利息下调，布里奇沃特就不可能获取足够的资金完成其运河的修建。资本市场同时也从可靠的财产权保护当中受益。自 1688 年光荣革命之后，国王任意剥夺普通人财产的特权被取消，不久之后英国现代金融制度便应运而生；而严谨的科学和数学知识体系（如经济科学）的发展也促成了资本市场的形成，如哈雷（Halley）发明的精算表（actuarial tables）就使得保险业在18世纪迅速发展起来。如果没有保险产业，商家就缺少管理风险的能力，而缺少这种能力，风险投资资本的出现就更无从谈起。

最后，也是很重要的一点理由是，经济发展的活力来源于由现代通信技术的发展所带来的信息流动能力。我们理所当然地认为我们可以迅速掌握全球各地所有商品的供求情况——哪里短缺，哪里丰富。而在前现代时期，消费者和商家所获取的重要市场信息往往要滞后几周甚至几个月的时间，最终造成商业效率低下（在20世纪的计划经济国家里也出现过类似情况，那些国家根据行政命令来制定生产计划，忽视了市场价格中固有的有价值的信息）。高效率的交通也减轻了对资本的需求，同时也降低了资本成本。生产与销售之间间隔的缩短，使企业可以借更少的钱，借款时间也更短。在金融信息不能自由且迅速流动的地方，投资者就不愿意借出资本。19世纪后期，大型上市公司成了资本主义的原动力，在此之前，以特许贸易公司为代表的商业机构需要获得垄断经营权才能维持企业运转，吸引到资本。只有具备了由电报和蒸汽机技术提供的强大的通信与运输能力，大型商业组织才得以在全球范围内生存下去，并在没有政府保护的情况下获得充足的资金。

相比而言，科学理性主义同其他三个因素的关联性并不那么显而易见。科学探索具有颠覆性，因为它向现状发起了挑战。在现代西欧的早期，这一点表现得尤为突出。在那里，任何一个新理论的出现或是科学设备上的创新（如伽利略发明的望远镜），都会招致宗教审判所的高度戒备。即使是在现代某些国家中，单纯的科学探索都可能会招来致命的威胁。在信息快速流动且尊重不同意见、个人自由及财产权的社会中，科学思想才会欣欣向荣。科学探索与个人自由之间的关系部分地解释了为什么一群自我陶醉的美国人，尽管其教育体制日益衰退，却仍能领导世界上的科学创新。

最后，财产权本身就是起源于人类的经验和感觉，也就是说，是基于科学理性主义发展而来的。我们只要稍稍多观察一下就会发现，对个人财产权保护最好的国家就是经济发展最好的国家；如果想要对某个国家的经济发展制造障碍，最好的办法就是切断商品与信息自由、开放的流通渠道。

现在，对个人财产权的保障似乎是经济发展的关键因素，但这是一个现代的现象。在当今世界，其他三个因素实现起来容易得多。我们将在第 9 章谈到，根深蒂固的文化因素使很多国家对于个人自由和财产权利的保障十分有限。反之，古希腊和中世纪的英国在其经济和政治发展之初就出现了保障个人财产权的萌芽，但由于其他三个因素的缺失，当时的社会经济也没能得到很好的发展。

试图找出四大基本要素在一国经济发展中的相对重要性是没有意义的，这正如我们询问做蛋糕时面粉、糖、发酵粉或鸡蛋中哪一样原料最重要。我们应该这么说：每一个因素都很重要，它们互为依存、相互补充，少了其中任何一味原料，蛋糕就做不成了。

第二部分

国　家

经过两个世纪的发展，这个世界已经变得越来越繁荣了。这一过程并不平衡，一些国家在18世纪早期就开始高速增长，一些国家则要晚许多，而另一些国家则根本没有发展。这使得全球的发展水平差距悬殊。公元1500年，世界上最富裕的国家意大利的人均GDP不会超过最贫穷国家人均GDP的3倍，而到了1998年，美国的人均GDP则超过最贫穷国家人均GDP的50倍。媒体在当代生活中的渗透，使得世界上最贫穷的国家能够目睹西方的繁荣。让最富裕和最贫穷的人直接面对面扩大了由这种不平衡带来的伤害，使得全球不同文化、政治与宗教之间的冲突升温。

本部分要分析富国与穷国之间差距扩大的原因——为什么一些国家率先发展，另一些国家紧随其后，而其他国家则根本没有发展。我们将选择一些有代表性的国家来展示这一过程。第7章将探讨为什么现代经济繁荣首先出现在荷兰和英国。第8章将集中分析紧随其后的3个国家：法国、西班牙和日本。我们将找出阻碍经济增长的障碍，并提示这些障碍最终是如何被克服的。第9章将剖析穆斯林世界和拉美诸国经济增长不成功的原因，并提示宗教、文化、政治及殖民传统与经济之间的密切关系。

由于篇幅所限，本书不能讲述许多重要的内容，如德国的早期发展与复苏，或者困扰所有撒哈拉以南非洲各国的贫困。但是，本书的结构至少提供了一个能够适用于所有国家的框架，并为有兴趣的读者指示了正确的方向。

第 7 章

胜利者——荷兰与英国

7.1 荷　兰

荷兰经济从 16 世纪开始持续增长。在马尔萨斯精心编织其“人口陷阱”前的两个世纪，荷兰人就成功地摆脱了这一陷阱。虽然与 300 年后英国爆炸式的经济增长相比荷兰的增长要温和许多，但经济学之父亚当·斯密还是和大多数同时代的英国人一样，对荷兰人的财富艳羡不已：

> 按照土地面积和人口数量来计算，一省之地的荷兰其实比英国更富。那里的政府能以 2% 的利息借钱，而有着良好信用的老百姓的贷款利率也不过 3%。荷兰的劳动力工资据说也比英国高。

到了 17 世纪末，英国从残酷的内战中恢复过来，开始了斯图亚特王朝的复兴，而荷兰却已经享受了 100 多年的共和政体，它的人均 GDP 几乎是北海沿岸几大邻国的两倍。虽然荷兰后来没有夺回它在 17 世纪拥有的军事与经济控制权，但直到今天，荷兰依旧是世界上数得着的富裕国家。即使在 1815 年以后的数十年里，荷兰被英国控制了出海权，并且又被法国征服与压榨，但它的国民生活水平依旧和英国人相当。

安格斯·麦迪逊的这份统计表清晰而平实地概括了荷兰经济的成功：

16 世纪与 17 世纪的人均 GDP 增长

			增长率（%）
	1500 年	1700 年	1500～1700 年
荷　兰	754 美元	2110 美元	0.52
英　国	714 美元	1250 美元	0.28
法　国	727 美元	986 美元	0.15
意大利	1100 美元	1100 美元	0
中　国	600 美元	600 美元	0

用今天的眼光看，0.52% 的年均增长率似乎不起眼，但对 1500～1700 年的荷兰来说，这种持续的增长是了不起的奇迹，此时大部分的欧洲国家还处于罗马帝国覆灭后的千年停滞中。

许多人文主义者会对表中意大利的表现感到沮丧。难道这一时期意大利的城市共和国不是在商业、知识及艺术上取得了冠绝欧洲的成就吗？意大利不是文艺复兴的发源地吗？确实是。但是除了威尼斯共和国（后继的是佛罗伦萨和梅第奇），意大利此时依然遭受着剑与血的统治，而不是一个法治之邦。雇佣军控制着广大乡村，直到进入现代，旅行者还得依靠武装保护。因此，意大利的政治、法律和金融体制在全国范围内从没得到发展。由于缺乏增长的迹象，意大利的经济在 1500 年后成为一潭死水。

7.2　最奇特的共和国

欧洲经济力量的中心是如何移到阿尔卑斯山以北的？荷兰是如何脱颖而出的？荷兰商业主导地位的兴衰能给现代世界什么样的经验与教训？要回答这些问题，我们必须深入到 16 世纪早期的荷兰。

中世纪晚期，勃艮第公爵得到了荷兰低地地区的统治权，1506 年，西班牙国王卡洛斯一世继承了这块土地。13 年后，卡洛斯成为神圣罗马帝国皇帝，即查理五世。16 世纪早期算得上是欧洲历史的一个分水岭，有 5 个关键人物同时出场：查理五世、法国的弗朗西斯一世、英格兰的亨利八世、教皇列奥十世，以及马丁·路德。前三位人物都在激烈争夺神圣罗马帝国皇帝这个早已名存实亡的伟大头衔，而皇位的选举是在列奥十世的监督下进行的。与此同时，教皇列奥十世与马丁·路德之间激烈的斗争也使基督教发生了巨大变化，并对未来世界的政治、军事和经济产生了深远影响。荷兰掀起了波澜壮阔的反抗查里的哈布斯堡家族的独立运动，而路德派教义则为日渐上升的经济力量提供了历史与文化的支持。

荷兰独特的地理位置使之处于经济振兴的中心。荷兰是个低地国家，这是由于它处于莱茵河、瓦尔河、马斯河及 Issjel 河汇入北海的出海口造成的，地形主要有三种：

- 北海沿岸——是一些防护海浪的沙丘，高出海平面 20 英尺。
- 沙丘后面的低地——约占荷兰目前国土面积的一半，所谓的围海开拓地，大部分面积低于海平面。
- 开拓地之外的高地——是一些高出海平面的沙质平地，许多世纪以来由那些大河冲积而成的草木不生的瘠薄之地。

公元 1300 年之前，这些开拓地还覆盖在海洋之下。而在此后的 3 个世纪，周围的村民使用新发明的风力水泵建造了著名的海堤，进行围海造地。为此，荷兰挖掘并烧掉了覆盖在这片新垦地表面的一层泥炭。在这个过程中，他们开垦出了欧洲最富饶的一片农田。

这一垦荒奇迹为以后经济和社会变革埋下了种子。它创造了一个没有封建体制的富庶、独立的社会。查尔斯五世以及他的儿子西班牙菲利普二世都想对这块土地征税。1568 年，菲利普二世侵占了荷兰，以阻止路德新教改革扩展到勃艮第地区，进而导致北部诸省长达 80 年的反抗与动荡——直到 1648 年，西班牙才正式承认了荷兰的独立。

严格地说，“荷兰”是指北部七省中最大的一个省，在独立战争之前，安特卫普一直是这个省的商业中心和反抗的策源地。被西班牙占领，作为荷兰省首府的阿姆斯特丹承担了领导角色。其他六省——泽兰、乌得勒支、弗里斯兰、格罗宁根、格尔德兰，以及上艾瑟尔——结成一个统一体，某种意义上比荷兰更大。但即使荷兰的人口不到这个联邦的一半，它依然成为其他省的支配者，因为它比其他省富裕得多。荷兰为联邦提供了60%的税收，为反抗西班牙的起义贡献了75%的资金。

荷兰反抗西班牙的起义在这一地区以宗教战争的形式出现，一开始显得很混乱。起义者希望将勃艮第七省统一起来，但冷静下来后，起义领导者意识到将这个地区分成两半是更明智的，即北方的新教地区和南方的天主教地区。包括安特卫普在内的南方地区由于西班牙人的统治，也因为与富裕的北方邻省的分离，经济变得越来越萧条。1713 年西班牙王位争夺战之后，南方诸省的统治权转到奥地利手里，1794 年法国大革命之后，又转到法国手里，直到 1815 年拿破仑遭遇滑铁卢惨败，才回到了荷兰。15 年之后，南方诸省爆发了反抗荷兰统治的起义，最后获得独立，成为今天的比利时。

1579 年，在南方诸省结成一个松散的乌得勒支联邦之时，北方也成立了国家。它作出了一个令人吃惊的决定：宣布对任何宗教开放（起码西部地区是这样），接受新教、天主教，甚至犹太教。宗教信仰的自由使之摆脱了亚里士多德式的思想一元论，并且允许学者与商人自由地进行知识与商业道路的探索，这在中世纪以来一直是受到束缚的。

更加引人注目的是，荷兰的经济在 1568 年的独立战争以后就开始增长。实际上，至 1648 年从西班牙的统治中解放时，荷兰出现了高度的繁荣。而且，荷兰诸省在反抗强大的西班牙哈布斯堡王朝、赢得独立的生存之战中，并没有形成起作用的中央政府。历史学家约翰·赫伊津哈（Johan Huizinga）对此大为惊异："还有哪一个文明能够在国家成立后如此之快地到达峰巅吗?"

更有甚者，由于河水漫延、海潮冲击、筑堤活动以及军事活动的交互影响，这个不断发展的国家的版图和政治状况也总在变化，经常出现和我们今天说的荷兰大不相同的情况。荷兰的政治历史不是本书讨论的范围，本书只想说，在 19 世纪以前，荷兰常常只是为人所控的省或自治区，从没产生过强大的国家政权，而总是出现一些商业精英自我任命的小型地方政权，并且权力的转换很少是世袭的。

7.3　新世界与新人民

这片新世界的出现是奇特的，它所养育的人民也充满革命性。荷兰人在建造海堤时，还必须开挖沟渠，堵防泄漏。这些沟渠也因此成为新农庄的边界。海堤的建成带来肥沃的土地，农民有了自己的农庄，而不必履行封建庄园制的义务。古老的封建制的势力从南到北逐渐消失。垦荒的早期，开采出的泥炭还是一种优质燃料，而且也用来出口。

垦荒工程使土地的海拔更低，常常被海水淹没，因此排水护堤成为一项严峻的任务。自治的地方议会和教会主持海堤的维护，而荷兰风车逐渐成为它的显著特征。

排水议会支持业已独立的荷兰成为政治实体，这让人想起公元前 9 世纪时古希腊自由农民的前身——佃农（Geôrgoi），这些佃农在封建大农庄周围的丘陵上开垦出小块的田地，他们辛勤耕作这小片贫瘠却是自有的土地。与之不同的是，独立的荷兰农民开垦出来的则是非常肥沃的土地。

这个新兴国家是幸运的，它不仅有肥沃的土地，还有摆脱了封建制和天主教教义桎梏的自由农民。自罗马帝国覆灭后，他们不断增加的劳动果实第一次属于共和国的公民自己，敢于创新的农民得到了酬报，他们从此能够想自己所想，说自己所说。

与大海的斗争是长期的、艰苦的，并且常常要遭受失败。1421 年，一场洪水淹没了 34 个村庄，面积将近 200 平方英里，很多地方甚至永远不能恢复。1730 年，一种蚯蚓在海堤里大肆繁殖，人们只好用特别昂贵的石料来加固大堤。

但大多数时候，荷兰是风调雨顺、充满魅力的。在 16 世纪，全球气温变冷，形成所谓的“小冰期”（Little Ice Age），地球两极的冰盖扩张，海平面下降。这使得荷兰人维护海堤的负担大大减轻。16 世纪荷兰有 14 次海水淹没的记录，而 17 世纪有 7 次，到了 18 世纪，只有 4 次，而 19 世纪和 20 世纪，更是只有 1 次记录。

7.4 高昂的物价、宽阔的运河、富裕的生活

在另一个很重要的方面，荷兰也是很幸运的。大约从1450年开始，欧洲的物价开始上升。经济学家在描述某种商品的价格时，常谈到它的"弹性"。这意味着出于某种原因，你的收入下降了。虽然你可能很少旅游，也很少买电器，但你可能不会减少自己的食物摄入量。对此，经济学家会说，你的食物供应—需求曲线非常"缺乏弹性"，因为你对食品的需求受其价格的影响不大。但另一方面，旅游观光或购买电器方面的开销则是有很大的弹性。如果你的收入下降，或家电的价格上升，你很可能减少购买量。

15世纪中叶，欧洲的物价开始上升，而谷物价格上升得最厉害。在中世纪，谷物是最基本的人类必需品，因此最缺乏弹性。提高人类对谷物需求弹性的方法是发展畜牧业、工业原料作物（如亚麻和木材）以及制造业，后者是最有弹性的。换句话说，随着稀缺程度的增加，工业制成品的价格上升幅度最小，而谷物的价格上升幅度最大。

在15世纪后期，暴涨的谷物价格使得农业用地的价值急剧上升，而这又刺激了自罗马帝国时代以来一直默默无闻的土木工程技术的发展。刚刚拥有自主权的荷兰农民开始大力推广一种新型风车（bouvenkruier），这种风车只需要转动顶部，而不是整个装置。荷兰的技术人员同样也提高了他们的筑堤技术。最早的风车只能汲取1英尺深的水，到了1624年，经改进的风车能够汲取15英尺深的水。

筑堤围田和建造风车的费用高昂，几十年都无法收回成本。荷兰人为此必须大举借贷，并且需要低利率的贷款，以便能够偿还。正如本书第4章所述，在16世纪中期，荷兰的债主能够为大规模的建筑工程提供利率为4% ~5%的资金，农民能得到利率稍高一点的抵押贷款（亚当·斯密所说的3%的商业贷款和2%的政府贷款指的是更晚的时期，并且即便那时也是有所夸张的）。1610 ~1640年，荷兰的投资者在排水系统（drainage schemes）上投入了高达1000万荷兰盾的资金——这是国家财富相当大的一部分，远远多于投在荷兰东印度公司的数量。

荷兰的幸运还体现在另一个领域：交通运输。一般来说，水运要比陆地运输更便宜，尤其是蒸汽机动力出现之前。没有任何国家的货物运输像荷兰那样便捷而且价格低廉。这个面积不大且地势平坦的国家布满了四通八达的运河与水道，其中许多是垦荒的产物。荷兰还为这些近乎天然的水上运输开挖了带纤道设施的运河，从而将绝大部分沿海主要城镇连为一体。

最开始的时候，荷兰的运河交通因为收费高昂而发展缓慢（如本书第1章所述）。在这种情况下，一些自治城市当局因为可以有绕行的通路而抵触运河的开挖。但到了1631年，荷兰主要城市达成了某种形式的自由贸易协定，开挖运河才得以蓬勃发展。运河交通对泥炭矿业促进作用巨大，因为其庞大的数量只有通过便宜的船运才能降低成本。当泥炭的需求上升、利润丰厚时，运河业便急剧发展；而当价格下降时，经营运河的企业家便自然会放弃经营，从而给投资者带来巨大的损失。到1665年，荷兰运河的总长度达到近400英里，形成了世界上最发达的内运体系。

到1700年，荷兰人比其他国家的人民都富裕得多，其人均GDP几乎是其邻近的竞争者英国的两倍。此外，荷兰还拥有无与伦比的金融体系、运输体系和都市基础设施。荷兰拥有欧洲最优美的城市，而在其最近两个世纪的高速发展中，荷兰还在为生存而战，首先是反抗西班牙王国的独立战争，其次是与法、英的对抗。

本书第1章谈到，衡量古代繁荣水平的一个最好的指标是计算其城市人口的比例，即人口城市化程度，该比例越高，则社会繁荣水平越高。到17世纪中叶，荷兰沿海的狭长地带［被称为兰斯台德（Randstad）地区，包括阿姆斯特丹、哈勒姆、莱顿、海牙、代夫特、鹿特丹、高达、乌得勒支等城市］构成最典型的城市带景观，容纳了全国1/3的人口，就像今天美国东北部的城市走廊。1700年，34%的荷兰人住在城市，大多数城市人口都远远超过万人，这远高于同一时期英国的13%，法国的9%，意大利的15%。

7.5 利率很低的政府债务

在任何社会中，最重要的商品价格是货币价格，因为货币是商品交换的最一般等价物。如果货币价格高昂，即借贷的利率高，那么消费者就不愿意花钱，商人也不愿意贷款来扩张其现有企业，或者创办新企业，这就会使社会陷入困顿。如果货币价格低廉，即借贷的利率低，那么消费者和商人都愿意借钱，从而有助于发展经济。

那么是什么决定了利率呢？有很多因素。首先而且也是最重要的，是贷款人的信用状况。银行愿意以低得多的利息借钱给有良好担保的信用可靠的人，而不愿意借给那些没有切实资产的值得怀疑的人。700 年前，最大的债款人是那些迫于军事需要而借钱的政府。一个负债少、有可靠的税收和土地保障的政府能够以很低的利息借到钱。

如果债款人的债务巨大，那么他继续贷款的利率就会很高。因为担心借款人还不起巨额债务，债主必须提高利率来补偿自己的风险。债务巨大的政府容易陷入财政的恶性循环，为了偿还巨额债务，它只能以高利率贷款，导致利率越涨越高，最终有可能不履行还款义务。

荷兰的独立战争断断续续打了将近 80 年，高昂的军费使得各省的金库空虚。荷兰发现自己总是在借钱。虽然荷兰是个小国，但独立的国家依然需要军事部署来防御强邻。然而这并没使荷兰陷入债务危机，因为它有两大财政优势：首先，政府能对日常消费品征税，而这一税种得到了具有爱国精神的国民支持；其次，政府有一个叫教会财产管理委员会的机构，他们掌管着没收来的天主教会的土地，然后进行拍卖，通常拍卖的价格会很高。因为有上面两项稳定的收入来源，政府有能力向公众以及外国投资者借钱。从一开始，荷兰政府债务的利率就是欧洲最低的。

7.6 荷兰繁荣的兴起与“衰落”

现在我们可以较为清晰地描述荷兰在 16 世纪后开始的令人惊奇的

繁荣了：

- 荷兰人一向致力于发展稳固的个人财产权，这一点只有英国人堪与媲美。
- 荷兰人通过宗教改革，从天主教陈腐的教义中摆脱出来，而荷兰人对宗教的接受能力又使之免遭无休止的教派分裂，从而避免了早期新教内部争端造成的创伤。而德国在这一点上受害最为严重。
- 通过低利率和强力保护投资者为资本市场注入了活力，从而可以获得大量资金。
- 地势平坦，拥有便利而廉价的水运交通。

正如上文所述，在整个16~18世纪，荷兰的实际人均GDP以年均0.52%的速度增长，仅为现代西方国家增长率的1/4。这一长时间停滞后出现的进步，依然远远达不到现代西方人均GDP 2%的增长水平。

进一步说，这种增长很大程度上是依靠垦荒和提高商品价格实现的。一旦垦荒停止，价格稳定下来，增长也就随之停止。荷兰经济增长平缓的一面，是因为缺乏科技驱动，而这一驱动发生在随后的两个世纪，其标志是以蒸汽机为动力的工厂、便利的陆上交通以及电子通信技术。没有这些条件，荷兰经济就不可能实现现代意义上的快速增长。

在长达80年的反抗西班牙的独立斗争中，荷兰经济一直在平缓地增长。而在1648年赢得独立后不久，反而出现了停滞。到了18世纪，荷兰人痛彻地意识到昔日的好日子已经远离了他们。他们无比怀念昔日的黄金时代。实际上，荷兰的繁荣造就了一小撮富裕的上层统治者，他们变得野心勃勃，而广大城市平民在独立后的很长时间并没有得到相应的发展。到1750年，虽然荷兰人仍旧过着相对富裕的日子，但他们在世界经济与军事舞台上已经不再扮演举足轻重的角色了。

荷兰衰落的原因非常复杂，而且充满争议。首先，正如我们所知，虽然荷兰的人均产值很高，但其竞争国的人口要远远多过它，而且荷兰的人口增长率比其对手低得多。在1700年，荷兰的人口为190万，而法国为2150万，英国为860万。因为人口少，荷兰的GDP总量始终不超过英国的40%，法国的20%。

其次，讨论荷兰的国内与海外贸易需要认识“垄断”一词。荷兰令人妒忌地独占了东印度的香料贸易。到1623年，终于引发了一场臭名昭著的外交争端，它标志着一个新时代的开始。荷兰在安汶岛（即现在的印度尼西亚）的利益遭到英国殖民者的破坏，从而导致英荷之间长达数十年的对抗。对荷兰自身来说，垄断也阻碍了贸易的发展。举个例子说，荷兰政府只授权一家公司生产航海图，这一规定一直延续到1880年。

其三，荷兰的繁荣并不是依靠技术进步——这个现代西方世界富裕的发动机。荷兰当然建立了专利体系，但并没有起多大作用。这一期间的造船商确实开发出许多先进的造船技术，但大量的技术创新是零散的、不成规模的。在17世纪中叶的黄金时代，荷兰政府每年认可的专利发明有十多项，但1700年以后，政府每年授予的专利数量少之又少。荷兰的繁荣来自贸易，尤其是与波罗的海地区的贸易，靠转运谷物和风车提供动力伐木发财。而东印度公司的巨额贸易利润为荷兰提供了充足的现金流。

其四，荷兰的金融体系也为之带来了成功。荷兰政府能够很轻易地得到低息贷款，而到了18世纪，累积的债务终于压垮了它。此时荷兰政府开始通过特许权收税还款，不得不提高税率。而为了支撑其特许权税收，企业只能提高商品价格和工资，这使得荷兰的商品与服务失去了竞争力。

最后，荷兰的政治实体分类成七个半自治的省。在这个危机四伏的大陆，这种松散的政治联盟使得它只能居于国际关系的边缘。缺乏强有力的中央银行和有活力的国家专利发明体系，给经济活动造成了不利的一面。后来美国的建国元勋们便接受了这一教训。在美洲大陆会议上，联邦宪法的制定者认识到了分散的政府机构给18世纪的荷兰带来的惨痛教训。杰斐逊指出：“荷兰政府是个低能的政府，各省之间政令不统一，使得国家饱受外国的影响和欺压，国家和平得不到保障，人民生命财产常常受到战争威胁。”

18世纪的荷兰经济是“倾斜的”。活跃的、利润丰厚的贸易部门赚取的资本多到缺乏技术创新并在垄断的限制中举步维艰的国内经济无法消化的地步。结果是，投资的极度过剩迫使国内利率稳定下降，国内物价和工资不断上涨，导致荷兰的制造业失去了国际竞争力。

荷兰成了“戴假发的国家”。占人口比重越来越小的寡头阶层靠着投资收入聚敛财富，而很少从事生产活动，大量的剩余资本投往海外，特别是美国。美国独立战争期间，有 10% ~20% 的外债来自荷兰。一个在全球已经失去重要性的小国能够向其他国家输出如此大量的资本，这是很发人深省的。

18 世纪后期，荷兰对海外债务收入的依赖给它招来了麻烦。美国偿还它的债务还算有保障，因为有亚历山大·汉密尔顿（美国独立后的财政部长——译者注）的强力干预。而其他国家对它更为仇恨。荷兰和许多国家闹翻了，其中包括法国和西班牙。它的国际地位越来越无足轻重了。

7.7 妒忌的邻国

在 1815 年“维也纳会议”稳定欧洲局势之前，贸易远不是一条促使经济增长的道路。贸易对生产力的促进不仅没有发展工业迅速可靠，也容易受到贸易保护主义和军事禁运的威胁。

一个国家的海外贸易繁荣，容易遭受妒忌与敌视，甚至受到邻国的攻击。荷兰作为 17 世纪的富国，它的好日子就没维持多久。在世纪中叶，荷兰的势力达到鼎盛时，英国才刚刚从内战的动乱中冒出头来，便对荷兰的富裕抱有明显的妒忌。英国利用一切借口破坏荷兰的贸易。一位英国将军说：“找这样或那样的理由有什么关系？重要的是我们想得到荷兰人拥有的贸易。”

荷兰和英国之间贸易与军事争端的结果给荷兰带来了大灾难，四次英荷战争断断续续打了一个半世纪。冲突起于英国在 1651 年颁布《航海法》之后的 7 个月（这部法律禁止英国与其他国家从事间接贸易），到美国独立战争期间急剧恶化，双方在英国的多格海岸附近爆发了海战。

未与英国交战之前，荷兰还与英国结盟对抗法国，后者在路易十四的长期统治期间变得十分好战。1668 年，英国、荷兰和瑞典三方结盟反对路易十四，但到了1670年，反复无常的英王查理二世废除了结盟，使得荷兰独自面对法国的报复。两年后，英法两国共同进攻荷兰。

与荷兰的交战使得英国和查理二世大大地不得人心。在1672年的一次交战中，被称为奥伦治的威廉王子（Prince William of Orange）挖开了荷兰的海堤，海水淹没了荷兰的低地，同时也阻挡了法国军队的入侵。不久之后，这位王子一跃而成为荷兰的威廉三世，统治了荷兰。英国再次会盟诸国，威廉逐渐成为反法联盟的盟主。

在担任亲王的时候，威廉与玛丽结婚，后者是查理二世的弟弟约克公爵的女儿，1685年查理二世死后，约克公爵接任英国国王，被称为詹姆士二世。这样，威廉就不仅是荷兰的统治者、反法同盟的统帅，而且也是英国的驸马。

7.8 逝去的荣光

詹姆士是个狂热而离奇的天主教徒，而国内新教徒和国会议员们的反抗并没有使他的宗教信念惊醒。当他接任王位时，已经年过五旬，不久他就将王位传给了新教徒的女儿玛丽，但人们普遍相信，詹姆士的儿子会在1688年的6月再接任他的王位。但意想不到的是，一个幽灵般的传言在国内兴起，说一位信奉天主教的君主将会严重威胁英国的新教徒。

于是，英国的圣公会教徒和其他异教徒邀请威廉回英国与詹姆士“协商”。而威廉却借此机会采取一个大胆的行动：他将率部队进入英国，废黜詹姆士的王位，以便能统帅英国的军队加入他的反法战争。威廉的这一冒险取得了超出预期的成功。当他率15000名勇猛的士兵登陆英国的托培海岸后，詹姆士的行为反而越发离奇古怪，致使自己众叛亲离。这场闹纷纷的“光荣革命”的结果，是威廉与玛丽共同接替王位。它不仅使得英国成为反法同盟的中坚，而且也缔造了英国的君主立宪政体。

荷兰与英国的联姻只是让荷兰的繁荣稍微延缓了一段，此后这个国家又卷入一系列的洲际战争，主要是针对法国。1794年冬天，荷兰人的运气在河流封冻后走到了尽头，它的舰队被冻在海上，给了法国革命军以可乘之机，毫不费力地开进阿姆斯特丹。并且，人民党的“爱国”派别也不满意荷兰的寡头政治，他们对法国革命军的抵抗并不积极。拿破仑军队的入侵结束了荷兰长达一个世纪的独立。不到 10 年，法国人对荷兰的苛捐杂税就毁灭了荷兰的经济，结束了荷兰作为贸易领袖的时代。

7.9 英 国

威廉继任英国王位，不仅成为荷兰走向衰落的里程碑，也标志着英国经济的崛起。随着詹姆士二世的被废，世界经济的中心迅速向西移到英国。在光荣革命后不到 100 年的时间里，亚当·斯密将在《国富论》(1776 年）里系统地分析英国经济增长的原因。人类历史上通向经济繁荣的道路第一次完全展示在人们面前。历史给了英国人一线光辉，而英国人敏锐地抓住了，并奇迹般付诸实际。

现代读者常常会不无惊异地发现，在 18 世纪之前，大多数欧洲的君主手头缺乏可供正常调配的公共财产，斯图亚特王朝——依次是詹姆士一世、查理一世、查理二世和詹姆士二世——也不例外。君主以个人的方式来解决用度，常常通过买卖土地、征收关税或垄断贸易来获利。在英国，君主有时也让议会通过征税案，但只有在特殊环境下（比如战时）才能达到目的。事实上，在英国内战前，议会主要是靠断断续续地给君主提供税收，才赢得有限的权力。

在都铎王朝后期，经常爆发的战争迫使君主采取一些极端的做法。1588 年，在打败西班牙无敌舰队之后，当时的伊丽莎白女王靠卖掉一些王产来筹款，而詹姆士一世更是靠拍卖王产来供养军队。

他的儿子查理一世越发想尽一切办法来筹款：垄断贸易、非法征税、特许经营、出卖世袭爵位、强行借款（而且常常是有借不还），甚至是公开掠夺。而议会则以牙还牙，对查理二世的政策设置障碍，最后发动一场内战，以查理二世的人头落地告终。

克伦威尔组织的议会同样不能恢复国内政治、经济局势的稳定，致使斯图亚特王朝得以复辟。没过多久，王朝的国库又空了，导致议会不得不从荷兰迎接威廉来掌政。走马灯似的权力转换缔造出英国历史上最有意思的契约——“革命协定”（Revolutionary Settlement）。议会答应给威廉一笔稳定的税收，以支持他对法国的战争，作为交易，威廉授予议会至高无上的权力。君主无权解散议会，那个臭名昭著的“星法院”（Star Chambers）——凌驾于普通法之上、对不同政见者实行残酷迫害的皇家法院——也得以废除。

君主也无权解除法官的审判权，只有议会方有权这样做，从此以后，王权才不能凌驾于法权之上，而每届议会都是通过民选产生，虽然在选举上仍然存在财产和性别的不公。这创造出一种新的政治体制：“君主提出要求，下议院批准（或不批准），上议院表决通过（或不通过）。”

至此，威廉与议会一次性地解决了长久以来困扰国家的主要政治与财政问题，它对英国金融市场的影响是显著的。皇家的收入预算增长了4倍，并且意想不到地发现自己能以与荷兰差不多一样低的利率贷款。资本的流入同时也为创业提供了类似的渠道。普通的英国人也不再担心王权的赖账或罚没，逐渐开始对资本市场产生了信心，就像他们之前的荷兰人一样。正如经济史学家阿什顿（T. S. Ashton）所说：“英国人不再像以前那样把钱财换成金银币，锁进保险柜，或者埋在花园里。”

7.10 农业与工业

让我们来看这张展示英国农业劳动力比例的统计图（图 7.1）。这张图能大致显示英国社会的繁荣程度。如果一个国家全部的劳动力都从事农业而又没有食品出口，则说明其国民只能维持最基本的生存。

我们可以看到，英国农业劳动力相对规模的降低是个贯穿于几个世纪的渐变过程。下降幅度最大的一段出现在 19 世纪中期，其幅度超过了工业革命开始后整整 100 年的总和。我们可以进行一个简单的推理：假设有一个国家，它从完全的农业经济过渡到有一半劳动力从事工业生产，为了避免粮食进口，那么它就得提高一倍的农业生产力。

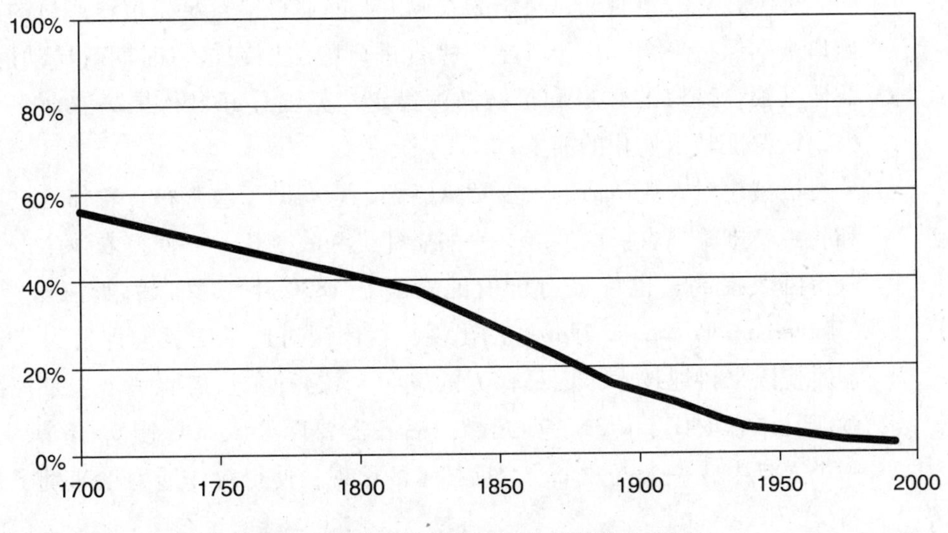

图7.1 英国从事农业生产的劳动力比例

资料来源：数据来自 Maddison, *The World Economy: A Millennial Perspective*, 95, and Maddison, *Monitoring the World Economy*, 1820-1992, 39.

但从现实角度说，这个过程只是部分出现，粮食进口和农业生产力的提高同时解决了农业劳动力短缺的问题。而且一个国家要想走向发达，农业革命与工业革命是同等重要的。提高农业生产力能降低农业对劳动力的需求，促使富余劳动力从事其他工作。

更为重要的是，不管是从事农业还是工业，工人们在满足基本的食宿之后，还必须有钱来购买不断出现的工业品，美国的经济历史生动地说明了这点。19世纪和20世纪200年的时间里，美国的人均GDP大约增长了30倍，这是一个了不起的成就，反映了前所未有的创业效率和技术创新，也得益于国内农业劳动力的规模不断下降，从开始的70%降到2%——其中一部分产出用以养活本国人口，更多的则用来向全世界出口。而同一时期，美国的农业生产力提高了35倍，居工业与技术发展的前列。20世纪的后半叶，美国的工业生产率年均增长为2.6%，而农业产生的年均增长为2.1%①。

① 数据来自美国劳工部（U.S. Department of Labor）经济事务局（Bureau of Economic Affairs）。在此，生产率被定义为每工作1小时的产品。由于在19世纪前估计工作小时数几乎是不可能的，因此那时“生产率”与人均GDP的同义的。

美国独立战争时期，英国的农业生产能够自给自足，粮食产量的进出口基本保持平衡。由于其主要粮食进口国法国在这一时期政局动荡，致使其粮食进口的数量和价格极不稳定，英国只好自行提高农业生产力，以保证其工业化的需要。

机械化对农业革命的发展贡献巨大，它有助于改善粮食轮作的进度和收割安排等。农机的发展——如播种机和收割机——使得农业生产力获得巨大提高。也许最有价值的发明是1830年“罗森海姆三角犁”（Rotherham Triangular Plow）的出现，阿什顿对这一工具的评价为“铁器时代以来耕地技术方面最伟大的发明”。这种犁只需要一个人来控制两匹马。它取代了传统的四角犁，后者需要两个人来控制6~8头牛，一个人赶牛，一个人扶犁。这项技术的出现，使得耕作能力迅速翻了一番。

英国成为第一个将科学方法系统而主动运用到农业上的国家。1838年国王仿照当年的培根皇家协会，成立了皇家农业协会。5年后，一些科学家建立了罗萨姆斯特农业试验站（Rothamstead Agriculture Research Station），首次开始用实验的方法研究作物生长。

这些组织的建立标志着科技在农业中的运用，并且立刻取得了效果，尤其是在改进氮肥的供应上。密集的农业耕作会很快消耗掉土壤中的硝酸盐，这种硝酸盐只能缓慢地通过细菌的固化作用将空气中的氮元素还原而成，再回到土壤中。罗萨姆斯特试验站很快发现苜蓿和一些豆类植物能够吸收固氮细菌，他们教会农民仅仅通过在作物中间种苜蓿，就能成倍地提高农作物产量。

从动物肥料中补充氮也取得了奇特的效果。传统的肥料来源（如畜类）价格比较昂贵，不久之后便发现了一些替代品，先是来自新世界（New World）各岛屿的海鸟粪，后来又发明了合成氮。

7.11 乡村的私有化

不仅是技术进步推动了英国农业生产的大发展，制度改进也起了至关重要的作用。首要的一条是圈地运动，这从中世纪就开始了，而在

1650 年以后达到高潮。此前，英国（也包括中世纪欧洲其他国家）实行的是一种“公地制度”，作为封建时代的遗迹，原野上阡陌纵横的土地是当地农民和贵族共同拥有的。

正如哈丁在其名著《公地的悲剧》（*The Tragedy of the Commons*）中所描绘的那样，农业由于缺乏清晰的产权，导致经济发展的低效率，因为农民们不愿意主动去耕作、施肥，以及运用其他技术改进公地。（在描述现代产权关系时，哈佛大学校长、前美国财政部长劳伦斯·萨默斯用一句格言总结为：“综观人类历史，没有人愿意去擦一辆租来的车。”）

在兰尼米德大宪章确立之后，贵族与村民们逐渐开始将公地围上栅栏，或曰“圈地”（enclosed），变为自己私有。到 1700 年，约有一半的公地私有化了。圈地运动要求每个教区里必须有 4/5 以上的公地所有者签署圈地声明，此声明必须送交议会。在 17 世纪和 18 世纪，下议院为这类私有化行为举行过数千次的投票。

1801 年，议会通过了《圈地法案》，简化了圈地程序，从而大大加速了圈地运动。到 1830 年，英国实际上已经没有公地了。在美国独立战争和拿破仑战争期间，英国的圈地运动更是声势浩大。粮食价格的急剧上升，使得已经私有化的耕地价格也飞速上涨。到 19 世纪中期，所谓的公地已经成为一个历史概念了。

许多文学和历史作品都曾描述过这场圈地运动。虽然有少数农民被从自己的土地上不公正地赶走了，但大多数历史学家认为，圈地运动总体上还是体现了英国人重视财产权和程序公平的原则，这一过程从总体而言是公平和正当的。《圈地法案》将小块土地授权给居住在公地上的家庭，使得小土地所有者的数量显著增加。那些小土地所有者第一次能自行决定是把它卖掉还是自己耕种。

这并不是说圈地运动是完美无缺的。但随着圈地运动而出现的乡村与城市的骚乱并非是因为对农民有意识的剥削。相反，矛盾源于经济发展的需要：土地私有化后生产出来的粮食远比公地时代要多，单位土地上所需的农民减少了，这使得大量农业劳动力失业。

圈地带来的劳动力过剩在拿破仑战争期间得以解决，因为战争造成的谷物和玉米价格的提高吸引农民去开垦小块荒地，并且提高了对农业雇用劳动的需求。但是1815年维也纳会议结束后，这个问题又重新出现：粮食价格又迅速回落，并且长时间保持低水平，直到20世纪的第一次世界大战的降临。通过开垦荒地吸纳劳动力也停止了，大量的富余劳动力潮水般涌进城市和工厂。

现代科技在农业中的运用，以及产权变革造就出新型的小土地所有者，共同缔造出一个新的生产阶级——“不断进步的农民”。他们能通过农业技术的创新使得农业生产加速发展。

7.12 劳动分工

从某种意义上说，不存在所谓的工业革命或农业革命，只有生产力革命和专业化革命。随着财产权的缓慢变革，科学理性主义、资本市场以及现代交通与通信技术给了农民、投资者和企业家创新的动力，使得工商业者的生产能力获得了空前的提高。在这个过程中，他们使得全体英国人的生活水平提高到一个新的高度。

比起其他变化，社会的专业化程度是区分现代社会与中世纪社会的一个最重要的维度。中世纪对人的职业有个基本的描述，便是在土地上劳作。在那个静态的社会，农民的任务是建造自己的房子，给庄园主修桥筑路，纺线织布，以及做自己穿的衣服，等等。在工业革命早期，大部分纺织工作并不是在工厂里，而是在农闲时由农民在自己家里完成。在前现代社会，小的社群，甚至每家每户都过着自给自足的生活。

而当今社会，一个社群或者一个家庭生产出哪怕是一小部分供自己用的产品和服务，这种情况也是难以想象的。每十年左右，美国劳工部都会更新它出版的《职务名称词典》（*Dictionary of Occupational Titles*），而最新版本列出和描述了12740种不同的工作。

现代社会某种意义上就像是一列自我驱动的火车，它的引擎由四个要素组成——财产权、科学理性主义、资本市场以及现代交通与通信技术，车轮就是由此形成的生产力。而将动力从引擎（即四个要素）传输到轮子（GDP）的，是劳动力的专业化程度。劳动力专业化程度低的经济形态，其经济推动力很小，反之，专业化程度高的形态则推动力大。

工业革命到来时，英国的劳动力专业化程度已经有很大的发展。亚当·斯密用了一个非常著名的概念——“劳动分工”。他举一个制造扣针的工人的例子，对劳动分工原则作出了经典的解释：

> 一个工人，如果对于这一职业（分工产生了各自不同的职业）没有受过相当的训练，又不熟悉操作制造扣针的机械（劳动分工同样推动了这些机械的发明），那么即使他竭力工作，也许一天也制造不出一枚扣针，当然更不可能生产 20 枚。但按照现在经营的方法，不但这种作业全部已经成为专门职业，而且这种职业分成若干部门，其中有大多数也同样成为专门职业。一个人抽铁线，一个人拉直，一个人切截，一个人削尖线的一端，一个人磨另一端，以便装上圆头。要做圆头，就需要有两三种不同的操作。装圆头，涂白色，乃至包装，都是专门的职业。这样，扣针的制造分为 18 种操作。有些工厂，这 18 种操作，分由 18 个专业工人担任。固然，有时一人也兼任两三门（亚当·斯密《国富论》，此处采用郭大力、王亚南的译本，个别字句有改动——译者注）。

斯密描述了这样一个制造扣针的小工厂，也分了 18 个不同工种，雇用了 10 名工人来担当。这家工厂每天能制造 48000 枚扣针，是 10 名不熟练的工人各自生产的总量的 240 倍。

劳动分工成为将技术改进变成社会福利的推进器。劳动分工将工作任务分解简化，从而大大扩展了劳动力来源。每名工人都被安排在他最适于担任的岗位上，从事同样的工作，变得更加有经验，更加有效率。

制造业的分工也刺激了技术创新，因为为某个具体工种而设计的机械也更容易发明和改进。机械的逐渐改进不断地降低操作的技能要求，从而更加扩大了劳动力来源，也降低了工人的工资。

有一个事例可以生动地说明这一原则：2001 年，西南航空公司（Southwest Airlines）共运送了 445 亿公里人次，雇用员工 31600 名，假设平均每名员工该年工作 2000 个小时，那么每名员工每小时的工作量是 704 公里人次，而你自己驾车出行，每小时不到它的 1/10，如果你靠两条腿走的话，那还不到它的 1/200。

西南航空最重要的劳动力是飞行员，航线的主要机型是波音 737，但它的员工工种有数百种，使用了无数让人眼晕的机械和电子设备，构成十分复杂的劳动分工。这样，你或者你的伙伴才可以花上几百美元从洛杉矶飞到巴尔的摩。

人类天生有一种发明能力。自有人类历史，那些有知识和创造力的人就开始散布在地球的每个角落。只有在存在劳动分工的地方，他们才能凭借自己的创造力为人类带来越来越多的财富。

7.13 穿在身上的财富

英国经济转型的摇篮是散布在曼彻斯特周围的纺织工厂。经济史学家埃里克·霍布斯鲍姆（Eric Hobsbawm）说："谈论工业革命其实就是在谈论棉花。"很久以来，英国的农民一直是用亚麻纺线织布，欧洲到处都种植着亚麻。很多农民只是为满足自己的需要种植一小块，当然，也有人是为了交换或者拿去卖。另一个布匹的主要来源是羊毛，几个世纪以来，羊一直是英国的主要贸易资源。

英国本国能生产一小部分棉花，但是质量很差。每年还进口少量昂贵的丝绸供皇家和富裕的商人享用，此外也进口一些优质棉花和棉布，主要来自印度。织出来的布匹价格非常高，不仅因为原料缺乏，生产成本高，而且还因为要征收高昂的进口关税。自从取道好望角（控制在葡萄牙人手里）的海外贸易开通后，荷兰与英国的原料供应（通过东印度公司）有所增长，但并不足以显著降低价格。

亚麻、羊毛和棉质商品的生产还处于"家庭手工业"。儿童负责将原料清洗干净，妇女纺纱，男人织布。虽然有些熟练的工匠能够织出优质的织物，但生产仍局限在小范围中。在生产中很少有专业化分工，所以纺织业依然是成本高、产量低。从下图中我们能清楚地看到从原棉到布匹的生产过程：

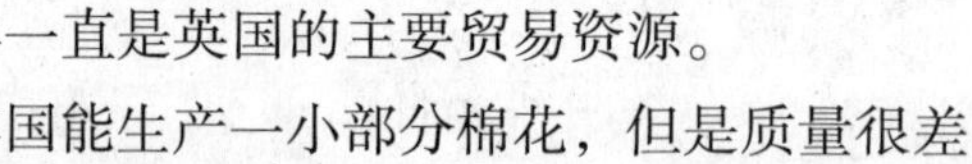

原棉 —轧棉→ 精棉 —纺纱→ 纱线 —织布→ 布匹

在这个工作流程中，关键的问题是要想提高布匹生产量，需要其他工序都有相应的改进。轧棉过程是去掉原棉中的棉子和其他杂质，纺纱是将精棉纺成纱线，最后是要将纱线织成布匹。仅仅提高某一道工序，其结果只是将其他两道工序变成瓶颈。

而现代纺织业恰好首先就是在这一领域得到改进。1733 年，钟表匠约翰·凯伊（John Kay）发明了高效的织布机械飞梭（the flying shuttle）。虽然这种机械比老式的框架式织布机有了巨大的改进，但它加剧了纺纱女工的短缺。在收获季节，织布工厂只好停工，因为农村妇女都得下地去帮助收割。1748 年，刘易斯·保罗（Lewis Paul）设计出梳理原棉的两种机械，而以前这道工序是用钉上钉子的木板费力地拖拉。遗憾的是，保罗的发明只是加大了对本来已经稀缺的纺纱工的需求。

纺纱成了最难解决的问题，因为这一时代的机械无法模仿妇女们用拇指和食指捻纱的复杂工作。根据古老的锭子改造的纺纱轮在中世纪后期就普遍使用，但它只是用来将纺好的线卷在线轴上。纺纱的前半道工序还得靠妇女精巧的手工。

在 18 世纪晚期，一系列的发明终于将这一工序机械化了。刘易斯·保罗偶然想到用一套铁的滚筒来模仿纺纱工的手指，但他的机械工作起来不便。1769 年，理查德·阿克莱特（Richard Arkwright）在他的“水力织布机”（water frame）上加了第二套滚筒，制造出第一架实用的机械纺纱机。詹姆士·哈格里夫斯（James Hargreaves）看到纺纱轮在滚落后依然会转动，从这一现象中得到启发，利用这一原理来制造卷纱机。1779 年，萨缪尔·克隆普顿（Samuel Crompton）将哈格里夫斯的滚筒轮和阿克莱特的卷轮结合在一起，制造出能自行运转的“走锭精纺机”（self-actuating mule）。

克隆普顿把这过于复杂的机械安装在马车上，使之工作的时候可以前后移动。它的一大改进之处在于虽然机器设计复杂，但操作者却不需要太高的技术，好比用缝纫机可以比最熟练的缝纫女工用针线轧出更快、更直、更牢固的布边来；而一位上了年纪的笨拙的作者也可以借助电脑，比 100 年前哪怕是最好的印刷工排出更漂亮的文档。操作的简便常常来自复杂的设计。

而克隆普顿的“走锭精纺机”很早就展示了这一设计原则。工人们不需要经过多少培训，就能生产出十分平整的纱线，而此前熟练工也无法办到。没过多久，一些工厂主把这种纺纱机与瓦特—博尔顿式蒸汽机结合起来，使得机械操作更加完善。

起初，制造商并没有很快将织布这一工序机械化，因为数量巨大的纺纱机械让织布工的日子过得很舒服。直到1813年，英国25万台织布机里只有1%使用了蒸汽动力。然而随着19世纪的逝去，那些拒绝机械化和产业化的织布工开始尝到苦果。

轧棉是将棉花中的棉子或杂质分拣出来的过程，这道工序既繁重又费人工。1793年，埃里·惠特尼（Eli Whitney）发明了轧棉机，从而消除了这一障碍。1790~1810年，美国的轧棉产量从每年的150万磅提高到850万磅。从某种意义上说，惠特尼的发明是一个重绘世界经济地图的科技进步。但不幸的是，它也是重新绘制美洲政治地图的重要因素。伴随棉纺业的兴起，贩运奴隶成了一项赚钱“买卖”。1790~1850年期间，美国的奴隶从70万猛增到320万。

棉花开始充斥世界市场。亚麻与羊毛这两大英国的传统原料近乎消失了。英国的劳苦大众第一次能穿上物美价廉的棉布。1786~1800年，棉布的价格从每磅38先令降到不到10先令。纺织品是一种价格弹性极高的商品，价格稍有下降，就会刺激出巨大的需求。就像个人电脑价格的下降带来巨大的销售一样，19世纪早期，纺织品的消费也迅猛增长。棉纺业是人类历史上第一个真正的“增长型产业”。同样是在1786~1800年，英国的棉花进口增长了10倍，到1840年，增长了50倍。围绕曼彻斯特的海港城市利物浦形成了一个巨大的三角贸易：美洲的原棉进口到英国，生产出的棉布运到非洲，而大量的非洲黑奴又被掠夺到美洲去种棉。伴随丑恶的黑奴制的，是物美价廉的棉布给人类带来的福祉，这一点直到现在我们才慢慢开始认识到。例如，也许正是因为有廉价的棉内衣可穿，才导致许多传染病在19世纪50年代后迅速减弱。这一时期主要的致命传染病——霍乱和伤寒——都是肠胃方面，通过口腔和消化道传染，这与病人的社会地位没多大关系。如维多利亚女王挚爱的丈夫阿尔伯特就于1861年死于伤寒。而棉织品的普及极大地消除和阻止了因长年只穿单层衣服而造成的传染病，切断了这方面的传染，从而挽救了数百万的生命。

7.14 新铁器时代

工业进步的另外一个主要领域是钢铁。在前现代时期，炼铁要用木炭来熔炼，到18世纪晚期，英格兰的铸造厂几乎把周围的森林都砍光了。很快，苏格兰的树木也被米德兰的铁厂伐光，以至于英国工程师发现从瑞典进口铁要比本国生产来得便宜。而铸造厂的老板发现从斯堪的纳维亚地区进口木材也更便宜，因为前现代时期的水运比陆上运输的价格低得多——从波罗的海用船运到英国的费用仅相当于内地用马车运输20英里的费用。

英国有着丰富的焦炭资源，但要用焦炭代替木炭，需要大功率的鼓风机。1775年，瓦特和博尔顿采用他们发明的蒸汽机为铁厂主约翰·维尔金森（John Wilkinson）的鼓风机提供动力。10年后，亨利·科特（Henry Cort）提出了“搅炼法”（puddling method），从而能大规模连续地生产出高质量的精铁。维尔金森又发明了汽锤（steam hammer），它能每分钟敲打150次，从而完善了科特工作法的后续步骤。

科特的革新使英国摆脱了对本已十分匮乏的木材不断增加的依赖，也使得木材资源丰富的瑞典失去了优势地位。此前，从斯堪的纳维亚进口钢铁在英国产业界十分通行，以至于铁厂老板花了不少时间才让国内外的制造商摆脱了这一观念。和棉纺业一样，英国的钢铁制造业飞速发展。1770~1805年，炼铁成本急剧下落，而产量翻了10倍。大批钢铁源源不断地运往铁路、桥梁以及房屋建筑的工地。

实际上，棉纺和钢铁业的发展并不止于克隆普顿的“走锭精纺机”与科特的“搅炼生产法”。在此后的数十年，技术创新源源不断地涌现。铸铁厂的规模越来越大，每吨铁的耗煤量越来越小，而炼出来的钢铁质量越来越高。历史学家菲力斯·迪恩（Phyllis Dean）用优美的语言总结了这一完美的创新过程：“机器和造机器的机器显示出无限的创造力，这是个不间断的过程，自我成长的技术变革成为经济持续增长的终极动力，对此我们已笃信不疑。”

而浪漫的约翰逊博士（Dr. Johnson）则有不同的见解：“创新是时

代发疯了。突然之间，世界开出了一条新路，把人们驱赶到这条新路上。”说好也好，说坏也罢，世界确实在不断变化，充满混乱，但也出现了不断的繁荣。这是一条不归路，我们再也回不去了。

7.15 “勤劳革命”

劳动的专业化和生产力的提高如果不是伴随着消费的专业化，那它就一无所成。对自给自足的农民来说，那些新工厂生产出来的产品没有市场，他们自己种粮食自己吃，建造自己用的房子和马车，他们的妻子在家里纺纱织布，自己做衣裳。随着 19 世纪的逝去，消费者转变了，他们不再自己纺纱织布，但又缺乏信心和能力投身那个货币社会，从事有创造力的工作，赚钱来购买生活用品。弗里斯（Jan de Vries）把这种转变称为“勤劳革命”（Industrious Revolution）。

显然，不是政府，更不是专制的君主颁布法令，让生产者和消费者进行专业化，来提高生产力，促成农业和工业的腾飞。相反，倒是那些本身就是地主或商人的法官和议员们，会通过案件的审判和法规的颁布来鼓励工商业。而那些先前拘囿于亚里士多德思维方式的科学家，开始运用培根式的思维方法来认识世界，解决问题。最后，新的金融市场赢得了投资者的信任，资本源源不断地流入新兴企业，这是个让绝大多数英国人欢呼的事件。

7.16 工业革命：变得更坏吗

工业革命给英国带来了荣耀，也带来了代价：童工的大量出现、恶劣的工作条件、低工资收入，以及异化（alienation），以至于人们诅咒那些“地狱般的工厂”。那么从 1760 年到 1830 年，英国人的生活水平究竟发生了怎样的变化呢？许多年来，历史学家、经济学家和思想家们一直在争论不休，他们提供的答案显示了本身的政治立场。左翼人士往往能成功地揭示其负面状况。一位不愿意透露姓名的吹毛求疵者就曾说过，工业革命时期英国人的生活是肮脏的、短缺的。

弗里德里希·恩格斯称得上是机器大工业的受益者。从19世纪40年代起，这位普鲁士棉纺厂主的儿子燃烧起了革命热情，立志要扫荡欧洲的黑暗，并且加入了另一位不断逃亡的革命者卡尔·马克思的行列。1848年欧洲革命之后，他们离开了英国，恩格斯开始经营他父亲的一家工厂。他用继承的财富和管理技能来资助他和马克思此后数十年的革命活动。

恩格斯令人震撼地描述了19世纪英国社会底层人的生活。在《英国工人阶级状况》（*Condition of the Working Class in England*）一书中，年轻的恩格斯——其时他只有24岁——首先用田园诗般的笔墨描写了前工业时代英国的乡村生活：

> 工人们就这样过着庸碌而舒适的生活，诚实而安静地、和和气气而又受人尊敬地生活着，他们的物质生活状态比他们的后代要好得多；他们无须过度劳动，愿意做多少工作就做多少工作，但是仍然能够挣得所需要的东西；他们有时到园子里和田地里做些有益于健康的工作，这种工作本身对他们来说是一种休息，此外，他们还有机会参加邻居的娱乐和游戏；而滚木球和打球对保持健康和增强体质都是有好处的。他们大部分是些强壮、结实的人，在体格上和邻近的农民很少甚至完全没有区别。他们的孩子也生长在农村新鲜的空气中（此处的翻译见《马克思恩格斯全集》第二卷——译者注）。

而18世纪后期，恩格斯笔下的世外桃源被扫荡了，取而代之的是荒芜和绝望，以及像奥吉亚斯牛棚一般肮脏的工业贫民窟。我们可以从《英国工人阶级状况》引用的简短而枯燥的政府报告中，看到工业化带来的悲惨境况：

> 大家知道，在哈德兹费尔德，整条整条的街道和许多胡同及大杂院都是没有铺砌，也没有下水道或其他任何排水沟；这些地方堆积着污泥、垃圾和各种废弃物，这些废物在逐渐腐烂、发酵；几乎到处都有污水洼；因此，这里的住宅都是又脏又差，以致疾病丛生、威胁着全城的健康（此处的翻译见《马克思恩格斯全集》第

二卷——译者注）。

观察家乔伊斯·马洛（Joyce Marlow）进行了更有节制但仍不失激烈的评价。他写道："他们住的房子虽然算不上豪华，但也并非住在臭气熏天，见不到任何园林、树影，闻不到新鲜空气的阴沟上。"

后来，左翼的历史学家埃里克·霍布斯鲍姆更是抱着理想的观点进行了抨击。他试图揭示在 18 世纪早期，伦敦人的人均食品消费水平反而下降了，这些观点让他的论著小有瑕疵。他认为这一时期食品供应的下降与人口的急剧增长很不相称（不仅人口数量在增加，而且增长率也在上升）。霍布斯鲍姆认为，这是因为前工业社会的人更为豪爽，吃东西没什么节制，而且食物供应也不规则，因此反而会造成大范围、阶段性的饥荒。对于左翼思想家霍布斯鲍姆来说，后一种解释似乎更为可取。

毫无疑问，这一时期的产业资本在急剧扩张，这让英国人的人均财富有了很大提高，但对海外的土著民而言，这却是个大灾难。卡尔·马克思说：

> 美洲金银产地的发现，土著居民的被剿灭、被奴役和被埋葬于矿井，对东印度开始进行的征服掠夺，非洲变成商业性地猎获黑人的场所：这一切标志着资本主义时代的曙光（此处的翻译见《资本论》——译者注）。

站在现代西方人的角度，马克思、恩格斯和他们的英国信徒，如霍布斯鲍姆、西德尼·韦布（Sidney Webb）和比阿特里斯·韦布（Beatrice Webb）、萧伯纳（Bernard Shaw），以及那一代牛津、剑桥的毕业生，他们高扬意识形态的批判旗帜很难让人理解。恩格斯对英国财富扩张时期出现的社会堕落和贫穷的描述，有助于我们理解一些早期的社会主义者对社会变革所采取的激烈和缺乏现实性的态度。

这一时期城市的拥挤和肮脏是造成下层的工人阶级死亡率居高不下的原因。而机械化又导致产业劳动力的过剩。整个 19 世纪，从事家政服务的人数都稳步上升，即使是中产阶级，雇用男女仆工也很普遍。到第一次世界大战初期，"家政服务人员"占英国全部劳动力的 15%。能够找到这样一份工作被认为是很幸运的。很多人为了维持生计，不得不从事堕落的活动，甚至犯罪。工人们的生活条件是如此窘迫、凄惨，导致他们居住的贫民窟里产生出很多奇特的“职业”，描述这些职业的词汇至今还留在英语里：清沟工人（mudlark）、清扫工（scavenger）、街头流浪儿（guttersnipe）、做白日梦的人（woolgatherer）……

在意识形态的另一端，右翼人士则描绘出普通工人家庭欣欣向荣的生活场景。1948 年，阿什顿用工业革命时期的英国和远东非工业化国家进行对比，来回击那些唱反调的人：

> 直到今天，普通的印度人和中国人还在遭受瘟疫和饥馑之苦，从表面上看，他们的生活甚至不比他们所饲养和役使的牲畜好多少。许多亚洲人就是过着这样的生活，一切都得肩拉人扛。他们没有进行工业革命，但人口数量一直在增长。

阿什顿的立场表述得很老到，但却和后来的经济史学家瓦尔特·罗斯托（Walt Rostow）、菲利斯·迪恩，以及哈佛大学的传奇人物亚历山大·格申克龙（Alexander Gerschenkron）一样把原因和结果搞混了。第三世界人民的悲惨遭遇并非因为他们缺少工厂和机器，而是因为他们缺乏一整套机制——财产权、科学理性以及资本市场，与此同时，由于现代医学的甘霖已开始降临，他们的国家正经历着人口爆炸。

近年来，学者们对工业革命期间生活水准的意识形态之争已有所降温，转而关注一些更加客观的生活福利的生态学指标。关于生活理想的研究揭示了 1760～1820 年人均寿命的显著增长，而直到 1860 年，英国人的人均寿命还保持不变。另一项指标是婴儿死亡率。研究显示，18 世纪后期英国的婴儿死亡率得到下降，而在 19 世纪早期又有所上升。计量历史学中一项很受欢迎的指标是人均身高①。这方面的研究显示，18 世纪晚期英国的人均身高呈增长态势，而在 19 世纪初又有所下降。

恩格斯和霍布斯鲍姆有一点是对的：各种资料显示，在工业革命的稍后阶段，英国人的生活水平确实有所下降，至少是处于经济发展的底部。工业革命时代在很多方面确实是非常野蛮甚至是最为野蛮的时期。在拿破仑帝政之后经济发展相对沉寂的一段时期，英国国内出现了全民

① 有关古人尸体的研究对调查古代世界的经济发展是非常有价值的。参见 Ian Morris, “Early Iron Age Greece,” preliminary draft，相关引用已得到作者许可。

性的严重斗争，濒临革命边缘，甚至比大多数学者估计的还要严重。所幸的是，这一时期一批杰出的政治家，比如罗伯特·皮尔（Robert Peel），一位伟大的幻想家、棉花大王的儿子，在处理国家大政和改革措施上表现出灵活务实的态度，避免了局势的动乱。

但这一时期与生活贫困相伴的，是英国出现的“马尔萨斯人口陷阱”①。伴随着早期工业贫民窟恶劣的生存条件，是这一时期英国人口的快速增长。准确地说，此前的两个世纪，英国人的生活水平一直很低，人口数量的增长总是造成生活标准的降低。1740～1820 年，英国的婴儿死亡率从 35.8‰下降到 21.1‰。

英国在 1650 年以后人口的迅速增长状况在某种意义上很是神秘。由于缺乏精确的统计，它被笼罩在阴云当中。大多数情况下，研究者会给这一时期的婴儿出生的洗礼和死者的葬礼记录打个折扣。控制人口的一个重要的外在手段是调节结婚年龄。在繁荣时期，人们会早结婚，多养孩子；而在匮乏时期，人们则倾向于晚结婚和少养孩子。此外，政治理念也会产生影响。左翼的人口统计学家把人口的迅速增长归结于廉价的童工劳动力；而右翼学者则指责当时救济穷人的史宾汉兰制度（Speenhamlan System）使人们缺乏必要的休息和娱乐，因为它鼓励贫困家庭多养孩子。对中世纪晚期人口增长最有说服力的解释是这一时期卫生知识和卫生设备的改善。人们愿意承认生活水平实际上在缓慢地提高。

但还有棘手的问题：这一时期人均产值在与人口同步增长。哈佛大学经济史学家西蒙·库兹涅茨（Simon Kuznets）运用他的“曲线假设”来解释这一矛盾：这一时期迅速的工业化带来并不充分的福利和收入的暂时增长，而富人们的财富是以其他社会阶层的贫穷为代价的。同样的事情也发生在科技繁荣的 20 世纪 90 年代。它仅仅是给成千上万的电脑专家创造了难以想象的财富，却带来收入的极端不平衡。

---

① 马尔萨斯人口陷阱（Malthusian Population Trap）：1798 年，马尔萨斯提出人口增长与经济发展关系的理论，认为人口以几何级数增长，每 30～40 年增加 1 倍，而同时因为生产要素土地规模固定，受收益递减法则的影响，粮食生产将以算数级数成长。当人口增加时每人所分配到的土地面积会减少，对粮食生产的边际贡献会递减。每人所得，以每人粮食生产量计算，倾向于降低到刚好够，或是稍微高出一个稳定的人口水准的维生水准。唯一的对策是限制生育数量。现代经济学家对马尔萨斯这种人口残酷地被迫过维生水准生活的理论称为低水准均衡人口陷阱（low-level equilibrium population trap），或简称人口陷阱。

由于通胀率和生活水平的不确定关系，我们其实很难搞清楚早期现代英国经济增长和人民生活改善的真实面貌。关于经济增长和人民生活水平的新一轮改善的发生点，也是大有争议的。早期研究工业革命的历史学家——如菲利斯·迪恩和威廉·科尔——认为经济的快速增长发生在 18 世纪晚期，而近来的大多数著作认为直到 20 世纪早期才发生。这些争论超出了本书的讨论范围，但是很明显，动荡的 18 世纪充满了各种力量的对抗与冲突，并在 1793 ~ 1815 年期间，随着新型的全球性战争的出现，达到大屠杀的顶峰。在此之后，甚至在英国也出现了恐怖的大饥荒。因此，1800 年之后经济增长的骤然停止，并不让人感到吃惊。让人不可思议的是，在七年战争、美国独立战争、法国大革命及其随后的战争期间，英国人口翻了一倍，反而防止了其生活水平的滑落。在此之后，欧洲随着维也纳会议的召开获得了稳定，而蒸汽动力和电信业等新技术也为现代经济增长注入了诸多活力。

不管怎样，本书的四要素模式有助于我们理解为什么持续的增长没有出现在 19 世纪之前，人类在进入 19 世纪后，蒸汽动力的交通工具和电子通信技术才开始具体运用。不管企业的生产力怎样，没有铁路和电信，它们就不能有效地将新产品销售和运输到最终的消费者手里。

7.17　非工业革命

人们通常把现代的繁荣与工业革命联系在一起。虽然早在 19 世纪 30 年代就有评论家首次使用这个术语，但这个术语的普及得益于阿诺德·汤因比（Arnold Toynbee）1884 年在曼彻斯特举办的一个系列演讲。传统认为工业革命指的是 1760 ~ 1830 年这段时间。将机械化日益系统地运用到生活与生产当中，并成为西方繁荣的源泉，这一观念对于 20 世纪早期和中期的历史学家及经济学家来说，是不言自明的。例如，菲利斯·迪恩曾经写道：

> 是工业革命带来了富足，如今这几乎是经济发展理论的核心观点。只有那些完成了工业化的国家，才能走上一条持续或者说是

"自我可持续"的经济增长之路；每一代国民才能充满自信地期盼比前人更高的生产和生活水平。20世纪中期，发达国家与欠发达国家的国民生活水平上的显著差异，其本质是因为前者经历了工业化，而后者没有。

到了20世纪60年代，政策制定者把工业化作为衡量全球繁荣的基本标准，并且将推动工业化的动力作为第三世界的希望，甚至是唯一的希望。麻省理工学院（MIT）的经济学家沃尔特·罗斯托（Walt Rostow）将"经济腾飞"这一概念推广开来：一个国家发展经济的根本点，在于"最终消除阻止实现平稳增长的障碍"，其道路在于工业化。他列举了英国在1800年之后、美国在1860年之后、日本在1900年之后，以及并非精确意义上的澳大利亚在1950年之后的工业腾飞。

罗斯托认为，要想实现经济腾飞，首要的一条是有一批政治精英，他们必须"将经济现代化视为严肃的、高度秩序化的政治事务"——经济改革必须自上而下有计划地实施。在罗斯托的规划中，找不到类似"私人产权"、"公民权"的概念，虽然公平地说，他确实承认科学理性和宗教宽容的重要性。读罗斯托的书，你会感到作者的眼睛总盯着一些小国家，它们似乎具备了他所说的发展条件，随时准备冲向经济腾飞的广阔蓝天（历届美国总统可能会对罗斯托的名字记忆深刻，他曾经是林登·约翰逊总统最强硬的顾问，并且深信美国能最终打赢越南战争，因为他给出了鼓舞人心的数字和图表分析）。

甚至亚历山大·格申克龙——近50年来最杰出的经济史学家——也曾经说过，工业化是经济发展的首要条件和最后阶段，而一个国家如果没有大范围的产业区，也难以实现繁荣和发展。

现代社会繁荣的原因应该回溯到近代文明的开端，而持续的经济增长开始于英国工业革命很久以前的荷兰。现代社会另一些例子也与集中工业化的假说不一致。澳大利亚在18世纪后期开始的繁荣尤其能说明问题。在迪恩—罗斯托—格申克龙的体系里，澳大利亚是"向后倒退"的农业国家，因为它只有小块的工业。那么它又如何能在其他农业国大多处于贫困之时，成为全世界生活水平最高的国家之一呢？

"罗斯托式"的经济腾飞理论的另一个关键前提是国家必须保持年

平均10%以上的投资增长。这位MIT的教授又把原因和结果搞混了。除了在极权社会，选择将收入进行投资的比例是个人而非政府的事情，投资者进行投资是因为企业有把握获得较高回报。经济研究显示，现代经济的活力在于它有一个较高的储蓄比例，因为储蓄能提供多种多样的收益回报。而无论如何，英国工业革命期间的储蓄率都大大低于罗斯托所说的10%的最低线。

为什么这些大牌学者会犯这种错误？首先，他们和大量20世纪80年代的学者一样，低估了制度要素的重要性，尤其低估了财产权和法律规范的重要性。其次，他们没能得到准确的历史数据。只是在近几十年来，经济学家才重新勾画出过去数百年以至上千年经济增长的真实面貌。最近获得的资料显示，美国直到19世纪晚期还是个农业国，但是它的人均GDP已经赶上了英国。而正如我们在上文所看到的，在罗斯托看来只是在半个世纪后才开始经济起飞的澳大利亚，此时已是世界上人均GDP最高的国家之一了。

我们也可以像罗斯托那样，根据国民是否拥有汽车、电话、劳力士手表、路易十五坐椅等来看一个国家是否富裕，但正如工业化一样，这些高档消费品是繁荣社会的表征，而不是其根本原因。如今一个普通人也能认识到，工业化本质上不是经济发展的基础。前苏联的解体（它已经实现了强大的工业化）和许多依靠国外支持发展基础产业的第三世界国家，它们的失败证明了实现国家富强并非只是建一些工厂和大坝那么简单。在20世纪后期那些发达的后工业化国家，他们的信息经济和服务经济正在突飞猛进地增长，而传统的制造业却在收缩，或转移到低工资国家。这同样打破了工业化是国家富裕之核心基础这一谎言。

而关于经济发展的所谓“进口替代理论”同样是贻笑大方的。这种理论认为发展中国家必须通过关税和贸易壁垒来保护自己刚刚萌芽的工业。近来的研究显示，这样一些政策最终会使自己的工业丧失长远竞争力，从而降低总体增长的能力。

无论从GDP总量还是人均GDP来看，英国是第一个保持持续、高速经济增长的国家，这是因为它首先获得了实现发展的四个不可超越的制度因素。然而经历了经济的繁荣之后，英国的经济开始变得不堪重负。从18世纪后期开始，它的各种法规条文日益膨胀，保留着浓重的中世纪色彩。例如伊丽莎白女王时代颁布的《学徒法》（*Statute of Apprentices*）一直到1814年才予以废除。亚当·斯密写道：

> 举例而言，今天我们认为马车制造商自己既造不了马车的轮子，也不会雇用工人来制造，而是从熟练的车轮工匠那里购买……同样，一位车轮工匠既不会去给马车制造商当学徒，自己不会去造马车，而且也不会让手下工人造。但这种生意在当时是不合法令的，因为英国在当时还没有具体产生这样的生意。

羊毛贸易也有这样死板的规定。棉花工业的爆炸性增长，一个主要的原因是它作为一种新商品，尚没有被规范化。在诸如伯明翰、曼彻斯特这样的“新城”里，贸易和雇工方面可以不受那些条文法规的限制，而且也没有死抱规条的法官，因此商人们可以在这里大显身手。

英国在根除垄断贸易方面一直举步维艰。东印度公司直到1813年才停止了与印度的贸易，而停止与中国的贸易还要晚几十年。东印度公司的贸易垄断严重影响了其他英国公司与远东进行贸易往来的热情，对英国的贸易业实际上是弊大于利。而1720年“南海事件”后通过的《1720年欺诈防止法案》（*Bubble Act*）也打击了商业投机的积极性，要求议会通过建立联合股份公司方面法规的改革活动也是步履蹒跚。议会直到1825年才废除了《1720年欺诈防止法案》，直到1856年，建立联合股份公司才开始走上正轨。

《1720年欺诈防止法案》规定禁止使用多种“投机工具”。这些投机工具被视为1720年市场大崩溃的罪魁祸首，其中包括短期交易和期货。如今可以看出，这些措施增强了市场稳定性，降低了投资成本，但同时也使得英国的金融市场在以后的一个多世纪一直不稳定。

像其他欧洲国家一样，英国历来也有重商主义传统。直到滑铁卢战争过后很久，英国才逐渐清除了贸易保护壁垒。它在1849年才废除了《航海法》（*Navigation Acts*）。而如果政府过度保护国内的工农业，那么蒸汽轮船在商业上的运用其实就无足轻重。直到英国彻底清除了其贸易保护性的法规，经济繁荣的最后一个基础——便利的交通运输——才开始发挥作用。

7.18　天　堂

美洲的殖民者不仅继承了英国制度创新带来的优势，而且摒弃了其不好的一面。美国资本市场的建立非常顺利，在联邦建立之后不久，美国就创造了世界上最先进的专利体系。起先他们缺乏资本和劳动力，但不久两者就从内部和外部源源流入。到 1855 年，美国的居民人数就超过了英国，1870 年的时候，其经济总量就超过了英国。

图 7.2 揭示了美国在联邦成立后人均 GDP 的增长态势。对比英国在 19 世纪早期断断续续的增长，美国自一成立，其生产力就以年均 2% 的速度增长，大大超过了大西洋对岸的国家[1]。早期美国经济增长体现出一种多样性。据麦迪逊估计，1820 年，美国的人均 GDP 只有英国的

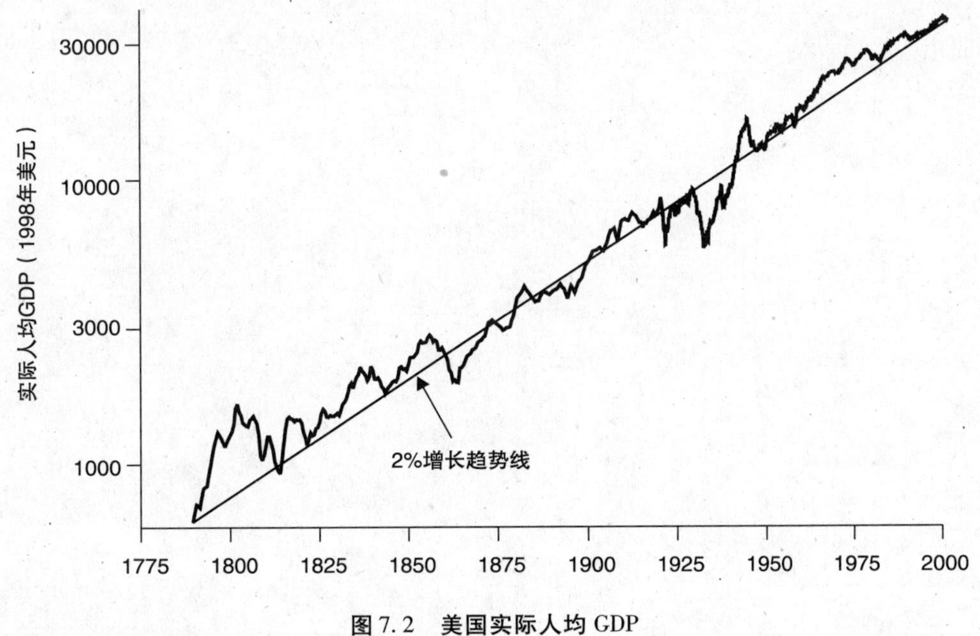

图 7.2　美国实际人均 GDP

资料来源：美国商务部。

① 图 7.2 中人均 GDP 集中在 2% 趋势线附近有些奇怪。回想一下第 1 章，世界主要发达国家 20 世纪的人均 GDP 增长也非常紧密地集中在 2% 左右。

73%，直到20世纪初，其生产力才超过了英国。但由于移民的剧增和生育率高，其经济总量在此之前就超过了英国。

广阔的国土和丰富的资源自然造福于这个新兴国家，但辽阔的内陆和分布众多的河流也有对经济繁荣不利的一面，尤其是与英国、荷兰相比。从一开始，从英国移居过来的人就带来了非常有价值的财富：世界上最好的制度。这个国家选择了鼓励自由和贸易的制度，摒弃了对此不利的东西，并且创造了自己的东西。当然，它也有自己独特的缺陷——独特的黑人奴隶制，这使得它在后来陷入灾难性的内战，从而延缓了成为世界的霸主。

第 8 章

后起之秀

荷兰与英国经济繁荣的萌芽很快就扩展到整个西欧，后来又扩展到东亚。一个国家是否发达，在很大程度上依赖制度与文化因素。在被荷兰和英国唤醒而走上富裕之路的十多个国家中，我想选择三个国家进行分析：法国、西班牙和日本。

图 8.1 揭示了这三个国家与英国同期的人均 GDP 增长态势。因为在大革命后的改革与英国极为相似，法国很快就赶上这个隔海相望的邻

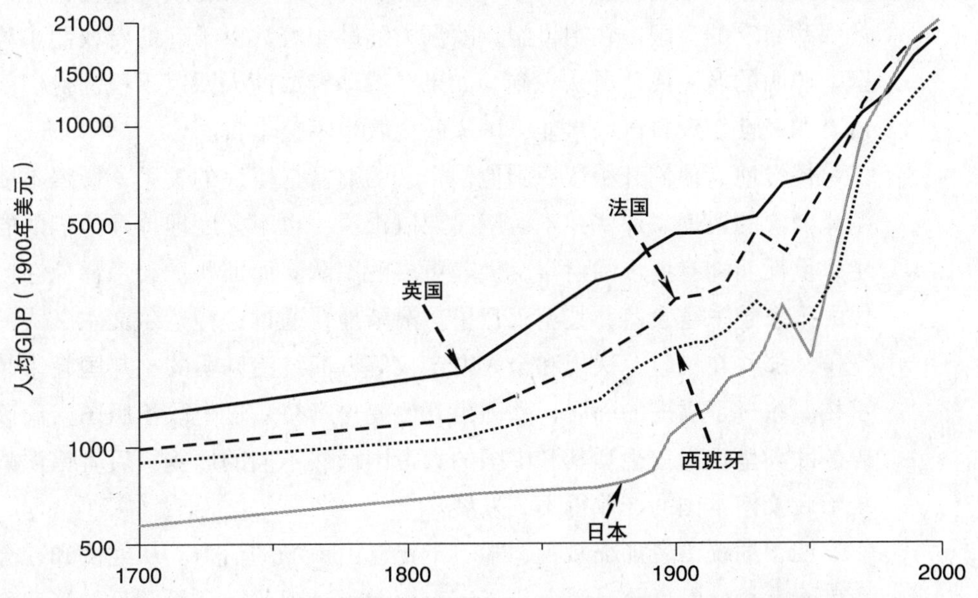

图 8.1　英、法、西班牙、日本的人均 GDP 增长图（扣除通货膨胀）

资料来源：数据来自 Maddison, *Monitoring the World Economy*, 1820-1992 and Maddison, *The World Economy: A Millennial Perspective*, 264.

居；西班牙和日本则花了一个多世纪的时间。这三个国家的经济历史集中体现在如何消除发展当中的障碍，它们为当今世界的经济发展提供了许多经验教训。

8.1 统治者与被统治者

自荷兰与英国开始，商人和小贵族就逐渐限制了统治者的特权，并根本性地改变了国家与人民的关系，这种变革渐渐扩展到西欧其他国家。这一变革过程并非是平稳和有序的。例如在路易十四统治下，法国就处于专制的经济与政治制度之下，其专制程度堪与后来的纳粹相比。

数千年来，统治者的首要目的就是最大限度地为自己谋取财富。英国从1215年的《兰尼米德宪章》以后，国王靠着强权统治获得了至高无上的权力。前现代的欧洲长期以来处于小邦国不断的战争当中——“国家”这个名词对这一时期的小邦国来说，并不太适用，它更适合描述那些稳定的大国。在中世纪，欧洲大陆散布着数以千计的君权制小公国。聪明的君主或公爵认识到，如果对劳动者或商人课以重税，他们就没有积极性扩大自己的事业，国家的税收也不会增长。

慢慢地，他们开始认识到他们个人的财富与臣民的关系，懂得不能涸泽而渔的道理。那些并不对臣民课以重税，也不无度地掠夺他们的君主，倒反而拥有更多的财富，供养更多的军队。而那些肆无忌惮掠夺臣民的国家越来越衰落，甚至灭亡了。渐渐地，通过这种达尔文主义式的竞争，那些在税收、法规和个人财产权等方面统治开明的小邦国越来越富裕，超过了周围的邻居，欧洲也开始变得富裕。这个政治版图支离破碎的欧洲呈现出与土耳其和中国的大帝国截然不同的面貌，后者错误的统治政策使本国的产业得不到发展。

明智的统治者加征赋税，却不干扰自由市场的活力。从经济和社会角度看，最好的税收是消费税，还有商业税。现代社会最常见的消费税是欧洲式的增值税，它本质上是一种国家性的商业税，但并不像商业税那样在生产的中间环节逐层征收。在某种程度上，所得税和财产税一样，是对税收制度的一种滥用，因为两者都会降低盈利和投资的积极性。最糟糕的国家税收是对垄断商业的征税，它必然导致削弱竞争。

比税收形式，甚至比税率更关键的是税收的管理方法。没有什么比任意没收公民财产对经济健康更有害的事了，不管是公然掠夺还是以公家的名义。同样，对所有社会阶层不加考虑地一律免税，其实也会降低社会的积极性。稳定地对国民收入加征 30% 的所得税是能够容忍的事，可是对人口中的 30% 任意征税，或挪用他们的财产，或免征他们应交的税收，都是对社会的损害，严重的甚至引发革命。

8.2 财富与武力

国家通过商业实现富裕与强盛，这个观念在进入现代之前可以说是闻所未闻。千年以来，富裕之路总是通过打赢战争和进行掠夺。即使是在文艺复兴中已经达到一定繁荣的意大利，以及后来充满活力的荷兰，也少有统治者真正理解商业和工业的价值，更不用说使之成为国家优先发展的事业。统治者只靠征服带来富裕，而当靠征服掠夺的战利品挥霍光了，就进入了恶性循环的衰落之路。为了补充日益减少的税收，统治者就会想方设法向财富的主要生产者——农民加征税收。而一旦无法缴纳日增的税收，农民只好变卖或荒废土地，导致国家税收的减少，又导致税率的进一步提高，以及更多的农村荒芜。从古希腊后期到君士坦丁堡时代的罗马帝国，再到奥斯曼土耳其帝国，国家衰落的特征化符号都是农村人口的减少。

因此，通往繁荣的关键一步，是统治者必须意识到要将自己与臣民的财富统一起来。现代发达国家都是能够为加强商业而提供公共产品的有活力的“服务性国家”。简单说来，这些服务功能包括：

- 为年轻人提供的教育。
- 为保障公共安全和财产权而建立的警察系统。
- 公正独立的司法审判，以保障公民的合法权。
- 建立运送劳动力和产品的交通系统。

那么，决定哪些集团处于通往富裕之路的领先地位，哪些处于落后位置，要看统治者在何时何地将以下创造社会富裕之基础的要素置于首要地位：法律法规、可靠的私有财产权、权力分立、有活力的个体商业贸易、从垄断经营的税收转向广泛的消费—营业税收体系，以及有保障的公共安全、教育和交通。

8.3 为什么法国落后了

在一篇很有影响力的论文中，经济史学家克拉夫茨（N. F. R. Crafts）总结了英国通过工业革命打败法国的偶然性。他认为，两国都有实现繁荣所必需的智力与社会基础，因此英国的成功在某种意义上是“随机的”。如果 18 世纪可以重来的话，那么法国也许至少能在经济竞争中获得与英国一样的成功。

毫无疑问，历史中总是弥漫着强大的随机因素。如果未曾产生诸如希特勒、惠灵顿或路易十四，历史又会怎么发生？这种问题是无意义的。简单地看看欧洲的制度史，也能看出法国在工业革命的竞争中从没有赢的机会。

至少在表面上，法国与英国在四个发展经济的关键要素上是并驾齐驱的。在民权上，法国本来和英国与荷兰一道可以成为发达国家的先驱。难道法国人的个人产权不也得到强有力的中央政府和高度组织化的司法系统的保障吗？难道作为笛卡儿和帕斯卡故乡的法国不也声称它是科学启蒙的策源地吗？法国在技术创新发明的成就不也和英国一样影响深远吗？凡尔赛政府不是也从渴望获得公债利息的大众手中获得了大量资本吗？难道 17 世纪亨利四世和路易十四时期建造的道路和运河系统不比英国车辙粼粼的小路和破败不堪的码头更先进吗？

人们会毫不犹豫地用肯定的态度回答这些问题。但事实上法国经济的腾飞却要比英国晚一个世纪以上。为什么？要解开这个谜团，需要讨论这四个要素在一定社会政治下的运转效率。

8.4　法国人到底想要什么

亨利四世统治之初，法国的封建制近乎消亡了。土地的占有与转让制度已经明晰且扩展开来，商业也在急速发展。然而正当法国的产权体系向私有制转换，国家却没有提供充分的激励机制。问题在于经济学家所说的“寻租行为”仍然倾向于通过运用一些特权，而不是通过创办企业和勤劳工作来赚钱。这就好比现代社会所熟悉的对企业高层经理施加种种苛刻的要求，比如对车辆检测征收额外费用、工会要求过量雇用员工、不合理地要求工资和福利等。寻租是人类的一种基本特征，它在一定程度上会给所有社会带来麻烦。而当社会一直想通过寻租而不是通过诚实劳动来赚钱时，就会损害经济的发展。而这正是路易十四以后法国社会的问题。

要想理解寻租行为是如何在前现代法国社会中发展的，我们必须了解它的税收结构。当时法国主要的收入来源是国王和封建主的租税(Taille)，即依靠土地和建筑征收税收。而贵族与僧侣阶层则不需交税，只有农民和小商人才要交税。因此，获得贵族身份并对国王或领主宣誓效忠，便需要在精神和物质上付出很大的代价。朝廷常常想方设法向贵族和僧侣抽税，首先是盐税和高档消费品附加税，后来又加征了极为复杂的人头税。不平等的税务负担使得广大农民卖田卖地来交税，然后再变成地主的佃户。于是财富便日渐集中到那些被委派去向农民和佃户征收耕种税的贵族手里。到路易十四死的时候，法国几乎又倒退到封建状态，这成为引发大革命的主要导火索。后来朝廷发现要想将各种名目复杂的税收征齐很难，便造就了一批收税农民——主要是一些负责收税并从中分得好处的私商。

这种税务体系给国内贸易发展带来巨大的问题。到亨利四世掌政之初，广大的下层人民怀着发财梦，想方设法把他们的孩子培养成官僚或收税农民，其情形就像今天的工薪阶层渴望将后代送进常青藤大学就读，以获得一个好前程一样。而朝廷苦于没钱来进行军事冒险和宫廷挥霍，也乐于拿将来的税收来换眼前的现金收入。商人们并不难找到成功的生意，但个体企业很少会将商业作为代代相承的事业。一位历史学家曾经这样描述法国这一时期的思想状况：

> 在荷兰，甚至在英国，赚了钱的商人、企业主或金融家会一心希望他的儿子来扩张他的生意，而在法国，那些有能力的人都想为他的长子弄一个官员身份。如果他本身已处于社会阶层的顶端，那他会想让儿子成为审计机关的成员；如果他只是个小店主，他就会想把儿子培养成教士。

大量家庭购买头衔和官方的闲差，以至于村子里 80% 的户名在税务清单上消失了。法国表面上拥有健全的个人产权，但国民的创造力却被鼓励寻租行为的体制抽干了。直到今天，法国人仍然热心于政府公职身份——大致说来，国家会赠给官员相当可观的名位、福利和津贴。一个强国的衰落再一次反映在税收政策上。

虽然英国的斯图亚特王朝也曾利用特许贸易来为皇家增收，但英国的做法是给那些候选人划分等级，将特权排他性地授予那些重要的、有现成产品的商贸领域，而且这一分配权始终抓在作为国王耳目的首席大臣手里。而在路易十四统治下，法国则将权力垄断的剥削程度上升到前所未有的高度。

8.5 凡尔赛宫的困难

纵观法国的政治体制，我们首先想到的一个描述词是“国家干预”(dirigiste)，这个词源于法语词根，意思是“掌控”。法国的中央集权导致了百年战争[①]以来的衰落与混乱，虽然英国通过克雷西、阿金库尔和普瓦提埃等一系列战役最终打赢了这场旷日持久的战争，但胜利的结果引发了法国在民族女英雄贞德领导下的民族起义，起义军包围了北部的奥尔良，斗争的结果是英国最后只得到了加莱。

百年战争使得法国变成了在国王查理七世勉强统治下的封建采邑制

① 1337～1453 年英法之间为争夺法国北部的诺曼底地区而断断续续进行的战争——译者注。

的松散聚合。此后，查理王逐渐强化了国家权力，首先是建立国家税收制度和对商业的管理。在亨利四世时期，国内的手工业行会获得了垄断性的权利，结果是阻碍了竞争与创新。在随后的 200 年里，继任的君主都致力于集权统治，发展到路易十四时期登峰造极的地步，他把法国的贵族都软禁在豪华的凡尔赛宫。这当然使法国的政治高度统一了，但也削弱了贵族们在各地的社会和商业根基，损害了国家的商业活动。

我们不必细述生活在凡尔赛宫的国王和贵族们的豪奢生活，他们消耗了全国 6% 的预算收入，而间接的开销更远远超过这个数。

路易十四手下著名的财政大臣让—巴普蒂斯特·科尔伯致力于为国王敛财。他辛劳工作的结果是使得路易十四几乎完全控制了贵族的财富。作为一个重商主义者，科尔伯相信国家经济的健康运行取决于所掌管的黄金数量，而这又取决于贸易的平衡。如果出口旺盛，同时又能对进口实行紧缩，那么国家就能聚集财富；反之，如果出口萧条，国家的黄金存量就会减少，进而削弱国家经济。

因此，重商主义是一种对各个国家的经济造成损害的零和博弈。另一位狂热的重商主义者弗兰西斯·培根曾经对重商议的实质进行了简要的概括，其实质就是“国家财富的增长必须通过外国人来获得”。事实上，经济发展的历史经历了各式各样的试验和误区。亚当·斯密一针见血地指出，贸易只有在双方都获利、都赞同的前提下才能开展，而重商主义的结果则是对谁都不利。但在那一时代，哪怕是最具智慧的头脑都难以认识到这一真理，包括科尔伯这样的聪明人，甚至也包括当今那些反对海外贸易的聪明人。

科尔伯希望加强出口，他认为法国应该把高档消费品的出口摆在优先地位，包括织锦、玻璃以及瓷器等（在那一时代，这些商品分别由南尼德兰地区、威尼斯以及中国所控制）。1667 年，他颁布政策，对这些商品的进口征收惩罚性关税。他把全国的生产厂家视为自己掌控的部队，把工人当成炮灰，不允许他们罢工，让工人们听到他的名字就谈虎色变，只管埋头干活。

他制定了一项又一项的法令，细致到无以复加的程度。比如规定某种布必须包括 1376 根线，而另一种则是 2368 根线。每种布匹的宽度也有具体要求。有关布匹染色的规定前后共有 317 项。他严格区分了三类不同的染工，每类各有自己的行业公会。科尔伯对全国的工业颁布了44种法令，并任命了大批的巡视员来保证各项法令切实执行。

这还只是个开头。到科尔伯死的时候，全国有15个各自独立的巡视委员会在工作。当巡视员发现现有规定不能涵盖所有的生产阶段时，这位财政大臣又会颁布新的规定，增加新的巡视员。到1754年，这种巡视委员会增加到了64个。

行业公会也在怂恿管理者。比如纽扣行业工会发现他们的纽扣市场被某种新出的骨制纽扣所挤占，就会向管理者发出警报，于是科尔伯就会派出巡视员，对冒犯者给予罚款，甚至闯进违禁生产者的家里进行处罚。他规定每年只能在5月和6月剪羊毛，黑色绵羊不能宰杀；梳毛机只能用某种特殊的金属线装配，包括规定数目的梳齿……科尔伯这些不可思议的规定真是包罗万象，扼杀了人们的创新能力，给经济带来了无穷无尽的麻烦。

所有国家都需要税收，但收税方式事关国家的生死存亡。即使在今天，在许多亚非国家，政府出卖和授权垄断贸易仍然是其重要的税收来源。这种税收方式来得简单，却妨碍了竞争与发展。在前现代时期，法国和西班牙都曾经轻率地陷入这种困境。

正如我们前文所说，英国与荷兰没有拿垄断与财政收入做交易，而是在很长一段时间逐渐增加消费税的收入比例。17世纪以后，两国通往富裕之路不再以损害政府管理为代价，而国民越来越通过从事制造、商业和贸易致富。

实际上，英国与荷兰的贸易公司并不以获得垄断地位为目的，相应地，他们也承受着更为切实的风险。即使在今天，专利方面的法规也只允许专利发明者享有有限的垄断权，这就意味着发明者必须始终承担风险。无论如何，英国在1624年通过的《反垄断法案》（*Monopoly Act*）结束了企业排他性的垄断权。相反，法国在大革命前始终没有摆脱垄断。在这个问题上两国有着长达175年的差距，成为解释法国在繁荣之路上步履蹒跚的重要原因。

8.6 理性主义是如何被破坏的

很少人会否认法国是科学启蒙运动的积极参与者。它给了这个国家以光荣，凡尔赛宫造就了科学的全面突破。因此我们不认为法国人比英国人缺乏智力、探索精神和雄才大略。同样，我们也不认为英国在科技和知识上全面超越了法国。法国富有影响的哲学家笛卡儿曾经影响了英国的大科学家牛顿，他和同时代的英国科学家一样出色。和英国一样，蒸汽机、铁路和电信在法国也得到运用。

但是，在英吉利海峡两岸，知识与技术发展所引发的态度是不一样的。宗教争端是长时间困扰法国政治生活的一大问题。亨利四世出生时是位新教徒，1589 年他登上王位，成为波旁王朝的第一位国王，后来却被迫改信天主教。他为自己的改教辩护："巴黎应该有更有影响的宗教。"他在位期间助长了法国的宗教争端。1598 年，他颁布了《南特法令》（*Edict of Nantes*），宣布保护新教中的胡格诺教派，并允许他们在一定程度上自治。而路易十四对新教却采取了打击政策，并在 1685 年撤销了《南特法令》。更为严重的是，在这位太阳王统治下，法国许多著名的科学家和熟练工匠纷纷逃亡到英国和低地国家。例如法国第一位蒸汽机制造者丹尼斯·帕平（Denis Papin）就曾远走他国寻求政治庇护。

17 世纪和 18 世纪伟大的工业创新首先是由天才的工匠而非科学家创造的，而这也给法国带来不利。在法国，科学家是个精英阶层，他们深受王宫宠爱，被安置在研究院里。这些硕儒们很少和普通百姓、工匠或发明者交往。而英国不同，学者们往往和工匠自由交往、合作。维特斯通教授（Professor Wheatstone）可能难以容忍作为暴发户的库克（Cooke），但这并不妨碍两人密切合作。那些受人尊敬的科学家，比如胡克（Hooke）和哈雷（Halley），常常会花时间为那些没什么文化的工匠——比如机器发明家纽科门（Newcomen）和钟表匠哈里森（Harrison）提供帮助。用经济史学家乔·默克（Joel Mokyr）的话说：

> 在英国，自然科学家和工匠之间比别的国家更容易建立起广泛

的联系。这个国家也更崇信那些有才能的人，他们似乎能毫不费力地在抽象、符号、蓝图、图表与由点、线、面、体构成的具体世界中自由转换。

在发表了随机理论之后20年，克拉夫茨为法国的科技辩护说，英国人可能在许多“小发明”上超过了法国，导致在机械领域不断实现技术进步，但在那些依靠机遇并引发整体性的科学革命的“大发明”领域，两国不相上下。这一论断或许成立，但本书认为，不管法国人在宏观或微观领域能否与英国抗衡，但他们却难以充分利用这些发明。工业革命时代标志性的大发明是纺纱机。1686～1759年，法国的法令规定禁止生产、进口甚至穿着代表着纺织业最新工艺的印花衣服。

退一步说，即便法国人发明了纺纱机，他们禁令重重的工业和资本系统也会阻止这种革命性的机械的广泛使用。让今天的人难以理解的是，法国曾经对1.6万名农民和小商人处以极刑，因为他们破坏了棉花管理的规定。而那些被大规模的流血事件吓破了胆的“改革者”竟然把砍头作为主要的、更为人性的处罚方式。

8.7 资本逃逸

法国面临问题的第三个领域是资本市场，这个问题很复杂。虽然法国的资金雄厚，但企业却很难利用。成功的商人想的不是继续投资自己的企业，而是成为食利者，放债给国家，后来则是放债给外国企业。中低层阶级——所谓的“穿羊毛袜阶级”——热衷的理财方式是聚敛黄金白银，过着高枕无忧的生活。这两种传统的理财方式——放债与聚敛黄金白银——对企业的需求无动于衷，致使企业得不到扩大规模所需要的资金。在19世纪，法国将近有3/4的存款借给了国家、地方政府或国外。

宗教争端也对资本市场产生了极大的危害。法国本土出生的新教改革家约翰·加尔文（John Calvin）呼吁信徒们支持新教在拉罗切利、尼姆、里昂和巴黎创办的银行，号召他们把钱以极低的利息存到这些银行里，说这样做有助于拯救他们的灵魂。因为自从朝廷不再承认新教，不再给他们以官方权力后，法国的新教不得不借助商业来谋求发展，而新教创办的银行就这样一代代发展起来。但路易十四撤销《南特法令》后，那些有银行背景的新教徒面临或者改信他教、或者流亡国外的困境。常常出现这样的情况，家庭中的某些成员移居到阿姆斯特丹、伦敦、汉堡或但泽，而另外一些成员则改信天主教，以获得留在法国的资格，这些家庭成员仍然保持密切的联系。即便如此，朝廷的这种愚蠢之举给资本市场造成了极大的损害。宗教迫害在技术领域的危害更甚，因为对那些新教徒工匠或发明者来说，携带技术或设备逃亡国外更为便利，因而逃亡也就更为普遍。

8.8 交通与关卡

法国的地理环境与英国相比也处于劣势。它是个面积很大的陆地国家，不像英国那样，任何一个地点离海都不超过 70 英里。从交通的角度说，法国的地理交通不如英国那样便利。但法国的道路系统比英国要好，而且长期的重商主义也为交通创造了一些便利条件，因为贸易顺差必须以有效的交通运输为前提（当然也包括统一的度量和货币体系），所以朝廷历来重视运河和道路建设。亨利四世的财政大臣萨利公爵曾经构想在北部修建浩大的运河网，以保证从哈布斯堡来的商船能四通八达。

事实上，萨利公爵为这个构想做了一些工作，他试图在塞纳河和卢瓦河之间修建运河，以沟通两个水系，但这项工程直到亨利去世都没有完工。科尔伯在任时继续着萨利的伟大构想，但工程在他和太阳王死后很长时间仍然未竣工。另一项更宏大的工程是贯通地中海与加伦河的运河（the Canal de Deux Mers），从而将地中海与大西洋联系起来。这项工程在 1691 年完成，但高昂的建设以及维护运河里上百个闸门的费用，使得这条运河比起海运路线毫无竞争力。

萨利和科尔伯都为道路建设投入了巨大的热情，在亨利四世和路易十四统治时期，畅通的道路联系着巴黎与边境，运输的时间缩短了一半。到 17 世纪末，从巴黎到里昂的快速马车“仅仅”需要 5 天；而到

18世纪中期，法国有着欧洲最发达的内陆交通体系。

但伴随便利的道路和运河系统的是，科尔伯继承了鲁比·戈尔贝的国内关税方案。这一方案将全国分为不同的关税区，对不同关税区之间的过往货物要征收沉重的费用。那些令人讨厌的收税户则负责管理这套沉重而烦琐的收费系统。

举例来说，亨利四世统治时期，一车从南特运到讷韦尔（Nevers）（约270英里）的食盐，沿途需要征收的费用最后是货物本身价值的4倍。这套收费系统将全国分裂成大约30个区域，破坏了所谓统一的国家经济的表象。

科尔伯也意识到有必要削减国内关税，但盘踞在各地并以关税为收入来源的诸侯，让他的关税削减计划难以实现。后来，科尔伯只好在法国的中心地区开辟出一个大范围的号称“五大农场”的免税区。他允许外省的诸侯自由贸易，但不允许诸侯来扰乱他的试验区。

但此举收效甚微，往往是科尔伯刚刚开始辛辛苦苦地建设他的运河网，那些贵族便很快用苛捐杂费将他的辛苦劳作破坏殆尽[①]。1683年，这位大臣死后，所有的财政约束都放弃了，在路易十四30年统治的末期，全国的道路和运河收费都翻了一倍。这个曾经号称“欧洲谷仓”的国家，已经衰落到要进口谷物，甚至一度进口都无法保证，因为法国已经缺乏必要的信用。当英国在法制的轨道上繁荣发展时，法国却在一个极端保守的“农民大众会”（the Farmers-General）的控制下饱受煎熬。

8.9 “洪水之后”

法国后来又是如何克服王政时期的政策呢？事实上，不管法国大革命在许多方面做得如何过分，但它却实行了两大改革，来拯救垂死的国民经济。首先，骤然掌政的立宪派废除了国内的收费关卡；其次，革命制定了土地方面的法规，确立了农民对土地的所有权、转让权和出租

---

① 国内收费在德国造成的伤害更大。现代旅游者钟爱的风景优美的莱茵河畔的城堡是为了控制下面的内河航运而修建的。一位中世纪的目击者描述了河道收费的情况，通常是每10英里就要收一次费，“疯狂到失常的德国人”。一个收费站还没从视野中消失，就能看到下一个收费站。参见 Heckscher，56-60.

权，后来又允许他们开垦公地。同时，法规还允许农民将自己的财产再行分配。这造就了法国今天大量的小型农场（Morcellement）。但土地的分化使得大量平民从事不充分的农业生产，反过来又强化了国民对保守主义政策的支持，直至 19 世纪晚期。

1853 ~ 1888 年，当英国尽其所能地倒退到实行关税保护的政策时，法国也将其谷物进口关税提高了 9 倍，畜牧业进口关税提高了 40 倍。19 世纪晚期，小型农场的政策不仅使得法国缺乏发展工业所必需的劳动力，而且由于其农业生产的低效率和保护主义政策，粮食生产的成本也是全欧洲最高的，这又使得法国家庭购买食品的支出大大提高，从而抽空了资本市场。直到 20 世纪，法国才开始考虑弱化它的重商主义政策，摆脱从萨利和科尔伯时代就开始的关税保护政策。

8.10 厄运的开端

某种意义上，克拉夫茨是对的——英国经济胜过法国是一个偶然事件，虽然克拉夫茨本意并非如此。幸运女神并不玩掷骰子的游戏，牌局的胜负始终与体制相关。17 世纪，当各自的政治体制确立后，就决定了英国成为胜出者。如今，每个国家都在追求同样的目标：最大限度地增加国家的收入和国力。而在 17 世纪，荷兰与英国在奉行重商主义、中央计划强大的法国邻居面前震颤不已，其情形就像 20 世纪西方世界被貌似强大的前苏联吓得发抖一样。荷兰和英国人其实很少对自己奉行的政策——依法治国、权力分立、商业自由以及避免不必要的管制——感到自信。就我们对凡尔赛当局的了解，当科尔伯实行灾难性的工业集中政策时，他其实对法国之外的事物毫无兴趣。

只有到了 19 世纪，才出现了这场大竞争的“仲裁人”——亚当·斯密，他揭示出竞争的结果及其原因。对所有明眼人来说，原因其实已经昭然若揭，那就是法国仍然保持着充满弊端的财产制度，科学与技术应用之间常常脱节，资本市场日趋萎缩，国内关税举步维艰，致使自己处于失利的一方。

8.11 西班牙人的错误

在西欧经济大竞争中，西班牙处于殿后位置。在前现代大国当中，没有谁比西班牙在扼杀经济增长和地缘政治的影响力方面做得更过分了。

就像其前辈罗马帝国一样，西班牙也把征服和抢掠——而不是发展工业、商业和贸易——作为主要的经济目的。1469 年，西班牙的斐迪南与伊莎贝拉家族的联姻，缔造出欧洲的一个大国。他们的女儿乔安又是通过与奥地利马克西米利安的王子菲利浦联姻，使得王朝的势力达到顶点，后来他们成为了神圣罗马帝国皇帝。

这场政治婚姻的后代卡洛斯一世继承了哈布斯堡王朝，在他统治的峰巅，其疆域囊括了西班牙全境、意大利南部、勃艮第（包括荷兰、比利时和法国北部的一部分地区）、奥地利、匈牙利以及德国的几个小邦国。卡洛斯继承了他祖父的神圣罗马帝国皇位。到卡洛斯五世时，他成了欧洲最富有、权力最大的皇帝。虽然这个帝国的势力让欧洲其他国家望而生畏，但它独特的财政政策和政治体系却使它走向厄运。不到一个世纪，庞大的帝国坍塌了。

对于新大陆和古老的欧洲大陆来说，1492 年都是值得纪念的。这一年，西班牙哈布斯堡王朝对王国里的犹太人和摩尔人——其实他们是既勤劳又富有智慧的民族——实行迫害和流放政策，王朝对穆斯林的迫害更是骇人听闻。早期征服格拉纳达（西班牙南部城市，公元 8 世纪为摩尔人所建，1492 年被西班牙人兼并——译者注）的西班牙当局曾经允许当地的摩尔人信仰自由，但没过多久就被天主教庭褫夺了，宗教当局强迫穆斯林改信基督教，他们后来被称为摩里斯科人。

16 世纪，宗教当局又将摩里斯科人驱逐出格拉纳达。在 1603 年最终被赶出西班牙之前，摩里斯科人散居在王国各地。其中流落到北非的摩里斯科人又因为基督教的信仰而遭到当地穆斯林政权的迫害。其实西班牙自己也因为对摩尔人和摩里斯科人的压迫而深受其害，因为他们在聚居西班牙期间，带给当地丰富的灌溉知识，管理着当地灌溉大面积葡萄、草莓、大米、糖料的水利工程。他们被驱逐后的几十年中，这些水利工程都荒废了。

8.12 武力征服与商业发展

西班牙全力展开它的征服行动。斐迪南给征服者的命令再清楚不过了："得到黄金。有可能的话，文明地取；否则就武力夺取。"确实，他们得到了黄金，堆积成山的金子。哥伦布 4 次远征不久，征服者就在西班牙第一个殖民地伊斯帕尼奥拉群岛（即海地群岛，现在分为海地和多米尼加共和国）找到了闪闪发光的金矿。开采金矿的过程同时也是对土著民实行种族灭绝的过程。在以后的数十年里，征服者又相继在墨西哥和安第斯山脉找到了更多的黄金和白银。西班牙殖民者在这两大地区的行径同样是骇人听闻的。

1519～1521 年，2000 名西班牙士兵在赫尔南·柯蒂斯的指挥下征服了墨西哥。为了保护自己的领土，当地的阿兹特克人进行了顽强的抵抗。而这种抵抗又招致征服者的血腥镇压，西班牙对阿兹特克人进行了种族灭绝式的屠杀。在这个过程中，西班牙人还利用部落之间的矛盾，唆使当地另一些曾经受阿兹特克人控制的部落也参与屠杀，后者派出上万人的志愿兵。没有他们的帮助，西班牙人不可能战胜阿兹特克人。1548 年，西班牙人首次在墨西哥的瓜纳华托（Guanajuato）地区找到了大面积的银矿，后来该矿的产量占世界白银产量的 1/3。

对于南部的安第斯高原来说，1532 年也是个值得记住的时间。在经历了长达 10 年的精心准备和侦察后，西班牙殖民者头目弗兰西斯科·皮萨罗指挥一支 200 人的部队翻过安第斯山脉，征服了有着 350 万人口的印加国。战争过程中，皮萨罗俘获了印加国王阿塔瓦尔帕。印加人希望能赎回自己的国王，征服者勒索了巨额赎金，所要的黄金填满一间 17 英尺宽、22 英尺长、9 英尺高的屋子。然而当印加人交出赎金后，西班牙人竟然无耻地绞死了印加国王。侵略者的罪恶行径让印加人认清了他们的本质。为了复仇，他们往西班牙俘虏的喉咙里倒满熔化的黄金，嘲笑那些侵略者："喝下这些黄金吧，哪怕最贪婪的人也能让他们吃饱!"

比起对阿兹特克王国的征服，西班牙对印加的征服还算是时间短的，流血的规模也要小，至少欧洲人这么认为。10 年后的 1547 年，一名叫瓜尔奇的印加牧羊人来到玻利维亚的大波托西城，在那里看到西班牙人掠夺来的财宝堆积成"银山一般"。

8.13 财富的厄运

虽然在当时大部分银矿都是私人开采，但朝廷严密控制整个生产过程——从矿石的选炼到炼好的银锭运到塞维利亚的商务部。西班牙政府还掌握了位于秘鲁的万卡维利卡大水银矿，该矿生产的水银是提炼银的重要材料，并且通过控制水银来控制银的生产者。殖民地当局为了防止银的走私，将银锭切割成条状或片状，做成五星形的银块，再盖上戳作为纳税的证明。官方严厉打击贩运未盖戳的贵重金属的行为。

在墨西哥，殖民者将银锭运到韦拉克鲁斯港，再装船运回西班牙。南美洲的运输线路相对要复杂一些，因为要用骆驼驮着翻过许多大山。他们大多是将金银运到太平洋的沿海城市，再用船往北运到巴拿马，然后翻过中美地峡，到达加勒比海港城市迪奥斯和波托贝约。

这三座加勒比港口城市以及环绕它们的海洋"目睹"了西班牙在美洲大陆史无前例的财富大掠夺。一般情况下，有重兵护卫的船队每年从巴拿马和墨西哥启程驶往西班牙。据说查理五世每次都会亲往港口欢迎船队安全到达。和人们的想象不同的是，船队的安全系数其实是很高的。海盗袭击整个运银船队的事件其实只发生过两次，一次是 1628 年荷兰的墨西哥舰队，另一次是 1656 年英国的南美舰队。海盗一般只是抢劫那些掉队的船只，尤其是英国海盗常常这样做。1569 年的一个月里，英国海盗曾经将 22 艘西班牙商船绑架到普利茅斯。但实际上，恶劣的气候带来的麻烦远比海盗厉害得多①。

从图8.2我们可以看出，通过商务部“合法”输入西班牙的贵重金属的总价值，在16世纪晚期到达顶峰，而偷运进来的金银价值一直存有争议。有学者认为，直到17世纪中期，从美洲运走的白银数量才达到顶峰。本书不打算详细讨论这些问题。图8.2是对西班牙官方收入的统计，它表明从美洲运入的金银成为国库收入的主要来源。如此巨大的财富加强了西班牙王朝的力量，刺激了它进一步争霸的欲望。但它让朝廷走向腐败，使西班牙无心国内经济的发展。这可从以下三个方面看出②：

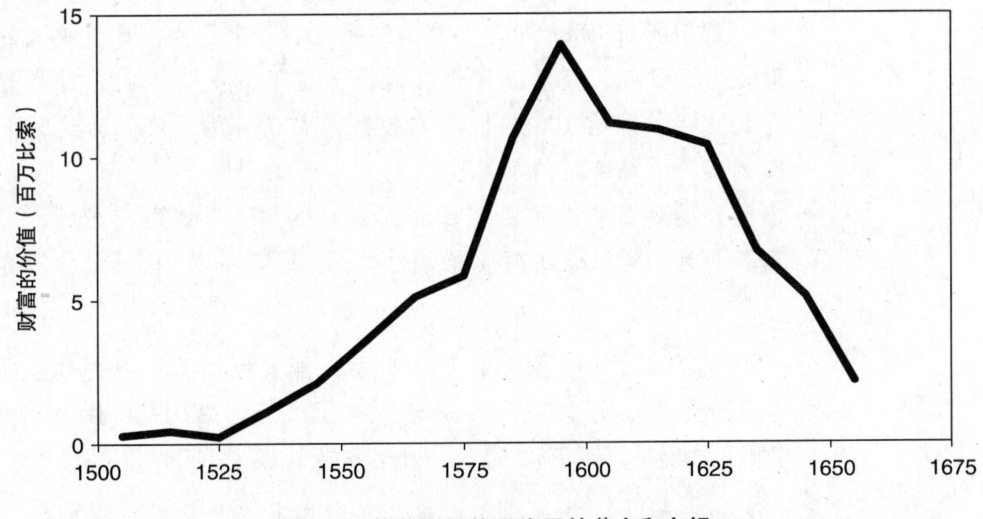

图8.2　从美洲运往西班牙的黄金和白银

资料来源：数据来自 Earl J. Hamilton, “Imports of American Gold and Silver Into Spain, 1503-1660,” 464.

① 关于西班牙对美洲的征服，我们推荐三个资料来源。维克托·汉森（Victor D. Hanson）著《大屠杀与文化》（*Carnage and Culture*）（New York: Doubleday, 2001）一书生动地描绘了科特斯（Cortés）如何打败了阿兹特克人。威廉·普雷斯科特（William H. Prescott）著《秘鲁征服史》（*History of the Conquest of Peru*）一书出版于1847年，1957年由Heritage Press重印，描述了皮萨罗（Pizarro）打败印加人的历史。讲述开采并将贵金属由新世界运到西班牙的一篇文章是Earl J. Hamilton的“Imports of American Gold and Silver Into Spain, 1503-1660,” *Quarterly Journal of Economics* 43（1929）: 436-72. 麻省理工学院出版社非常大度地允许我将这篇文章贴在以下地址：http: //www. efficientfrontier. com/files/hamilton-spain. pdf. 我还要感谢JSTOR（一个非营利性组织，肩负着两项任务，创建并维护可信的重要学术期刊的存档，使尽可能广泛的用户可以访问这些期刊——译者注）为我提供这些资料。

② 从新世界注入的数量巨大的白银还引发了一次大规模的通货膨胀，这是由过多的货币追逐固定数量的商品造成的。但这绝不会贬低这样的事实：作为货币供应来源的西班牙与其邻国相比要繁荣得多。

- 在从卡洛斯一世到查理五世（神圣罗马帝国皇帝）统治的上升时期，新大陆的财富源源不断输入西班牙。查理五世素有争霸的野心，而来自新大陆的财富为其争霸提供了物质保证。在查理和他的儿子菲利普二世统治期间，西班牙与法国、英国、荷兰频繁发生战争，而且常常是同时与多国交战。西班牙被视为欧洲防止改革、抵制进步的堡垒。神学观念和宗教狂热也常常造成它与荷兰、英国以及德国一些小邦的争端。这种道德与宗教的使命感对国内财政来说却是个大灾难。新的战争方式花费的代价是难以想象的。西班牙的国库迅速空虚，导致大规模的赤字。仅1552年梅斯一战，花费的白银数量就是西班牙白银年收入的10倍；1588年与英国的海战花费，也是西班牙年收入的5倍。1555年，查理五世退位时，他留下的财政赤字总计相当于国内年收入的100倍！国家频繁拖欠债务的偿还。而这又导致对美洲大陆金银的加紧搜刮。
- 新大陆的财富刺激了西班牙的征服与搜刮。而钱财花光后，留给西班牙的是缺乏工商业能力的烂摊子。用一位19世纪的历史学家的话说：

“富人们安然享受祖先留下的财富；那些没落贵族则去教堂寻求慰藉，或者去做职业军人，或者谋个无足轻重的政府职位……他们宁愿忍饥挨饿，也不愿降尊纡贵去靠劳动谋生。”

16世纪的西班牙有些像今天的沙特阿拉伯，积攒下来的惊人财富让他们不愿在家从事辛勤劳作，或者去国外冒险。

- 到1550年，西班牙在实现繁荣的四要素——个人财产权、科学理性主义、资本市场和交通通信技术——上已经远远落后于北欧的新教国家。西班牙王朝对美洲金银的攫取和权力角逐导致了缺乏四要素的僵化社会。

8.14 西班牙的四要素

让我们再看看哈布斯堡王朝的统治在经济上造成的灾难。这是个靠掠夺致富也为掠夺所困的社会，而这反过来又刺激了一些人采取寻租行为。同时，王朝对国内一切自由贸易行为都实行打击政策。对新大陆矿藏的依赖和建立在军事冒险基础上的掠夺影响了四要素的发展。具体来看：

1. **财产权**。西班牙的封建历史和从美洲大陆源源流入的财富成为经济活动盲目而关键的动机。即使英国的都铎和斯图亚特王朝也能认识到，朝廷的经济利益是与臣民连为一体的，而哈布斯堡王朝却丝毫不顾其臣民。那么，为什么从美洲抢劫来的巨额白银、从低地国家得来的进贡，反而会成为国家发展工商业、造福普通民众的障碍呢？

另外，1200 年以后，西班牙逐渐形成了一套非同一般的税收来源，羊毛工业控制在国内少数大地主——20 多个所谓的“大公”——手里。13 世纪，朝廷承认了这些大牧场主的结盟［后来被称为牧主公会(Mesta)］，以及他们对畜牧业的垄断，条件是他们向国家纳税。17 世纪以来，随着美洲金银矿藏的收入锐减，以及低地国家逐渐摆脱西班牙的控制，羊毛的垄断收益逐渐成为朝廷主要的收入来源。

朝廷驱逐摩尔人和摩里斯科人之后，西班牙南部的农牧业日渐萧条。这吸引了牧主公会的注意力，因为南部暖湿的气候非常适宜冬天放牧。朝廷授予牧主公会的畜牧业垄断权，不仅让它继承原来摩尔人的畜牧产业，而且把摩尔人在迁移和登陆过程中所经过的未开垦的荒地都授予牧主公会。为了维护牧主公会的畜牧垄断，朝廷禁止当地农民圈占公地。这些措施使得牧主公会的羊群很快就破坏掉了当地的森林，毁坏了农业，土地荒芜了。牧主公会的牧羊人焚烧树木来放牧，造成大面积的土地荒芜。那些牲畜甚至跑到城镇的公地来吃草。总之，牧主公会的畜牧特权就像中世纪的狩猎贵族一样肆无忌惮。这片曾经是西班牙最富庶的农业区渐渐变成了不毛之地。

在前现代社会，贸易垄断是国家最便利的税收方式——它能满足国家的不时之需，却对经济的长远发展极为不利。牧主公会的畜牧业垄断使得西班牙农民难以通过圈地来发展农业，而英法的农村后来都是通过圈地发展起来的。

牧主公会并非破坏西班牙财富体制的唯一要素。正如在新大陆一样，西班牙国内的财富也是靠征服得来的，尤其是对摩尔人的征服。朝廷把大量土地奖励给那些有功的军事人员和皇家的亲信。习俗与法律都认定这些土地是可继承的，一般来说，可传给长子，但不可以买卖。这种制度延续了几个世纪，造就出一批靠土地食利的寄生虫，却不允许那些勤劳的、真正想搞土地开发的人染指。统治者僵化、一意孤行的政策对经济发展可谓毫无助益。

17 世纪以后，无休止的战争以及美洲大陆财富收入的减少和低地国家的独立，导致西班牙财政状况日益严峻。菲利浦二世不得不想尽一切办法搜刮财富。他靠出卖贵族头衔和赏赐神职称号来获利，同时强行摊派政府公债，并且一再拖延公债的兑换。但很快，这些策略就用光了，他开始公然掠夺，从老百姓手里搜刮黄金白银。一方面是国内人口的减少；另一方面是国民因获得神职称号或贵族头衔而免税的比例越来越高。于是纳税的负担便沉重地落在普通农民和商人身上。其结果就像罗马帝国衰落时期那样，社会混乱导致国民信心极大下降，甚至西班牙在美洲的殖民地也是这样。

到 17 世纪，几乎所有刺激个体经济发展的因素都失去了。用历史学家艾略特（John Elliott）的话说：“在这样一种经济环境下，一个西班牙人除了想着去当一名学生、修道士、官僚甚至乞丐，别无出路。”

2. **科学理性主义**。正如扼杀了国内的经济活动一样，哈布斯堡王朝也扼杀了西班牙人的理性思考。在 16 世纪早期，西班牙知识界盛行的是伊拉斯马斯（Erasmus）的启蒙主义思想，但此后在菲利普二世的统治下，西班牙背离了以往的人文主义传统，成为恐怖的反改革思想的大本营。宗教当局大肆逮捕人文学者，禁止学生出国旅行，从而有效地将盛行于比利牛斯山脉以北的“异端思想”隔离在外。

宗教裁判所不是西班牙的发明。公元 1000 年以后，它也随着天主教会的结构而缓慢变化，同时，它也加强了对整个欧洲的思想控制。然而到了 1696 年，一个不幸事件引燃了人们对宗教裁判所的怒火，这一年，宗教裁判所将一名叫艾肯赫德的爱丁堡医科学生以异端的罪名判处绞刑。

斐迪南和伊莎贝拉通过联姻获取西班牙统治权后，宗教裁判制度在西班牙进入全盛期。他们建立全国性的宗教裁判机构，独立行使教皇的监管和控制权。西班牙的宗教裁判所成为自我管控的权力巨大的官僚机构，简直就是一个独立王国。它与天主教会争夺财富，甚至经常对高级神职人员发起攻击。虽然宗教裁判所主要的迫害对象是那些所谓的“异端人士”——犹太人、穆斯林，以及后来的新教徒，但它也对准一些世俗的目标，包括卷入西班牙事务中的有启蒙思想的学者和科学家。

通过这种方式，西班牙严格地对国民实行愚民政策，不让他们接触和参与 17 世纪以来的科学理性主义思潮。直到 200 年后，西班牙人才得以汇入世界科技发展潮流的前沿。也许这种束缚带来的最大危害，是造成西班牙知识界对一代又一代专制主义政权的容忍。18 世纪欧洲对哈布斯堡王朝的评价是：“查理五世是个好战的国王；菲利普二世除了是位国王，什么都不是；菲利普三世和四世甚至连国王都算不上；而查理二世根本连人都算不上。”

3. **资本市场**。哈布斯堡王朝的军事冒险和铺张奢侈对西班牙资本市场的危害可能超过战争本身。通过商务部掠夺来的大量金银只在国内短暂停留，就会花到国外去。金银流出的第一站是法国，那些翻过比利牛斯山来西班牙打工的法国工人赚走了西班牙的高工资。有句古老的谚语说：“西班牙人挖到了金山，却让法国人发了财。”

到 16 世纪中期，西班牙的金银货币大量流散出去，朝廷只好铸了许多劣质铜币，老百姓、商人甚至皇家都不愿意用。西班牙的经济环境非常糟糕，财政赤字居高不下，公债偿付一再拖延，货币贬值严重，利率飞速增长。早在 1617 年，西班牙财政委员会就提出警告，高达 10% 的年利率冲击着国家的金融市场，私人企业无力偿还，也难以吸引资本注入。用现代的话说，就是政府的巨额债务对私人部门产生“挤出”效应。到 1673 年，政府偿还的债务占到全国总债务的 40%，而同一年，荷兰的政府债务只占到 3%。为此，两位经济史学家直言不讳地说：“对欧洲国家来说，利率如此之高，要想达到平衡非常之难，常常意味着经济和政治垄断权力的出现。”

4. **交通与通信**。每个国家的自然条件都是不一样的，上天有时会赋予某个国家优越的地理条件：平坦的地势、便利的海洋运输条件，以及适宜航行的河流。法国在地理环境方面就不如英国，而西班牙则更是糟糕，它的腹地多山而且贫瘠，很少有适于航行的水道。

西班牙突破地理环境的限制充满着偶然性。菲利普二世为了利用塔霍河（Tagus）的航运能力而将首都迁到马德里。1580年，西班牙开通了第一条运河，全长200英里，一直可以上溯到阿尔坎塔拉（Alcantara）；1588年，这条运河又延长了200英里，挖到了马德里南部的托莱多（Toledo）。遗憾的是，这一年西班牙在与英国的海战中失败，“无敌舰队”覆灭，失去了霸主地位。而到菲利普三世时期，这条运河的阿尔坎塔拉到托莱多的一段淤塞了，于是另一项重要的工程——在塔霍河与蒙扎纳里斯河（Monzanares）之间开挖运河——的建议提交到全国的教士委员会那里。但在16世纪，哈布斯堡王朝仍然没有摆脱中世纪以来的教会统治。僧侣们运用神权否决了这条运河。他们反对的理由是：“如果上帝有意要用河流来联系，那他自己就会创造出来。”

西班牙传统的狭窄小路、骡马运输的交通方式也传到了美洲大陆，一直延续了几个世纪。当时王宫中最有见识的贵族菲利普四世的首席大臣兼密友奥利维拉伯爵感叹道：“如果一个外国人看到我们还是靠驱使动物来给卡斯提尔的城市运送货物，他一定会觉得这是一个野蛮的国家，因为欧洲已经大量采用了受益无穷的内河航运。”

8.15 国家的掠夺

哈布斯堡王朝统治下的西班牙有一份巨大的浪费记录。本国的出产只占王国收入的1/10；它的经济体系会把一切跟它沾边的东西染上毒素。当荷兰北部的勃艮第地区开始进入繁荣时，西班牙南部的勃艮第却走向衰败。哈布斯堡王朝破坏国家财富和权力的行为有案可查：首先，它靠征服和掠夺来致富，而不是靠发展工农业和贸易；其次，财政上苛捐杂税众多，价格垄断，延付债务；最后，实行闭关锁国的政策，不注意发展交通通信等基础设施。

西班牙被它灾难性的经济体制所束缚，而且这套体制还传到美洲大陆。拉丁美洲未能像北美那样发展起来，至今仍然处于贫困之中，一定程度上正是源于西班牙过去的殖民统治。

此外，西班牙在16世纪的强盛和财富掠夺也刺激了它的重商主义，并且影响到欧洲其他国家的经济。那些邻国认为，如果本国的金银储量能赶上西班牙，那它也能像西班牙一样强大。而许多国家正是因为无法像西班牙那样通过掠夺敛财，才走上了贸易致富之路。

8.16 前进与倒退

西班牙的体制改革是个漫长而痛苦的过程。在西班牙王位战争（1701~1714年）中接替哈布斯堡家族的波旁家族只进行了一小部分改革。1766年，查理三世颁布法令，所有地方政府控制的公地要重新审定并分给“有需要的国民”，但强大的地主和牧主都起来反对这项改革。

在以后一个世纪里，西班牙财产制度改革的动力非常弱。拿破仑帝政之后，议会一再通过复杂而广泛的土地改革法案，试图取消对教会和私人土地继承的限制，而每次只是将前朝国王的法令颠倒过来。早期最典型的例子是1811年议会清除封建制的残余，3年后，斐迪南七世又将这项法令取消了。6个月后，这位国王又宣布废除此前颁布的广受经济学家支持的圈地法令。19世纪早期，朝廷甚至重新建立起拿破仑时期已经废除的宗教裁判所。

在国王和议会之间这种政策的来回拉锯贯穿了整个19世纪。西班牙剥夺教会巨额财产和土地私有化的运动非常缓慢，直到佛朗哥统治时期才解除了束缚欧洲诸国500年的一系列制度。

早在17世纪，西班牙人就意识到体制的缺点。一个叫阿比特里斯塔斯（Arbitristas）的经济学派别清楚地看出这一问题，并开出药方：税制改革，废除教会特权，复兴议会的权力，对劳动者实行减税，以及加速航运和灌溉工程的建设。遗憾的是，这些经济学家的名字，诸如冈萨雷斯·德·塞拉里格（Gonzalez de Cellerigo）、山奇奥·德·蒙卡达（Sancho de Moncada）、费尔南德兹·纳瓦雷特（Fernandez Navarrete），远不及这一时期西班牙最著名的小说人物堂吉诃德那么出名。

8.17 穷则思变——日本的繁荣

如果说有一个国家在进入现代之前完全缺乏经济发展的必要体制，

这个国家就是日本。进入现代之前的日本国民完全没有基本的人身权利和财产权。日本农民独自负担数量巨大、不事劳作的寄生的武士阶级。17～19世纪，日本把自己封闭在世界之外，几乎再现了欧洲最腐败的封建制的方方面面。

这块最早看见太阳的地方土地贫瘠，3/4的国土面积是山脉，只有16%的土地适于耕种。但这块狭小而贫瘠的土地到工业化的前夜需要养活9000万的人口。

8.18 日本封建时期农业的衰落

相对而言，日本是个新兴国家，有历史记录的狩猎—采集社会的出现不会早于公元前15世纪。最早的原住民绳文人汇入了后来的原住民阿伊努人当中。公元之前，朝鲜农民进入九州岛的南部。在随后的几个世纪，这些农民在九州南部耕作，后来他们到达濑户内海，而且横穿日本最大的本州岛。公元1世纪，他们还把农业文明传播到最北边的北海道，而且一路和当地的绳文人通婚。经过公元645～650年的大政改革，日本建立起封建社会，规定所有土地都属于皇帝，贵族和武士定期领取津贴。此后的1000年，农民无耕地的状况同时也宣判了日本统治阶级的命运。

作为统治者的武士阶级向农民强行征税，包括谷物、布匹和劳役。这种赋税义务是固定的——不管农民收成的好坏，每年都需交纳同样数量的赋税。这一制度一直持续到现代社会之前，在歉收的年份，农民难以承受这样的负担，造成整个社会生产的极度凋敝。当然，这套制度也有一些弹性，但并不足以显示功效。在遇到灾荒的年份，赋税可能会暂时减少，但也可能不减。

在很大程度上，这套固定的赋税体系是非常有害的。想像一下，如果一名工人不管有没有工作，都要按年收入1万美元的基数交所得税，那会发生什么样的情况呢？显然，大多数人的生活水平会下降、负债累累，甚至走入崩溃，而国家的经济也会由此崩溃。

大政改革后不久，朝廷把一部分土地授予贵族、寺庙以及那些开垦出新耕地的人，而这些土地产出是免税的，这就增加了那些耕种“公地”的人的负担。这些农民常常会陷入危机，导致生产下降、人口递减。日本此时的中央集权还很弱，也缺乏武力保卫赋税的能力，到 14 世纪中叶，国家处于无政府状态。

渐渐地，日本从由武士统治的社会变成三个不同的社会等级——皇家、武士阶级和平民。后者又按其处境又分成三个集团：地位最高的是农民，其次是工匠，处于最底层的是商人。而农民的社会地位高只是理论上的，其实他们负担着沉重的赋税，受着大名——地方封建主——和武士的压迫，其生活处境也是悲惨的。一位经济史学家曾经说：“德川幕府的统治依赖于农业，却不管农民死活。”

8. 19　寄生的国家

在 19 世纪晚期进入工业化之前，日本 85% 的人口是农民，至少有 6% 的人是不事生产的武士，其余的包括工匠和商人。人数众多的武士后来成为封建制解体的主要原因。大多数日本史学者认为，武士阶层是实际的统治阶级，而皇家及其臣僚只是幽居于京都皇宫的象征统治者。武士阶层的构成者包括上层的德川幕府的将军、中层的大名，以及人数众多的军人。由于后来日本逐渐没有了大规模的内外战争，掌握地方权力的大名便将这些失业的军人召集起来，养在自己的治所，以便监督与控制。后来，武士的地位和生活状态逐渐恶化，到德川幕府后期，许多武士不仅迫于生活而卖掉自己的剑和头衔，而且还从事素来为他们不齿的商业。

平民的生活更是悲惨。大名禁止农民迁居和出售自己的作物，仅仅把他们当成收入的来源，甚至抽取他们收成的一半作为租税。日本的农奴比欧洲的农奴生活还要悲惨，后者起码在名义上能得到德意志罗马封建主的保护，而长期作为日本统治文化之主流的儒教思想，对统治者的罪恶行为实际上很少有限制和制裁。

8.20 从混乱到隔绝

像其他非西方社会一样，火器的引进有助于日本的统一。那些首先得到这种强大武器的人具有了先发优势。日本历史上相继有三位大名——织田信长和著名的将军丰臣秀吉，以及秀吉的副手德川家康——使用火器建立了政权，统一了日本。织田信长第一个将全日本的封建主统一起来，但后来在1582年遭到暗杀。丰臣秀吉完成了织田的统一大业，并且征服了朝鲜，但这被证明是个灾难。1598年，他死于对朝鲜的战争中，其继任者只得放弃这个不明智的征服计划。德川家康创造了以他名字命名的德川幕府。此时，武士阶层开始了随身佩剑的习惯，因为在激烈的冲突中，农民可以毫不费力地用器具杀死一名训练有素的剑客。在德川统治时期，政治与军事动乱此起彼伏，德川家康费尽心机致力于稳定局势，并成功地实现了这一目标。担任过美国驻日大使的历史学家爱德温·莱肖尔（Edwin Reischauer）把延续了250年的德川幕府统治下的日本界定为“一个绝对和平的国家，其长时间的稳定是任何国家都难以望其项背的”。

德川幕府结束了长达几个世纪的动乱，而且政治的稳定也带来了社会经济缓慢、微弱的增长。1600～1820年，日本人均GDP的增长为年均0.14%——从没超过经济增长同样缓慢的荷兰，但对封闭的封建国家来说，已是不容易的了。而这种稳定的代价是沉重的——它造成了日本与世界上其他国家的隔绝，并且使自己长时间处于僵化、严苛的封建制中。

1641年，幕府限制了与外国的接触，只在长崎保留了两个很小的对外口岸，从事与中国和荷兰的贸易。

德川幕府对外开放的一个象征，是一位新任的幕府将军将都城从京都迁到江户（即现在的东京）。他在江户的皇宫成为现代帝国的心脏，而现代日本社会仍然保留着一些幕府时代的痕迹。

8.21　乡村拯救日本

德川幕府时期的日本经济得到增长，但这与其说是国内的和平与秩序带来的，不如说是经济的自身动力实现的。当初，幕府和大名决定将大批武士迁移到人口密集的城市里，一些商人乘机脱离将军和大名的采邑逃到乡下去，相对于城市沉重的赋税和严苛的管理，乡村显得更宽松一些，呈现出一些经济发展的活力与生机。

除了封建统治的薄弱，乡村还有其他优势，包括丰富的水力和有经验的农村劳动力。只要出钱，这些人可以交替在农场和作坊里工作。这两大优势成为日本工业化道路的关键要素。1868 年，日本发生了明治维新，推翻了幕府统治，开始了工业革命，而此时，乡村已准备了一大批训练有素、乐意去城里西方风格的工厂工作的劳动力。1880 年，也就是英国在日本铺设第一条横滨到东京的铁路后 8 年，一支由日本自己的“乡村工业学校”训练出来的工程队伍建造了另一条京都通往大津的铁路，这条铁路要穿越崎岖的山林，工程难度远高于前者。

在没有武士横行的地方，经济发展更为活跃。奇怪的是，这些政策的最大受害者正是武士自己。他们被迫住在贫穷的城市，帮着财政日趋紧张的大名去催收赋税，拿到的年金越来越少，还不到政府规定的一半。因此在 1868 年推翻幕府的革命中，这些不满的武士成为明治天皇的急先锋。

当地球另一面的西班牙的经济被自己搞得一团糟的时候，德川幕府同样在整体地扼杀可能将日本经济引向繁荣的四大要素。僵化的社会结构完全剥夺了老百姓的财产权要求，禁止开发有效的资本市场。正如法国和西班牙的王权一样，幕府的将军和大名同样利用特许贸易和产业垄断作为政府收入的主要来源。这些收入常常是不成文的，常常以“捐献”（contributions）或“酬金”（thank-money）的方式出现，带来直到今天仍然阴魂不散的腐败的政府传统。

幕府将军占据了日本 1/3 的可耕地，其余的属于 200 多位大名。将军和大名有时候会将小块土地分给个体农民，不允许他们转让，但可以作为抵押。然而即便规定不允许买卖，常常也会出现农民不能赎回土地而致使土地权的实际丧失。赎回权丧失的问题一直延续到20世纪，并促成了第二次世界大战后麦克阿瑟将军的土地改革的实施。

闭关锁国的政策使得西方科技难以入内，贸易禁运又使得面向海洋的岛屿地理难以施展优势，某种程度上，英国正是得益于这种地理。日本已大大落后于西方国家，到19世纪中期，其人均GDP只占到英国的1/4、西班牙的一半，其军事力量也是陈旧落伍的。

8.22 黑 船

在描述日本的现代转换时，常常会提到1853年7月马修·佩里准将率领的黑船到达东京湾的事件。就像许多象征性的历史事件一样，这一事件同样被简单化了。事实上，改革早在佩里到来前就开始了，并且断断续续地延续了50多年。

日本认识到西方的强大是在1839~1842年发生于中国的鸦片战争。更早一些，就有日本贵族开始学习西方文化——1838年荷兰人开办的一所学校在日本贵族中间很有影响力，培养了数以千计的人才。而佩里是在1854年第二次到达东京湾的时候，才打开了日本与美国通商的大门。

佩里远征之后，一些西方国家纷纷向日本炫耀海军实力，日本在看到西方发达的军事与科技的同时，也感受到莫大的危机。1863年，英国海军炮轰南部鹿儿岛的叛乱大名，同时又在下关制造了多起事件，都给日本带来了莫大的恐慌。最后，在佩里的黑船打开日本国门不到20年的时间，幕府的统治在日本就坍塌了。

在幕府统治的最后几年，也开始进行了一些改革，并在明治政府治下完成。德川幕府的末任将军曾将一些外交官和留学生送往西方，并从法国和美国借款建造造船厂和其他工业项目，还委任了一批有才能的平民做高官。

但太少了，也太晚了！一个国家在放开贸易时，常常会经历一个“价格聚合”（price convergence）的过程，这是一种委婉的说法，其实它带来高度的不稳定，会让国内的一部分人发大财，而让另一部分深受损失。而国家正是通过商品价格，将劳动力、土地和资本的价格与其他国家聚合在一起①。

因为日本的主要出口商品——大米、茶叶和丝绸——的价格远低于世界水平，其价格的上升让许多地主和商人发财，而消费者，尤其是生活在城市的武士消费者则饱受其苦。与此同时，西方廉价的棉花和工业设备又倾销进来，严重打击了日本国内的生产者。因此，农民和武士都痛恨幕府慑于西方列强的枪炮而在新的国际贸易中出卖了平民利益。1868 年，南方对幕府不满的、势力强大的武士推翻了幕府的政权，与此同时，在位的天皇驾崩，新天皇继位。

明治维新从根本上打破了日本的封建制，并为这个国家引入了发展经济的四大要素，使之进入现代国家，几年之内便全面摧毁了封建制度。封建制度的瓦解使日本的个人财产权得到根本性的转变。日本首次通过立法取消了行业公会，废除了等级差异，允许农民迁居，允许出卖或分割自己的土地，允许他们种他们想种的作物。

日本热切地拥抱西方文化及科学理性主义。日本政府把最好、最聪明的学生送往德国、英国、法国和美国去精研其工程、军事、管理和财经科学，还建立起多层次的现代教育体系，培养人才。这种教育面向大众，而不只是那些懒惰又无能的武士和大名的后代。

最后，日本还建立了现代服务政府的雏形，从而为现代资本市场、交通通信业的发展打下了基础，并引进了新型货币、铁路、电报和邮政系统。作为日本急剧变化的新气象的象征，政府还将首都江户改名为东京，并在德川幕府旧日的城堡上建起了帝国法院。

① 我们再一次提到了赫克歇尔—俄林模型。价格趋同常被作为评估世界贸易模式的工具。例如，在"探索时代"（Age of Discovery，1492 年后的世纪）商品的价格没有发生多少变化，这一事实表明，在那个时代，真正的交易很少发生。参见 Kevin O'Rourke and Jeffrey G. Williamson，"Late Nineteenth-Century Anglo-American Factor-Price Convergence：Were Heckscher and Ohlin Right?" 还可以参见同一作者的另一篇文章："The Heckscher-Ohlin Model Between 1400 and 2000：When It Explained Factor Price Convergence，When It Did Not，and Why，" NBER Working Paper 7411，1999。可以在以下网址下载这篇文章：http：//www. j-bradford-delong. net/pdf_ files/W7411. pdf.

8.23 武士制度的迅速消亡

明治政府在处理改革带来的危险形势时表现得很有策略，主要体现在对待贵族问题上。一开始，明治天皇让破落的大名们仍然保有以往贡物和赋税收入的1/10，几年后才慢慢裁减掉；又把武士的津贴转成低于市场价格的债券，从而大大降低了武士传统的收入。

1877年，南方的武士集团联合起来反抗，并导致幕府的最后一个基地——萨摩叛乱。叛乱很快就被招募起来的军队镇压下去。那些武士显示出作为军人的无能，甚至农民也可以任意羞辱他们，军队很长时间也不愿招募他们。

外国人在控制日本贸易的同时，也给他们带了一些好处。欧洲人的进入打破了日本的贸易壁垒，激烈的竞争也提高了日本公司的实力，来自国内的势力也削弱了国家对产业的控制。当初幕府在西方的影响下进行了一些现代工业的实验，给新政府留下了一些政府所有的工厂和矿山，这些企业大多效率低下。明治维新之后，政府迅速将这些企业私有化，转让给一些大财阀控制，这些大财阀对日本经济的控制一直延续到第二次世界大战以后。在私有化运动中，政府只保留了对军工生产的控制。西方的推动与日本国内私有化运动的结合，提供了强大的"反科尔伯主义"（anti-Colbertian）的动力，推动了日本贸易和经济的增长。

正因为日本经济发展的起点非常低，即使最简单的技术进步也会带来重大的收获。明治维新之前，日本人耕田都是靠人力，农业生产水平极为低下；而到1904年的时候，一半以上的耕地改成了牛耕。这是一种极为平凡而普遍的经济增长方式。在1870～1940年期间，日本的人均GDP增长率为1.9%，从中我们可以看出，比起第二次世界大战后的经济腾飞，明治维新之后的日本经济同样取得了可喜的成果。

8.24　发展中的负面传统

炮舰打开了日本的国门，然而也让它同样用炮舰去对付别的国家。明治期间，日本像当年的西班牙一样，希望通过军事征服来走上繁荣之路。1894 年的中日甲午战争和 1904 年的日俄战争让日本尝到了甜头，1890 ~ 1910 年，即这两次战争期间，日本每年的人均 GDP 增长率为 2.16%。

两次战争的胜利刺激了日本的胃口。1931 年，日本入侵中国，并加剧了与西方的矛盾。为了发动战争，日本已在提高军费开支，1931 ~ 1932 年为 31%，1936 ~ 1947 年更提高到 47%，同时大举借债，一切正如西班牙的哈布斯堡王朝。好战分子还暗杀了反对军事冒险的财政大臣高桥是清，在军国主义盛行之下，日本开动了军事机器，其结果却是可悲的。

8.25　麦克阿瑟的“奇迹”

1940 ~ 1998 年，即便存在灾难性的第二次世界大战，日本的人均 GDP 年增长率依然达到 3.51%。是什么导致日本在 20 世纪下半叶如此高速的增长？笔者认为有两大原因。首先，第二次世界大战后是世界经济增长的黄金时期，即便是古老、缺乏动力的英国，其战后的经济增长率也达到了 1.83%。其次，战后美国冷战的保护伞让日本得以削减军费开支，全力发展经济。

日本战后民主化道路与经济改革的奇迹在很大程度上应该归功于道格拉斯 · 麦克阿瑟将军领导的盟军的军事占领。这位著名将军对这个战败国主要进行了三大体制改革：打破了日本财阀的垄断地位；恢复了战前的民主化道路；强行推广了土地改革。

这三大改革虽然值得赞赏，但它们并非经济起飞的主要原因。日本的财阀制对竞争并没有很强的影响。现代经济理论已经证明，只要政府建立起了保护个人权利的基本的法律制度，那么民主化的进一步发展其实对经济增长并无多大贡献，甚至可能还会起反作用。社会发展会刺激民主进步，但反过来并不一定成立①。假如麦克阿瑟当初没有扩大妇女的公民权利、打破国家机器的专制、颁布一系列的劳动法规，以及推行其他的政治改革，随着经济发展创造出更多的选举机会，上述变革也会自行产生。虽然一些历史学家把日本现代之初的权力与发展的不平衡称为“脱节的国家”——本土与美国输入的体制的结合，事实上，大量复杂的因素促成了日本的改革，而且使之在经历了半个多世纪后，依然处于未完成状态。

8.26 土地、地主与农民

日本的土地改革比较彻底。明治政府引进了一些基本的人权，包括财产权和土地所有制，导致对土地实行重新分配，运用“科斯机制”（Coase mechanism）（参见本书第 2 章）的方式将大贵族所有制变成小私有制。这是一个渐进而稳定的过程，它让勤劳的农民通过购买的方式逐步从没落贵族手里得到土地，就像英国当年一样。

但英国与日本的土地改革又有很大的不同。明治政府虽然让农民得到了土地，但日本的粮食税法同时又规定，即使在歉收的年份，交不起税的清寒贵族或农民也得用土地作为抵押。明治改革还将固定的粮食税从原来的实物税转为货币税，一般是土地价值的 3% ~4%。对普通农民来说，这种政策甚至比以往负担更重，因为以往在歉收的年份，起码还有少量的灵活性。

在 20 世纪以前，失业农民没有到工厂上班的机会。他们只能是给其他土地所有者做佃户。1871 ~1908 年，租给佃户的土地从 30% 上升到 45%，这一水平一直持续到第二次世界大战结束，以至于麦克阿瑟将军来到的时候，日本的农村分为两个互相对立的阵营：广大的佃户和

---

① 本书第 10 章会继续讨论。读者如果想对这个问题有进一步的了解，可阅读 Robert J. Barro，*Determinants of Economic Growth*，2d ed.（Cambridge：MIT Press，1999）.

少数富裕而不劳动的地主。

明治改革前后持续了75年，在此期间日本的社会面貌有了根本性的改变。军队和教育的大发展并不仅仅针对富家子弟，他们常常会发现，自己服役的部队里，指挥他们的是一些受过良好教育的佃农的孩子。而那些有文化、有能力的佃农对自己的处境也越来越不满。在两次世界大战期间，土地改革成为许多政治问题的导火索。但在20世纪30年代，由于有军人控制的政府的支持，地主阶级得以维持自己的有利地位。

纯粹从经济学的角度看，地主与佃农构成的土地所有制关系其实是很有效率的。和小土地所有制一样，地主也有提高农业生产的积极性，而且比普通农民有更雄厚的资本来改良土地。因此在明治维新之后，日本的农业生产力得到迅速提高。

但从社会角度看，日本地主与佃农之间的矛盾带来了灾难性后果。它使穷人更穷，富人更富。麦克阿瑟认为，地主阶级构成了法西斯主义和军国主义的基础，在他的领导下，美国占领军开始强力消灭它。占领军用赎买的方式剥夺地主土地，而且是以战前的价格。由于战后日本的通货膨胀特别厉害，所付的土地价格其实不值什么钱，近乎是无偿充公。根据日本的情况，平均每个农场为2.5英亩，超过10英亩则被当成地主。从道义上，我们会对那些佃农感到同情，但麦克阿瑟的土地改革其实也是对财产权的肆意破坏。对此，莱肖尔曾经尖刻地批评麦克阿瑟："在别人的国家里进行疾风暴雨式的改革，总是轻松而带有游戏性质。"且不说土地改革对日本社会和政治的影响如何，其实它对经济的总体影响并不是那么大。在一个工业化程度不断提高的国家，土地所有制的结构并不占重要地位。

在日本，麦克阿瑟仿佛太上皇一样拥有绝对权力，他的一系列措施展露出可怕的效果，同样也是对自由民主的破坏。1951年4月11日，杜鲁门总统解除了他的职位。日本人吃惊地看到，一位威望并不那么高的平民总统发出的措辞严厉的信，就能打发掉如此有权势的将军。

更为重要的事实是，美国的军事保护让日本仅仅需要花费GDP的1%用于国防。在20世纪的头40年，面对军事方面对资本和人力的巨大需求，日本经济能够持续增长，这真是一个奇迹。而摆脱了军国主义的束缚后，日本经济便自然地在战后的废墟中成长起来。

总之，日本在战后爆发出的经济增长，是基于以下几个因素：

- 与世界上其他国家一样，日本在经历了30年的战争之后，其国力积贫积弱，经济处于崩溃边缘。当工业运行在远低于产能的水平上，资金由消费转向工厂与设备恢复和现代化时，结果必然是充满活力的经济增长。
- 美国的军事控制迫使日本改变了国策，从以往试图成为野心勃勃的军事霸权国家中转变过来。
- 在第二次世界大战后麦克阿瑟实施民主改革之前，日本已经建立了基本的财产权体制，并大量吸收西方科学，发展起了现代资本市场、交通通信等基础设施。

而且，日本强调辛勤工作、节俭、重教养的文化也一直保存完好，而在麦克阿瑟之前，日本便有50年议会民主的经验。

8.27 “升起的太阳”

20世纪80年代是战后日本经济的黄金时代，许多人都预测日本经济会长盛不衰，主宰世界（正像该世纪60年代其他发达国家神经紧张地盯着德国与日本的经济奇迹一样）。其实大可不必这么神经过敏。因为，首先，一旦正确的财产制度和法律法规建立起来了，经济就能自行增长，而这一基础没有建立，再好的发展战略也是很难实现的。其次，制度的优越性是客观的，一旦财产权制度和法律法规建立起来，必然会带来某些区域的经济增长。最后，美国已经越来越对承担日本的安全防卫感到厌倦，而日本早晚会重新充分地承担起自己的国防任务。让我们为它不再重蹈历史覆辙而祈祷吧。

第 9 章

落伍者

现在我们来看看那些落在后面的国家。本部分的前面两章大致从历史的角度，叙述了荷兰、英国、法国、西班牙以及日本的经济发展。而那些没有发生经济腾飞的国家，好比一辆不曾启动的长途车，难以纳入到本书的历史叙述之中。

一个国家经济失败的历史源于其传统文化对转变的抗拒，很难通过不同国家相对照的方式来分析。为了理解为什么某些国家没有出现经济繁荣，我们可以以奥斯曼帝国和后来的阿拉伯世界以及拉丁美洲为例，从文化区域的角度进行分析。

在本章的前半部分，我们将讨论经济繁荣的四大要素——财产权、科学理性、资本市场和现代交通通信——在奥斯曼帝国的遭遇。奥斯曼帝国的瓦解曾经导致了现代中东和巴尔干半岛的贫困与激烈的内部冲突。在本章的后半部分，我们将分析拉丁美洲在资本市场和财产权方面的一些表现，重点讨论第 8 章谈到的西班牙留下的殖民传统是如何继续阻碍拉美经济发展的。

从意识形态的角度，人们常常断言，自然资源的不均衡，以及殖民主义、帝国主义的掠夺，会造成世界财富分配上的不平等。在本章结尾，我们会用许多明显的、有说服力的论据来仔细讨论这一理论。

本书不可能涵盖所有不发达国家，尤其是非洲和亚洲的不发达国家。有兴趣的读者可以借助本书对中东和拉美的分析模式，将四要素应用于其他不发达国家。

9.1 伊斯兰世界为何落后了

我们可以借助四要素范式来区分当今世界的两大地理区域：西方世俗世界和穆斯林传统的宗教世界，并考察奥斯曼帝国统治下形成的四大要素衰弱的历史，以及社会贫困的历史根源。下一章，我们继续运用社会学方法，从统计学角度来分析穆斯林国家的经济，我们可以看到它与西方的差距其实与宗教教义无关，一切都关系到本土文化。

在20世纪早期，人们很容易把伊斯兰世界视为衰败的社会，这个社会不能为民众提供实现个人自由和财产权的最基本的条件，而后者在西方看来是理所应当的。然而将历史的时钟往回拨500年，或者1000年，与今天两种文化不平衡的状况相对的，是一个充满活力的、强大的穆斯林文化屹立在贫穷、混乱、衰败的基督教国家身边。

在公元7世纪穆斯林首轮征服狂潮之后，伊斯兰世界迅速分裂为许多哈里发政教合一的国家，直到1453年奥斯曼土耳其帝国征服君士坦丁堡，一个统一的伊斯兰国家才重新出现。奥斯曼帝国在版图、权力、文化成就和科技思想等方面达到顶峰，在同一时代，只有东方的中国才能与之媲美。

其实在奥斯曼帝国之前，阿拉伯人的天文学水平在全世界都是独一无二的。11世纪，阿尔哈桑（Alhazen）就创立了光学理论和天体理论，远远超过了欧洲中世纪的水平。1550年，土耳其人在博斯普鲁斯海峡建造了有120级台阶高的灯塔，比同一时期欧洲的灯塔都要大，都要高。

由于在阿拉伯半岛，用来制作羊皮纸的动物皮很少，因而早期穆斯林书写员从中国学会了造纸技术，并进行了诸多改进。伊斯兰学者早在1453年君士坦丁堡陷落之前，就翻译了许多古希腊的文献，后来在意大利文艺复兴时期受到高度关注。阿拉伯人还从印度引入计数体系，并学会了使用0——没有这个0，就不会有现代数学的产生。正如古希腊人发明了几何学、欧洲人发明了微积分，而阿拉伯人则发明了代数学。琼斯（E. L. Johns）非常好地总结了中世纪时期基督教和伊斯兰两种文化的差异："在穆斯林控制的西班牙，是巨大的、灯火通明的城市，分布着大学和藏书丰富的图书馆，而在比利牛斯山脉以北，则散布着一些小棚屋，基督徒过着斯巴达式的艰辛的修道院生活。"

早期的阿拉伯哈里发统治者，例如耶路撒冷后来的征服者撒拉丁，对基督教世界尚心存敬畏与恐惧，而到了16～17世纪，奥斯曼土耳其成为庞大的帝国，几乎要吞并西方世界。它像强盛时期的古罗马帝国一样庞大和富裕，也像古罗马一样充满了优越和永恒的心态。奥斯曼帝国的版图甚至对现代世界依然产生着影响。这个帝国当年统治的地方，有许多今天依然是地缘政治的中心：沙特阿拉伯、海湾国家、约旦、叙利亚、巴勒斯坦/以色列、埃及、伊朗的大部、巴尔干国家，以及北非的大部分地区。今天，这片动荡不安的地区所产生的希望、梦想、冲突、挫折很大程度上源于历史上的这个大帝国，而它的首都则位于欧洲大陆的东南边缘。有一段时期，帝国的"帕夏"（pasha）——奥斯曼帝国的高级官吏——统治着布达佩斯，阿拉伯海盗例行公事般侵扰着英国的岛屿。1627年，为了获得最珍贵的"商品"——欧洲奴隶，奥斯曼帝国还远征到西北部的冰岛。

9.2 奥斯曼帝国的衰落

在17世纪，奥斯曼曾两次围攻维也纳。对于欧洲人来说，幸运之神的降临是在1683年的9月——奥地利第二次击退了土耳其（奥斯曼）的进攻。在接下来的十多年，俄罗斯的彼得大帝夺取了土耳其帝国在黑海——它曾经是帝国的"内陆湖"——北岸的据点。1699年，《卡罗维茨条约》（*the Treaty of Carlowitz*）的签订，正式确立了土耳其帝国在版图和实力上的衰退。

1798年，拿破仑迅速征服了土耳其统治下的埃及，这让帝国的统治者惊呆了。事实上，那位年轻的科西嘉统帅进攻埃及的军事行动是鲁莽而草率的，是在毫无地形与气候知识的前提下进行的，所以没多久，他的部队就被另一位同样年轻的将军——赫拉提奥·纳尔逊（Horatio Nelson）轻松赶出去了。按照历史学家伯纳德·刘易斯（Bernard Lewis）

的说法，这一系列事件表明，“不是一股，而是多股欧洲的力量能够在土耳其的势力范围内随心所欲地采取行动，达到自己的目的”。仅仅在一个世纪内，土耳其帝国就衰落成“欧洲病夫”，在英法两国的压迫下苟延残喘，或者仅仅是充当奥地利哈布斯堡家族的一股平衡力量。

当一种文明或文化处于衰退之中时，它常常会用两种方式来解释自己的衰退。一种是痛苦但具有建设性的，反身自问“我们做错了什么”；第二种则是寻找替罪羊的方式，追问“是谁让我们惨遭失败的”。平心而论，土耳其人问的是第一个问题，但是很可惜，他们得出的答案却是错误的。

17 世纪，土耳其人认识到自己的军事技术远远落后于西方世界。他们试图通过大量进口重要武器和军事顾问来弥补。在《卡罗维茨条约》签订后的两个世纪，来自奥地利、德国和法国的指挥官及军需专家源源不断地涌入伊斯坦布尔，土耳其人花费大量财富来购买欧洲制造的最新式武器，甚至引进西方的军服和军乐。

帝国的外交官和使节被派往西欧各国去考察，他们被各国的新式工厂所生产的五花八门的产品惊呆了。一位大使建议帝国购买“五家生产鼻烟、纸张、水晶、布匹和陶瓷的工厂，因为这些商品是西方目前贸易的基础，而我们能在接下来的 5 年内超过他们”。罗斯托教授也提出过建造工厂的战略建议，并被采纳。但仅仅是建设一些现代工厂而没有发展其他的西方现代体制，这只是个鲁莽的办法：缺乏切实的法律、知识和金融基础，仅仅是建设一些西方式的工厂，其结果只能导致失败。土耳其人建设的一些工业设施很快就变成一堆毫无用处的废物。没有界定明晰的财产权，没有对土耳其苏丹、伊斯兰长老的权力的严格限制，那些理智的商人就不会付出努力去建设和管理现代企业，理智的投资者也不愿意在这些事情上投资。

除了缺少现代产业，对“我们做错了什么”这一问题还有别的回答。许多土耳其人的答案是回到传统中去，也就是更进一步退回到宗教保守主义中去。除了军事技术和现代制造业，土耳其人对西方世界缺乏更多的兴趣。这体现出很有意思的文化差异——以英国为代表的西方国家很快就在一些著名大学里建立了阿拉伯语系，而土耳其却没有相应地在自己的大学里开设“西方研究”的项目。

土耳其对西方缺乏兴趣，部分是由于穆斯林教义把犹太教和基督教看成是通往真理道路上不完美的一站："基督教义里的真理其实都包含于伊斯兰教当中，而其中的谬误则被伊斯兰教排除在外。"在穆斯林看来，西方人仍然是未开化的异教徒，即便他们更为富裕，有着更精良的武器。

在15世纪的某个时候，穆斯林学者停止了对《古兰经》的进一步解释。这是个难以察觉的灾难，它削弱了伊斯兰世界的社会活力和经济力量——把教义变成绝对权威，顺服地接受前人的解释，终止了重新解释的可能性。这就仿佛是美国在1857年的"Dred Scott 案件"后，最高法院终止对宪法的再度解释一样，在对该案的裁决中，称黑人不是美国公民，国会不得禁止蓄奴。

伊斯兰教义对探索知识的本能的禁锢，还导致另一个经济繁荣要素——科学理性的缺乏。一个对外部世界天然缺乏好奇并且不愿接受挑战的社会是个缺少创新的社会；而一个缺少创新的社会，当然不能发展和繁荣。

9.3　土耳其农业的死亡螺旋

土耳其人知道他们失败了，就像欧洲人知道自己成功了一样。但是两方面都不清楚真实的原因是什么。土耳其军事和经济的劣势只是诸多病症的症状之一。在第8章，我们强调农业、商业、工业尤其是税收制度对一个国家的重要性。开明的统治者懂得给国民提供必需的服务设施，诸如公共安全、卫生预防、道路交通、教育机会，以及独立的司法制度。在这些事业上能够繁荣发展的国家，永远不会落在后面。

那些靠征服与掠夺获得收入的国家不可避免会失败。当他们掠夺来的钱财被花光了以后，国家就会走向衰落，我们从亚历山大之后的古希腊、罗马帝国以及德川幕府之前的日本都能看到这一过程的发生。国家为了增加收入，就会加征赋税。苛捐杂税会使曾经富庶的农村变得凋敝，人口规模下降，从而扼杀了经济。土耳其帝国曾经是比罗马帝国更贪婪的掠夺机器，谈不上有什么国内生产。这注定了它的失败。1675

年，一名观察家注意到，土耳其在欧洲境内的农庄有 2/3 以上处于废弃状态。

荷兰与英国率先意识到国家的服务功能与军事、经济权力之间的联系。法国紧随其后。而西班牙和日本在蹒跚了几个世纪后，最后总算是跟上了这一步伐。而土耳其人从来没看出这一联系，其他的穆斯林国家也不曾意识到这一点。

9.4 奥斯曼帝国的四要素

让我们花点时间来讨论奥斯曼帝国中影响经济增长的四要素。

- **财产权**。传统社会的统治者常常极不尊重个人财产权的法规及其神圣性。当然，对财产权破坏最为严重的是奴隶制度。直到 19 世纪，土耳其帝国才在西方的压力下逐步缩减了它的奴隶贸易。而在其国土范围内，奴隶制则一直延续到 20 世纪。也门和沙特阿拉伯直到 1962 年才废除了奴隶制。今天，估计苏丹、索马里、毛里塔尼亚的奴隶人数仍然高达 30 万。
- **科学理性**。伊斯兰世界曾经拥有优秀的知识探索传统，然而在 1500 年左右，这一传统逐渐改变了。从一些简单的事例中我们可以看到土耳其人对科学的态度。1577 年，土耳其人在伊斯坦布尔附近建造了著名的天文台，它模仿了北欧人布拉赫（Tyco Brahe）建造的 Uraniborg 天文台，其仪器设备和人员配置都与丹麦那座天文台非常相似。但刚刚建好，土耳其苏丹就在他的宗教顾问的建议下，毁掉了这座天文台。
- **资本市场**。伊斯兰人禁止在借贷时加上利息，这极大地限制了商业的发展。此外，由于土耳其苏丹能够随意控制个人财产，导致资本匮乏，几乎没有银行。如前所述，直到 19 世纪，土耳其才由欧洲人建立了第一家银行。
- **交通与通信**。在这个领域，欧洲人并没有领先多少。中世纪晚期欧洲的交通与通信并不发达，当然，土耳其人也强不到哪儿去。

9.5 现代中东地区的四要素

现代穆斯林世界的制度差异非常大。正如我们在第1章中讲到的，要发展四个要素中的三个——科学理性、资本市场和现代交通与通信技术——并不难，即使在中东也是这样。对于社会的发展和繁荣，有待追问的是个人财产方面的法规。

即使在今天，西方式的财产权在中东也并未盛行。这种不盛行甚至延伸到法律领域。伊斯兰教规往往会对财产制度进行修正和框定，使之成为一项严格的法规。现代中东国家大多是警察国家（police state），如果国家权力不受约束，那么再严格的法律法规也不起任何作用。无法律社会的特征——在富人甚至政府办公室都得建造带有铁丝网的高墙——笼罩着整个穆斯林世界。

地理学家和考古学家做过令人信服的研究，中东大范围的沙漠其实跟土地缺乏明晰的归属界定有关。在古罗马时期，北非曾经森林茂密，土地肥沃，但随着伊斯兰帝国的到来，这里逐渐变成了干旱的不毛之地。古罗马时期北非的人口和农产品收入甚至比1000多年后的奥斯曼帝国时期还要高。

帝国的农业灌溉技术和历史一样古老。米索不达米亚平原是一种灌溉文明，古罗马时期通过庞大的灌溉工程，成功地将北非大面积的沙漠开垦成绿洲。而阿拉伯帝国和奥斯曼帝国统治这片地区后，由于缺乏有保障的财产制度，这些灌溉系统逐渐废弃了，人口也随之下降。令人吃惊的是，许多考古学家发现，其实不需要花费多大力气，就能重建古罗马时期建造的自流井灌溉设备，但这些设施却沉睡了上千年。

阿拉伯的游牧传统其实也是缺乏明晰财产权的合理结果。山羊群能够到处走动、吃草——这一经济形式非常适合在一片没有所有者的土地上存在，而哈里发政权随时准备将农民的土地剥夺，交给牧人放牧。人们不再种植农作物，山羊群很快将土地变成不毛之地。山羊走到哪里，哪里的土地就变得贫瘠，沙漠也就接踵而至。

如果土地所有权无法得到保障，人们就不会去灌溉、耕种和施肥。

长此以往，阿拉伯式的悲剧——过度放牧，山羊吞噬牧草——导致越来越多的边际土地沙漠化。

9.6 村庄与清真寺

在穆斯林世界，摆脱经济陷阱意味着必须以信任、安全和服务为基础的现代国家取代传统的以家庭和宗教为基础的系统。而在穆斯林世界，世俗政权与神权之间的分离是不可能的。如今在土耳其和马来西亚，这种政教分离的国家体系已经在很大范围内得到确立。

现代穆斯林世界跟大多数欧洲国家 3 个世纪以前的境况相似，当然，在交通、通信和资本市场等很多方面要强得多。16 世纪初，西欧开始缓慢地在其统治原则中摆脱宗教的影响，也就是说开始建立市民社会。如果穆斯林世界真的希望进入现代社会，它也必须这样做。这个过程需要上百年的时间，不可能在数年或数十年的时间内完成。由内部或外部推动的简单的制度变化，最多只能是一些表面性的过程，正如第一次世界大战后英法发现，在前奥斯曼帝国的版图上，很难建立起议会制度。

那么现代中东如何才能实现这样的变化呢？其中有一条发展道路，即通过提高个体权利和财产权以及一切公民权利，来实现社会繁荣，最终实现民主改革，我们将在下一章讨论这一问题。在村庄和家族当中，这种改革比在伊斯兰教和清真寺中更为必要。

伯纳德·刘易斯（Bernard Lewis）提出另一条更能引发兴趣的道路。他指出，早期伊斯兰教是主张平等的、非等级化的，与基督教建立了教士、主教、大主教、红衣主教和教皇的金字塔式的等级结构不同。很久以后，土耳其帝国才任命了一系列的宗教官员和上层的伊斯兰教学者，后者相当于是在伊斯坦布尔的大主教。在过去数十年前，伊朗又模仿现代天主教的机构，创造出宗教领袖这一新型的什叶派伊斯兰教教长。刘易斯希望能够“通过这些高层宗教人士推动改革”。

不管采用何种途径，在穆斯林世界实现根本的文化转变都是必要的，但这种转变将会让好几代人痛苦而感到无力。1853 年，佩利船长率领的“黑船”（black ship）打破了日本的闭关锁国，但也让日本人因此选择了正确的道路。今天，穆斯林世界真真切切地看到了西方式的福利和强大，以及造就它们的制度，而他们得出的结论、作出的选择将决定他们的命运。

9.7 拉丁美洲——“一笔不幸的遗产”

英国文化及其后来者——美国、加拿大、澳大利亚以及新西兰——位列全球最富裕的国家，这绝非偶然。而作为西班牙、葡萄牙后继者的拉丁美洲，它们至今仍然不曾富裕起来，这也是顺理成章的。上一章我们探讨了前现代时期西班牙政治与经济的僵化，尤其是它未曾发展起财产权体系，分析了西班牙殖民机器罪恶的掠夺本性。毫不奇怪，西班牙的殖民后裔至今依然被这些苛刻的“遗产”和问题众多的制度所困扰。

在推动经济发展的四要素中，拉丁美洲对其中的两个并不缺乏。在宗教改革之后很长一段时间，拉丁美洲才最终摆脱了天主教的陈腐教规，走向成熟。宗教裁判制度衰落之后，科学理性在新大陆的英语和西班牙语地区兴盛起来。同样，在 19 世纪晚期，欧洲和美国开始自由投资拉美的船运、铁路和电报系统。随着世界金融和通信业的发展，成熟的资本市场也开始产生。进入 20 世纪，布宜诺斯艾利斯发展成为全球著名的证券交易市场之一。但实际上，阿根廷的大公司很少在那里交易。阿根廷著名的电报和铁路公司的股票是在伦敦交易所进行买卖。

从现代视角看，拉美经济的核心问题在于其产权制度。拿破仑战争唤醒了南美洲的独立意识，南美各国从西班牙波旁王朝的统治下解放出来，这与美国的独立战争非常相似。那些独立的共和国大多采用美国的政治体制。但在民主的表面之下，却是西班牙式的政治问题。哈布斯堡贵族遗留下的传统总是倾向于否定新独立国家重视个人自由和财产权的文化，而这在美国和英国却大行其道。拉美新兴的政治体制也反映了哈布斯堡的专制与暴力传统。

在美国，革命的爆发是一个自然而然的过程，它由那些充满活力的小地主组成的众多政治团体所点燃。直到英国军队出于保卫波士顿的安全考虑，轻率地从康科德和莱克星顿一带撤走，避免与那些被激怒的小地主交战，合众国的缔造者们才意识到他们需要制定出一个更周密、更快捷的斗争计划。

而南美的独立战争则相反，它是由一批上层的、充满冒险精神的大地主精英分子所领导——从不太严格的意义上说，其领导核心是那些早先西班牙殖民者的后裔。在美国，难以承受的税收（英国人当时为了应付与拿破仑的战争，对北美殖民地征收巨额的赋税）点燃了反抗的导火索。美国的独立是一个流血事件，而南美的斗争走的则是另一条道路。造反的队伍与他们的北美同伴无任何相似之处。几乎没有任何志愿者参加。玻利瓦尔的部队充满了唯利是图者、梦想发财者和强征来的士兵，许多士兵是戴着镣铐加入队伍的。总之，这是一批由野心勃勃的军阀率领着的乌合之众。

南美的解放战争伴随着对大众的屠杀。西蒙·玻利瓦尔，这位南美洲的“乔治·华盛顿”，实际上以独裁的方式统治着委内瑞拉和安第斯山脉国家。其手段非常残忍——1813 年解放加拉加斯（委内瑞拉首都）时，被他处以死刑的人和在战争中死去的人一样多。但从残忍的角度说，他还比不上自己的副总统弗朗西斯科·桑坦德。1819 年攻陷波哥大不久后发生的事件，就极为典型地说明了该问题。为了保卫这座城市，玻利瓦尔将保皇党关押在要塞里，然后自己西进，把指挥权交给了桑坦德。玻利瓦尔刚一离开，桑坦德就将全部 30 名保皇党军官聚集起来押往刑场。他还下令创作一首歌来纪念这次枪决，还杀死了一位路人，因为这个人试图为死刑犯求情。这些事件为南美解放战争打上了浓重的阴影，并且深深地影响着南美洲的历史。在 20 世纪 70 年代，暴力又一次以现代的方式展现出来——南美右翼独裁者实行了登峰造极的大屠杀。

西班牙人自己比造反者有过之而无不及。安第斯地区最古怪的角色是保皇党指挥官荷西—托马斯·波夫。虽然他本人就有西班牙血统，却对白人极为轻蔑。波夫计划尽可能地杀光白人，并由混血种人来取代。他为白种男人选择的武器是长矛，为白种女人选择的是皮鞭。

拉美革命带来的非法杀戮、抢劫和伤害导致了长达两个世纪的政治动荡。墨西哥独立后的现状生动地展现了这一点。1821 年 2 月，当地的保皇党将军奥古斯丁·德·伊图尔比德决定结束殖民统治，他脱下制服，进入了墨西哥城，宣布脱离西班牙。因为不满意那些立宪党领袖，第二年他就出人意料地颠覆了自己的政府，宣布自己为国王。在此后的 9 年内，墨西哥的政体先后变化了 4 次之多。

9.8 财产权的边界和经济学家的论述

缺乏稳定的政府制度，只是南美问题的一个方面。一旦确立了保护财产权的英国文化传统，此前的西班牙和葡萄牙的殖民传统就会逐渐受到削弱。

如果想理解拉美国家的财产权所遭遇的问题，我们必须进一步研究财产权的基本特征。在第 2 章和第 7 章，我们简要地讨论了，财产权不仅是可得的，而且必须是有效的，也就是说，人们不用为获得、保有和加强它而付出太大的代价。在《圣经》里，亚伯拉罕从以弗仑手里购买土地就没花太大代价，他只是用葡萄酒和食物款待了证人。一旦买卖确立，亚伯拉罕对土地的所有权就无可置疑了，而且有权处置那些擅自放羊的人和偷猎者。同样重要的是，他也有权转让土地——可以把土地卖给任何人。

时间飞快地过去了 4000 年，在 20 世纪 50 年代，芝加哥大学一名叫罗纳德·科斯（Ronald Coase）的经济学家探讨了在私人事务与政府管制之间构成冲突的秘密。举例说，一个种植玉米的农场周围有一片牧场，牧场的牲畜总是跑到农田里去啃食庄稼。经济学家将此称为“负外部性”（negative externality），就像千里之外的工业污染弄脏了你喝的水，百尺之外的邻居家的噪声打扰了你的清静一样。

科斯认识到有两种方法可以解决这类矛盾。第一种也是最明显的方法，是要求牧人赔偿损失；第二种则不那么直接，是牧人有权要求农夫支付为圈住牲畜而建栅栏的费用。在第一种情况中，责任是牧人单方面的；第二种情况中责任则是农夫的。科斯的天才之处在于认识到并没有谁天然地要承担责任。每种情况的结果都是相同的——同样的钱发生易手，只是钱的流向相反。两种结果在经济学意义上是相同的[1]。经济学家和法学家很快就认识到，个人产权同样是真实的。财产权最初是如何分配的并不重要，重要的是如何清晰有效地界定这一权利。对科斯来说，这涉及三个问题：

- 所有权与责任清晰界定。
- 权利与责任可以自由买卖。
- 协商、买卖和扩大产权的费用低廉。

只要上述三个条件被满足，财产权就能找到那些愿意最大限度地利用它的人，而责任也能够被那些能获得最大效用的人所承担。在一般意义上，政府除了明确地界定和加强财产权外，并没有承担更多的管理角色，所有的产权交易都发生在个人之间。

想象一下，如果一个国家的有效资产突然间都转移到少数几个家庭，那会出现什么情况。在两三代里，聚集的家产就会被那些浪荡子挥霍殆尽，因为他们需要钱来买奢侈品，会把土地卖给那些更能有效利用的人。不到一两百年，大量的小地产所有就会成为普遍现象，大片土地会被许许多多善于经营的家庭拥有。

这正是在“诺曼征服”（Norman Conquest）后英国出现的情况。一个越来越有效率的财产权制度逐渐分散了原先被几个诺曼家族所控制的土地所有权。科斯和他的同侪是对的——在长期中，谁是所有者不如产权的清晰和可转让程度更重要。对于朴素的英国人来说，健康的社会更多地建立在可理解和可加强的规则上，而不是财富分配的表面“公正”上。而对那些更朴素的英国人，法律事务比“社会公正”更为重要。

与诺曼统治时期的英国相似，西班牙在驱逐了摩尔人之后，土地被掌控在数十家大贵族手里，而且它还将这种土地集中的体制输入到拉美殖民地。例如在墨西哥，16 世纪盛行的天花夺走了数百万小户农民的生命，而他们的财产就被转到西班牙农场主手里了。由于接受了西班牙有缺陷的财产机制，墨西哥大多数的耕地成为贫瘠的世袭财产，直到进

---

① Ronald. H. Coase, “The Problem of Social Cost,” *Journal of Law and Economics* 3 (October 1960): 1-44. 科斯是著名的经济学家和律师。这一作品是在经济学文献中被引用最多的文章之一。1991 年，他凭借这篇文章和其他相关著作获得了诺贝尔经济学奖。

入现代，情况才开始变化。

与诺曼之后的英国不同，西班牙及其殖民地的情况向着另一面转化。在大西洋两岸，西班牙财产制度的倒退阻止了国家向着产权交易的自由市场突破。拉美被迫接受西班牙消极的财产制度，优势被削弱殆尽——只有哥斯达黎加这个被视为一潭死水的国家，由于避免了土地集中到少数人手中，从而成为中美洲唯一获得经济发展的国家。

现代拉美国家都不曾拥有科斯所说的三个条件。理解有效财产权的最简单的方法是考虑一小块土地的买卖。在美国，土地买卖中最复杂也最困难的部分是价格协商。一旦这一步骤成功，剩下的就是以非常廉价的方式考核卖主所有权的合法性，签一个文字协议，然后到县府去进行转让登记。

而在拉美则不是这样。经济学家赫尔南多·德·索托（Hernando de Soto）通过考察拉美财产法规的扭曲与变异，发现在秘鲁首都利马完整地购买一套房子需要728个步骤。在这种情况下，只有那些最富有的或大商人才能最后得到产权，而农民很难卖出自己的土地，因为买主不能确保他能得到完全所有权。在这样的社会，家庭里保持产权的唯一方法是把土地分给自己的儿子。几代以后，不断的土地分割导致家族之间贫富分化，兄弟反目。农民也不能通过借贷来发家致富。因为如果农民拖延还贷，银行无法保证能够取消农民的赎回抵押权。同样，商人也得不到投资，因为投资者如果不能保证得到投资收益，他们自然不愿意去投资。德·索托描述了第三世界国家把财富当成“死钱”（dead capital）的情况：财富只有在产权明晰的前提下，才能间接流动，才能吸引巨大的投资。

拉美流行的那些政治花言巧语也助长了这种有害的经济氛围。在大众仇富、报复心态严重的地方，财富或商业的增长只能使之成为没收充公的目标。那些从政府手里购买或分得土地的农民和小土地所有者一样处于紧张状态。因为他们不能买卖土地，也不能抵押借贷，唯恐政权更迭后遭受反戈一击。

西方世界对此也于事无补。数十年来，发达国家鼓励通过政府法令来进行土地改革，但他们这样做意味着要形成一种制度——赠给农民土地，而他们既不会出卖也不会去改善经营。西方似乎忘记了几个世纪以前的教训：推动财产私有化和民主的最有效率的方式是实施“英国式的土地改革”——通过确保私有财产权和实施自由、开放的土地市场来使普通农民获得土地。不管意图多么良好，即使以“人民”的名义没收大地产并强制土地买卖，也只会对社会机制起到破坏作用，实现不了使最广大国民摆脱贫困的目标。

9.9 裙带关系与资本

拉美国家土地市场的混乱状态也阻碍了资本市场的发展，对此墨西哥提供了良好的研究案例。直到 1890 年，大多数墨西哥农民和商人的资金来源还是家庭。西方世界习以为常的“非个人”的资金来源——面向个人的小笔银行贷款和面向大公司的股票与债券——在墨西哥根本不存在。即使 1864 年，墨西哥建立了首家银行后，抵押贷款的利率也非常高——年利率常常超过 100%。这种情况一直延续到 20 世纪 30 年代。到第二次世界大战爆发时，墨西哥城市股票交易所只有 14 只股票在交易。

19 世纪的墨西哥商人发现，如果没有强有力的关系，他们会轻易地被那些有关系的人击败。在 19 世纪早期和中期，政府官员的任期通常是用月来计算的，即使是最富有的人，要想保护自己的财产不被侵吞，也是非常困难的。1877 年，大独裁者波菲里奥·迪亚士登位，情况明朗了一些，但并无任何改进。迪亚士的统治一直延续到 1910 年，在他的统治下，几乎每个大公司都有一名政府大臣或者大臣的亲属在董事会里任职，以保证在公司发行股票或浮动债券时能得到政府的批准。因为证券只有那些与政府有关联的人才能得到，这就大大减少了银行的数量，从而导致小商人和农民难以获得资金。

拉美国家的政府从来不把自己看成服务性政府，他们无视资本市场的体制基础——通过法律管理债券、借贷、抵押和并购。墨西哥到 19 世纪末才有了基本的商业和财产成文法规。而没有法律体系保护投资者，债权人和投资者就会要求有非常高的投资回报率，导致企业难以获得资本。

拉美政治的腐败源于西班牙哈布斯堡王朝，并且由于政局不稳而积重难返。一个到处充满着征服、掠夺、剥削和强制收取矿产税以致富的国家绝不可能出现有效率的资本市场。现代安第斯国家的毒瘤——无法无天的贩毒业——只是腐败政治的症候，而不是其原因。

两个最富裕、最民主的西班牙语国家——智利和西班牙本身——都建立了强制性地强调保护私有财产的右翼独裁势力来实现发展，这绝非偶然。智利的情况尤其令人深思。奥古斯托·皮诺切特的经济政策是由"芝加哥男孩"——一批在芝加哥大学接受教育并深受罗纳德·科斯和米尔顿·弗里德曼（Milton Friedman）影响的经济学家——指导下制定的。当然，选择右翼独裁是一个危险的游戏，因为你更有可能落入匹隆、马科斯或杜瓦利埃——而不是皮诺切特和弗兰科——的统治下。造就皮诺切特和弗兰科并非一项轻松的工作。

由于有着私有财产的萌芽，相对更容易获得资本，并且更能接受西方文化，拉美的经济繁荣之路比起穆斯林世界似乎前景更为光明。当然，拉美的繁荣远未到来。南美最贫穷的国家——位于安第斯山脉的国家——和那些相对富裕的国家，仍然遭受腐败政治、暴力和殖民传统的经济恶果的蹂躏。这些国家要想完全迈进繁荣，还有很长的路要走。

拉美和穆斯林国家的失败产生了诸多宗教和文化问题，如果我们不想因为这个世界上最富裕和最贫穷的国家之间越来越大的鸿沟而爆发世界末日般的战争的话，就必须全力解决这些问题。下一章我们将讨论文化、宗教和经济增长之间的关系。

9.10 自然资源与帝国主义

19世纪，体制上的严重缺陷延缓了法国、西班牙和日本的经济发展。在现代社会，同样的制度问题也使得穆斯林世界和大多数拉美国家难以实现经济繁荣。在分析一些国家为何落后时，如果不讨论下面两个看起来并不重要的因素，这种分析就是不完整的：

1. **自然资源**。一个国家的富裕程度与其自然资源常常可能成反比的关系。我们看西班牙哈布斯堡王朝和现代的尼日利亚、沙特阿拉伯、扎伊尔，很难不得出这一结论，丰富的自然资源有时反而成为国家发展的一个障碍。通过承担风险和辛勤工作，发展工商业，来创造财富，会推动健康的政府管理机制，并创造进一步的繁荣。而政府控制下的渠道有限的财富创造活动，则常常导致特权寻租和腐败。

想想新加坡、荷兰和瑞士，我们也许会奇怪为什么这些国家匮乏的资源反而成为一种优势。英国的煤炭蕴藏丰富，但工业革命的主要原料——大部分铁矿和几乎全部棉花——都依靠进口（铁矿来自瑞典，而棉花则通过海运绕过好望角）。相反，法国有着发展棉纺业的便利资源：它的西印度殖民地生产棉花，通过地中海到达莱汶（Levant）的海运非常方便，但首先发展出棉纺业的却是英国。

最后，少数发达国家自然资源非常匮乏，比如日本。日本在1868年后的迅速崛起让人们深刻认识到经济发展并不一定以本国丰富的自然资源为前提。地理条件是日本唯一的优势，国内运输便利。丰富的矿产资源有时候会破坏推动经济长期繁荣的体制。

2. **帝国主义**。现代西方的迅速发展伴随着一种道德负疚和自我谴责。如果一些国家富裕起来而另一些国家依然贫穷，并不意味着前者比后者干得更好，而更有可能是前者掠夺了后者。在马克思之后，学术界开始从帝国主义的剥削角度解释英国（以及西方）繁荣的原因。

但稍加思考，就能看出左翼学者的论述也有不相干之处。殖民统治确实可能带来难以想象的残酷与剥削，但他们也会给殖民地输入刺激繁荣的法规。

近年来，经济学家开始讨论殖民主义、经济发展和国家制度之间的关系。16世纪以来，世界经济发展一直存在“财富颠倒”的现象。16世纪最富裕的国家，如印度莫卧儿王朝、阿兹特克王朝、印加王朝，后来沦为殖民地，如今列入最贫穷国家的行列，16世纪最穷的国家后来成为殖民宗主国，而其余的如北美、澳大利亚和新西兰也成为最富裕的国家之一。图9.1显示了公元1500年殖民地国家的人口密度（代表前工业时代人均GDP的最高水平）与他们目前的人均GDP。图9.2显示欧洲人的殖民造成的死亡率与后来的经济发展之间的奇特关系——白种人死亡率高的国家后来的经济增长速度低。

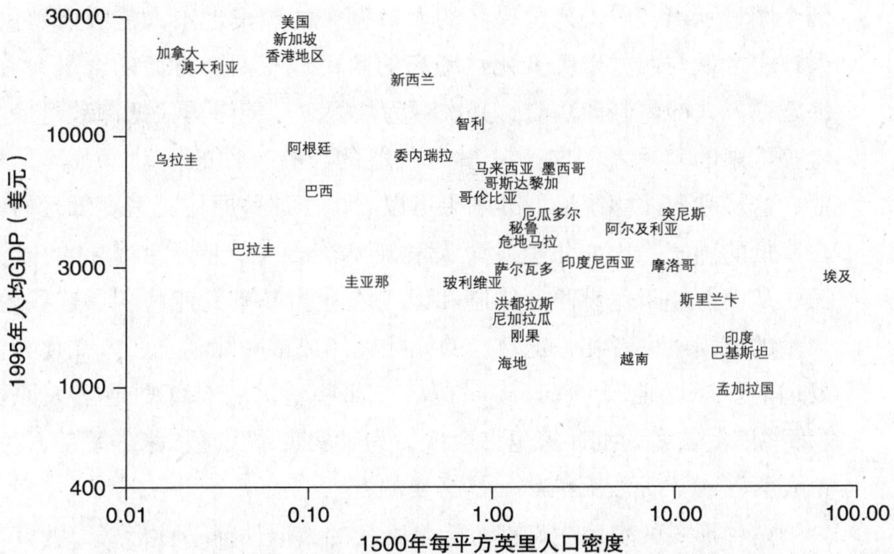

图 9.1　1995 年的人均 GDP 与 1500 年的人口密度

资料来源：Daron Acemoglu, Simon Johnson, and James A. Robinson, "Reversal of Fortune: Geography and Institutions in the Making of the Modern World Income Distribution," *Quarterly Journal of Economics* 117 (2002): 1286-89, and Daron Acemoglu, Simon Johnson, and James A. Robinson, "The Colonial Origins of Comparative Development: An Empirical Investigation," *American Economic Review* 91 (Dec. 2001): 1398.

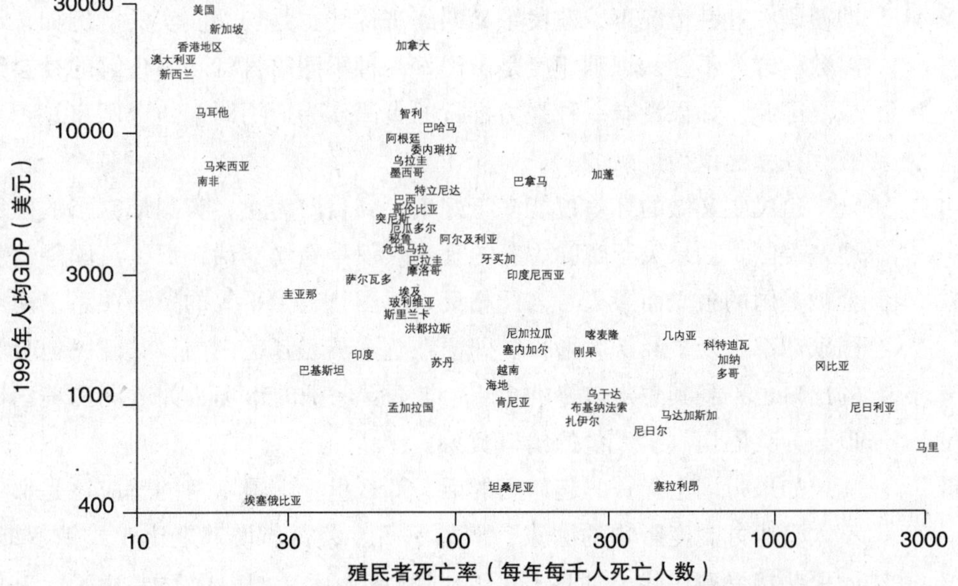

图 9.2　1995 年的人均 GDP 与殖民者的死亡率

资料来源：Daron Acemoglu, Simon Johnson, and James A. Robinson, "The Colonial Origins of Comparative Development: An Empirical Investigation," 1398.

两个图显示出，白人死亡率高的人口稠密的殖民地不太能吸引殖民者。人口密度低与西方殖民者死亡率高的殖民地有两个方面的含义：首先，缺乏西方式的体制和法规；其次，为数很少、能够勇猛抵御敌对势力而生存下来的殖民者倾向于从事高收益的、掠夺性的活动，尤其是采矿业，这从利奥波德统治下的刚果可以看出。那些原住民密度低且白人死亡率低的国家，比如北美、澳大利亚和新西兰，吸引了大批的欧洲移民，从而有益于建设西方体制和以工农业为基础的经济。在这些地方，大量的英国殖民者和一定数量的原住民形成了一片利于西方文化和制度发展的“净化地”（clear field），让那些殖民者有计划地消灭原住民（那些愤世嫉俗的批评家也许会说，为了实现殖民地国家的繁荣，“第五个要素”——种族灭绝——是必要的）。

两种形式的殖民主义都可能是野蛮的，但任何一种形式，尤其是后一种，都不会使幸存的原住民比原先的生存条件更艰难。殖民主义本身并不导致贫困，或者说，它所采取的形式使贫富状态发生了变化。如果大量的殖民者去从事工农业生产，便带来了富裕。而如果只是一小撮殖民者奴役着原住民去开发矿产财宝，贫困和倒退就不可避免地产生。但即使是在这种情况下，殖民主义的经济优势也是切切实实的。例如，大多数西方人不会认识到印度是由说好几种不同语言且互不理解的社会组成。因此，如果没有一种强力推行的英语作为通用语，这个国家是否真实存在，是值得怀疑的。

殖民主义做的坏事可能多于好事。到目前为止，英国最富裕的殖民地是美国。如果关于帝国主义的理论仅仅是一句空话，那么英国恐怕就会被美国的独立而毁灭。与此相反，英国打破了平等的贸易关系，两个国家却都出现了经济大增长。即便在整个英联邦范围内，其殖民地吸收的出口也不到其总出口量的1/4，向不受保护的市场，如欧洲和美国出口，为英国提供了大量的出口贸易。

如果帝国主义真的起作用的话，那么世界上最富裕的就应该是那些不太受西方制度影响的国家，例如不丹、蒙古、埃塞俄比亚或俄罗斯，而那些接受殖民主义时间最长的国家或地区，如中国香港特区、新加坡，就应该变得最贫穷。那么，帝国主义就是在国家之间造成富裕程度和军事力量巨大差异的最终结果，而不是其原因。

事实上，是制度——而不是自然的馈赠或能否摆脱帝国主义的统治——使全球经济发生了成功或失败的分化。而最为重要的，是对人类活动的游戏规则的尊重程度——法律意义上的平等，对公民自由的尊重——决定着一个国家是否能发达起来。

第三部分

后　果

在这一部分，我们将继续考察前面诸章已经讨论过的与现代社会相关的一些历史概念。在过去 10 年，人们把讨论的焦点从意识形态移向宗教。第 10 章将考察社会学、经济学对宗教、社会福利、意识形态以及民主发展之间的关系与问题的研究。

人们对生活在西方社会尤其是美国的首要印象，是生活的快节奏、不安全感和压力重重。如果财富不能使我们的生活更加快乐，那么我们要这个富裕的国家干什么？但事实上，经济发展与幸福还是存在着某种平衡的，这个问题我们留待第 11 章来谈。

也许金钱买不来幸福，但它却能影响地缘政治。第 12 章将分析过去 500 年来财富、征服和影响之间的复杂关系与困境，尤其是在当今的单极世界里美国不断加强霸权的情形下。

虽然在过去两个世纪出现了史无前例的经济持续增长，但在人类历史中不过是短短一瞬。如果我们把人类历史当成一天的话，那么繁荣的现代只占了不超过 10 秒的时间。现代增长机制的可持续性如何？更重要的是，如何在财富不断增长的世界里实现稳定？在本书的最后部分，我们将一道思考繁荣、人类欲望的不断扩大，以及持续增长的前景。

第 10 章

上帝、文化、财富与享乐之路

金钱买不来幸福，但它至少可以让你过得舒服。

——莉莲·伯恩斯坦，《母亲》之作者

10.1 财富的用途

本书立论的一个前提是，一旦一个社会获得了四个重要的要素——私有财产权、科学理性主义、资本市场以及现代交通通信技术，就会自动出现繁荣。但这又只是个难以得到客观验证的假说，一个国家总不能像科学实验那样去直接证明它。

有洞察力的读者也许会注意到，虽然本书包含了大量的 GDP 图表，我却没法收集所有国家的数据并进行比较，例如有关法律法规方面的数据。有这种包罗万象的数字信息吗？如果有的话，那又能说明什么？

我们的生活中，财富有什么益处呢？一方面，这个世界越来越富裕，但另一方面，它是否在变成一个更为快乐的地方？我们的社会与政治是否也同时在促进着繁荣和社会的幸福？我们能否精确地说出财富与幸福的关系？

在过去的数十年，社会学家、政治学家和经济学家积累了 100 多个国家的大量数据，用来探讨多种政治、经济和社会形态与经济增长、社会繁荣的关系。我们可以把每个国家的发展看成一种自然的实验（experiment of nature）过程，它们有着不同的社会和制度资源。通过细致的统计分析，我们可以谨慎地得出关于财富产生的原因及其结果的结论。这些庞大的数据揭示出财富、幸福、民主与传统价值、个人能力的社会度量之间的神奇关系。结果显示，财富并不让我们更快乐，但它可以加强民主。

在20世纪50年代晚期，政治学家西摩尔·李普塞特（Seymour Lipset）首先进行了这种客观分析。李普塞特的首要兴趣在于民主的发展。那时候，学术领域的争论集中在政治、经济和宗教诸要素的相对重要性上。例如，倾向于接受宗教决定论者认为，几乎所有的民主都起源于犹太—基督教，意见不同的人士则会拿意大利和德国的法西斯主义来做反证。让李普塞特不满意的是，双方都不愿意去分析所能收集到的数据。从统计学的角度看，任何政治和经济系统都不是完全正当的，每一位合格的社会学家都能对哪怕是最基本的社会学原则给出足够的反例。

因此，李普塞特从对民主最简单的评估开始，然后对所有可能影响到民主的因素进行统计分析。他发现最重要的因素是财富与教育程度，它能支持和强化民主制度。1959年，李普塞特发表了他开创性的论文，此后的数十年，社会学家、经济学家和政治学家都沿着他开创的道路往前走。在本章中，我们将探讨一个看似很小、实际上很紧要的问题，即这种研究所涉及的世界财富之谜最难解的部分——金钱、幸福、民主、宗教以及文化之间的关联。对这个问题我们必须非常谨慎，否则很容易被那些看似相关的社会、政治因素所愚弄。医学分析总包含对问题的解释，数十年前，一项研究显示，房屋粉刷工的智商低于平均水平，研究者得出结论，油漆中含有某种损害大脑的物质。后来证明这是错误的。进一步的分析表明，影响智商的并不是油漆中含有有毒物质，就是说并不是因为频繁接触油漆而影响大脑，而是因为房屋粉刷作为一项单调、枯燥的工作，更容易吸引那些低智商的人。这样，低智商与房屋粉刷工作的因果关系与人们想象的相反——低智商并非是房屋粉刷造成的。

10.2　富裕的基督徒与贫穷的穆斯林

我们不能拒绝探讨宗教与经济增长之间的关系。西方的富裕起源于新教盛行的北欧，而使用忠诚概念作为比较经济学中的一个分析工具是很有吸引力的。事实上，100 多年前，哲学家和社会学家马克斯·韦伯（Max Weber）就发现了其间的关系，并从宗教角度来解释全球的经济发展。作为社会学的一大奠基者，韦伯在《新教伦理与资本主义精神》（*The Protestant Ethic and the Spirit of Captalism*）一书中指出，新教改革引发了现代资本主义，而卡尔文派强调的自我否定与辛勤工作使得新教成为世界繁荣的引擎。

同样的探讨也激发了现代学者。人们思考为什么穆斯林和印度教国家成为世界上最贫穷的国家。当然，世界上的几大主要宗教或多或少地承担着许多经济包袱。但我们接下来会看到，宗教问题并不是关键。比起与宗教的关系，富裕和贫穷与社会和文化要素的关系更大。

真正的问题困扰着韦伯的解释。在现代经济学家和社会学家那里，人们不再把加尔文主义视为现代西方财富的原动力。从起源上看，加尔文教的创始地日内瓦很难被看成现代资本主义企业的桥头堡。虽然这位威严的牧师废除了古代禁止加息借贷的禁令，但他总是不断地干预利率和商品的价格，这严重损害了日内瓦的经济。尽管这一时期日内瓦因为其他因素——尤其是公共教育的恩惠——在不断向前发展，不断得到启蒙，但在加尔文以后的几个世纪，它的经济一直停滞不前。直到宗教改革后的 3 个世纪，新教国家才开始允许亚当·斯密式的市场机制的“看不见的手”发挥作用。到 1905 年韦伯的著作出版之际，连天主教国家奥地利和法国也加入了全世界最富裕国家的行列。

阿拉伯帝国和早期奥斯曼帝国对虚弱而倒退的中世纪欧洲的统治，有力地说明了天主教没能给欧洲提供战胜伊斯兰教的政治与经济条件。但现代经济学的研究表明，决定经济差异更基本的原因是文化，而不是宗教，因此不能过分强调宗教的不协调。文化的决定因素是生态地理环境，而不是宗教崇拜。例如，社会学调查表明，即便德国的天主教比新教更可能保有保守和传统价值，也远不及南美或意大利的天主教。第三世界国家的宗教区域同样如此。资料显示，同样是在穆斯林地区，印度和非洲的穆斯林比起其他国家的穆斯林区域更多地受到他们的基督教同胞的影响。

最让人惊奇的是，波斯尼亚的穆斯林在衣着、行为举止和情感方式上比沙特阿拉伯的同信仰者更带有巴黎人的理智色彩。另一个事例是在以色列的西班牙裔犹太人与德裔犹太人之间的文化差异。西班牙裔犹太人的文化更接近阿拉伯世界，而德裔犹太人的文化则更为西方化。伯纳德·刘易斯说：

> 这两种文化的相遇在我们看来是基督教与伊斯兰教之间的剧烈冲撞，奇特地表现出犹太教的少数派作为一个缩影反映了他们所栖身的两种文明力量的此消彼涨。

马克辛·诺丁森（Maxine Rodinson）是伊斯兰世界中最具智慧的思想家，他坦言伊斯兰的教规中其实没有什么是天生反资本主义的。稍微考察一下穆斯林世界中较发达的国家，比如马来西亚和土耳其，就会发现这个观点是对的。更有甚者，从那些伊斯兰世界——比如中东、巴基斯坦和印度——移居到西方世俗世界的虔诚的穆斯林信徒，并没有什么妨碍他们运用资本主义经营方式来发财致富。

这并不是说宗教对经济毫无影响，至少在理论上，基督教在教义上比其他宗教具有优势，它明确指出了要政教分离："恺撒的物当归给恺撒，神的物当归给神。"

从康斯坦丁大帝与加尔文的日内瓦之间的关系来看，对这种分隔的背叛常常会比遵从更多。从罗马时代早期直到马丁·路德，教堂对资本主义的态度仅仅比卡尔·马克思的态度要好一些。正如我们在第1章所看到的，奥古斯丁和阿奎那斯都对商业持敌视态度。在公元后的第一个千年，教会不断修改教义，变得越来越反对放债和资本市场的形成。早期教会的反资本主义思维可能是中世纪欧洲堪与伊斯兰世界相比的停滞的主要原因。具有讽刺意味的是，如果不是犹太人为欧洲提供金融基础，恐怕土耳其帝国早就统治了全欧洲。欧洲对资本主义的憎恶程度可以在芭芭拉·图克曼（Barbara Tuchman）的著作里清楚地看到：

为了保证没人能获得超过其他人的优势，当时的商业法律禁止工具和技术的创新，商品必须在某个固定价格之下销售。晚上加班加点、增加徒工、利用妻子或未成年孩子、为商品做广告等都被视为侵害他人的行为。

印度教也是一大世界性的宗教，它的教义也阻碍了追随者改善经济状况。它制定出僵化的等级制度，把人置于等级统治当中，低等级的人生活在悲惨之中，而且其教规禁止教民为了发财与别人进行财富交换。

宗教分析只能提供一个揭示社会传统的简单的透镜。穆斯林世界不断改变的对妇女的态度可以说明这一点。在一些伊斯兰社会，妇女与男子在工厂里享受同等地位，而在其他一些伊斯兰社会，传统却将妇女排除在工厂之外。简单说来，对妇女的排斥似乎使人力资源的一半被浪费掉，并造成对穆斯林国家经济的损害。而在现实中，传统社会狭隘的文化成为影响这些国家的最大因素。即使阿拉伯人信奉的是犹太教或基督教而不是伊斯兰教，恐怕今天的沙特阿拉伯社会也会是一个原教旨主义者的社会。

10.3 幸福的金字塔结构

从某种意义上说，韦伯关于新教伦理与资本主义财富增长之间的关系的推论，其影响是无法估量的。他参与创立的社会科学成为不可或缺的思想之光，帮助人们思考影响政治结构和经济增长的宗教与文化要素。事实上，影响幸福的最强有力的一个要素是个体感知到控制自己生活的能力。世界范围内的调查——从阿根廷到津巴布韦——清晰地显示出，个体独立与幸福之间存在着切实的联系。

在 20 世纪 50 年代，心理学家亚伯拉罕·马斯洛发表了他的“需求层次理论”。这一理论，加上近来的社会学研究，为考察财富与民主的关系提供了一个强有力的范式。

在当时，作为一名年轻的学者，马斯洛认为人类的某种急迫的需求要优先于其他需求。最基本的当然是呼吸空气。如果呼吸被剥夺了，人在几分钟之内就会昏厥。因此，渴望空气就先于其他生存动力——干渴、饥饿，甚至疼痛。只有当人获得了呼吸权，其他的感官能力才会出来起作用。马斯洛卓越的贡献在于确定了人的需求层次。

在人对氧气、水、食物、温暖等即时的“生理需求”得到满足后，人会进一步要求安全的需求：人身安全和稳定的工作。而这些大致满足后，归属需求——获得配偶的爱、家庭以及社区——就会应运而生。接下来又会要求被同僚尊重（这有别于狭义的爱）和自我实现。

处于需求金字塔顶端的是“自我实现”。马斯洛对这一术语的涵义讨论比较含混，但是他描述了那些实现了这一崇高理想的人物的状态，比如林肯和甘地。他们放弃了自我中心，将手段与目标分离，解决问题而不仅仅是抱怨，能够化解来自同僚的压力。

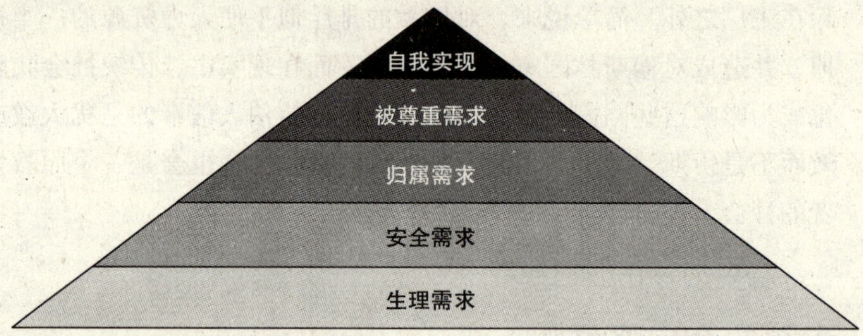

居于马斯洛需求金字塔底端的个体更多地凭借本能行事，没有多少抽象思维的能力。他们没有什么个人选择的机会，因此生活充满了痛苦。

“马斯洛金字塔”为社会学家提供了一个理解社会的结构，运用这个结构，他们可以搜集、测量和解释各种心理学和社会学的数据，尤其是关于民生的数据。其中最大的行动是“世界观调查项目”（WVS）和“欧盟民意调查”（ES）。WVS 起于 1981 年对 10 个欧盟国家进行的研究，但结果却让刚开始的研究者也感到吃惊，该项研究后来扩展到 65 个国家，包括世界人口的 80%。设在密歇根大学的社会研究所（ISR）近来一直在致力于整合这一庞大的项目。

ISR 并不把目光聚焦于宗教和国家集团，而是聚焦于一些能够很便利地得到衡量和确证的个体特征。调查者运用一些技术手段来探查个性与文化、宗教、政治及财富的关系。

10.4　民主的范畴

社会科学家究竟如何评估文化、个体生活、财富和民主的相互关系？他们在方法上大体是一致的——社会学家会提出假设，然后搜集数据来验证假设。这个复杂领域里运用的一个基本的工具涉及对多个国家的社会学变量的调查。其中一个变量是“生存/自我表达”（S/SE），这是 WVS 对个人关于独立思想与表达的态度的一项测量设计。简单地说，S/SE 测量个体的“马斯洛金字塔”的上升状况。例如，调查者会问被调查者，他们是否关注自我表达甚于人身安全；如果他们签署过请愿书，他们怎样才会信任其他请愿参与者。回答“是”占优势的被调查者，其 S/SE 的分数相应更高，而回答“不是”的被调查者，其 S/SE 的分数则相应更低。分数越高的人，表明他们居于马斯洛金字塔的更高层，从而倾向于更快乐。

两位社会学家——密歇根大学的罗纳德·英格利哈特（Ronald Inglehart）与不来梅国际大学的克里斯蒂安·韦泽尔（Christian Welzel）把 S/SE 的调查分数与民主制度的强度联系起来看，发现两者之间存在着很强的关联性。

其实两者之间存在关联并不奇怪，真正的问题是哪个是原因哪个是结果。把民主理解为导致自我表达的加强，与把自我表达的加强理解为导致民主，两个观点似乎都有道理。调查数据显示出一个令人吃惊的关系：两者的结合其实就是财富。英格利哈特和韦泽尔将这一用统计分析得出的因果关系戏称为“滞后的交叉相关性”（lagged cross-correlations）。而且他们认为，假如把 1995 年的 S/SE 统计值与 2000 年的民主程度指数结合，会比把 2000 年的 S/SE 值与 1995 年的民主指数结合更加带来快乐［民主指数是结合美国的“自由之家”（the Freedom House）评出的各国和地区的公民权与政治权利的分值，和全球反贪污机构“国际透明度组织”（Transparency International）评估的“腐败指数”（corruption index）计算出来的］。

换句话说，以目前的民主与早先的 S/SE 值结合，会比早先的民主与目前的S/SE值结合的效果好。这一统计说明那些有能力、能够自行决策和自由选择的人，更能使民主得到加强。这并不能证明个体能力的强化（S/SE值高）一定能产生民主，而只是显示个体能力与民主之间存在正相关关系。

其次，英格利哈特与韦泽尔又调查了S/SE与个人财富的关系①。他们不止一次地发现财富和S/SE之间的密切关系，而同样的相互关系也不止一次地说明，财富的增加会导致更高的S/SE值，从而强化而不是削弱民主。

显然，这一模型过于简化了它们之间的复杂关系。诚然，民主能强化公民的权利意识，但是其反面——公民的权利意识产生民主——则远不是能够自动生成的。当代历史也能证明这一点。20世纪晚期的历程显示出，面对那些沉默而胆小怕事的民众，对一个国家输入民主制度少有能成功的。比如在波斯尼亚和科索沃，联合国需要长期、大量的维和部队来维持那些摇摇欲坠的政府，保持那些地区的安宁。同样的问题也发生在诸如巴基斯坦这样的贫穷、民主不断萎缩的国家。而印度则为我们提供了一个不太极端的例子。按照西方的标准，印度的民主制度非常薄弱，因为它还存在着种姓等级制。这种等级制虽然在法律意义上已经被废除，但却仍然施加着强大的文化影响。

就在本书写作的过程中，美国及其盟友相信（或自称相信）能在伊拉克移植民主。从上面的讨论中，我们可以看出，这种观点是非常有害的错觉。此外，如果在伊拉克移植民主是个错觉，那么它在阿富汗就是个一厢情愿的梦了。

10.5 万物至理

我们将韦泽尔/英格利哈特的假说与本书的一些论题相结合，就可

① 韦泽尔和英格利哈特使用了一个他们所谓的“力量来源”（power resources）的指数。这一指数与简单的人均GDP不同的是，它将标准的财富指数与受教育水平和平均寿命等指标结合在一起，并且衡量了它们在人口中的分配是否平等。力量来源参数与S/SE指标的相关性远高于人均GDP。Ronald Inglehart, personal communication.

以得出下图：

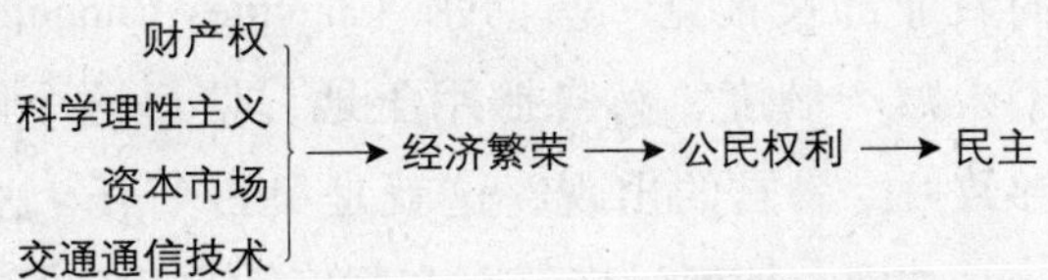

当然，这个图并非完美无缺。其实本图所揭示的运动方式在某种程度上也是可逆的，即能够从右到左地推导出来，例如不断增强的民主毫无疑问能够加强公民权利以及经济增长的四要素。但韦泽尔与英格利哈特以及其他一些专家却深信图中的运行方式主要是从左到右，而非从右到左。他们的调查显示出，即便在一个国家或地区的价值体系中民主的意识相当强大，它带来的直接经济利益也是值得讨论的。

那么教育程度以及李普塞特所讨论的其他主要的民主的决定因素又怎样呢？教育对民主的加强主要是通过它对经济的影响实现的。一个教育水平非常低的社会，其公民的生产力也很低下，也不能推进技术的发展，导致社会更加贫困。但是没有有效的经济动力，即便公民的教育程度很高也于事无补。这两种情况——一个国家因为教育水平低而贫穷，以及一个国家虽然教育水平很高却因为没有充分的财产权制度而贫穷——结果都会限制民主的发展。

对亚洲一些经济增长迅速的新兴国家的观察，也可以证明财富能推动民主的假说。一般情况下，国家繁荣带来民主，而不是相反。早期的事例发生在日本，明治政府曾经允许有少量的装点门面的议政代表，随着经济的发展，这一体制迅速扩展，形成一个有活力的国会体制。明治时代初期，财产权制度的迅速确立至少使得 50 万日本人获得了选举权。此后，经济的繁荣又让日本农民得到了选举权，并促使政府日渐扩大这一权利，最终在 1925 年实现了普遍的（男性）公民选举权。在 20 世纪 30 年代，由于政府被一个军人集团控制，民主化出现了一次倒退，但毫无疑问，今天日本活跃的民主体制得益于战后这个国家繁荣的经济。

10.6　专制的正面价值

在当今世界，同样存在一种经济自由化而政治压制互相结合的“双面”现象。比如在智利，当政的萨尔瓦多·阿连德（Savador Allende）总统和他的农业部长雅克·昌彻尔（Jacques Chonchol）废除了智利曾经实行的个人财产制度，私自挪用土地，使得这个国家的经济陷入瘫痪，终于导致一个暴君的出现，这就是奥古斯托·皮诺切特（Augusto Pinochet）。一方面，他通过恢复财产制度和自由市场制度，重建了智利的经济；另一方面，经济的繁荣又推动着国家的民主运动，并最终导致皮诺切特这位暴君的倒台。同样的事情也发生在西班牙，当佛朗哥总统的经济部长劳伦亚诺·洛佩兹·罗多（Laureano Lopez Rodo）被问及西班牙何时实施民主时，他给出了一个著名的回答：如果西班牙的人均收入超过了 2000 美元，民主就会到来。事实是，当佛朗哥的专制统治在 1975 年倒台时，西班牙的人均收入是 2446 美元①！

约翰·霍普金斯大学的政治学家弗兰西斯·福山（Francis Fukuyama）在其颇有争议的著作《历史的终结和最后的人》（*The End of History and the Last Man*）中也得出类似的结论。他注意到，由于一小撮强大的土地所有者从中作梗，菲律宾的民主政府未能完成富有价值的土地改革。他进而追问，专制统治是否能起到推进社会现代化的功能，正如第二次世界大战以后美国占领日本，采用专断的权力推动日本土地改革那样。

财富与民主之间的联系会产生一个有趣的维度，正如诺贝尔经济学奖获得者阿马蒂亚·森（Amartya Sen）认为的那样：在民主健全的国家不会出现饥荒，因为多方的压力和政治家的能力会促使揭开饥饿的真相，并作出正确反应。事实上，消除饥荒只是健全的民主的一个副产品，社会繁荣同时也推动民主，并提供解决饥荒的妥善的办法。

10.7 传统主义与理性主义

WVS 计划测量了第二个关键的社会学指标，即“传统价值”的强

① 在一个像政治学一样混乱的领域，理论常常需要巧合的帮助：佛朗哥 1975 年之死没有什么造成什么负面影响，由具有民主倾向的胡安·卡洛斯（Juan Carlos）接任。参见 Fukuyama，110.

度。不管信奉什么样的宗教，原教旨主义社会都强调传统价值，比如禁止堕胎、离婚或同性恋。传统价值强大的社会通常也是独裁的、虔诚的、男性支配的。

WVS通过调查人们对下面一些陈述的认同态度来得出“传统的/世俗理性的”（traditional/secular rational，T/SR）值：“上帝在我生活中很重要”、“我有很强烈的民族自尊感”、“我非常尊敬权威”……回答“是”的人被认为是倾向于认同“传统”（T）（这表明他们在T/SR表中处于负面的一端），回答“不”的人则被认为倾向于认同“世俗理性”（SR）（表明他们在T/SR表中处于正面的一端）。

人们倾向于认为T/SR统计值较高的社会比T/SR值较低的社会更加富裕。但是，T/SR表关于财富的统计调查的效用却不如S/SE表那么强。实际上，T/SR倒能够测量出一个社会的知识系统“弄虚作假”的程度，这一概念我们已在第3章里讨论了。一个T/SR值高的社会能比较乐意接受几乎所有知识基础的挑战，而一个T/SR值低的社会则会更加牢固地保持自身的信念，不管它所得的信息多么矛盾。

T/SR值低的社会与农业经济的关系更加密切，虽然在某种程度上美国与拉美国家是个例外。一般而言，农业社会的个人信念更加稳定，不易改变，所以T/SR值低的现象出现在广大的农业社会并不令人奇怪。另一方面，S/SE值则与服务型经济的范围有很强的关系。从事服务业的工人在工作日必须自由表达意见，作出成百上千个决定，这是一个鼓励自我决定和自由表达的环境。

把S/SE与T/SR结合在一起，能够将世界明确地分成宗教/文化集团。图10.1按两个维度标出世界上各个国家，其中一根轴是T/SR值，另一根是S/SE值。奉行新教的欧洲国家集中位于图的右上部，表明具有较高的S/SE值和较高的T/SR值，我们可以将这些国家描述为“自由表达的世俗国家”。英语国家一般位于图右侧的中部或底部，我们称之为“自由表达的保守国家”。那些前社会主义国家——我们称之为“沉默的无神论国家”——聚集在左上端。而中亚和南亚国家，包括大多数穆斯林国家和印度，则位于图的左下端，它们被称为“沉默的原教旨主义国家”。

图10.2则是按人均GDP进行划分。该图揭示了财富和个体/文化

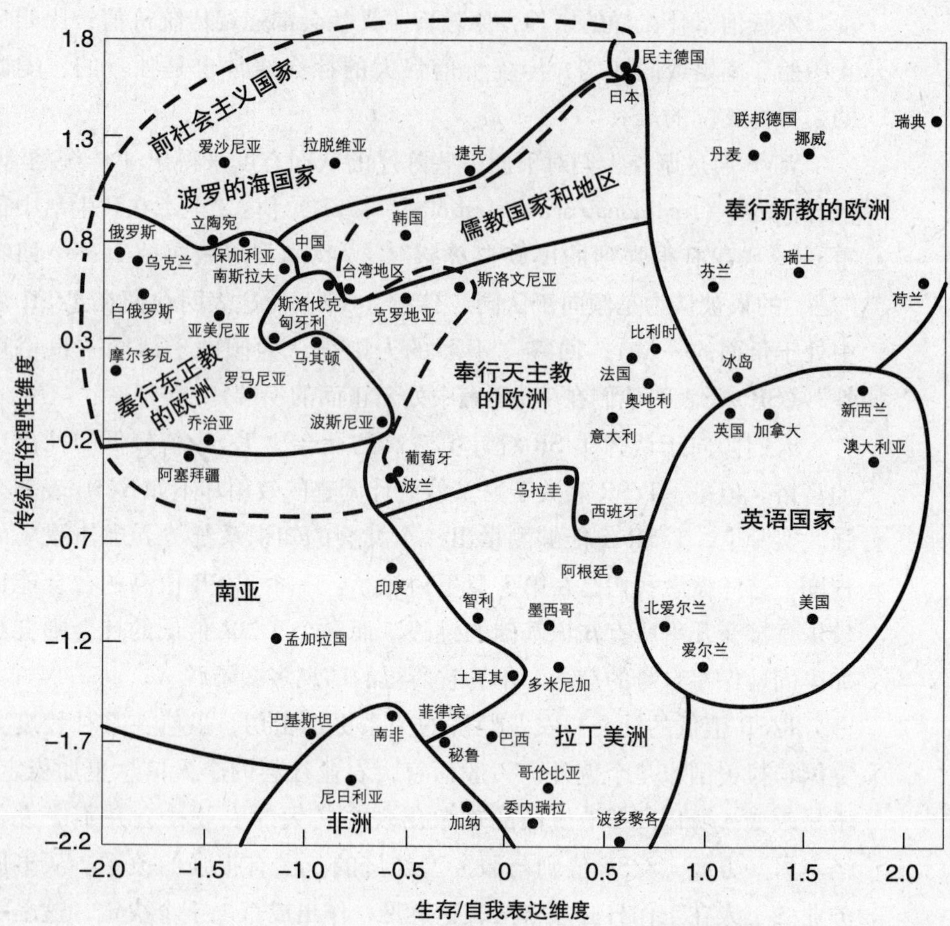

图 10.1　宗教、文化、自我表达以及传统价值的相互关系

资料来源：经作者授权转载。Ronald Inglehart and Wayne E. Baker, "Modernization, Cultural Change, and the Persistence of Traditional Values," *American Sociological Review* 65 (Feb. 2000), 29.

价值之间的关系，需要说明的是，富裕国家的主导文化价值并不相同。顺着 X 轴（也就是 S/SE 轴）从左到右，富裕程度不断提高。在富裕社会，个人不仅更幸福，而且他们能够自由表达，能够批评政府，也能自我选择。

沿着 Y 轴（即 T/SR 轴）从下到上，这一关系变得不很清晰——传统社会相对贫穷，但财富与 T/SR 的关系并不如与 S/SE 的关系那么密切（我们可以看到，从右到左的水平移动跨越了两三个划分区域，而从

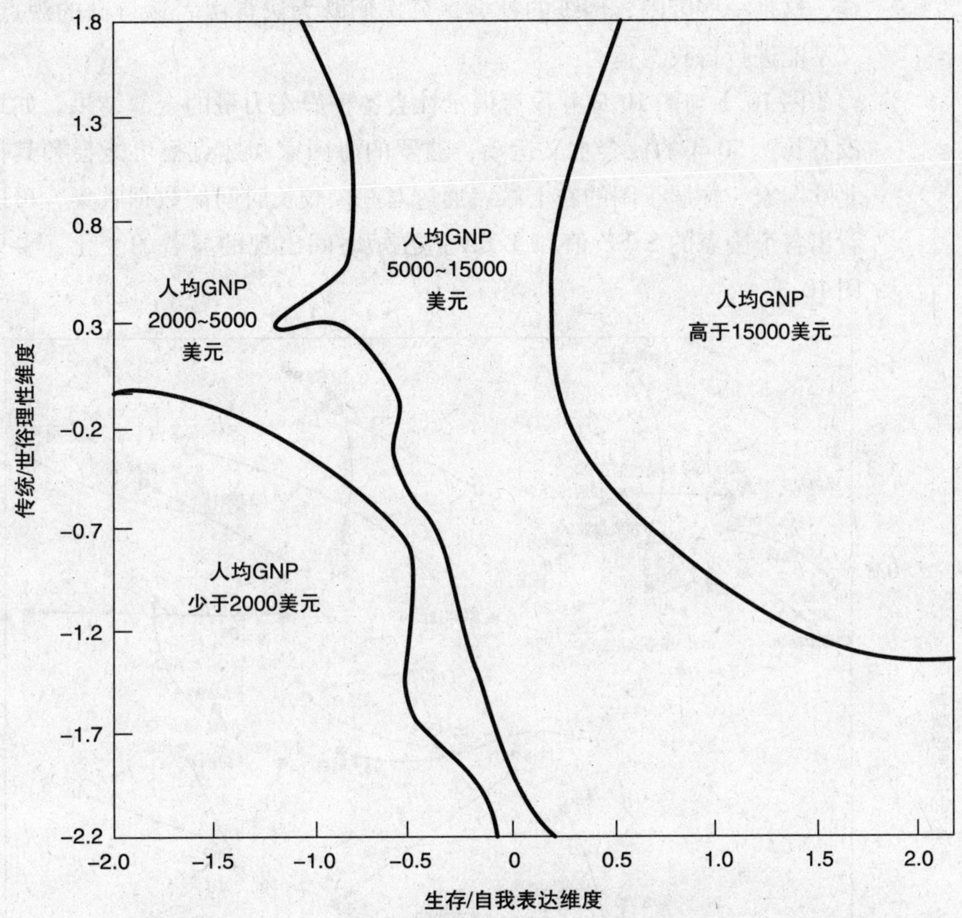

图10.2　繁荣、自我表达以及传统价值的相互关系

资料来源：经作者授权转载。Ronald Inglehart and Wayne E. Baker，"Modernization，Cultural Change，and the Persistence of Traditional Values，" *American Sociological Review* 65（Feb. 2000），30.

上到下仅仅跨越了一两个区域）。当韦伯将新教伦理与繁荣结合在一起的时候，他仅仅在强调新教的竞争性，而并非强调它的虔诚。

我们可以从图10.1中很清楚地看出，美国位于T/SR值的较低端，这在富裕国家中是很反常的。这显示出美国人沉浸在一种引领社会发展潮流的自负观念中。实际上，美国的S/SE值不仅低于大多数北欧国家，而且其T/SR值也与孟加拉国大致相当。

世界上最穷且生活最不幸福的国家聚集在图10.1和图10.2的左下

端，这是一些穷困、传统的社会，公民们既无法自由表达自己的观点，又不能进行自我选择。

图 10.1 与图 10.2 并没有揭示社会各种静态力量的全部结果。如果没有长达 50 年的社会主义运动，波罗的海国家和捷克很可能会和其他北欧国家一样居于图的右上端。通过对一段较长时间的数据收集，可以看出各个国家的 S/SE 值和 T/SR 值在短时间出现的显著的变化，参见图 10.3。

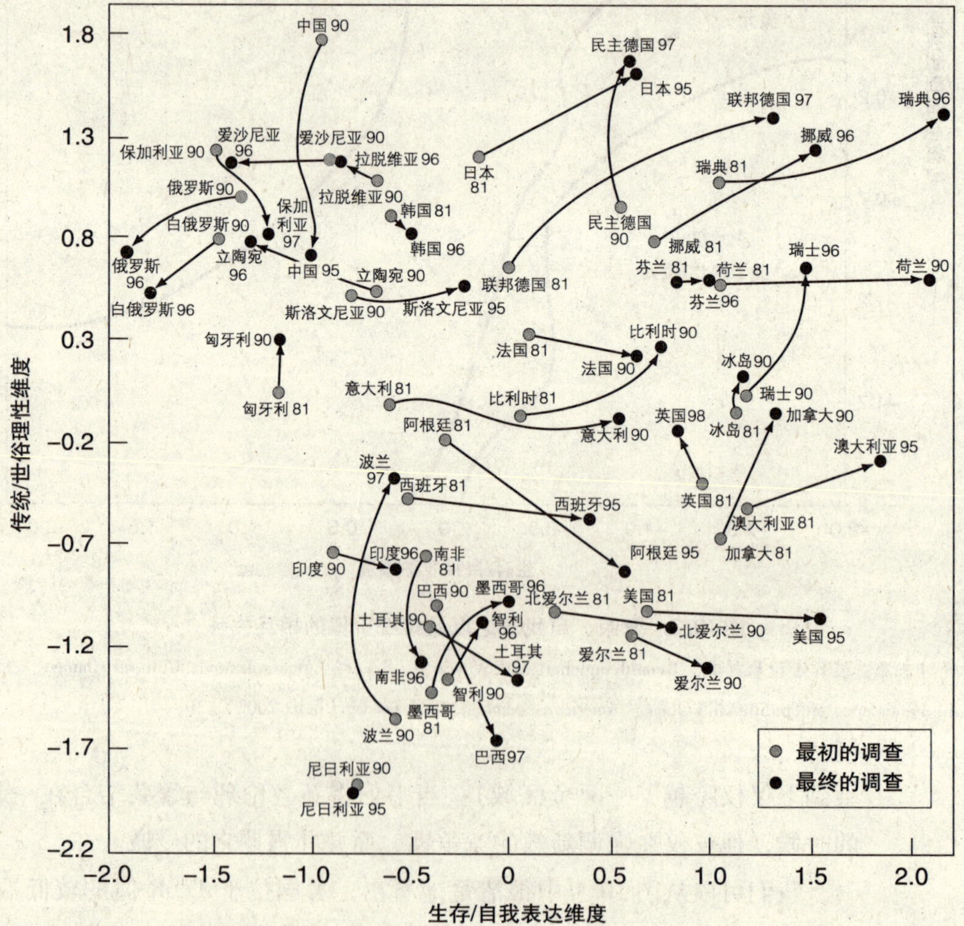

图 10.3　一段时期自我表达与传统价值的变化

资料来源：经作者授权转载。Ronald Inglehart and Wayne E. Baker, "Modernization, Cultural Change, and the Persistence of Traditional Values," *American Sociological Review* 65 (Feb. 2000), 40.

图 10.3 所显示的是一种系统化的变动，并非随机波动，更不是实验错误。在一段时期里，几乎所有的发达国家都出现了显著的增长，而那些发展中国家则变动相对较小。图 10.3 也显示出前社会主义国家发生的动荡。因为这些国家大多数都出现了经济困难，导致其 S/SE 值的下降。这证明了经济繁荣对 S/SE 值的影响，而这又与个人的幸福感直接相关。尽管 S/SE 会带来民主，但这并不意味着给前苏维埃世界带来良好的效果。

图 10.1 中根据文化形成的国家聚集显示文化对财富、S/SE 值和 T/SR值的影响要大过宗教的影响。一些成熟的统计调查也能确认了这一点，说明 S/SE 值和 T/SR 值包含许多因素，诸如社会主义历史，在服务业、工业与农业部门工作的人口比例，与财富或宗教的独立程度，等等。

我们已经讨论了，与 S/SE 值关系最密切的是财富。而人们之间的信任水平似乎是将财富与 S/SE 结合起来的关键因素。个体随着财富的增长，在马斯洛需求金字塔结构中的不断提升，会更加接受和信任陌生人。经济学家和社会学家越来越注意到存在一个“信任半径”（radius of trust）现象——人与人之间会结成一种密切的关系，在这个关系里，人们愿意相信别人的话，其行为也依赖于别人的行为，而“信任半径”显示出这样一种关系的外围边界有多大。福山指出，即便在一个国家里，信任半径也会出现大的变动。他把西西里岛地区与意大利北部相比更贫穷的经济状况归咎于南部信任半径的狭小：“意大利南部是黑手党的故乡，政治贿赂盛行，而从一般的社会制度角度根本不能解释南北之间的差异。”而英格利哈特与韦泽尔的假说则得出相反的推论——财富会扩大信任半径，而不是相反。

10.8　经济增长的学说

经济学产生作用的历史并不久远。经济学方法对文化与制度产生的影响集中出现在一部范围广大的统计汇编上，这就是人们熟知的“萨默斯—赫斯顿数据集”（Summers-Heston dataset）[①]。此处我得感谢罗伯特·巴罗教授，在他分析这部数据集的著作《经济增长》（*Economic Growth*，第2版）里，巴罗教授做了大量工作，补充了许多图表。

经济学的基本方法包括对诸多被认为是影响经济增长要素的成熟的统计分析，这些要素包括教育水平、人口出生率、预期寿命、公共与私人投资额等。它们的影响都是能够测量的，但也不能完全解释经济增长，经济学家把不能解释的部分归于利率要素的贡献。

即使你不熟悉关于多种经济衰退的统计分析，这些图表也不难理解。比如我们可以分析图10.4所显示的人均GDP与总GDP增长的关系。此图揭示出两者之间有明显的负相关关系，由此可以得出简单的结

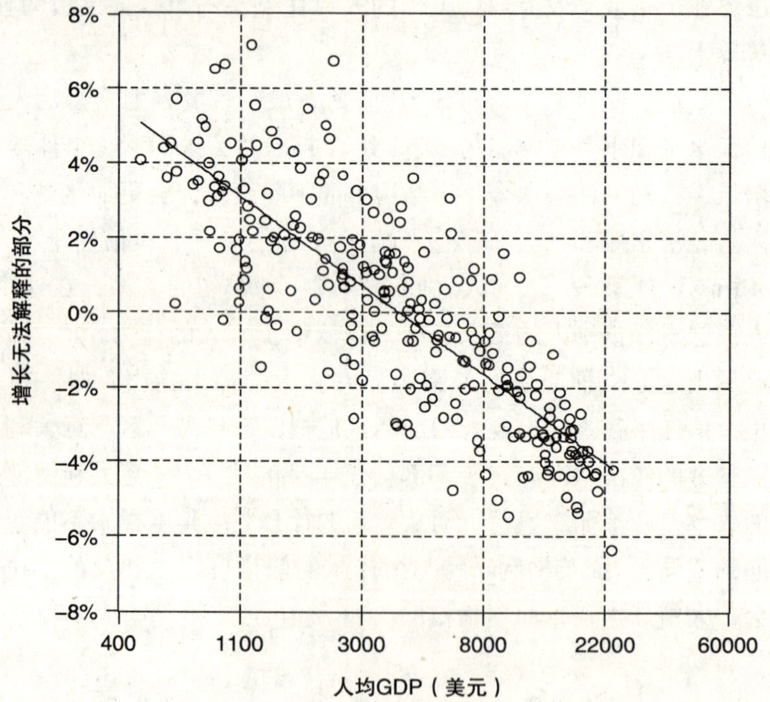

图10.4　经济增长与财富

资料来源：经作者授权转载，改编自 Robert J. Barro and Xavier Sala-i-Martin，*Economic Growth*，2d ed.（Cambridge，MA：MIT Press，2004）.

① 以最初的汇编者、经济学家罗伯特·萨默斯（Robert Summers）和阿兰·赫斯顿（Alan Heston）的名字命名。这些数据也被称为“世界统计”（Penn World Tables）。

论：穷国的经济增长倾向于比富国更快。这就是说，穷国理论上有赶超富国的可能，我们也可以从实际的事例上看到，20世纪60年代“东亚四小龙”便经历了高达年均6%的经济增长。

专家们把这种穷国发生的高速增长称为“奇迹”。但这并非奇迹，而是现代贫穷国家在获得开放的市场、健全的法制以及个人产权的安全保证之后顺理成章出现的事情。这种情况并不陌生，我们可以回顾本书第8章讨论的关于日本明治维新到第二次世界大战期间出现的经济“奇迹”。

一旦这些国家走上了西方生活方式的道路，经济增长似乎就变缓了。在冷战年代的早期，前苏联经济的高增长似乎曾巩固了尼基塔·赫鲁晓夫对美国著名的吹嘘：“我们将埋葬你!”（他是从经济角度来说的。）20世纪五六十年代那些煞有介事的分析家对前苏联经济的讨论今天看来是很可笑的，但它却助长了冷战时期的偏执狂。当然，我们也不必担心，前苏联经济的高增长率，就其非虚构的方面来说，代表着一个落后但不断发展的国家的自然发展过程，而不是什么虚幻的不可抗拒的力量。

想想“不说话的儿媳妇”，哪怕是将最基础的现代技术引入前工业社会，都会带来经济奇迹。那些处于技术发展前沿的国家，其经济增长变得越来越慢。在发达国家，生产力提高两个百分点都是引人注目的，而在不发达国家提高两个百分点只会让人失望。

我们一再强调产权制度和法制的重要性，那么在实证数据上这种重要性又如何体现出来呢？图10.5展示出从《世界国家风险指南》（*International Country Risk Guide*）一书中得出的“法治指数”作用于“不可解释的经济增长”的效果。

现实世界的相互关系复杂而混乱，因为这一指数更多的是衡量法律系统的效能（strength），而不是它为私有财产权提供的保护。例如在1982年，分配给社会主义国家匈牙利和波兰的数值分别为6和5，甚至达到7（这与图10.5所示的0.83和0.67是一致的）。即便这样，总的趋势是很明确的：绝大多数得分高的国家显示出正的不可解释的增长，而大多数得分低的国家的不可解释增长也很低。另外一些研究也证明了这一发现。最近，经济学家罗伯特·霍尔（Robert Hall）与查尔斯·琼

Nations

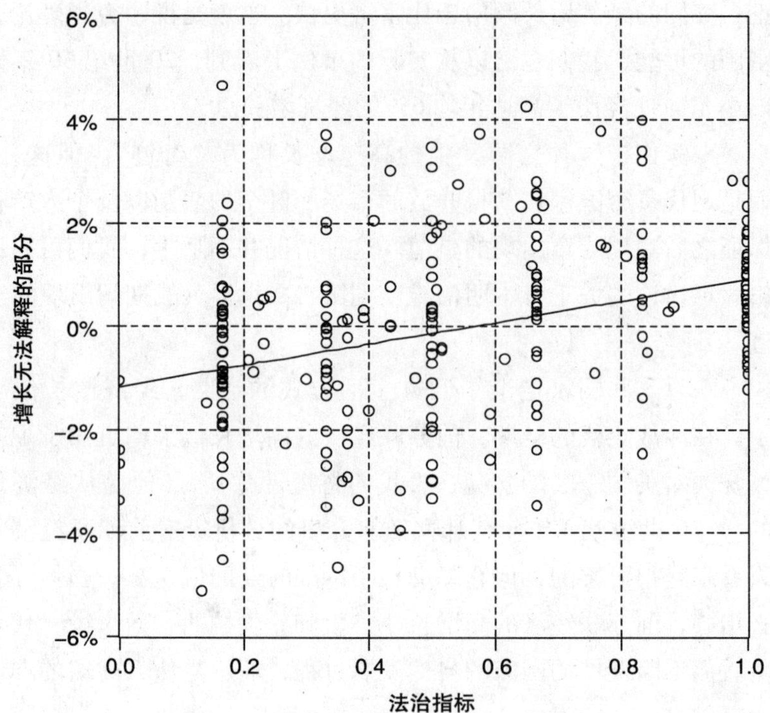

图 10.5 经济增长与法律制度

资料来源：经作者授权转载，改编自 Robert J. Barro and Xavier Sala-i-Martin，*Economic Growth.*

斯（Charles Jones）发现在他们所谓的“社会基础结构”——制度和政府政策所支撑的财产权和法律制度——与工人劳动率之间存在着高度的统计相关性①。

经济学家布拉德福特·德龙（Bradford DeLong）与安德雷·施莱福（Andrei Schleifer）进行过一项非常有帮助的研究，他们考察了欧洲数百年来产权对经济增长的作用。尽管要收集如此长时段的政治、经济数据很困难，但他们还是竭尽全力去做。首先，两位作者列出某个世纪里专制主义和非专制主义的政府，推导出后者对产权制度的保护要比前者好。其次，他们测量出那些大城市的人口增长状况，以此来大致验证经

① 在宏观经济层面，“工人的生产率”就是每工作小时的 GDP 产出，因而是衡量平均财富的极好指标。参见 Robert E. Hall and Charles I. Jones，“Why Do Some Countries Produce So Much More Worker Output Than Others?” *Quarterly Journal of Economics* 114（1999）：83-116.

济增长的状况。

政府类型与都市经济的增长是密切相关的——几乎毫无例外，非专制主义政府的国家的都市人口增加比专制主义国家的都市人口增加都要快得多。德龙与施莱福把欧洲自 1500 年以来经济与人口中心城市从南向北的变动，直接归因于非专制主义制度，即阿尔卑斯山脉以北出现的尊重私有产权的政府。

另一个决定经济增长的重要因素，也是重要的政治因素，集中体现在政府规模上。那种对政治权利的不切实际的诉求会削弱政府对发展经济的关注。这一做法会产生怎么样的危害呢？图 10.6 绘出了一条大政府对经济造成直接危害、对法制产生影响的曲线，这种影响似乎并不那么严重。如果没有这条计算机绘制的变化线，大政府的影响几乎是看不出的。

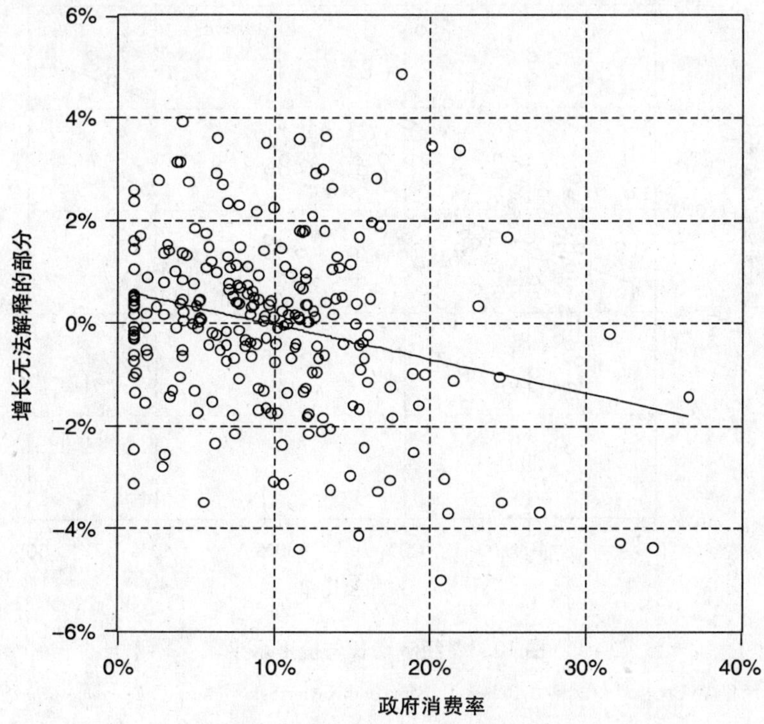

图 10.6　经济增长与政府规模

资料来源：经作者授权转载，改编自 Robert J. Barro and Xavier Sala-i-Martin，*Economic Growth*.

经济学家已经发现增长与投资比例——包括政府和私人部门投资——之间存在很密切的关系（参见图 10.7）。增长与投资之间的正相关关系证明了一个相反的因果关系：经济增长带来投资增长，而不是相反。巴罗教授通过考察“滞后关系”，从统计学角度弄清了这个问题，这与韦泽尔和英格利哈特创建的从财富到自我表达再到民主的因果链得出的结果很相似。在增长与投资关系的案例中，先增长再投资比先投资再增长的效果更好。因此，增长导致投资，而不是相反。这一结果与私人投资的理论是一致的，因为私人投资总是出现在高增长和有高回报保证的时候。

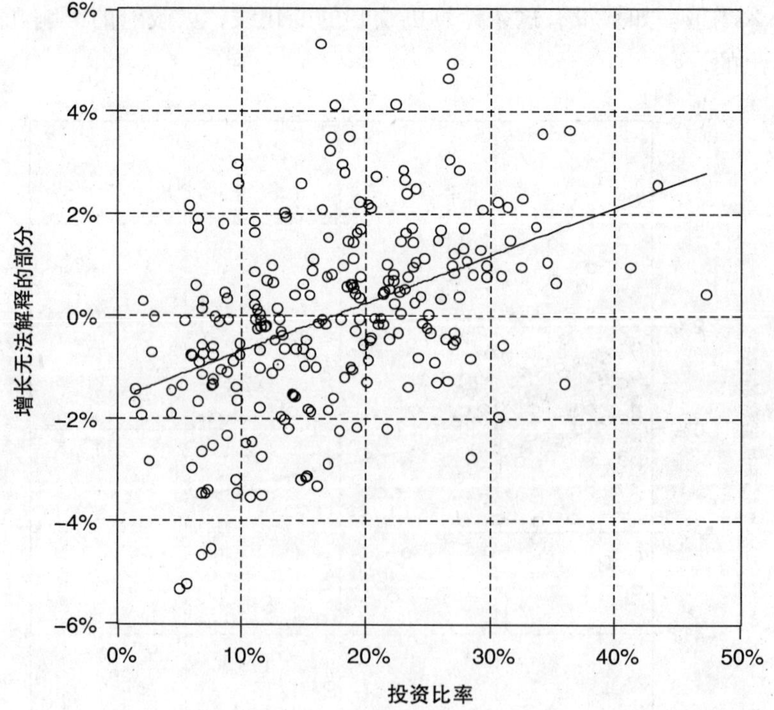

图 10.7　经济增长与投资水平

资料来源：经作者授权转载，改编自 Robert J. Barro and Xavier Sala-i-Martin，*Economic Growth.*

最后，还有民主自身的问题。如图 10.8 所示，它与经济增长的关系很奇妙，呈倒 U 形。从某个方面说，民主化是有益于经济增长的。摆脱沉重的专制主义会支持增长[1]；而一旦政府进一步推进民主制度，增长会受到不利影响。

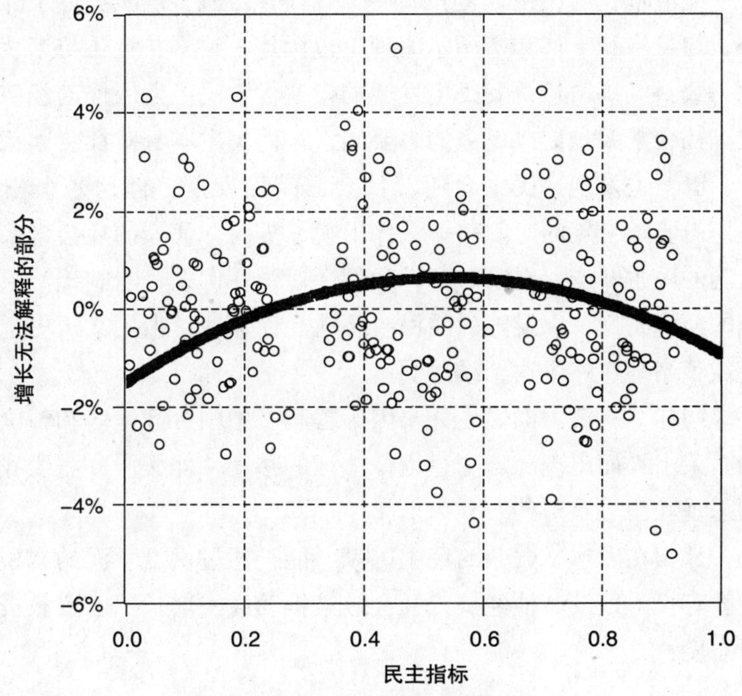

图 10.8　经济增长与民主

资料来源：经作者授权转载，改编自 Robert J. Barro and Xavier Sala-i-Martin，*Economic Growth*.

巴罗教授认为高度民主化对经济的有害影响在于民粹主义政体的“杀富济贫”倾向，此外，还有其他一些难以识别的原因。民主体制常常会为了国家和社会利益去补贴那些效益低的产业，这在欧洲和日本表现得最为明显。民主体制也会吸引平民从事有益于社会却无助于生产的活动，比如慈善活动、知识活动或政治活动，而这些活动在更加专制的国家是不能进行的。

“太多的民主”也会对投资倾向产生不良影响。经济学家发现在民

① 在此，巴罗教授采用了加斯迪尔（Gastil）的公民自由指标（indicator of civil liberties）来衡量民主发展。参见 Raymond D. Gastil，*Freedom in the World*（Westport，Connecticut：Greenwood Publishing Group，1982）。

主水平适当的国家，其投资比例最高，而高度的民主化则会降低资本回报，并由此减少投资。

经济增长与民主之间的因果关系同样在巴罗的数据分析中显示出来，与英格利哈特和韦泽尔的理论也保持一致，并且还与李普塞特的假说一致：经济增长诱发民主发展的模式优于民主发展推动经济增长的模式。社会繁荣是促成民主的主要因素，而民主本身对社会繁荣的贡献很少。巴罗也发现，民主会随着社会繁荣而发展，但这是个相当长的过程，需要数十年的时间——大体上说，需要一代人的社会繁荣方能产生成功的民主转变。在第8章，我们探讨了在佛朗哥专制统治下西班牙出现的经济腾飞，以及随后的民主转轨。而那些自由主义历史学家却往往直截了当地忽略了这个结果。

同样，有活力的民主并未因为智利、中国台湾地区和韩国达到西方的繁荣水平而出现。这个过程像冰河的移动一样缓慢，需要我们以极大的乐观和耐心来对待。

那么在发达、繁荣的民主国家，能否通过供给学派的减税政策、扩大教育投入以及其他经济或社会政策推动经济增长？巴罗教授对此持怀疑态度：

> 通过降低税率、非生产性的政府投入，或通过消除有害的法规等手段，或许能在一个长时间段内对经济增长起到一定作用，但投资基础设施、提供补贴、扩大教育投入对经济增长并没有明显的作用。

10.9 财富与幸福

在某种意义上，细心的读者或许会抓住本书在讨论世界财富方面的某些让人困惑的地方。如果西方人的经济成功不能体现为让普通公民哪怕得到些微的幸福，那么经济增长又有什么用呢？西方社会的经济繁荣一度带来更为普遍的吸毒、工作的不安全感、家庭破裂，更不用说引发相当多的第三世界国家尤其是穆斯林世界的不满与怨恨。用约翰·肯尼斯·加尔布雷思（John Kenneth Galbraith）的话说，应该有不同于“提高本国的GDP”的、更为重要的评估个人价值与生活目的的标准和方法。

早在工业革命时期就存在着关于生活标准的争论，其中一些如今更蜕变成有关全球化、新殖民主义以及国家角色等意识形态的争吵。在这些政治“雷区”，我们只有通过提出假设并通过客观数据加以检测，才能获得洞见。

如今我们有必要重新讨论财富与幸福的关系。西方世界财富的迅速增长是在破坏还是推进人民的生活？更坦率地说，这种富裕生活是否使我们更加幸福？我们今天还能肯定地回答这些问题吗？

最近几十年，心理学家和社会学家都在推动我们更广泛、更清醒地思考人类生活的满意度。随着世界不断繁荣，半个世纪以来，出现了大量关于人类生活的研究。一个典型的案例是普通社会调查（General Social Survey），即在美国进行的广泛的社会学取样与评估，它围绕着下面这个问题：

> 总体上，你如何谈论现在的生活——你的生活是很幸福、还算幸福，还是不够幸福？

从1970年以来，回答“很幸福”的美国人总是保持在30%左右。而WVS项目与ES项目对个体生活提供了更为详细与系统的数据。

10.10　幸福的科学

许多人反对运用一种放之四海而皆准的幸福标准来衡量世界上各种各样、互相异质的文化。然而研究人员发现，所有社会都能在大体相同的范式里明确接受和界定关于幸福和生活美满的概念。其实这是很正常的，毕竟我们都是人。

在本章的后半部分，我们将在心理学而不是经济学的范畴里使用“生活美满”这一术语，就是说它与幸福是同义词。社会学家发现，所有社会都会用四个相似的指标来衡量美满生活：经济状况、工作状况、健康以及家庭状况。家庭状况中婚姻又是最重要的。除了那些通宵达旦演出的喜剧演员，一般情况下，已婚的人总比独身者生活要快乐。失业总是带来不幸，即使生活无忧也是如此。这就是说，失业对生活美满的负面影响并不与收入相关。通常情况下，让一名工人丢了工作，总是会使他变得不快乐，即使它可以完全不靠工资为生。用研究人员的话说："为了弥补失业的损失，必须给他一大笔额外的收入。"

此外还有大量评估幸福的实实在在的工具。幸福指数高的人常常不会遭受心理疾病和失业的打击，他们一般更加长寿，也比一般人大脑思维活跃。

有的人会说这种幸福观没有考虑不同文化和语言对"幸福"和"满足"的理解。瑞士人曾经做过一个很好的实验，研究本国说德语、法语和意大利语的人对这些词的理解。数据显示，使用这三种语言的群体明显要比他们在德国、法国和意大利的亲戚更加幸福。这表明在涉及幸福问题上，至少在瑞士这三种民族中间，语言并不起很明显的作用。

政治与军事冲突也使人不幸福。多种研究显示，由于冷战冲突，美国人在 20 世纪 50 年代晚期至 70 年代早期的幸福水平在下降。在 70 年代晚期，毁灭人类的核战争危机逐渐减弱，美国人的幸福水平又开始回升。尽管人们从各自领域细致地研究了幸福观的不同因素，经济状况仍然是幸福与美满生活的强大动因。

有些人也在探究经济状况与幸福之间的因果关系。问题是人们是否会把生活快乐当成最大的成功。答案并非如此。首先，社会研究发现，人们往往会把富裕作为生活幸福最重要的事。其次，经历了经济危机的前社会主义国家近来福利水平的急剧下滑也证明，是贫穷导致人们生活不快乐，而不是相反。

10.11 我们还快乐吗？

图 10.9 显示了欧洲有代表性的 4 个国家在近 1/4 世纪，即 1973 ~ 1998 年间生活状况的变化。它是根据这 4 个国家回答自己的生活"非常满意"的人所占的百分比来绘制的，其余的答案是"还算满意"、"不很满意"、"根本不满意"。

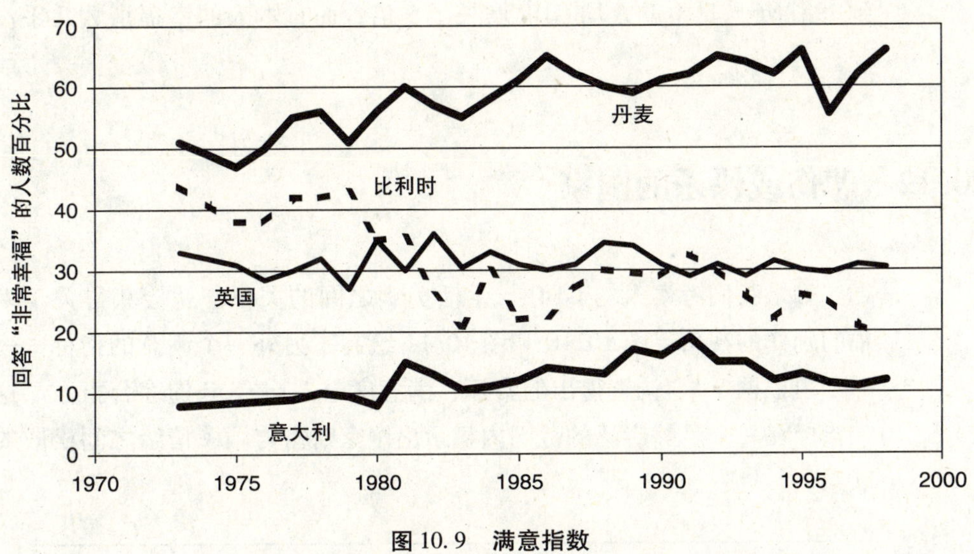

图10.9 满意指数

资料来源：数据来自 Ronald Inglehart and Hans-Dieter Klingemann，"Genes，Culture，Democracy，and Happiness，" in *Culture and Subjective Well-Being*，E. Diener and Mark Suh，eds.（Cambridge：MIT Press，2000），167.

发人深省的是，尽管欧洲的人均GDP在这段时期提高了60%，幸福感却并没有提高多少。更让人吃惊的，是丹麦（它的幸福满意率达到了人口的60%）和意大利（其幸福满意率只有11%）之间的极大差异。图10.9同时显示比利时在最近1/4世纪里的满意率有很大的下降。造成忧郁的原因是什么？答案之一可能与比利时近几十年来出现的文化与语言（即说法语和说荷兰语的国民）之间的矛盾有关，这一矛盾导致越来越多分裂的政治组织的出现。这种情况与冷战时期的美国以及20世纪90年代后的前社会主义国家幸福满意率的下降很相似。

社会学家不能仅仅从经济角度来解释这些国家之间的差异——在这个阶段里，四个国家人均福利的差别相对较小。很明显，一定有文化的因素卷入其中。而那些似是而非的陈词滥调——比如说丹麦人有良好的幽默感，而比利时人更严肃阴郁——也无法帮助我们把问题认识得更深，从图10.9中可以看到，外向而热情的意大利人的分数也低得令人吃惊。

日本人也是个很戏剧化的例子，证明金钱买不了幸福。从1958年到 1987 年，日本的人均 GDP 增长了 5 倍，而日本人的幸福指数几乎没变。

10.12 悲伤或快乐的国家

如果我们考察人均 GDP 与生活美满之间的关系，就会获得关于幸福的别样的视角。图 10.10 和图 10.11 绘制了另外一个满意的指标——一个由根据 WVS 调查得出的幸福、满意度与人均 GDP 的综合指数。这一指标在一个足够广泛的范围内显示出国家财富与国民情绪之间松散的联系。

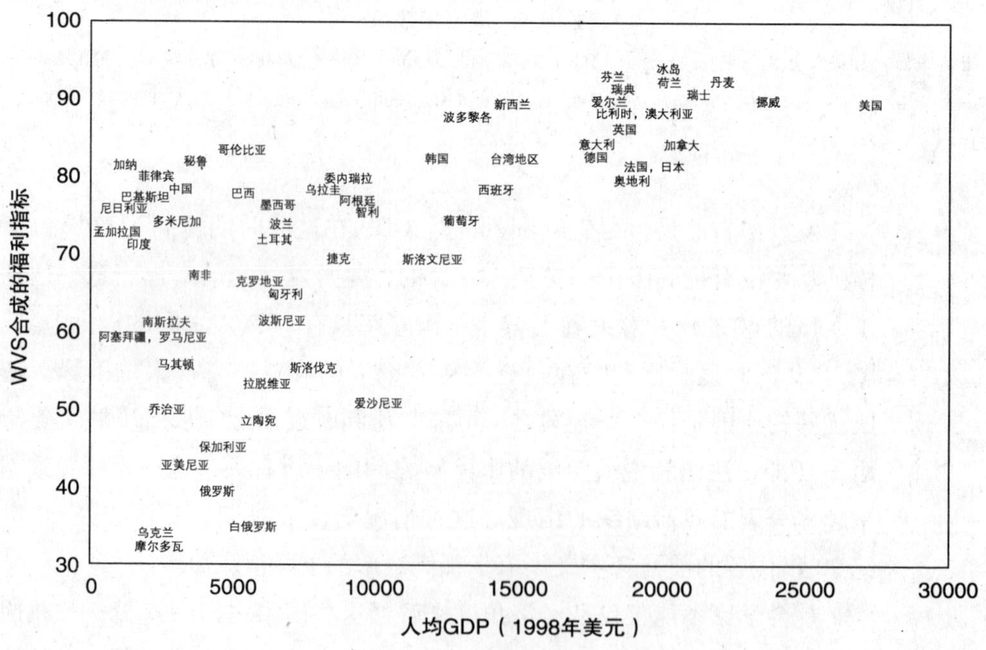

图 10.10 生活美满程度与人均 GDP

资料来源：数据来自 Ronald Inglehart and Hans-Dieter Klingemann, "Genes, Culture, Democracy, and Happiness," in *Culture and Subjective Well-Being*, 172-73 and Maddison, *The World Economy: A Millennial Perspective*, 264, 276-79.

图 10.10 的左侧显示了包括前社会主义国家在内的穷国的幸福水

平。如果我们去掉这些前社会主义国家——它们大多经历了政治、社会和经济的急剧恶化，从而导致幸福指数下降，在剩下的国家中，我们可以看到幸福指数与人均 GDP 之间的关系更密切，如图 10.11 所示。几个市场经济和民主化转轨最为成功的前社会主义国家——波兰、捷克和匈牙利——其幸福度虽然处于西方国家的底端，但还是高于其余的前社会主义国家。

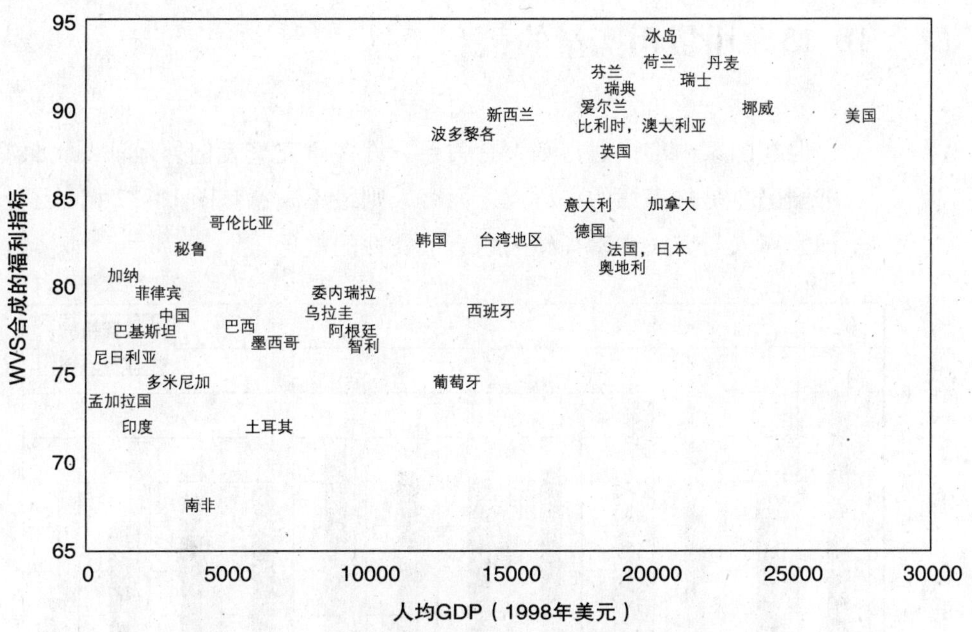

图 10.11　非社会主义国家的生活美满程度与人均 GDP

资料来源：数据来自 Ronald Inglehart and Hans-Dieter Klingemann, "Genes, Culture, Democracy, and Happiness," in *Culture and Subjective Well-Being*, 172-73 and Maddison, *The World Economy: A Millennial Perspective*, 264, 276-79.

一些零散的证据显示，前社会主义国家的国民情绪的恶化其实是相对较晚的事情。例如在俄罗斯坦波夫地区，综合幸福指数从 1981 年的 70 下降到 1995 年的 39。而社会和经济混乱程度比俄罗斯更轻的匈牙利，其幸福综合指数只是从 1981 年的 74.5 下降到 1990 年的 62，而到 1998 年又上升到 68。

图 10.11 表明，国家的财富对国民生活的美满程度的影响相对较

小。在图的右侧，那些人均 GDP 超过了 1.5 万美元的国家，其幸福感与财富几乎没什么关系，只有低于这个水平线的国家，财富才成为一个因素①。我们已经注意到，国家财富与国民生活美满的关系是很松散的。例如，哥伦比亚人的快乐程度要比奥地利人高，尽管其人均 GDP 只是后者的1/4。

10.13 用货币衡量的福利

但在国家内部，财富则大有关系。许多研究毫无例外地证明，最富有的国民总是最满意的一群人，而穷人则最不满意。图 10.12 揭示了 12 个国家富人与穷人在幸福感问题上最实在的差异。

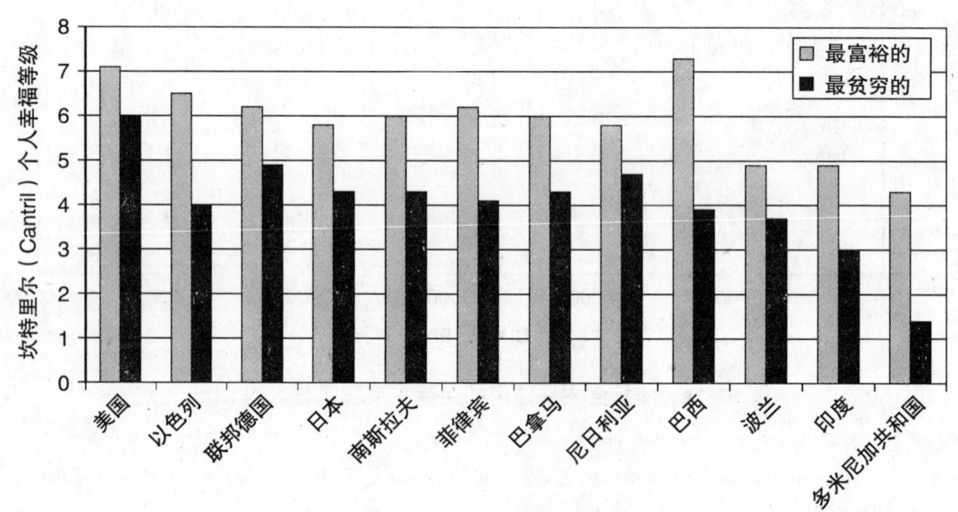

图 10.12 个体幸福等级与财富的关系

资料来源：数据来自 H. Cantril, *The Pattern of Human Concerns*, 365-77.

图 10.13 以 1973 年的美国为例，通过很细致的分级来揭示这一现

① 熟悉经济学的人会承认财富的效用是对数形式的——即幸福只能通过财富的几何增长获得。图 10.10 和图 10.11 中 X 轴使用的算术坐标扭曲了这种关系。人均 GDP 从 15000 美元提高到 30000 美元，幸福感在理论上的增加只是人均 GDP 从 1000 美元提高到 15000 美元的 1/5。

象。从图中可以看出一种光滑的按曲线变化的关系——在低收入阶层，随着收入上升，幸福感也急剧提高，而到高收入阶层则上升趋缓。一些社会学家试图解释这一现象，并通过图 10. 12 来观察富裕国家财富匮乏对幸福感的影响，称之为“门槛效应”（threshold effect）。换句话说，一旦收入达到一定水平（在进行这一研究的为 1973 年大致为 8000 美元），生存和安全需求基本得到满足，那么财富的进一步增长就不会导致生活美满度的持续提高。

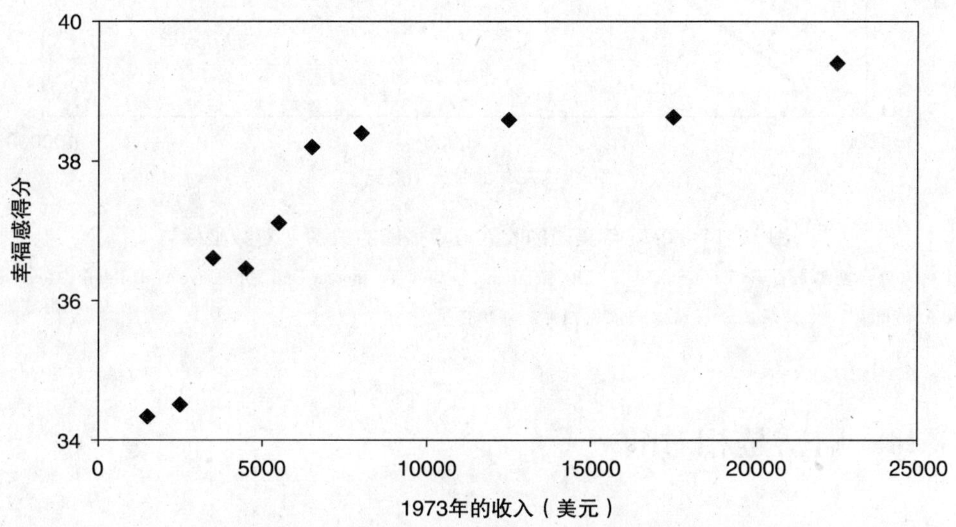

图 10. 13　美国 1973 年的收入与幸福感的关系

资料来源：数据来自 Ed Diener et al.，“The Relationship Between Income and Subjective Well-Being: Relative or Absolute?” *Social Indicators Research* 28 (1993): 208.

情况可能并非如此，经济学家长期以来假定人们根据收入增长的比例以“对数”（logarithmically）的方式感知财富。他们认为，从理论上说，每次收入按一个给定的倍数增长，你都应该获得相似的满意度提高——假如你的收入从 5 万美元增长为 10 万美元，幸福感会得到一定的增长，那么如果收入再增长到 20 万美元，幸福感也应该有类似的增长。图 10. 14 表明这个情况是确实可信的——这是人们的行为符合经济学家预测的为数不多的例子之一。这个图与图 10. 13 是一样的，在水平轴上用对数来表示财富，而不是像以往用算术方式表示财富。经济学家确实是对的——生活美满度与财富的对数成比例。

Nations

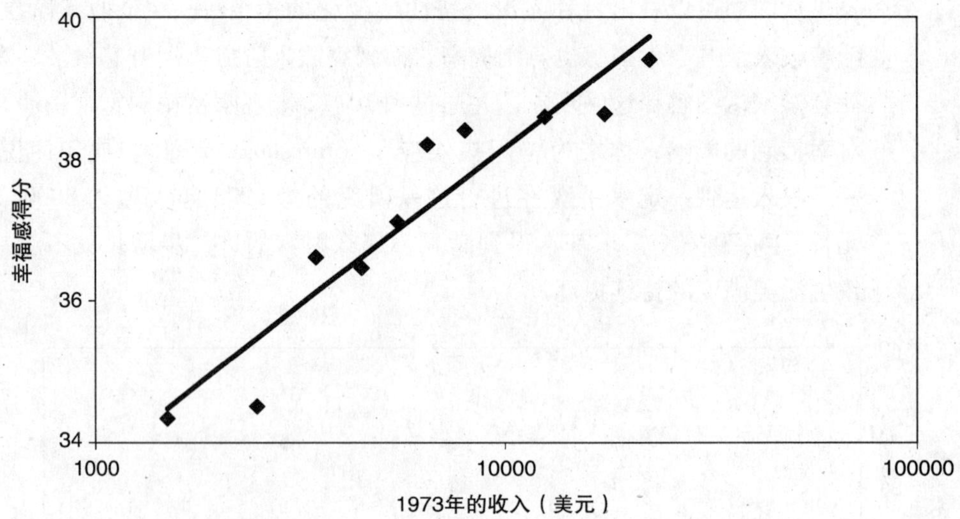

图 10.14　1973 年美国的收入与幸福感的关系（对数坐标）

资料来源：数据来自 Ed Diener et al.，"The Relationship Between Income and Subjective Well-Being: Relative or Absolute?" *Social Indicators Research* 28（1993）：208.

10.14　财富是相对的

因此，金钱的确能买来幸福，但只是在相对程度上。绝对的财富不如你和邻居相比所拥有的财富更有价值。按照卡尔·马克思的说法：

> 住房可大可小，只要周围的房子都一样小，它依然能满足人们的居住需求；而如果在旁边建造起一座豪华宫殿，那么那间小房子在人们眼里就立刻会成为窝棚。

而门肯（H. L. Mencken）则说得更加尖刻：所谓的富人就是比自己的大舅子赚得更多的人①。

---

① 这不仅仅是个玩笑，如果一个妇女的姐夫比她自己的丈夫挣钱多，她被聘用的意愿就会提高20%。参见 David Neumark, and Andrew Postlewaite, "Relative Income Concerns and the Rise in Married Women's Employment," University of Pennsylvania, unpublished data, 1996. 经济史学家查尔斯·金德尔伯格（Charles Kindleberger）描述了另一个有意思的现象：没有比看到一位朋友发财更能影响一个人的福利和判断了。参见 Kindleberger, *Manias, Crashes, and Panics*, 4th ed.（New York: John Wiley & Sons, 2000），15.

我们如何界定与自己同等的小圈子，这也是非常微妙的事。人们都是根据自己的朋友和邻居来评价自己的富裕程度。一个在经济萧条的乡村一年挣 10 万美元的人，很可能比一个在曼哈顿东区挣钱一样的人更快乐[①]。作为人性的一个基础，这种“邻居效应”（neighbor effect）还可以应用在许多地方。经济学家保罗·克鲁格曼（Paul Krugman）描述了他作为一个在世界著名大学有着稳定工作的高收入、受人尊敬的专业人士的不愉快：

> 我有一份令人快乐的工作，收入良好，经常会收到来自世界各地的学术会议的邀请。与世界上 99.9% 的人相比，我没什么可抱怨的。但人类这种动物并不止于此。我的情感常常指向与我同辈的那些最成功的经济学家，常常焦虑于不能忝列于他们当中。

现代电信技术打破了自然状态下的“邻居效应”。在日益全球化的社会中，远方的财富变得有意义了。即使关在家里，现代媒体也会让住在城市内部贫民窟的人，甚至是那些生活还算舒适的中产阶级，感觉到自己的贫困，羡慕自己不可企及的富人和名人的生活方式。推而广之，与西方人相比，那些居住在阿拉伯街道上的人们必须每天直面自己物质短缺的生活方式。

人们常常会觉得身边的富人就是让我们不快乐的原因。不管是真实接触还是通过电子信息，他们越富裕，离我们越近，就越让我们觉得自己可怜。如果这就是事实的话，那么那些不平等状况最小的社会就是最令人快乐的社会。事实是这样的吗？确实如此。处于 WVS 值和个体福利指标最顶端的那些国家——冰岛、荷兰、丹麦、瑞士、芬兰、瑞典、爱尔兰以及挪威——都公开实行再分配的税收政策以缩小收入差距。

衡量“邻居效应”的一种好方法是计算处于第 90 百分位和第 50 百分位（即中位数）的人的收入比率。图 10.15 显示了 WVS 福利指标与这一指标的关系。这条下降线揭示了收入不公和幸福之间松散的负相关关

---

① 并不是所有的数据都与这一假设一致。例如，迪纳尔（Diener）等未能证明一个主要的相对财富效应。另一方面，他们也无法证明另一个假设——福利与对生存无关的需求的满足相关。参见 Ed Diener et. al.，“The Relationship Between Income and Subjective Well-Being：Relative or Absolute?” *Social Indicators Research* 28（1993）：208.

Nations

系。更多谨慎的分析，比如“萨默斯—赫斯顿数据集”也揭示了同样的现象。

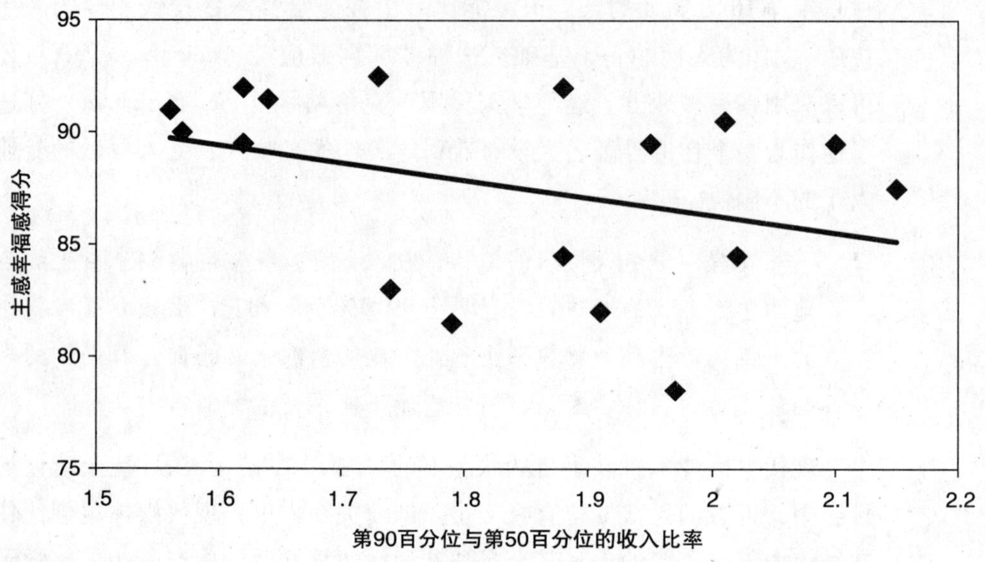

图 10.15　美满生活与收入不公

资料来源：数据来自 Luxembourg Income Study，http：//www. lisproject. org/keyfigures/ineqtable. htm，and Ronald Inglehart and Hans-Dieter Klingemann，“Genes，Culture，Democracy，and Happiness，” in *Culture and Subjective Well-Being*，172-73.

即使在国家内部，不同程度的收入也会影响国民的幸福感。以色列的一个研究多样性的社区组织做过一个有关收入不公与幸福感的互动关系的研究。1977 年，位于耶路撒冷的希伯来大学的一群社会学家研究了两个 Moshavim——合作社区。在第一个社区（他们管它叫“Isos”）里人们的收入都一样，而第二个社区（名叫“Anisos”）——则按成员的生产和等级付酬。两个社区里的“坎特里尔值”（Cantril score，用以度量幸福感的数值，位于 0 到 10 之间）分别为 7. 88 和 7. 25。

虽然两者的差异很小，但由于以下几个原因，这一结果仍然很重要：首先，两个社区的坎特里尔比率都很密集，使得这种差异在统计上很显著。比如 20% 的 Isos 成员将自己的坎特里尔值定为完美的“10”，而 Anisos 社区里却没有成员达到 10。其次，南美来的移民在 Isos 社区里占多数，而 Anisos 里是欧洲人占多数。因为南美人的“生活美满度与

S/SE”分值要比欧洲人低，所以南美人占多数的 Isos 社区的生活美满值更高，这是很让人吃惊的。第三，Anisos 成员的受教育程度比 Isos 成员高，这也是影响幸福感的一个因素。最后，Anisos 社区的平均收入要比 Isos 的高 1/3。以上 4 个因素说明 Anisos 社区的居民本应该更幸福，但事实却让人深思。

我们总结如下：

- 在单个国家和社区，财富对幸福感是重要的，但远不是唯一的。
- 在国家之间，财富的重要性下降，国家财富与国民幸福感之间的关系松散；而在全球范围内，文化与历史原因变得更加重要。
- “邻居效应”作为人们对财富的相对自然的认识，它带来经济增长和财富总量的增加，但这并不使国民更加幸福。虽然一个国家最富有的那些人是最幸福的，但“邻居效应”使得整个国民并不能像富人一样幸福，当然，随着国家财富的增长，也不至于变得更加不幸福。生产力的提高意味着付出更多的时间，劳动强度更高，工作更没有保障，而人们却似乎并没有从中得到更多（也有人认为，财富的增长的确使人们更幸福，但恰好被现代生活的压力抵消）。1995 年，经济学家理查德·伊斯特林（Richard Easterlin）反问道：全社会收入的增长会使全社会更快乐吗？这个问题显然没有答案。对个体来说是好的，并不一定对整个国家就是好的。

10.15　贫富的移动目标

现代人某种意义上就像一架“享乐脚踏车”（hedonic treadmill），国家变得越来越富裕，必须生产出更多的产品与服务来满足国民日渐增长的需求。我们可以从下面对每个月挣 10 美元的前一代印度农夫的描述中看到这种现象：

> 因为我如今是在别人的土地上劳作，所以我希望有自己的儿子和土地。我想建造自己的房子，有一头奶牛和黄油。我也想给老婆

买更好的衣服。如果我能得到这些，那我的生活就是幸福的。

请注意，这位农民根本没有提到如今为第三世界居民带来具体幸福的现代设备——冰箱、彩电和摩托车。他所提到的物质结构与同等的现代中国农民的物质结构有很大不同，后者的物质结构与现代普通西方人的物质结构没有什么不同。

如果说富裕的概念总在不断变化，那么贫穷的定义也在改变。即使今天最穷的美国人与1500年相比也是幸福的。而在下一个500年，恐怕许多今天的西方人又要被视为处于贫困和野蛮当中了。当今世界贫困人口的比例是在增长还是降低，对这个问题的认识取决于我们是在绝对还是在相对意义上理解贫困。

在绝对意义上，我们是在不断取得成功。正如第1章所说，即使我们不用人均GDP的概念，人们的寿命预期、教育水平、儿童的成活率在过去几十年也在急剧提高。半个世纪以来，威胁人类的大面积饥荒在大大减少（世界上常常闹饥荒的国家在20世纪中期以来，人为的饥荒要多于自然灾害。非洲撒哈拉沙漠以南地区的饥荒也因为得益于世界贸易体系和现代运输业而大大减少）。

在相对意义上，我们则越来越失败了。过去一个世纪，世界上最富与最穷国家的差距越来越大，国家内部的贫富差距也在拉大。没有什么迹象表明赤贫人口的实际收入在现代能够增加，也没有迹象表明他们的生活质量会有很大提高，这让穷人以及他们的支持者变得越来越失望。

这种现代的贫困只与收入分散程度有关，我们只能通过重新分配财富才能改善它。强制性地适当拉平收入可以减少贫困，并增进整个社会的福利，但在这一过程中我们会牺牲一些增长。在下一章，我们将讨论经济增长与经济平等主义之间的权衡，并讨论如何在大西洋两岸实施这一举措。

第 11 章

大权衡

经济增长带来的一个大矛盾是它在创造财富的同时也带来了财富分配的不均。财产私有权在极大地刺激人们为自己创造财富的同时，也会占有别人的财富。财富确实是从一部分人手中缓慢地流向另一部分人手中，但速度太慢，很容易导致政治冲突和混乱。

要找到解决的办法并不容易。如果个人不能留住其所得，就不愿意去从事生产。反过来，如果那些创造财富的大户能够尽享其得，又会导致社会不公，从而导致社会福利水平降低。在我们这个充满技术天才的世界，这种状况是普遍存在的。这个世界能把个人独特的技能无限提高，并迅速转化为产品输送到全球。而经济增长的活力和收入不公之间的权衡则是强化个人财产权和法律制度的必然结果。

个人财产权制度即使不会产生收入不公，就其本身而言也不是纯粹意义上的福祉。这种制度维持起来代价很高，用经济学的行话说，个人财产权需要“执行成本”（enforcement costs）——成本高昂的司法体系、政治保障，甚至经常需要动用军事和国家安全设施。常常可以看到，这些成本会大过通过财产的合法转让带来的经济利益。

拉布拉多殖民地的 Montagnes 印第安人猎海狸的历史，是一个相当有教益的案例。几千年来，在海狸生活的广大地区建立个人财产权制度的成本大大高于买卖海狸本身的经济利益。一开始，部落认为海狸是公共财产，所有人都可以捕猎。到了 17 世纪中期，来到 Montagnes 的欧洲人注意到在海狸的分配问题上缺乏个人财产权制度。于是哈得逊湾公司来到这里，并花大价钱收购海狸皮。事情因此起了大变化，仿佛一夜之间，建立海狸捕猎地的私有财产权制就提到议事日程。

低地印第安人从没为捕猎地建立过个人财产权制度，因为长期以来这种捕猎没有多少经济价值。即使他们有这种制度，也会因为捕猎区范围太大，使得执行成本高得难以承受。同样，现代社会也有一些财产权制度因为执行成本太高而难以承受——比如可下载的音乐和西尔维斯特·史泰龙（Sylvester Stallone）的电影就是这样的情况。

各个社会的执行成本相差很大。相对而言，美国的财产保护成本要大大低于阿富汗。在堪萨斯市，只需要当地警察机关就可保护人们的财产权；而在喀布尔，财产权的保护则需要美国特种部队的介入。在堪萨斯市，大多数人把自己视为利益相关者——他们出于强烈的利益关系而遵守法律，同样也承认他人对自己合法利益的占有；而在喀布尔，人们却不是这样。当利益相关者大量存在时，不法侵害者就减少了，执行成本也就下降了，而财产也容易得到保护。如果人们不满意并极端不信任政府，产权保护的成本就会大大提高，也就会危害经济发展。

我把这一现象称为"利益相关者效应"（stakeholder effect），引起这一现象的原因差不多也可以解释为什么近 70 年来政府支出和干预持续增加，而西方经济却可以不受干扰。诚然，国家总是要求占有经济的更大一部分，但增加的大部分是以中产阶级权利的形式反映出来的。个人的支出——不管是他们自己的钱还是通过各种社会福利系统再分配给他们的——与政府购买产品和服务的支出相比，对市场的扭曲要小得多。当个人把各种社会福利项目再分配给他们的钱花出去时，这种支出反应了商品和服务真正的经济价值，而政府支出却不同。换句话说，通过转移支付的形式将 GDP 的 30% 再分配给国民，与政府直接支出同样的钱用于购买产品和服务，对价格的扭曲要小得多①。无饥馑之虞、能安居乐业的人不会去做违法乱纪的事。

---

① 这一点同"圣诞节无谓的浪费"现象类似。平均来说，圣诞礼物的成本超过了它们对接收者的价值，即收礼人愿意为每件礼物支付的钱少于送礼人的实际花费。一位研究者估计，1992 年美国圣诞期间圣诞礼物的总浪费在 40 亿～130 亿美元之间。更重要的是，医疗保险、公共医疗补助和公共住房项目的无谓浪费估计为其支出额的 9% ～39%（这些支出的总和占 2003 年联邦预算的 23%）。参见 Joel Waldfogel, "The Deadweight Loss of Christmas," *American Economic Review* 83 (Dec. 1993): 1328-36.

11.1 新强盗大亨时代

利益相关者效应比我们想象的要脆弱得多。正如哈佛大学法学院教授马克·罗伊（Mark Roe）所说，在 19 世纪即将结束的时候，阿根廷的人均 GDP 位列世界第八，同时也是全世界债务问题最安全的国家之一，评论人也认为它的政治局势像英国那样稳定。这时候，一船又一船的欧洲移民来到这里。

尽管表现得不明显，但阿根廷的局面开始走下坡路。像西班牙以及其他拉美国家那样，阿根廷的土地逐渐集中在少数人手中，“大萧条”来临之际，数百万的失地农民涌进城市寻找工作。这些贫民成了胡安·庇隆（Juan Peron）的政治蛊惑的轻信者，庇隆用漂亮的空头支票拉拢他们，而阿根廷的经济却脱离了繁荣的轨道。

如果财富与收入的不平衡发展到一定程度，那么普通百姓所遭受的痛苦就会使他们不再感觉到自己是所有者——就像阿根廷所发生的那样。强化个人财产权的成本也将急剧增加，并在一定程度上使经济发展遭难。

而美国又在这条下坡路上走了多远呢？经济学家托马斯·皮克迪（Thomas Piketty）与伊曼纽尔·萨伊兹（Emmanuel Saez）最近从整个 20 世纪考察了美国收入不均的状况。图 11.1 显示了最富裕的 1% 的国民所得税收入占国民收入的比例（包括各种股票和财产收入）。皮克迪和萨伊兹绘制的这张图与大众对 20 世纪美国财富分配的想象非常一致：在 20 世纪之初的“强盗大亨时代”，美国的财富分配非常不均，而此后由于历届美国民主党和共和党管理者执行财产调节税政策，这种不均开始反转，而到了 20 世纪 80 年代以后，这种不均又开始上升。

这种不均程度跟引入的参量相关。图 11.1 中收入不均曲线的最高点表明，20 世纪早期国家尚无对付收入不均的手段。如果我们变换角度，排除投资收入，只看工资收入，那么其实后来的收入不均更甚于“强盗大亨时代”，尤其是企业 CEO 的工资收入。在 20 世纪 70 年代，大公司 CEO 的平均工资是工人平均工资的 40 倍，与早期人口统计学家

Nations

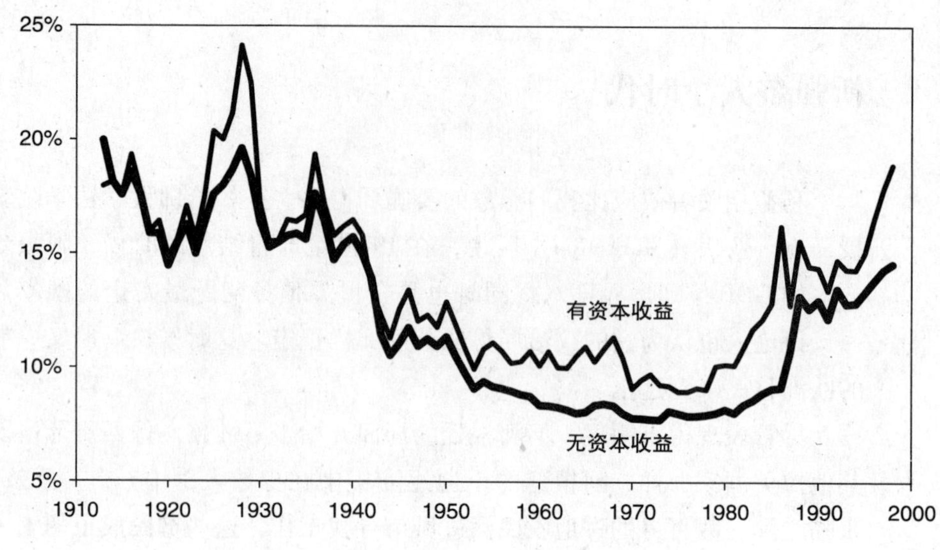

图 11.1 纳税最多的 1% 的收入所占比例

资料来源：经作者授权改编自“Income Inequality in the United States, 1913-98,” Thomas Piketty and Emmanuel Saez, NBER Working Paper 8467.

格里高利·金（Gregory King）描绘的 17 世纪晚期英国最富与最穷的人之间的差距差不多。到了 1998 年，CEO 的平均工资已增长到工人平均工资的 1000 倍。对此，皮克迪与萨伊兹得出了一个似乎轻描淡写的结论：

> 当前高层人士的工资增长使这些人比以前更容易积累财富。如果对收入和财产所实行的积极税收政策对这一新现象不起作用的话，那么接下来的几十年财富与资本收入的不均将变得更加突出。

民权的高涨使得 19 世纪自由放任的企业政策被高度美化了，这段时间被看成是美国资本主义企业发展的黄金时代，政府无权对私人企业实行税收罚没或其他干预。一些看似平凡的事实反而掩盖了问题的实质。在现代西方，经济的繁荣常常伴随着税率提高和政府对产业管制的加强。只有战争的破坏才暂时性地减缓经济增长的步伐。自由民主党实行的那些政策看似对经济发展起着抑制作用，但这只在收入再分配和政府投资领域出现，就像 20 世纪六七十年代英国发生的情况。

历史告诉我们，财富收入明显不均并不像适度的税收负担那样起着良性的作用，财富与收入之间出现巨大的矛盾，常常会使经济发展脱出轨道，就像在阿根廷实行庇隆主义政策产生的结果。

11.2 圣彼得地区血案

即使最稳定、自由和市场化的国家也不能免于这样一些经济震荡。拿破仑之后的英国，经济繁荣结束了，进入震荡时期，其程度比所觉察的更甚。在工业革命的早期阶段，英国的工人被企业开出的高工资所吸引，汇集到米德兰散发着恶臭的贫民窟里。拿破仑战争期间，一个半熟练的机械操作工的周薪可以达到60先令，足够在工业区附近租一个条件相当的房间。而拿破仑战争之后，一方面是工人工资下降，下降到每周24先令；另一方面，为禁止谷物进口而颁布的《英国谷物法》(*England's Corn Laws*)使得粮食价格持续升高。工资下降，食品价格升高，导致成千上万的穷人产生，许多人处于饥饿状态，甚至引起政局不稳。

19世纪早期，英国的下议院尽管成了国会的雏形，也很难说是一个代议机构。它只是一个受英国西南部人所欢迎的、只有少数人才有投票选举权的、倾向性特别严重的议会机构。托利党（Tory party）的任何一个心血来潮的想法都能买通议会，或者干脆不需要通过议会。处于极端贫困的新兴城市工人阶级积极推动着议会改革，并且产生了一个激进的政治家集团。

反动的利物浦和卡索里（castlereagh）政权内心则萦绕着法国大革命的记忆，将雅各宾党的恐怖政策移植到英国，他们曲解了民众的改革运动，以为革命和起义将四处爆发。1817年3月，政府取缔人身权长达一年。这一取缔政策虽然暂时减缓了激进的骚动，然而等到运动恢复，此起彼伏的罢工将兰开夏地区变成动乱之地。1819年8月16日，那是个炎热的、晴朗无云的日子，呼吁改革者穿过曼彻斯特郊区，在圣彼得大教堂附近集会，选举出新的议会成员。从选举法的角度看，这次选举也许是不合法的，但集会却产生了一位著名的激进演说家，亨利·亨特(Henry Hunt)。从那个时代来看，集会影响巨大，根据最准确的估计，现场有9万人，也许其中的6万就来自圣彼得地区。

早已有了提防的政府派出1500名士兵包围了这些手无寸铁的集会群众。而秩序井然的游行与集会却使士兵们迷惑了，他们本来被集会的消息弄得惊慌失措，并打算逮捕亨特。随着局势的进一步紧张，政府决定实施武力逮捕，因为集会的规模太大了。军队不得不用刺刀冲开一条血路以接近被群众保护的亨特，导致局势很快失控。数百名旁观者受伤，但由于未使用火器——军队只是用刺刀和警棍，因此死亡人数只有11名。

其中一位受害者——参加过滑铁卢战役的老兵理查德·李兹指出，发生在圣彼得地区的事件是一场彻头彻尾的屠杀，可以与当年比利时战场的肉搏战“媲美”。李兹在发表这番言论后不久便因伤致死。这场屠杀因而很快就被称为“彼得卢”（Peterloo），并且引发了政治改革的强烈呼声。诗人雪莱在《无政府的假面舞会》（*The Masque of Anarchy*）一诗中写道：

> 我在路途中遭遇屠夫，
> 他带着一副卡索里那样的面具。

暴力震惊了英国，并且加强了作为改革者的辉格党。1833年，当局因为违反了《工厂法案》（*Factory Act*）中有关工业安全监管方面的条款而受到指控。同年，首席移民官出来作证，那些用来横跨大西洋驶往美洲的航船未得到良好的食品供应。1846年，在数十年的政治争端后，议会终于废除了《谷物法》，这标志着一个自由的国际贸易时代的来临，这导致食品尤其是粮食价格的下降。

短短三年后，议会又终止了《航海法》（*Navigation Acts*），这使得大批工人能够以更低的价格买到粮食。尽管遭遇一些铁路公司以“干预财产权”为由提出的抱怨，《铁路法》（*Railway Acts*）的实施还是使铁路运输安全得到更多保障。医疗卫生官员开始监管工业贫民区的健康状况，而议会也大幅度提高了银行监管程度。在一次成功的社会工程行动中，伦敦市长（后来担任首相）罗伯特·皮尔（Robert Peel）首次建立了市政警察部门。在19世纪中期，英国政府积极扩展对商业和私人生活领域的权力干预，这在西方世界甚为少见。19世纪的英国看不到被现代自由主义者美化的自由放任政策。

11.3 胡佛、麦克阿瑟、罗斯福及争取津贴的游行者

大约一个世纪以后，在大萧条（Great Depression）期间，美国也发生了与此类似的事件，这一时期美国的失业人数几乎达到城市居民的1/4。1932年7月，总统候选人富兰克林·罗斯福的助手雷克斯福德·塔格维尔写道：

> 眼下，数百万人什么工作都找不到了，他们陷入了绝境。私人的慈善团体实际上已经用光了手头的钱物，公共机构也在定量分配可怜的物资。不仅是工人工资，政府工作人员的薪酬也在降低。许多人举债度日，无处安身。为了活命，他们把数年的积蓄、经营的产业或全家的财产抵押出去，而一旦抵押，便没有赎回的指望。

德国的境况与美国也没什么不同。那里的失业问题甚至更为严重，大街上麇集着褐衫党暴徒，形势一点也不亚于塔格维尔的描绘：

> 我们都来不及认真讨论事态的发展，这些事件都预示着更险恶的危机。甚至在家里也会遭遇恐怖事件，这更预示着社会的全面危机。

数百万毫无前途的失业者离开家庭，扒货车逃票迁移，在或大或小、卫生条件极差的胡佛村安营扎寨，这些胡佛村遍布全国。到了7月下旬，事件发展到一个新高峰，失业的一战老兵聚集在华盛顿特区，要求得到政府提前发放直到1945年的津贴。胡佛总统因为担心这一事件酝酿出革命，命令当时的参谋总长道格拉斯·麦克阿瑟会同两位年轻助手——艾森豪威尔和巴顿，将示威者驱赶出他们聚集的宾夕法尼亚大道和邻近的安纳卡西迪亚公寓区。胡佛的这道命令是通过战争部长（Secretary of War）帕特里克·赫雷下达给麦克阿瑟的：

> 总统通知我，哥伦比亚特区的行政长官向他报告，已无法维持该区域的法律与秩序。你们率联邦部队立即赶往失控的地区，包围

这一区域，并立即清理现场。

于是，自由国家的军队又一次挥舞出鞘的马刀冲向和平的人群。这一次仅仅是由于镇压部队的兵种的原因——他们是些骑兵，可以用马和军刀的刀背来驱散手无寸铁的对手，从而未造成严重的伤害——致使更大规模动乱的导火索没有点燃。但是武装部队受命镇压手无寸铁的退伍老兵，这一事件还是深深刺激了国民，导致赫伯特·胡佛失去了谋求连任的机会。而几个星期前在芝加哥体育场的演说中名声大噪的罗斯福，意识到胡佛的政治生命已经结束了，他将入主白宫，可以利用这一难得的时机来实施他的“新政”计划。

尽管许多人不愿承认，事实上无论是英国还是美国，都曾如此近地走到了革命的边缘①。在安纳卡西迪亚冲突发生后的20年里，美国开始实施旨在进一步降低收入不均的税收和社会再分配方案。虽然皮克迪和萨伊兹的调查数据显示美国的收入不均在近年又开始上升，但带来的不良后果还没有达到滑铁卢战争后期以及大萧条时期的危机程度。

11.4 推动机制良性运转

在经济增长与社会凝聚之间其实存在着某种权衡。我们可以构建出一套“稳定的机制”，在这套机制里，社会既可确保个人产权，又能将税收限制在确保经济增长的范围内，使得财富的不均不至于造成社会和政治的不稳定。在美国，人们开始探寻这一机制的边界，探讨大众接受收入与财富不均的程度，使得经济增长保持最佳状态。

这一机制的另一面大致可以从“左翼”观察，就是确定为了保持社会的平等与人们的快乐，可以在多大程度上牺牲经济增长。斯堪的纳维亚半岛诸国和美国在政府投入的限度方面提供了这方面的研究案例。在1924～1995年期间，丹麦政府支出占GDP的比例从11%增加到51%。在美国，联邦政府、各州和地方的预算开支占到了GDP的30%。最近

① 关于英国在19世纪早期接近革命时的状况的调查，请参见R. J. White, *Waterloo to Peterloo* (London: Heinemann, 1957).

一二十年，北欧国民正经受着政府削减公共服务带来的痛苦，这表明欧洲的税收已经到达了上限。

在北欧，税收可以达到经济产出的 50%，而美国只占了 30%，但北欧的经济繁荣程度却几乎与美国相当，它们是如何实现的呢？我们可以从三个方面来看：

- 欧洲的社会福利体系已经形成了一个可靠的利益相关者—公民资源库，他们愿意遵守社会规范，尊重法律，愿意纳税。这背后的机制体现出一种多样性——从最明显的事实，即靠救济金生活的失业人员不大会干违法乱纪的事，到不会利用纳税与商业合同执行中的利益相关者效应获取更多利益。高社会福利支出的所有有益效果使得强化财产权的成本极低，极大地减轻了高税收对经济激励的损害。
- 虽然从历史上看，美国与欧洲的政府开支达到了前所未有的高度，但它主要用于转移支付，因此政府开支的“无谓损失”（deadweight loss）非常低——这种无谓损失常常发生在花钱人与消费者不是同一个人的时候。另一方面，军事开支是很大的无谓损失。因此，当年哈布斯堡王朝和前苏联占 GDP 的 15% ~ 25% 的军费开支，其损害远远大于北欧国家将 GDP 的 50% 用于公共福利的政府开支，而后者的国防开支是微乎其微的。
- 最后，欧洲国家的税收政策比美国更为灵活。令人吃惊的是，欧洲国家执行的是一种递减税，但却比美国的税收体制更有效的。北欧的税收体系是以像增值税这样的消费税为基础，而不像美国那样以效率低下的收入税、股利税和资本利得税为基础。

在过去一个世纪，美国对收入不均的接受程度是否提高了？某种程度上说确实如此，这只是在罗斯福新政后开始实行财富再分配安全体系的结果，如果没有这一体系，美国早就会遭受严重的社会政治不稳定。但我们不能就此得意。在困难时期，财富不均的忍受程度会急剧降低，比如大萧条时期就出现过。也许这只是康德拉季耶夫（Kondratieff）提出的漫长、永无休止的经济与政治循环的一个转折点，在循环中，自由放任政策与收入调节政策交替出现，一种政策过度实施会导致向另一种政策的改革①。我们所能期待的最好的情况是：不论是新出现的还是早已建立的自由民主国家，能够以一种合理有序的方式管理这个永无休止的循环。

11.5 通货膨胀与就业

获得幸福的一些“硬指标”同样也表明应该在通货膨胀与失业之间进行权衡。在高通胀、低失业的环境下，赚钱比较容易，钱也贬值；而紧缩银根则导致相反的结果。某些上了年纪的读者可能会回想起吉米·卡特总统任期内推行的“痛苦指数”（misery index）——一组关于失业率加上通胀率的指标。正如我们在上一章所看到的，失业是导致痛苦的重要因素。那么通胀也带来痛苦吗？不能这么说。一项对 12 个欧洲国家和美国的关于失业与通胀影响幸福的研究发现，失业率每提高 1 个百分点给社会带来的不幸，要超过通胀带来不幸的 2 倍。关于货币政策、通货膨胀与失业的具体讨论超出了本书的范围，但政策制定者应该清楚，通货膨胀给人们造成的情感痛苦要比失业低得多。而那些倾向于欧洲式社会福利国家的人可能会认为，高失业率国家本身存在着对公共道德的破坏性因素。

11.6 富国与穷国

我们最后要考虑的一个权衡因素是发达国家如何能帮助发展中国家实现经济增长。全世界的资金是有限的，付出的努力也是有限的，企业能够容纳的人员也是有限的。在过去的半个多世纪，最发达国家在两个方面来帮助那些发展中国家。一个方面是私人或非政府组织提供人道主义援助，但这常常缺乏长远的规划，当然也没有厚此薄彼的选择，主要

① 康德拉季耶夫（Nikolai Kondratieff）是一位俄国经济学家，他在20世纪20年代发现了包括产出和投资在内的60年的经济周期，或称“波动”（waves），康德拉季耶夫推断，这些波动意味着20世纪30年代资本主义的灾难是暂时的，而且是可以自动修正的。他于1938年死于古拉格集中营（Gulag）。参见Nikolai Kondratieff，*The Long Wave Cycle*（New York：Richardson and Snyder，1984）.

用于帮助发展中国家的医疗和农业发展；而来自政府和一些世界组织的援助主要是为发展中国家的基础设施提供大额贷款。另一种援助是政治性的，一些富裕国家，尤其是美国，常常有倾向性地鼓励发展中国家实行民选制度（但同时又纵容那些对西方友好的专制国家）。

发达国家如何合理地利用好有限的资源？联合国驻波斯尼亚和黑塞哥维那高级代表帕蒂·阿什当（Paddy Ashdown）简明扼要地回答："经历了无数事件之后，我们应该把实现法制化放在首位，因为这是治国的基础：充满活力的经济、自由公平的政治体系、社会事业的进步、有公信力的司法系统。"

换句话说，国家在从事修道路、建医院、筑水坝等基础事业之前，必须首先培训出一批良好的司法、管理人员，同时还需要注意，民主法制的建立是循序渐进的。一个国家要实现高度民主，必须有长达数十年的经济发展。在一个农耕或游牧文化的国家播撒民主的种子是很困难的。援助项目可以用于创办学校和工厂，但如果不重视私人产权和司法体系的培植，这些设施也会不断遭到破坏，无法起作用，这些我们早已在 200 年前的奥斯曼土耳其和 30 年前的非洲看到过。

我们应该担心对自由市场改革的强调会给发展中国家带来收入不公吗？不用。只有法制不健全的国家才会允许政府官员及其亲信通过寻租行为牟取暴利，甚至明目张胆地侵吞国家或他人财产。即使是在墨西哥这样实行公开的再分配税（redistributionist tax）的国家，处于第 90 百分位的人，其收入是处于第 10 百分位的 11.6 倍，高于美国的 5.5 倍和瑞典的 3.0 倍。

有人认为发展中国家难以承受市场自由化的改革，因为这会对社会底层带来有害的影响。至少在自由市场改革的早期，经济体制的发展使得特权阶层的巧取豪夺更加困难，从而降低收入不公的程度。但是在一些贫穷国家，很难进行改革与公正的权衡。

如果没有健全的法律法规，那么对该国提供任何形式的经济援助都很难起到实际的作用。这方面最好的例证是尼日利亚。自从 1980 年以来，这个国家已经出口了 150 亿桶石油，远远超过了任何西方国家所能给予的捐赠，然而在过去的 23 年里，它的人均 GDP 却下降了 1/15。在这种情况下，西方国家对欠发达国家唯一能起作用的帮助就是西方的制度遗产，没有这一条，其他形式的援助都有可能无所助益。

第 12 章

财神与战神：赢家的诅咒

胜利属于那些能支撑到最后一刻的人。

——门多萨（Don Bernadino de Mendoza）

在第 10 章，我们得出结论，财富并不一定能提高一国的福利水平，但它确实有利于发展民主体制。现在，让我们探讨繁荣给国家带来的另一个好处：国家力量。经济能够决定一个国家的生或死，这句话并非夸张。理解经济发展能够让我们洞察权力政治的历史，并解释现代世界的构成形式。

财富的一对双生子——民主与权力——使得在世界最大的一两个民主国家产生世界霸权日益成为必然。首先，我们要考察财富与权力之间复杂的历史关系；其次，我们要探究人口众多的自由民主国家显著的地缘政治优势。

现代世界财富与权力之间的关系是很简单的。从本质上说，现代战争在很大程度上是由工业水平决定的，生产力水平高的国家常常能占优势。军工技术的突破导致战争胜利，这个道理和人类历史一样悠久。重装步兵战术和甲士曾经让古希腊的军队在与波斯对手作战中所向披靡。百年战争开始的时候，能在 200 码开外给敌人致命的打击，并且能在每分钟发射 12 次的长弓，也在克雷西战役和阿金库尔战役让法国精锐几乎全军覆没。此后，攻城弩炮技术的出现几乎使战争局势翻转，让法国看到胜利在招手。随着工业竞争的加剧，生产力越来越成为决定性因素。具体的产品可以各有不同，但竞争的性质却一般无二——那些能以最低的成本生产出最大数量杀伤性武器的一方最终赢得战争。

正如克隆普顿发明的走锭精纺机使得英国赢得了工业革命的胜利一样，它在军事工业领域的发明——枪械——也让英国在 19 世纪赢得了许多的殖民战争。例如在苏丹的乌姆杜尔曼战役中，英国仅以损失十几名士兵的微小代价就杀死了 1.1 万名僧兵。同样，纳粹德国在波兰、荷兰和法国北部发动的空战和坦克战，也让它能迅速打败经济实力强大的英法同盟。

战争的胜利不仅仅在于发展或购买军事设备，它并不是在杨基体育场（Yankee Stadium）看谁的球棒做得更好。现代战争变得越来越综合、立体化，但是没有高质量的球棒，即使杨基队这样的强队也难免失败。

除了充足的财富、先进的武器、勇敢而指挥得当的士兵，在追逐国家权力的过程中，要取得地缘政治的支配地位，同样也需要耗费大量财富和人的生命。在专制国家——实际上，大多数国家历史上一直实行专制统治——这确实是难以逾越的障碍。西班牙哈布斯堡王朝就曾经实行残酷掠夺的政策，驱使广大农民去充当战争炮灰。另外一个极端是现代欧洲和 19 世纪的美国（除了南北战争时期），它们往往宁要财富，不要权力，这直接导致它们尽可能少地将国家财富用于发展军事。令人吃惊的是，国力强大的英国也属于后一个范畴。由于它的武装力量要强于其他的殖民竞争对手，英国只需要很少的钱来维护帝国，它的军费开支低于 GDP 的 3%，而且英国的国民生产不会超过全世界的 1/10（与此相对照，美国在 1945 年的产值是全世界的 2/15，而今天达到 1/5）。直到 19 世纪 80 年代，英国的军队人数还不到法国的 1/2，不到俄国的 1/3，甚至比德国和奥地利的军队人数还少。

有时候，一个国家能够在军事上战胜国力强于它的对手。在小规模、区域性的冲突中，一个贫穷落后却拥有训练有素、士气高昂的军队的国家在应对外敌入侵时能够同仇敌忾，付出巨大的牺牲，从而战胜强大而富裕的对手。这通常发生在民族解放战争中，比如在阿尔及利亚战争，还有我们不应该忘记的美国独立战争。

在前现代时期，距离能带来安全。美国独立战争的胜利便从这种距离中得到最大的益处。战争期间，英国尽最大努力也难以横跨寒冷而充满暴风雨的大西洋，将粮食、人员和弹药运往美洲。近两个世纪内，远隔重洋为美国带来了安全的保障，而处在战乱纷起的欧洲中心的国家，对此只能艳羡不已。

这一状况在进入19世纪时有所改变，蒸汽船使得西方国家能够漂洋过海，甚至顺着河流进入内陆，比如借助非洲的刚果河与中国的长江。而多山的地区，例如中亚的阿富汗，则仍然是难以进入。但是到了20世纪，这种地理上的障碍也被克服了。在美军进攻阿富汗的战争中，那些预测美国部队将遭遇当年英国在美洲大陆同样命运的观察家意识到他们错了，因为巡航导弹、远程轰炸机、航空母舰以及直升机能战胜阿富汗人的传统优势——远距离与地形优势。

这就是说，德·门多萨的分析——胜利属于那些能支撑到最后一刻的人——从根本上说是正确的。现代社会长期的全球冲突会将科技、竞争动力和地缘因素等综合到一起，形成多个国家之间的动态平衡或范围广泛的战争，而经济常常是胜利的保证。

第二次世界大战使得工业竞争成为战争的焦点。冲突开始时，盟国（包括英国和法国）最初的GDP总值刚刚超过轴心国（德国、意大利）——按1990年的美元换算，盟国的GDP总值为4750亿美元，轴心国为4000亿美元。但凭借军队士气、装甲部队和空军方面的优势，纳粹德国很快在1939年9月侵占了波兰，在1940年5月占领了法国。此后，德国遥遥领先的经济与军工能力生产出来的反坦克武器把英国吓得不轻，整个国家几乎濒临崩溃。随着法国很快投降，英国也几近屈服。但是丘吉尔在内阁选举中战胜了对手哈利法克斯爵士，当选为首相，并且凭借着高超的调兵遣将能力，使英国避免了在独立9个世纪后不光彩的投降结局。

英国勉强对付了19个月之后，美国于1941年参战了。美国的参战使得同盟国与轴心国的经济力量对比变成了17500亿美元（美国、英国和前苏联）对6000亿美元（德国、意大利和日本）。珍珠港事件后，丘吉尔以战略家的眼光，穿透暂时的黑暗，抓住这一根本性的事实，预言说："希特勒的命运就此注定了，墨索里尼的命运就此注定了。至于日本，他们也将会被踏为齑粉。"

举个例子说，中途岛战役常常被看成是太平洋战争的一个转折点或决定性的战役。即使盟军破译了日本人的密码，预知了他们的企图，也不意味着美国一定会胜利。在一次攻击中，美军发现了日本四艘航母中的三艘正暂时处于无防护状态，当美军的俯冲轰炸机飞到头顶上时，这些航母的飞行甲板上堆满了燃料和炸弹。军事史学家李德尔·哈特（B. H. Liddell Hart）把中途岛海战称为“充满偶然性的新型远距离海空联合作战的实例”。从传统军事观点来看，如果美国在中途岛海战失利的话，盟国在太平洋战役的优势将丧失殆尽，而日本将能使战争持续数年，甚至迫使美国求和。

但只要大致看看双方的数据对比，便可得出截然不同的结论。战争开始时，双方都有 6 艘航空母舰，日本将它的 6 艘航母全部投入攻击珍珠港，其中的 4 艘后来在中途岛海战中被击沉。1942 年底的时候，美国也有 4 艘航母沉入海底（莱克星顿号沉没在珊瑚海，黄蜂号被潜艇击沉，大黄蜂号沉没在瓜达康纳尔岛，约克镇号在中途岛海战中沉没）。这样，到 1942 年晚些时候，双方都只有 2 艘航母，而且各自的一艘还常常停泊在港口中修理，或者随时可能不能投入战斗。在随后的 3 年里，日本只制造出 2 艘航母，而美国则造了 16 艘。日本也造了 14 艘小型航母，而美国却造出了 118 艘（虽然其中大部分在大西洋上服役）。

到 1943 年晚期，海军上将尼米兹能够为进攻吉尔伯特群岛部署 12 艘航母，使得美国能够绝对掌握制海与制空权。即使日本赢得中途岛海战的胜利，美日两国的航母对比依然是 9 比 5。美国能随时在 6 个月内修复 3 艘大型航母，而日本则花了一年多的时间造最后的 2 艘航母。在其他大型军舰、潜艇和飞机的对比上，美国压倒性的实力也注定了日本失败的命运。太平洋上的战争既决定于前线的血战，也决定于美国的造船厂。

如果说支撑到最后的一方能赢得胜利，那么国力便处于军事抗衡的中心。大国的好运可以在其经济环境中找到根源。

12.1　克罗伊斯的垮台

克罗伊斯是吕底亚的国王，传说他富得流油。他派自己的宠臣去德尔菲神庙占卜，以决定自己是否应该去进攻波斯。得到的回答是：“如果他派兵攻打波斯，他将会摧毁一个王国。”因此，克罗伊斯满怀勇气地发起对波斯的攻击。他相信自己将会获胜，因为这是神的昭示。此举果然招致一个国家的毁灭，只是被摧毁的是他自己的国家。

霸权争夺常常是自我毁灭的起因。经济学家很久以来就发现“赢家的诅咒”这一现象：拍卖会上获胜常常比“失败”方付出更大的代价。从地缘政治角度来看，“赢家的诅咒”甚至是一个自然的法则，原因很简单，操纵和维护巨大的权力需要付出高昂的代价。当然，对敌方版图的征服意味着可以攫取财富，但是在劫掠逐渐结束后，胜利者必须为对敌占区远距离的驻防、镇压和防御付出成倍的代价——这导致了历史学家保罗·肯尼迪（Paul Kennedy）所说的“帝国的过度扩张”（imperial overstretch）。

从公元1500年至今，战争的代价越来越大。16世纪的战事中，一场主要战斗的全部过程可能要花1000万英镑，而到拿破仑战争时期，每年的花费都超过1亿英镑，在1793～1815年的法国战争期间，英国的总花费超过了16亿英镑[①]。

战争费用的增长速度远远超过了经济的承受能力。1600～1820年，英国的经济只增长了6倍，法国不超过3倍，西班牙甚至不到2倍。虽然前现代时期的君主们都知道过度的军费开支带来的危险，但亚当·斯密在1755年的一次演讲中正式分析了战争对经济与国家收入的破坏性：

> 除了和平、宽松的税收与公正的管理，一个国家几乎不需要别的，就能从低级、野蛮的状态上升到高级、富裕的状态，至于其他方面，都只须顺应自然的法则。

遗憾的是，无论是哈布斯堡还是波旁王朝都没有接受这一忠告，苏格兰人也是如此。我们在第8章讨论过西班牙的连年征战以及这个国家缓慢地陷入政府不履行责任的状态。到1598年菲利普二世去世时，西班牙王朝已经欠下了1亿达克特（中世纪一种货币单位）的债务，是

---

① 所有引用的数字都是按当时的实际货币价值计算的。在16世纪的战事中花费的1000万英镑大致相当于今天的5亿美元，法国战争花费的16亿英镑大致相当于今天的600亿美元。在这两个时期之间，只有相对来说很低的通货膨胀。参见 Roger G. Ibbotson and Gary P. Brinson, *Global Investing* (New York: McGraw-Hill, 1993), 251-52.

1588 年无敌舰队毁灭造成的损失的 10 倍，是它在最鼎盛时期从新大陆获得的白银年收入的 50 倍。

菲利普无节制的征战只是导致西班牙厄运的三十年战争（1618 ~ 1648 年）的前奏。这场起于宗教屠杀的战争使得大量人员和财富流入德国和低地国家，并造成哈布斯堡王朝的财政匮乏。到 1650 年，西班牙从新大陆获得贵重金属的数量下降了 80%，来自荷兰的赋税也断绝了。留给西班牙的只是国内不景气的经济。

一边是不断增长的债务与开销，一边却是收入急速减少，西班牙不再占有战略的优势和开战的信心——它陷入了全面的衰落，国库也空了。没过多久，葡萄牙与荷兰就摆脱了西班牙的统治，迫使它在谈判桌上承认了自己的独立。进而，如保罗·肯尼迪所说：“哈布斯堡王朝陷入树敌太多、四面楚歌的境地，那些通过到处用兵掠夺来的国土最后都变成了它的敌人。”

为了应付行将到来的灭顶之灾，维持自己的存在，哈布斯堡王朝只能四处用兵，耗空自己的国库，而长达数十年的战事并没有给它带来好处。

谁能取代西班牙成为霸主？荷兰太小，无法与周围那些在漫长的时间里形成的大的民族国家对抗。相对于它周边大的邻国，荷兰在三十年战争结束的时候赢得了独立，同时也达到了财富与权力的顶峰。英国虽然得益于西班牙的衰落，但它刚刚开始从互相杀戮的内战（例如一系列的议会争端、摄政王之争以及斯图亚特王朝的专制）中摆脱出来。

所有这些本来给法国留下了极好的机会，来填补哈布斯堡王朝衰落后的权力真空。但它在长期的冲突中也过度耗费了。1648 年《威斯特伐利亚和约》签署后，西班牙与法国又打了 11 年，然后才于 1659 年签署了《比利牛斯条约》。法国被自己的财政困难拖垮了，它的税率已经失去控制，人民生活极度贫困，国家信用也崩溃了。

长久以来，法国就不懂得如何控制自己的物欲。路易十四和哈布斯堡的君主一样，也是个不管死活、挥霍无度的国王。思维敏锐的科尔伯（路易十四的顾问——译者）深知这位太阳王大肆用兵给国家财政带来的巨大灾难，但常常无法限制他，顾问官支持的唯一一次冲突是 1672 年远征荷兰。

路易十四做过的最大胆、最荒唐的事是发动西班牙国王继任者战争。1700年，哈布斯堡的末代国王、倒霉的查理二世去世，路易十四派他的孙子安茹的菲利普接替王位，这就是菲利普五世。他还侵占了荷兰南部，并垄断了与西班牙美洲的贸易。这一系列行为激起欧洲诸国的反对，欧洲诸国联合起来结成反法同盟。随之而来的战争使法国损失了大量土地以及在新大陆的贸易特权，波旁王朝分裂成两半，直布罗陀被划给了英国。垂死的太阳王也因为欠下巨额债务，被迫实行改革。

法国在继任者战争后严重的财政赤字使之进入财政末日时代。此时，苏格兰人约翰·罗（John Law）游说法王，愿意承担法国的巨额债务，条件是让他的密西西比公司享有贸易垄断权。密西西比公司的这一金融投机最后演变成历史上最著名的金融风暴，它与“南海泡沫”事件发生在1719～1720年的巴黎与伦敦①。

三代之后，太阳王的孙子、路易十五又与英国展开七年战争，引发了一场真正意义上的全球战争，从而又将法国的国库抽空。英国试图将加拿大从法国手里夺走，并消除法国在西印度与印度地区的影响。著名的政治家塔列朗（Talleyrand）非常了解波旁家族生来不能抑制自己这种冒险，他在描述“旧制度”（*ancien régime*）时指出：“他们（指波旁家族——译者）既不能从历史中学到什么，自然也不会忘记什么。”

英国同样也无法摆脱财政危机和军事冒险。即使是轻微卷入了荷兰的三十年战争，也给它本来弱小的经济带来了影响。议会与国王不断因为战时的开支发生争执。为此查理一世曾发动内战，以便自己有权征用经费建造海军（这便是臭名昭著的造船费），此举导致他人头落地。

半个世纪后，西班牙继任者战争同样也使得英国陷入严重的债务危机。与发生在法国的情况一样，投机商南海公司也以承担政府巨额战争信贷为代价，进行金融投机，引发了金融泡沫，与约翰·罗的密西西比公司几乎如出一辙。只是因为英国的债务相对较少，资本市场更为健康，1720年的南海泡沫造成的损失才比巴黎小。18世纪的英国依然大肆进行军事冒险。例如，围绕美国独立进行的战争因为地理原因，注定

---

① 相对于GDP来说，南海泡沫的规模比最近的互联网狂热要大得多。最好的估计认为，1720年英国股票市场的总市值达到5亿英镑，是GDP的7倍。在互联网狂热达到顶峰时，美国所有上市公司的总市值仅为GDP的2倍。

了英国的失败命运。

对美国独立战争，法国当然也不会袖手旁观。路易十六一再重蹈他祖父、祖父的祖父的祖父的覆辙。他趁独立战争期间与英国的交战与此前的战争一样代价沉重。

英法两国政府也一再让本来处于良性发展的金融市场提供贷款来弥补巨额战争费用与脆弱的国民经济之间的鸿沟。到美国独立战争结束时，英法两国的国家债务大体相当——处在 2 亿英镑的规模。

在此，国家的命运一再由世俗的财政状况所决定，某种意义上说是由利率水平所决定的。由于有良好的资本市场，英国能以低于法国 1 半的利率借到钱，因此，英国为偿还贷款而付出的代价也相当于法国的一半。所以英国相对能承受债务负担，但法国却不能。法国政府无力偿还债务引发了一系列的事件：1789 年，路易王很少见地召开国民议会来讨论债务问题，结果点燃了法国大革命的导火索。今天的观察家很清楚地看到财政状况与战争胜利之间的联系。按照毕肖普・贝克莱（Bishop Berkeley）的说法，信用是“英国战胜法国的主要原因”。

大革命摧毁了法国本来就很脆弱的资本市场。1797 年，拿破仑废除了 2/3 的政府债务，使得政府的金融信用遭到破坏，导致利率上升了 30%。而拿破仑又是如何为他庞大的军队募集军费的呢？他用的还是老办法：征服与掠夺。这位大胆的科西嘉人逼迫被征服者接受数额惊人的赔偿和税收，常常达到被征服国收入的 50%。拿破仑也痛苦地认识到自己的困境，他曾说过：“如果我不能获得新的荣耀和胜利，我的权力就会失去。征服给了我一切，只有靠征服我才能维持自己的地位。”

在一定时间内，征服确实起了作用。法国开始繁荣起来，利率下降到几乎和英国同样的水平。但法国无法逃脱古老的历史陷阱。一旦掠夺中断，法国的财政状况又开始下落，军费也没有了来源。随着拿破仑的撤退，战火又烧回法国本土，由勇敢的农民组成的帝国精锐之师也开始军心涣散。最后，拿破仑失败了，被囚禁在厄尔巴岛。

19 世纪和 20 世纪，战争的费用继续以超过政府收入的速度增长，即使是额外的战时征税也无法应付这种开销，政府只能依靠借贷来支撑战争。在 19 世纪，战争是胜利还是失败在于能否借到钱，交易所变得和军营一样重要。

两个多世纪以来，英美的资本市场成为令其他国家羡慕的筹措战争费用的“聚宝盆”。在20世纪的两次世界大战中，美国财政机器的运作和它的军事机器一样出色。图12.1粗略地描述了经济的面貌，它在良好的信贷和健康的资本市场的帮助下，成功地吸纳了战争的巨额成本。黑线显示出军事开支占GDP的百分比（左边的坐标）。首先我们会注意到美国的军费开支的比率很低——大多数时候不超过1%，冷战时期也不超过10%；在三次主要的战争期间——内战和两次世界大战——支出在1945年达到最高峰47%。

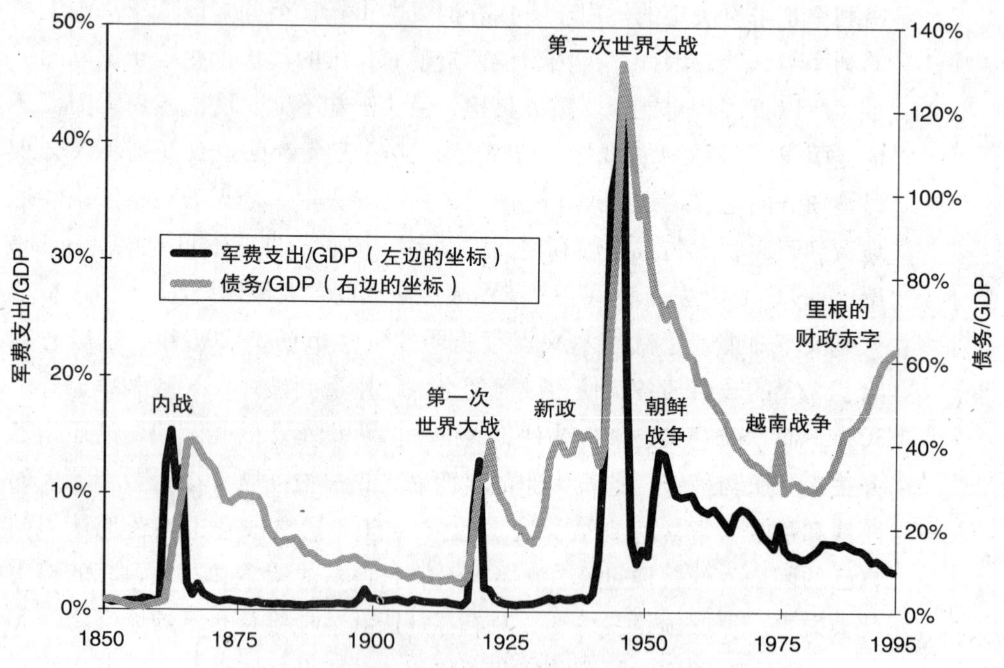

图12.1　美国军费开支和债务占GDP的百分比

资料来源：GDP数据来自美国商务部；军费开支数据来自密歇根大学与战争相关的物质能力研究课题的数据库http：//www.umich.edu/-cowproj/；国家债务数据来自美国财政部。

军费开支高了自然要借钱，美国政府通过债券市场来弥补亏空。图中的灰线表示债务负担，同样也显示数十年来每次发生战争时占GDP的百分比（右边的坐标）。债务曲线揭示出在战时的两个不连续的高峰——第一次是罗斯福总统新政时期的债务高峰，第二次是里根政府由于降低税率和冷战的军费开支增大共同导致的债务高峰。

历次战争期间，美国都能在不影响资本市场、不出现大的利率提高的前提下实现了战时借款。在内战期间，政府曾经前所未有地发行大额债券，并且依靠私人借款（主要靠私人投资银行家杰伊·库克，他的才能在于建立一个广泛的经纪人网络，把债券卖给普通投资商）。政府的借贷能维持相对低的成本，发行的债券利率不过是从战前的 4.5% 增加到 6%。

到了 20 世纪，美国政府不光是向机构买家出售债券，而且还向居民个人出售，例如第一次世界大战时向普通居民发行自由债券，第二次世界大战时发行储蓄债券。因此，在第一次世界大战期间，其利率仅仅稍高于战前 4% 的基准线。而在第二次世界大战期间，政府和大公司都能在不影响利率的前提下借到大笔钱。1945 年，美国政府的债务前所未有地达到了 GDP 的 131%，而其发行的债券，收益率却仅为 2.5%，与战争开始时大体相当。

但其他国家却没有这么幸运。两次世界大战中，财政紧张和金融亏空几乎困扰着每个国家。财政需求之严峻与供给之不足使得国民经济遭到严重破坏，迫使国家大量向富国借钱。这些金融脆弱的国家（包括第一次世界大战时期的沙俄、奥匈帝国、意大利和第二次世界大战时期的意大利及日本）无法补给和装备它们的武装力量，只能实行战略退却，或者像 1917 年的俄国那样，干脆退出战争。

这种状况到 1918 年晚期也波及那些原来看似强大的国家。德国也只能实行军需品的集中供应，它的 GDP 只有战前的 1/3，工业生产下降更为严重，居民已处于饥荒的边缘。图 12.2 画出了德国在 20 世纪军事开支的曲线，以及占 GDP 的比例。请注意图中两次陡然升高的曲线：第一次世界大战时达到 GDP 的 84%，第二次世界大战时更达到 GDP 的 139%。而且，这样一种高比例的军费开支延续了很长的时间——德国在第二次世界大战期间打了将近 6 年，而 1938 年的军费开支也达到 GDP 的 1/3，即使像美国这样大的资本市场也无法供应如此之大的需求，德国自身欠发达的资本市场更是无法支撑这一沉重的负担。

从两次世界大战中我们可以看到，美国在经济和军事上都能支持到最后，而英国则对美国负债累累，因此才有了凯恩斯爵士的杰出计划，1946 年 4 月在美国召开的旨在解决英国战争债务问题的会议上，他提出

Nations

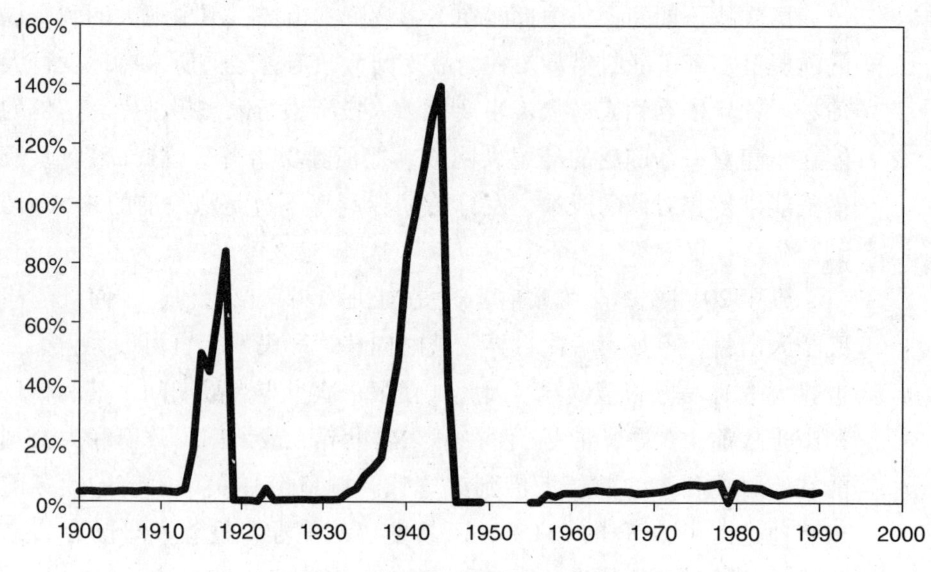

图 12.2　德国军费开支占 GDP 的比例

资料来源：军费开支数据来自与战争相关的物质能力研究课题的数据库；德国 GDP 数据来自 Maddison, *Monitoring the World Economy*, 1820-1992, 180；通货紧缩数据来自 Ibbotson Associates。

了一个看似惩罚性却能成功地解决英国债务的议题，而他本人病体缠身地回到英国，两周后便去世了。不列颠王国没有因为战争受到突发性的重大打击，而是处在一种缓慢的捉襟见肘的财政紧张当中。

因此，我们需要对德·门多萨的著名警句稍作修改：胜利在很大程度上并不属于那些能支撑到最后一刻的人，而是属于那些能以最低的利率从自己国民手里借到钱的人。

12.2　繁荣、民主与霸权

民主与军事霸权的形成有共同的原因：经济繁荣在大众层面的扩展。企业活力和军事创新的密切结合加强了财富与权力之间的联系——美国军事机器在阿富汗和伊拉克的行动显示了出这一点。

图 12.3 揭示了美国与英国占世界 GDP 总量的比重，清楚地显示出英国的国家霸权衰落的原因：曾经是世界第一、处于支配地位的英国经

济，后来慢慢地衰落了。这并不是说英国后来成为一个穷国，从处于霸权顶峰的 1870 年到其影响已经极度缩小的 1998 年，这之间英国的人均 GDP 增长了近 6 倍。英国丧失机遇是因为其他国家的发展比它更快。

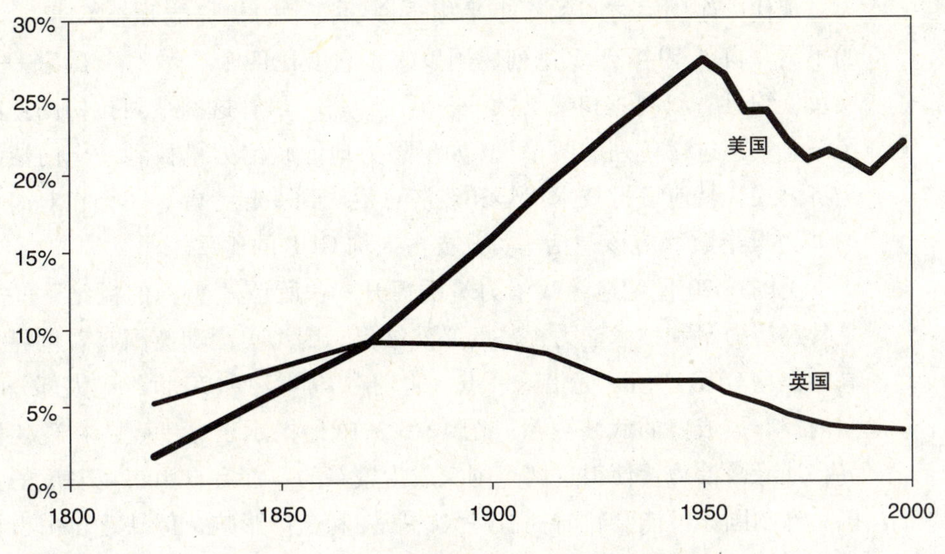

图 12. 3　美国、英国的 GDP 占全世界的比例

资料来源：Maddison, *The World Economy: A Millennial Perspective*, 263 and Maddison, *Monitoring the World Economy*, 1820-1992, 182, 188, 227.

同样，图 12. 3 也清楚地揭示出美国国家霸权上升的基础。形成这种上升的原因是多方面的：经济的高速增长、大批的移民和生产力的飞速提高。我们可以为这条抽象的曲线增加许多丰富的史料：从内战到美国—西班牙战争，美国的粮食产量提高了 3 倍，铁路长度增长了 6 倍，煤产量增长了 9 倍。到 20 世纪初，欧洲的首脑和新闻记者们已经开始悲鸣美国价格低廉的粮食与工业制品带来的不公平竞争。当欧洲的国王和首相们开始公开讨论美国已经成为一个“庞然大物”时，恐怕只有最惨的历史灾难才能阻止美国成为 20 世纪的大国。

仅仅 GDP 本身并不能带来地缘政治意义上的价值，如果想在全球范围内获得霸权，一个国家必须具有技术的领先性，对此我们可以从俄罗斯与中国的情况看出。在 19 世纪后半段，俄国是世界上最大的经济体之一，它的军队人数最多；而中国由于人口众多，并且由于在前工业社会相对平均的收入，它在历史上的大多数时候 GDP 居世界第一。即便在今天，它的常备军队也排在世界前列，并且是世界上最大的经济体之一。

现代中东国家之间的军事平衡也说明技术的优势能弥补 GDP 总量的不足。自从 1948 年以色列建国以来，它就比四个“敌对”国家——埃及、约旦、叙利亚和黎巴嫩——更占优势，尽管这四个阿拉伯国家的经济总量超过以色列的两倍①。如果想为地缘政治力量找到一个简洁的经济公式，就应该把技术优势和经济总量放到一起考虑。一个相对简单的“力量指数”应该包括军费开支占人均 GDP 的比重。

美国在 20 世纪地缘政治力量的提升——所谓“美国的世纪”——是其经济力量和技术能力提高的必然结果。因为美国和英国有着世界最高的人均 GDP 产值，凭借这一点，它们在 19 世纪和 20 世纪绝大部分时间内拥有最成熟的武装力量。图 12. 3 清晰地揭示出这一点：在现代世界，地缘政治力量使得这两个国家成为繁荣的、拥有自由市场制度的大国。专制国家可能会暂时拥有广大的版图和全球影响，但缺乏自由市场经济支撑的稳固的经济基础，因此其权力不可避免地会崩溃。

12. 3 强权与民主

民主与强权会带来什么？现代民主政体具有一种微妙而强大的地缘政治优势：这种政治结构能提供有效预警机制，防止出现像古代的哈布斯堡西班牙、现代的纳粹德国和前苏联那样的帝国化倾向。如果冒险的政治家试图诱使选民卷入不明智的军事行动当中，选民们则不会容忍因为要加强军事行动而出现的人员损失、大规模的增税和降低政府公共服务的举措。这就是说，他们不会放弃这些拥有的权利。

现代自由民主制度也能通过第二种机制来审核军事冒险：财富与个体自由的提高会不断削弱对人员伤亡的忍耐度。美国内战期间约有 61. 8

---

① Maddison, *Monitoring the World Economy: A Millennial Perspective*, 1820-1992, 307, 308, 311. 没有任何迹象表明这一差距会缩小，这是由于阿拉伯国家通过“追赶”才使其经济增长率与以色列大致相同。关于人均 GDP 与经济增长的逆相关关系问题请参见本书第 10 章。

万人死于战争，接近当时美国男性人口总数的 4%，超过了美国后来参与的战争中人员损失的总和。从对经济影响的角度来看，这场战争使得美国联邦当时微不足道的工业基础遭遇惨重打击。到 20 世纪 70 年代，当美国在越南战争中付出了 5.8 万条生命后，公众再也不能容忍了，尽管此时美国的人口比 1865 年已经增长了 8 倍。

除了对军事冒险的有效制止，追逐财富和厌恶流血还能推动军事创新。20 年前，为了打败有着世界上众多常备军的国家（例如伊拉克，不管他们的装备和训练多么不好），美国在战争中会投入大规模的装甲部队、武装直升机和上万架舰载飞机，而且大多在夜里发动攻击，使得战争能够仅以损失上百名美国人的代价就告结束。公众对军事行动的伤亡的责难，推动了战争朝着人员损失越来越少、效率越来越高的方向发展。

图 12.3 显示的第二次世界大战以后美国财富占世界比例的变化很有意思。1945 年，美国由于第二次世界大战的胜利，占全球经济的份额达到高峰。安格斯·麦迪逊（Angus Maddison）估计第二次世界大战后这一比重曾短暂地达到了 30%，甚至有人认为这一比例曾经接近过 50%。人们曾经以为美国对世界经济的支配会随着其他国家的战后重建而削弱，但结果却出人意料。首先，美国经济支配的削弱相对来说很小。30 多年过去了，美国占世界 GDP 的份额依旧保持了 22%。其次，也是更为引人注目的是，相对于经济支配的下降，1945 年美国的军事力量撤退之后，其地缘政治的支配地位似乎并没有受到削弱。

达特茅斯大学的教授史蒂芬·布鲁克斯（Stephen Brooks）和威廉·沃尔夫斯（William Wohlforth）在《外交事务》（*Foreign Affairs*）杂志上发表过一篇很有影响的文章。文章极端地描述了一个历史上从未有过的“单极”世界。这个世界以美国的世界霸权为特征，美国拥有超越其他国家的技术化的军事机器和全球最大也最为活跃的经济，它在一定程度上主宰着世界。与当年罗马帝国、哈布斯堡王朝和波旁王朝毁灭性的军事扩张不同，美国维持全球霸主地位的军费开支仅占 GDP 的 3.5%——即使与当年艾森豪威尔用来进行战争防御的 10% 相比也要低很多。作者还引用了保罗·肯尼迪的话加以说明：“用沉重的代价来保持世界第一并不难，而以低廉的代价维持超级大国的地位就令人惊讶。”

布鲁克斯和沃尔夫斯预测美国的全球支配地位至少还要延续数十年。尽管相对于其他国家来说，美国经济的支配地位相对在下降，但它是如何保持这种霸权的呢？原因很简单，美国人不会轻易放弃这场竞争，而其他国家很难取代它的老大位置。

曾经处于竞争者位置的前苏联，它的经济深受一系列反常的刺激以及严苛的意识形态控制而变得步履蹒跚。前苏联将超过1/6的国民生产投入到庞大而笨拙的军事工业当中。在CNN的镜头下，前苏联再也无法掩盖它的贫穷；在西方人的富裕面前，前苏联人一个个显得很沮丧。

由于前苏联财政状况的不透明，我们难以将其军事开支精确地换算为美元，但可以看出此前的“军备竞赛”相对来说是势均力敌的。在某些年份，美苏两国的国防开支大体相当，而且在冷战时代它们的军事力量也达到平衡。而对前苏联GDP的测量同样也不会太准确，最乐观的估计是，前苏联的经济大致相当于美国的40%。

图12.4画出了俄罗斯（前苏联）20世纪军费开支占GDP比例的曲线图。这一数据可能会有一定误差。例如，历史学家可能会觉得奇怪，

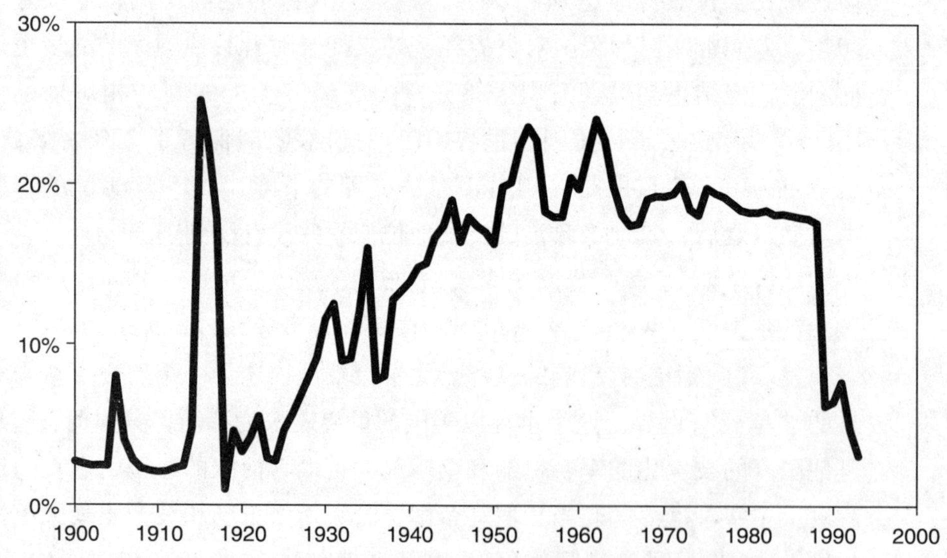

图12.4 俄罗斯（前苏联）军费开支占全球GDP的比例

资料来源：军费开支数据来自与战争相关的物质能力研究课题的数据库；俄罗斯GDP数据来自Maddison, *Monitoring the World Economy*, 1820-1992, 186-87；通货紧缩数据来自Ibbotson Associates。

为什么前苏联在冷战时期的军费开支会比第二次世界大战时期还要高。但是基本的结论是明确的：前苏联在长达半个世纪的时间里，军费开始都超过了 GDP 的 15%。在冷战时期，前苏联人并不担心美国的威胁。20 世纪 60 年代，前苏联与中国关系的破裂使得前苏联人在中苏边境陈兵 40 多个师。冷战时期的军费开支甚至让有活力的美国经济也感到吃力，恐怕我们只能去想象前苏联人几十年里是如何忍受如此沉重的负担的。而当前苏联体制最后的经济支撑——石油收入——在 20 世纪 80 年代中期因为世界范围内的油价下降而减少时，前苏联也就随之倒台了。

与此同时，欧洲诸国则由于数十年的战争，以及对君主专制政体下追逐控制欧洲的军事霸权的厌恶，当选政府都不再谋求与经济力量相应的军事实力。它们因此成为地缘政治中的弱势者。当今历史中一个令人吃惊的景象是，一个繁荣、生活幸福而又虚弱的欧洲甚至不愿意举集体之力去反对发生在身边的前南斯拉夫和科索沃的暴力、掠夺与屠杀，而将此任务交给美国总统克林顿，最终通过美国派兵解决。日本与发达的欧洲同伴一样，也建立了一个富有活力的、现代自由市场经济，实施当年亚当·斯密所说的“管理公正”、避免大规模冲突的强烈意愿和削减军费开支等措施。

布鲁克斯与沃尔夫斯明确讨论了美国的霸权，但被他们的新作《美国治下的和平》（*Pax Americana*）所忽略的一个更大的问题是：主宰世界的权力是向着那些成功地建立起自由经济制度，并且能够以适当比例将创新能力和国家财富投向军事的大国。这一简单的事实可以用来鉴别那些能否成为地缘政治之大国的国家。在新世纪，除非一国足够大，并且经济繁荣，否则，想成为或能够成为世界霸主都是难以想象的。

图 12.5 概括了经济繁荣、民主和军事力量三者间的关系。正如我们在第 10 章里看到的，繁荣建立在个人财产安全、民主化的法律法规不断发展完善的基础上；而富裕又会带来民主。繁荣同样会带来军事和地缘政治的力量。因此大致说来，发展民主法制，保护个人财产权利，同时会使得国家变得民主而强大。此外，强大的民主制度还能防止国家向专制主义的帝国发展，而在整个人类历史上，这曾经困扰了许多国家。因此，自由民主能保护国家与国民的财富与权利。最后，出于对战争的厌弃，富裕的民主国家会有责任不断提高国防技术。

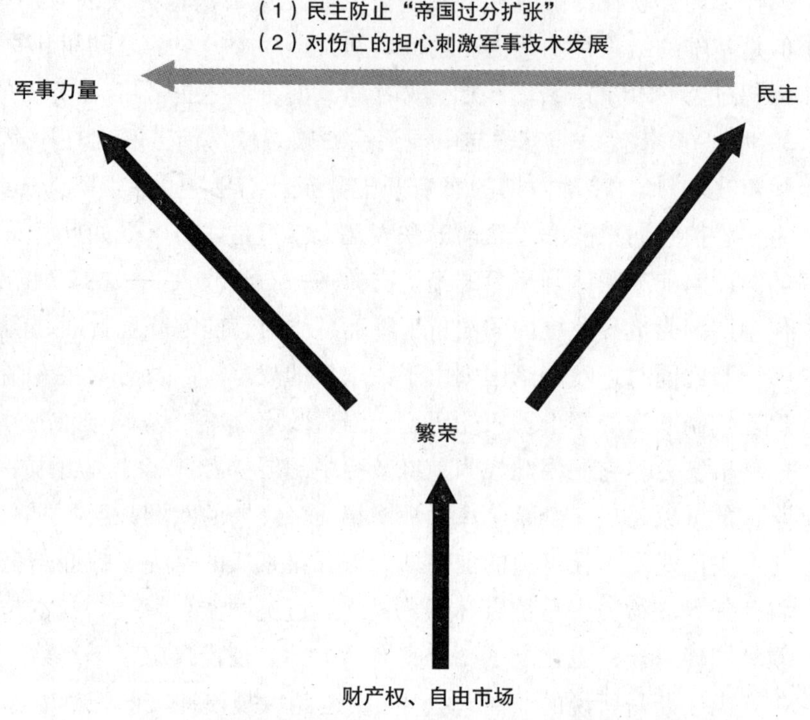

图 12.5　经济繁荣、民主和军事力量三者间关系

通过揭示市场经济、民主和军事实力之间的关系，我们可以得出布鲁克斯和沃尔夫斯不曾得出的结论：不管美国的霸主地位能延续多久，在可以预见的将来，能在一定时期内取得超级大国地位的国家一定是人口众多、有创新力的自由民主国家，只有这些国家才能有效地发展经济，提高军力，并为军事发展提供经济保障。更进一步说，普选出的国家领导者应该把军费开支控制在适当的范围——比如说 GDP 的 10%——才能有效地防止国家帝国化。

通过不同的分析思路，弗兰西斯·福山（Francis Fukuyama）也得出了同样的结论。福山提出一个富有争议性的主题，他指出，在现代世界，自由民主已经没有堪与争锋的竞争者了，在可预见的将来也不会出现非市场经济制度的繁荣社会。历史已经证明了专制主义和法西斯主义的失败。伊斯兰的力量虽然在世界的许多地方在不断增长，但在穆斯林世界之外，它的诉求依然受到很大限制。但福山对世界的解释很大程度上是非经济性的。他认为，只有自由民主制度才能最好地满足人类对自身价值和尊严的需求。福山频繁使用一个古希腊概念来表达这种充满自我意识和生活信念的观念：欲望（thymos）。

当然，“欲望”不过是马斯洛需求金字塔顶端的自我实现的另一个名称。有这种观念的福山式的人在具体的社会中并没有多少。只有在基本的物质和安全需求解决之后，才会有这种需求，它不是指一个具体的目标，而是指人类生活的自由、民主和繁荣状态。克服压抑状态的另一个基础是个人财产必须得到保证，繁荣最终必须给公民以生活力量，并鼓励他们追求这种生活观念的勇气，而个体的这种生活观念反过来又将社会引向更加民主。

专制主义也许可以短暂地获得称霸世界的权力，但在现代社会，这种事情只会发生在以政变的方式对一个大的、成熟的市场经济国家的权力篡夺的情况下，比如 20 世纪 30 年代的日本和德国。这两个国家的历史有一种令人震惊的共性。在 1870 年之后，它们都曾有一次保守化的政治、经济的体制改革，又都出现了奇迹般的经济增长。

在战前，日本和德国都不曾产生杰斐逊主义式的民主政治，在 20 世纪之初，两国都极大地扩展公民的选举权利。1870～1913 年期间，德国和日本紧随美国之后，是世界经济增长速度第二和第三的国家。因此，两国都成为地区强国。第一次世界大战之前，德国成为欧洲工业力量的领头羊。它在 1871 年实现了统一，25 岁以上的成年男子得到了选举权。1930～1934 年期间，希特勒通过一系列复杂的政治运作，集政治权力于一身，这是一种以民主政治反对民主政治的方式。随即，德国和日本变成独裁国家，并且向帝国化发展，对世界的政治格局产生了深远影响，直到第二次世界大战结束。

就像当年拿破仑一样，现代侵略性的专制国家常常面临着两种可怕的选择：要么把赌注押在发动战争上——像德国和日本那样，甚至使其在经济上更强大的民主国家对手更加警惕，与之对抗；要么承担过分发展军事、加大军费开支从而影响经济发展的风险，就像前苏联那样。

如果中国和俄罗斯继续沿着市场经济的道路发展，那么没有什么能阻止他们挑战作为西方式超级大国的美国的霸主地位。而只要欧洲国家能更认真地发展军事力量，并且能像合并货币那样统合主权问题，它们就能在世界局势中发挥更大影响。尽管我们还没有看到这一迹象，但历史告诉我们，没有哪个国家能够永远称霸。也许我们在接下来的 50 ~ 100 年里会看到美国的衰落，但挑战来自何方，现在还不甚清晰。

我们更能看到的是，这个世界只有自由民主才能唤起人们的理想，自由民主体制所具备的经济优势能保证国家具有地缘政治的优势。尽管美国目前所奉行的许多单边政策容易招来非议，但毋庸讳言，只有扩大民主权利，才能防止专制主义的威胁。不管其他国家对美国这个超级大国的所作所为的警惕性有多高，但一个没有自由民主的权力保证并很可能导致专制主义的世界，却更让人感到危险。

第 13 章

增长会结束吗

从过去几个世纪看来，技术进步、经济增长似乎呈现出威力无边、不可阻挡并且永不止步的态势。经济发展这架“永动机”似乎永远不会疲惫，更不用说停止。人类对自身发展最基本的把握似乎也因这一趋势而难以确定。从更大的时间框架看，200 年不过是一瞥，历史永恒又无情的车轮碾过一代又一代的人。

在讨论荷兰经济史的著作《现代经济的开端》（*The First Modern Economy*）中充满辩论性的结论部分，作者弗里斯（Jan de Vries）和伍德（Van der Woude）指出，源自 16 世纪中期的荷兰经济增长在两个世纪后逐渐消失，荷兰在 18 世纪经济增长的停滞对同样经历了两个世纪持续增长的现代西方世界而言是一个警告吗？按照罗伯特·巴罗教授的解释，200 年间平均每年以 2% 的速度增长，对一个富裕国家甚至整个地球来说，就意味着一切吗？

对现代经济增长的考察是一个变化莫测的游戏，20 世纪 70 年代曾经是令人悲观的年代，引领悲观潮流的是罗马俱乐部。他们从不可再生资源的角度得出经济增长的有限性这个“必然结论”，曾使他们蒙受羞辱。他们说，由于人口的增长，以及土地、木材和石油供应的有限性，经济增长的“游戏”一定会有结束的时候。事实上，罗马俱乐部及其追随者在继承马尔萨斯衣钵的时候，却忽略了人类的适应能力与创造性。当某种物品变得匮乏而昂贵的时候，发明家们就会设计出更好、更便宜的替代品。100 年前，人们最可信赖的财富只是土地与黄金，而在 20 世纪，衡量财富的手段早已超出了土地和硬通货的范围。150 年前，那些严肃的思想家预测，由于照明用的鲸油的耗尽，城市很快就会变成黑暗的废墟。

粗略地检视经济发展史，我们可以看到商品的真实价值总体上趋于下降。现代人衣食消费占收入的比例比100年前要低得多，现代工业所用的原材料的价格同样也越来越低。

经济史学家库兹涅茨（Simon Kuznets）指出，经济增长变缓主要跟两个要素相关：供给与需求。他认为，受人类好奇心和勤奋驱动的供给不可能是停滞的原因，而需求则更有可能是增长的杀手，因为人越富裕，便越趋向于躲避劳动，享受闲暇——人类必然会对单纯地追求物质财富越来越失去兴趣。对经济史构成反讽的是，库兹涅茨教授于1985年去世，就在这一年，家庭电视购物网（Home Shopping Network）开始在美国的有线电视中出现。

13.1 失败模式

人口环境作为对经济增长的一种威胁而应当得到重视。在未来几十年，人们对生活期待的提高、青少年教育与培训成本的增长会大量消耗劳动人口创造的财富。生产者的人数会降低；劳动力占人口比例的下降，会导致出现一个数量庞大的非生产性的青年和老年人口。在最近几十年，发达国家的预算越来越成了社会福利项目的附属品。2003年，美国联邦预算的60%是由四大类社会福利项目的开销组成：社会保险、医疗保险、公共医疗补助以及一般社会救助。而在剩下的40%中，国防开支占18%，8%用来购买国债，还剩下14%用于其余的开支——法律援助、司法审判、教育、退伍老兵津贴，以及一些国家基础项目（如航空管理、气象服务、公路和机场补贴等）。

在接下来的几十年，用于四大类开销的60%的预算——其中超过一半涉及医疗开销——预计会以比经济增长快得多的速度增长。不难想象，当政府面临着近50万亿美元的资金缺口的时候，便意味着财政收支末日的到来，这将使得政府难以履行职责，产生灾难性的通货膨胀，或者导致税率高得无以复加。

但更有可能是出现这样一幅令人痛苦的图景：青年与老年两代分置窘迫生活的两端，矛盾重重，导致政府大幅度压缩社会保险和医疗保险预算，并且实行欧洲式的高税收政策。

这样一种转变如果在短期内实行，势必带来痛苦的社会混乱与无序，但如果根据人口的增长在长时段里作出调整，它的影响也许不会那么大。罗伯特·阿诺特（Robert Arnott）与安尼·卡塞尔斯（Anne Casscells）这两位研究者运用复杂的运算，估算出“供养比例”（dependency ratio）——每个工人所要供养的青少年与老年人——变化的影响，从2010年到2030年，这一比例会从0.55上升到0.76，再往后就会稳定下来。这将在20年中暂时性地降低年增长率0.6%——的确有些烦人，但是暂时性的，几乎不可能是繁荣的尽头①。

因此，社会生态、经济和人口环境的压力并不会成为经济增长的阻力，而最为显著的危害还是战争造成的灾难。战争机器不仅对参战的军人造成伤害，对平民也一样。此外，经济发展本身也会给社会带来不稳定。在国内与国际，经济发展都会产生竞争，产生成功者与失败者，财富的不均衡会带来混乱乃至战争。在1700年，世界上最富裕的国家荷兰，其人均GDP是最穷国的5倍，而到了1998年，一些西方最富裕国家的人均GDP已经超过了撒哈拉非洲国家的40倍。

国家内部和国际间的动荡使得世界越来越危险，敌对的因素越来越多。1950年以前的几千年的时间里，欧洲国家之间的战争堪称习以为常，而今天，经济合作与发展组织（Organization for Economic Cooperation and Development）成员国——它们都是世界上最富裕、最强大的国家——之间发生大规模战争似乎不太可能。恐怖主义更多在人们的情感上造成威胁，并没有在数量上增加多少。即使恐怖主义者能制造像“9·11事件”这样大规模的惨案，造成的流血事件也远不如艾滋病、酒精中毒、烟草和交通事故中的人员伤亡。20世纪上半叶的灾难远大于下半叶，1939年9月至1945年8月，平均每天都会有近2.5万人死于暴力，相当于在6年里每3个小时发生一次“9·11”。

这个简单的算术分析说明，在未来的几十年，要想获得持续的经济

① 一个工人的供养人数在20年间从1.55人（包括他自己）增加到1.76人意味着降低人均GDP增长0.6%：$(1.51/1.37)^{(1/20)}$ =0.006。参见Robert D. Arnott and Anne Casscells, “Demographics and Capital Market Returns,” *Financial Analysts Journal* 59 (Mar./Apr. 2003): 20-29. Also, R. Arnott, personal communication.

增长——如果从公元元年开始全世界的人均 GDP 就能以每年 2% 的速度增长，那么如今将会达到 6×10^{18} 美元，而不是现在的 8000 美元。即使年增长率为 1%，那么如今的人均 GDP 也将达到 2000 亿美元。如果我们能在未来一个长时期内实现最好的发展，那么就不必过多地理会那些关于人类未来命运的悲观预测。人类唯一尚不能确切把握的就是一些自然灾害。此外，正如第 10 章所揭示的，即便人类能在一个长时期内实现有活力的增长，也不能保证就一定生活得更快乐。

13.2 财富与权利

对人类来说，最大的潜在威胁可能在于增长自身的压力。社会越富裕，对风险和灾难的承受能力就越低。只有到了前现代晚期的英国与荷兰，减轻贫困才开始成为公共社会的一种义务。1750 年，普遍的公众教育尽管已经开始产生，但也被视为匮乏的政府收入中的奢侈投入，但到了 1900 年，它已变成一种社会规范。在 1870 年，只有社会主义者才认为政府应该为失业者和退休人员给予财政补贴，而到 2000 年，所有西方国家都提供了这项福利。在西方社会，由政府主办的普遍的健康保险已经从当年的梦想变成开销巨大的现实，但美国除外，因为在那里，要求政府提供全民额外健康保险的呼声正变得震耳欲聋。

很难说富裕国家的公民会把普遍的医疗保险当成他们对政府承担项目的最后要求。社会越富裕，政府开支占 GDP 的比例也越大（在美国占到了 30%，包括联邦、各州和地方的开支，比西方其他国家都要高），因为它追求的权利清单越来越长。越来越长的权利清单会拖累经济，导致马尔萨斯式的“增长均衡”，即增加的财富会迅速被要求增加的政府服务所耗空。

13.3 科学的幻想

我们不应该只担心那些扼杀经济增长的罪魁祸首。巴罗教授的

“2% 的速度限制”是经济增长的极限，就像光的速度一样吗[①]？如果对人种进行生物学上的改变，使之能适应生产率增长率的提高，那又会怎么样呢？实现经济更高增长的更大可能在于增长的主要发动机——人脑的开发与进步。

要想从遗传基因的角度开发大脑，父母以及国家应该不断提高子孙后代的智力水平。想象一下，如果一个经合组织国家能够控制婴儿的出生，使其人口的平均智商达到 120 甚至 140，那将会是什么样子。这将非常有助于提高个体的自由民主意识和社会的法律规范意识，从而强化经济发展的动力。这个国家将能迅速以高于周边国家 GDP 几个百分点的速度实现增长，甚至每一代的发展速度都能以双倍于竞争者。面对邻国如此迅速的发展，从某种意义上说，其他国家只有三个并不很诱人的选择项：破坏它，采纳它的人口发展政策，或者不采取什么积极措施，因此总是处于经济与军事的劣势状态[②]。

要想对未来作出预测是很困难的。在这个意义上，人类的许多思考并没有超出科学幻想小说的程度。人类限于自己的想象力，难以对未来经济失败的多种可能性作出有效的预测，反而归咎于在过去 500 年里西方文明没能为人类的发展承担起更好的责任。在这个意义上，那些高明的反乌托邦预言家——如奥威尔（Orwell）、赫胥黎（Huxley）和布拉德伯里（Bradbury）——的细致描述也难以给人留下深刻印象。在今后的一个世纪里，世界很可能不会出现繁荣，而且 1000 年之后，地球上的生命也许会认为我们眼下的这个时代是贫穷、野蛮和枯竭的时代。在未来的百年乃至千年，我们能够实现 2% 的人均 GDP 增长吗？是更慢还是更快？我们确实并不知道。

---

① 这一增长的上限仅适用于富裕的、技术先进的国家。发展中国家和正在从战争废墟中恢复的发达国家的增长速度可以在一定时期内远高于这一数字（追赶）。

② 另一种可能是，父母自愿采用这种提高智力的基因工程技术，而不管国家如何做，这就避免了上述可怕的地缘后果。

第 14 章

何时，何地，通向何方

在亚当·斯密第一次把“和平、轻赋税和公正管理”作为经济繁荣的必要条件后的250年间，经济学家又对他的简单的处方进行了修改。在现代社会，技术进步是经济发展最终的源泉。从观念、发展、生产和最终的消费来考察整个创新过程，我们能得出理解经济增长的有效模式。如果我们理解了增长，也就能隐约看到一个国家的命运的轮廓。

本书最主要的目的是想考察国家制度对长期经济繁荣和未来发展的作用，而不是分析自然资源和文化的作用，也不是对国家实力或经济—政治灾难的分析，更不是对国家军事实力的分析。我们在第 2 ~5 章已经分析了走向繁荣的四个要素，缺少任何一个要素，人类进步都会受到阻碍。当这四个要素处于国家发展的适当位置，那么阻碍人类的才能、创造性和发展愿望的屏障就会解除，就能激发创新，实现国家繁荣。

首先，政府必须提供激发技术进步的充分条件。如果像古代中国那样，国家不但不提供支持，反而常常剥夺创新带来的报酬，那么技术创新就很少出现。因此，实现繁荣的首要条件就是对个人财产权的保护。这也就是斯密所说的“公正的管理”。

如果企业的生产成果不能得到良好的保护，就没人会去生产和创造。如果工人得不到工资，他们当然不会努力工作。个人财产权会受到多方面的侵害——犯罪势力的抢掠、专制王权的侵夺，还有更极端的现象，例如福利国家出于良好意愿造成的损害，以及中央银行不能控制政府开支或通货膨胀而带来的损害。这里最关键的是政府必须能依法执政，既有赋权又有约束，才能有效地保护个人财产。因为政府如果拥有不受限制的权力，那么不管它多么明智和公正，也会使得腐败和懈怠变得合法化。如果法制不是建立在非个人的司法系统（此一司法系统还必须与统治机器相分离）基础上，那么政府颁布的任何法令都很难实施。一项法律如果不能做到人人平等（包括法律颁布者自己），那它就根本不是法律。

虽然早在古希腊和古罗马时期人们就运用法治，但古罗马的灭亡使它沉寂了500 多年。这一制度直到中世纪的英国才重新出现。20 世纪人类的政治实验让我们更加理解了斯密这一并不准确的简略论述。仅有有效的司法机器并不够，司法权必须完全与执政者分离，而且必须做到全民平等。

正如斯密所言，赋税必须是轻简的，国家不能从个人身上抽取太多。那么多少才是太多呢？美国与欧洲福利国家的社会实验提供了一个大概的数值：一个繁荣的国家能够轻松地接受将产出的 30% 用于政府支出，比如在美国；而一旦这一数字接近 50%——像北欧许多国家那样——就会危及经济增长。

其次，创新者必须拥有合适的知识工具。就像一个好木匠没有合适的斧子、锯子和尺子也无济于事一样，发明家没有用以理解他周围事物的有效的智力手段，也是于事无补。在 1600 年以前，即使是古希腊、古罗马、中国、印度或欧洲最杰出的物理学家，也没有一整套正确的思维方式。西方人的精神核心不是存在于从古希腊—罗马那里继承的伟大的文学、艺术和建筑之中，而是让其最珍爱的信念接受实践的严格检验。如今，这是西方世界与世界其他民族的基本区别。古希腊孕育了发达的逻辑学和自然科学，但却没能将它应用于自然世界，也就不能提供给人类有用的自然知识。

光有正确的手段——以科学方法支撑的对思想的实际检验——还不够，还需要社会和宗教予以接纳。创新是具有高度颠覆性的过程，一个反对创新的社会是会扼杀创新的。在 500 多年的时间里，天主教会曾经扼杀了知识与科学创新。马丁·路德的改革既产生了自己令人窒息的正统学说，也突破了天主教会对欧洲知识生活的垄断，并且在长期中释放了整个欧洲大陆的创造活力，使之能够去探索自己的世界。

认为天主教没有很好地继承古希腊—罗马的知识探索的传统，这一观点虽然不见得准确，但给我们提供了一个很有趣的思考试验。值得称颂的是，天主教会在中世纪早期就建立了欧洲第一所大学，并且热衷于传播古希腊—罗马的知识。如果没有天主教对古代知识的保护，那么公元476年以后西方的黑暗与衰落可能会延续更长，程度更深。当然，天主教对科学探索的垄断还是在一定程度上抑制了欧洲知识的发展，得出相反的论断并不难。如果不是天主教的控制，人类也许能在几个世纪之前就能登上月球。

第三，一旦发明家和企业家有了充分的动力和知识手段，他们还得有渠道获得大量金融资本的支持，以便推广自己的发明。反过来，他们应该能得到资本持有者的信任。从16世纪开始，荷兰的自治政府以及随后的英国王室都大力宣传、说服公众投资者，把钱借给政府是一个明智之举。一旦公众适应了把钱借给政府，他们也逐渐开始向私人企业投资。在19世纪，企业有限责任的出现使得建立大规模的非个人公司并为之输入资本成为可能。不管从好的还是坏的方面，这都加强了现代西方社会。

第四，也是最后一条，还必须有可靠而迅捷的交通通信，能够引导资本的流向，传播商品信息，跨地区、跨国界运输货物，直至运送到全世界。从无法追忆的远古起，人类以及动物界低下的生产力一直在限制着企业的发展，水车和风车能够在某个合适的地点提供更大的动力，却不能加速物品和信息的流动。但作为历史发展的一种动力，瓦特发明的蒸汽机能够数十倍地提高船运的数量和速度。一个世纪后，电力魔术般地功能实现了全球之间的瞬间沟通。

图14.1揭示了四大要素——财产权、科学理性、有效的资本市场以及现代动力、交通和通信的历史变化。从图中我们可以看到，最后一个要素在19世纪早期迅速发展和成熟，从而说明了世界经济在这一时期飞速发展的原因。

历史地看，可靠的个人财产权与法律法规对经济繁荣虽然必不可少，但并不具有充分性。古希腊的雅典和中世纪晚期的英国都曾建立了强有力的法律法规和可靠的个人财产权制度，但它们并没有出现有活力的经济增长。今天我们知道，它们缺乏其他三个要素：适当的知识手段、能够让发明家进行大规模生产的充足资本，以及让生产者运送和传播商品的交通通信技术。

如果说成熟的个人财产权制度并没有为古希腊和中世纪英国的经济

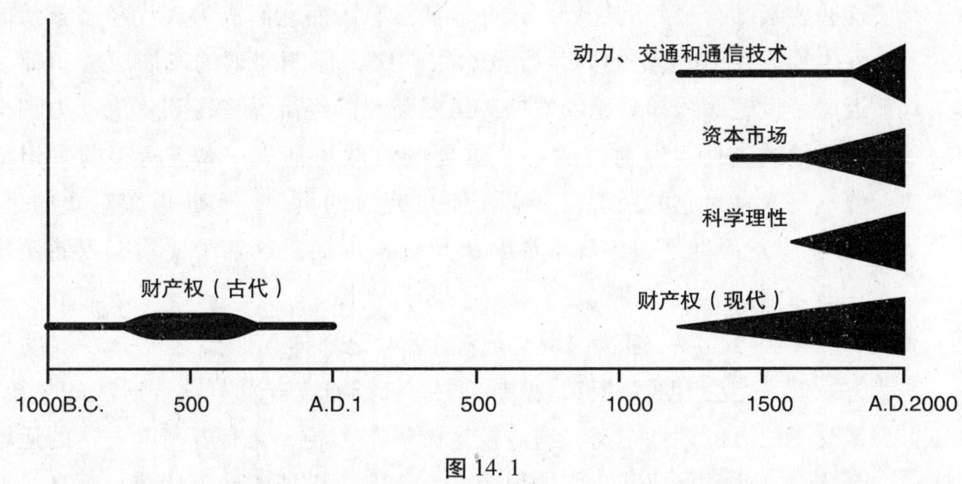

图 14.1

作出很大的贡献，那么现代社会在获得了其余三个要素——科学理性主义、资本市场，以及现代动力和交通通信技术之后，个人财产权就开始发挥最为关键的作用。后三个要素在现代社会里都可以得到。任何一所大学都会教授物理学、工程学、经济学和法律知识，你也能在书店里买到传播这些知识的书本。资本可以在当地或国外的银行里获得。道路修建起来了，汽车、飞机、计算机和移动电话可以很方便地买到。而在西方世界最受欢迎并且得到科克（Coke）、洛克（Locke）和斯密高度赞扬的对个人财产的保护却并不能轻易实现。今天，环顾全球，它依然是区分一个国家经济成功或失败的最重要的因素。

14.1 何处会出现繁荣

本书的第一部分分析了世界性的经济增长何以发生。一旦我们建立了关于经济增长的四要素架构，我们便能进而讨论它在哪里发生。本书的第二部分从四个制度要素的角度探讨了几个国家经济增长的模式，通过一一对应的方式考察四要素的出现与每个国家经济起飞的关联。

在 1500 年左右，欧洲分布着数百个国家或公国，彼此间存在着体制和意识形态的竞争关系。其中两个国家——荷兰与英国——存在着将这些要素结合最好的优势，这并非偶然，因而它们成为现代经济繁荣的发生地。在16世纪的荷兰，虽然很初级，但四要素的发展成就了荷兰近两个世纪缓慢却平稳的发展。虽然荷兰的经济不曾得到蒸汽动力和交通运输的支持，但荷兰的一个重要的自然特征——水道密布的平坦地势——无疑对它的经济发展有着不可或缺的贡献。与此极端对立的是，在19世纪后期之前，日本和西班牙则根本缺乏这四个要素，因此两国在此之前经济没有得到发展便不会令人吃惊。

在当今世界，正如18世纪和19世纪那样，四要素充分发展的地方，便一定会有经济繁荣。中国香港和新加坡有着英国普通法的传统，接受了西方的理性主义，有着发达的资本市场，又有着高度发达的运输系统，这些便促成了它们的繁荣。它们有着极佳的地理优势，都是具有战略位置的自然港口，这也有助于它们的成功。

正如一个人在某种程度上会从父母那里得到遗传，有着良好的外表、头脑聪明、具有运动天赋一样，一个国家也会得到良好的制度“基因”。在这些制度遗产非常丰富的地方，例如从英国那里获得了制度遗产的美洲新大陆、中国香港和新加坡，其公民普遍具备了普通法的意识，便促成了它们的经济繁荣。而在这种制度遗产匮乏的地方，例如南美洲从伊比利亚国家中接受的征服、野蛮掠夺、宗教狂热以及寻租的传统，虽然能通过开发和掠夺矿产资源暂时致富，却终免不了落入倒退和贫穷的命运。

还有极端的例子，撒哈拉以南的非洲国家则是几乎全无四要素的基础。非洲的部落制度是首领执掌了行政和司法大权，由于缺乏分权的制度安排，使得这些国家没有法制和保护个人财产的基础——独立的司法制度，加上不注重知识、智力的文化传统，以及根本就缺乏资本市场，因此导致它们的经济停顿。而贫穷又导致战争、饥荒、瘟疫和死亡的蔓延，艾滋病的恐怖阴影笼罩着这片世界上经济最贫弱的大陆。

非洲还有着第五个劣势。尽管它有着丰富的矿产资源，但却缺乏重要的发展经济的物理要素：适于通航的水道。非洲平滑的海岸线不像欧洲海岸那样能够为船只提供停泊的港湾，它的大多数河流湍急，瀑布林立，在入海口分布着难以通过的沙洲，由于缺乏融雪的补充，一年中河流水量的变化特别明显，而不像欧洲、亚洲和北美那样相对平稳。一般情况下，非洲的水道只在雨季才适于通航。

14.2 通向何方

一旦我们获得了理解经济增长的四要素架构，并且懂得如何用它来分析具体的国家和文明，我们又如何进一步探讨世界保持繁荣、民主和地缘政治状况的前景呢？

全世界的发达国家中，这四个要素都切实建立起来了，即使是那些试图毁灭世界的灾难——那些企图毁灭人类的暴行——也不能从根本上破坏它们。

这并非是言过其实。第二次世界大战本来已经从物质意义上摧毁了日本和德国，但两国的西方制度意义上的思维和知识并没有被破坏，因此它们的经济很快就复兴了（正如我们在第 1 章和第 8 章里看到的，日本和德国的“经济奇迹”不光是胜利者宽宏大量的结果，虽然德国在第一次世界后遭受了报复性的《凡尔赛和约》，依然实现了类似的复兴）。

人类再也不会丧失基本的生成技术和制度的“方案”。我们不能简单地将知识封存起来，像 13 世纪古罗马摧毁后所发生的那样。那些知识法则，以及我们对基本技术的思考，正通过成千上万的人、书籍和计算机硬盘在不断传播，永远不会丢失，再也不会发生像当年由于古罗马的衰败而导致高级技术消失的情况。进而言之，为了保持繁荣，西方世界已经将它们的制度基础合并成自己的行为规范，从而使得经济增长变得不可逆转，并且形成了对大多数人类终极灾难的有力抵抗。

我们在第 10 章讨论的经济增长与发展民主的关系也足以让人乐观。正如晚近的社会学所揭示的，如果经济繁荣是民主最主要的推进器，那么这不仅预示着未来的自由民主会以更快的速度向前发展，而且地缘政治的力量也是通过财富的创造而获得。这意味着一些自由民主大国会以一种相对良性的方式实践着世界的领导权。《纽约时报》的专栏作家托马斯·弗里德曼（Thomas Friedman）曾经挖苦说这是“有关战争与和平的麦当劳理论”：拥有麦当劳一样的地位和特权的两个国家互相之间不会发动战争。当然，全球化也不会毫无代价地到来。世界越来越互相依赖，在社会、环境、金融乃至在微生物传播层面上都更加容易互相腐蚀，使得世界变得更加脆弱。

我们在第 10 章里对人类的未来是否更加快乐并没有表示多少乐观，虽然世界正在走向繁荣。但是即使是那些对日益唯物主义的文化最为吹毛求疵的批评家也必须承认，相比 1820 年以前 99% 的人处于为基本的温饱而挣扎的生存状态，今天人们的忧虑与不安全感是大大降低了。

今天，广大的地区正在经历一个财富与生活水准的持续的、戏剧性的增长，这是人类历史的第一次。财富的来源——可靠的个人财产权、科学理性主义、有活力的资本市场，以及现代交通通信技术——已经植根于西方人的生活道路，即使西方国家经历了这个世纪的最大灾难，这些资源也能得到保存。不论好与坏，人类的竞争已经进入了一个新时代，由科技创新驱动的经济增长正在成为世界舞台的主角。让我们改写一下桑塔亚那（Santayana）的话：那些不能从人类的经济发展史中学到知识的人，将永远处于昏睡中。

书系代码	书　　名	作　者	定 价
经营管理			
BM001	《并购成长》(Digital Deals)	Geis	29.80
BM002	《绩效！绩效！》(企业培训版) (Coaching for Improved Performance)	Fournie	39.80
BM003	《质量无泪》(Quality Without Tears)	Crosby	39.80
BM004	《海阔天空——我在 DELL 的岁月》	方国健	20.00
BM005	《心时代——一个情感化的世界及其经济图景》	曹世潮	20.00
BM006	《情境领导者》(The Situational Leader)	保罗·赫塞	18.00
BM007	《EMBA 销售管理》(Sales Management)	Calvin	45.00
BM008	《EMBA 财务管理》 (Finance and Accounting for Non-financing Managers)	Weston	49.80
BM009	《EMBA 兼并与收购》(Mergers and Acquisitions)	Weston	38.00
BM010	《EMBA 公司战略》(Corporate Strategy)	Colley	39.80
BM011	《EMBA 创业管理》(Entrepreneurial Management)	Calvin	49.80
BM012	《EMBA 领导艺术》(Managerial Leadership)	Topping	35.00
BM013	《EMBA 战略营销管理》 (Strategic Marketing Management)	Parry	42.00
BM014	《EMBA 公司治理》(Corporate Governance)	Colley 等	49.80
BM015	《六西格玛是什么》(What is Six Sigma)	Pande	15.00
BM016	《六西格玛基础教材》(The Six Sigma Basic Training Kit)	Juran	80.00
BM017	《六西格玛团队实战手册》 (The Six Sigma Way Team Fieldbook)	Pande, Neuman, Cavanagh	49.80
BM018	《六西格玛团队怎么做》(Six Sigma Team Pocket Guide)	Federico	16.00
BM019	《杰克·韦尔奇领导艺术词典》 (Jack Welch Lexicon of Leadership)	Krames	32.00
BM020	《杰克·韦尔奇的 29 个领导秘诀》 (29 Leadership Secrets from Jack Welch)	Slater	29.80
BM021	《通用电气"群策群力"》(GE Work - Out)	Ulrich 等	39.80
BM022	《顶峰》(Million Dollar Consulting)	Weiss	48.00
BM023	《战略计划实务》(Applied Strategic Planning)	Goodstein 等	48.00
BM024	《平衡计分卡实用指南》(Balanced Scorecard)	Paul Niven	49.80
BM025	《战略物流管理》(Strategic Logistic Management)	Stock	80.00
BM026	《整合——企业并购成功之道》(M&A Integration)	Schweiger	39.80
BM027	《战略领导》(The Art and Discipline of Strategic Leadership)	Freedman	32.00
BM028	《经理薪酬完全手册》 (The Complete Guide to Executive Compensation)	Bruce R. Ellig	65.00

书系代码	书　　　名	作　者	定 价
BM029	《突破困境的领导艺术》(Leadership When the Heat's On)	Cox, Hoover	39. 80
BM030	《朱兰自传》(Architect of Quality)	Juran	50. 00
BM031	《卓越领导》(The Extraordinary Leader)	Zenger 等	39. 80
BM032	《精益六西格玛案例》(Learning into Six Sigma)	Wheat 等	18. 00
BM033	《领袖魅力》(Executive Charisma)	Benton	39. 80
BM034	《西南航空案例》(The Southwest Airlines Way)	Gittell	49. 80
BM035	《危机领导》(Leader Shock)	Hicks	29. 80
BM036	《应变》(Agile Business for Fragile Times)	麦卡锡　等	35. 00
BM037	《绩效导向的领导力》(Results-Based Leadership)	Ulrich　等	49. 80
BM038	《企业沟通的威力》(The Power of Corporate Communication)	Argenti　等	39. 80
BM039	《贯彻执行　现在就做》(Why Can't We Get Anything Done Around Here?)	李夫顿　等	20. 00
BM040	《高效能团队领导智慧》(Leadership Lessons of The Navy Seals)	坎农　等	39. 80
BM041	《竞争性销售》(Hope is not a Strategy)	佩吉	39. 80
BM042	《丰田汽车案例》(The Toyota Way)	莱克	49. 80
BM043	《风险管理》(Risk Management)	科罗赫　等	80. 00
BM044	《团队工作》(The Work of Teams)	卡岑巴赫	39. 80
BM045	《通用电气案例》(GE Work-out)	Ulrich　等	49. 80
BM046	《质量无泪》(修订版)	Crosby	39. 80
BM047	《绩效改进 19 讲》(201 Ways to Turn any Employee Into a Star Performer)	霍利	29. 80
BM048	《人性管理》(The Uncertain Art of Management)	奥斯曼	39. 80
BM049	《透明管理》(The Transparency Edge)	佩格诺	29. 80
BM050	《成本改进 181 法》(A Manager's Guide to Creative Cost Cutting)	大卫·杨	29. 80
BM051	《直觉》(The Art of What Works)	杜根	39. 80
BM052	《劣势者的优势》(The Underdog Advantage)	莫里	39. 80
BM053	《精益六西格玛服务》(Lean Six Sigma for Service)	乔治	55. 00
BM054	《活学活用博弈论》(Game Theory At Work)	米勒	39. 80
BM055	《巅峰绩效》(Peak Performance)	卡岑巴赫	39. 80
BM056	《丰田汽车:精益模式的实践》(The Toyota Way Fieldbook)	莱克 等	65. 00
BM057	《什么是公司治理》(What is Corporate Govermance)	科利 等	18. 00
BM058	《MBA 名校的 10 堂课》(What the Best MBAs Know)	纳瓦洛	49. 80
BM059	《现代企业管理教程》(Understanding Business)	尼科尔斯 等	50. 00
BM060	《领导艺术》(The Art of Leadership)	曼宁 等	50. 00
BM061	《产品生命周期管理》(Product Lifecycle Management)	格里夫斯	49. 80
BM062	《创新从头开始》(What customers want)	伍维克	29. 80
BM063	《创新引擎》(Fast Innovation)	George	39. 80
BM064	《苹果电脑案例》(The Apple Way)	Cruikshank	39. 80
BM065	《企业外包实务》(The Manager's Step-by-Step Guide to Outsourcing)	Dominguez	29. 80

书系代码	书　　名	作　者	定 价
经济学			
E－001	《中国经济》(Chinese Economy)	蔡昉,林毅夫	39.80
E－002	《宏观经济学》(Macroeconomics)	Dornbusch	60.00
E－003	《经济学》(Economics)	McConnell,Brue	79.00
E－004	《微观经济学》(Microeconomics and Behavior)	Frank	65.00
E－005	《环境经济学》(Introduction to Environmental Economics)	Field 等	50.00
E－006	《财富的诞生》(The Birth of Plenty)	Bernstein	49.80
管理学			
MT001	《战略物流管理》(Strategic Logistic Management)	Stock	80.00
MT002	《物流战略咨询》(Supply Chain Strategy)	Frazelle	49.80
MT003	《组织人员配置》(Staffing Organization)	Heneman, Judge	
MT004	《战略管理》(Strategic Management)	Dess 等	40.00
MT005	《数据模型与决策:运用电子表格建模与案例研究》(第1版)(Introduction to Management Science)	Hillier 等	75.00
MT006	《数据模型与决策:运用电子表格建模与案例研究》(第2版)(Introduction to Management Science)	Hillier 等	75.00
MT007	《电子商务导论》(Introduction to E-Commerce)	雷波特　等	58.00
MT008	《供应链设计与管理》(Designing and Managing The Supply Chain)	辛奇—利维　等	40.00
MT09	《管理学基础》(Management)	克尼基　等	48.00
MT010	《定价》(Pricing)	门罗	65.00
MT011	《精通战略》(Mastering Strategy)	雷格斯比　等	39.80
MT012	《战略采购管理》(Harnessing Value in the Supply Chain)	班菲尔德	39.80
MT013	《逆向管理》(Don't Oil the Squeaky Wheel)	Rinke	39.80
MT014	《跨国管理》(Transnational Management)	Bartlett 等	79.80
MT015	《运营管理》(Matching Supply with Demand)	Cachon 等	50.00
营销管理			
MM001	《定位》(Positioning)	Ries & Trout	39.80
MM002	《营销战》(修订版)(Marketing Warfare)	Ries & Trout	39.80
MM003	《营销革命》(Bottom-up Marketing)	Ries & Trout	39.80
MM004	《新定位》(The New Positioning)	Trout	39.80
MM005	《颠覆广告》(Disruption)	让—马贺·杜瑞	40.00
MM006	《创意的竞赛》(Which Ad Pulled Best?)	Purvis	39.80
MM007	《广告文案名人堂》(The Art of Writing Advertising)	Higgins	29.80
MM008	《产品经理的第一本书》(The Product Manager's Handbook)	Gorchels	39.80
MM009	《全球整合营销传播》(Communicating Globally)	舒尔茨	39.80
MM010	《整合营销传播:利用广告和促销建树品牌》(IMC: Using Advertising and Promotion to Build Brands)	Duncan	298.00

书系代码	书　　名	作　者	定 价
MM011	《市场战略》(The Market Makers)	Spulber	48.00
MM012	《全球营销》(Global Marketing)	乔尼・约翰逊	60.00
MM013	《网络营销》(Internet Marketing)	默罕默德　等	65.00
MM014	《产品经理的第二本书》 (The Product Manager's Field Guide)	Linda Gorchels	39.80
MM015	《营销学基础》(Essentials of Marketing)	佩罗特,麦卡锡	60.00
MM016	《文案发烧》("Hey, Whipple, Squeeze This. ":A Guide to Creating Great Ads)	苏立文	39.80
MM017	《小鱼吃大鱼》(Eating the Big Fish)	摩根	45.00
MM018	《什么是战略》(Trout On Strategy)	特劳特	29.80
MM019	《整合营销传播:创造企业价值的五大关键步骤》(IMC: the Next Generation)	唐・舒尔茨　等	39.80
MM020	《促销管理的第一本书》	Schultz	39.80
MM021	《广告箴言》(And Now a Few Words From Me)	加菲尔德	29.80
MM022	《营销计划手册》(The Successful Marketing Plan)	赫宾 等	68.00
MM023	《渠道管理的第一本书》(The Manager's Guide to Distribution Channels)	哥乔斯 等	35.00
MM024	《项目管理的第一本书》(The McGraw-Hill 36 – Hour Project Management)	库克,塔特	
MM025	《细读杰克・韦尔奇》	Krame, Slater	39.80
MM026	《品牌资产管理》(Brand Asset Management)	戴维斯	39.80
MM027	《互愿营销》(Opt-In Marketing)	罗曼 等	39.80
MM028	《小技巧　大销售》(401 Killer Marketing Tactics)	费尔藤斯坦	39.80
MM029	《作业成本管理的第一本书》(Common Cents)	特尼	39.80
MM030	《产品经理手册》(The Product Manager's Handbook)	哥乔斯	55.00
MM031	《商战》(20 周年纪念版)(Marketing Warfare)	Ries & Trout	68.00
MM032	《博客营销》(Blog Marketing)	Jeremy Wright	39.80
MM033	《品牌驱动力》(Building the Brand-Driven Business)	戴维斯,邓恩	39.80
销售管理			
SM001	《成功销售管理的 7 大秘诀》(7 Secrets to Successful Sales Management)	Wilner	39.80
SM002	《电话行销,轻松成交》	姚能笔	39.80
SM003	《摸透顾客心》(Ten Demandments)	Mooney Bergheim	39.80
SM004	《练就铁齿铜牙》 (Secrets of Power Persuasion for Salespeople)	Dawson	39.80
SM005	《轻松收款》(Collections Made Easy)	卡罗尔	39.80
SM006	《打倒墨菲定律　挽救我的销售》 (Beating the Deal Killers)	Giglio	39.80
SM007	《增加销售的 12 种核心技术》(Beyond E)	Diorio	39.80

书系代码	书　　名	作　者	定 价
SM008	《销售管理》(Sales Force Management)	Johnston 等	49.00
SM009	《汽车销售的第一本书》	孙路弘	39.80
SM010	《终极销售力》(Ultimate Selling Power)	莫伊,洛伊德	39.80
SM011	《顶尖销售的 25 堂课》(Secrets of Top Performing Salespeople)	乔诺　等	29.80
SM012	《引爆销售的 10 大黄金法则》	Desena	39.80
SM013	《再造销售奇迹》	Eades	39.80
SM014	《攻心式销售》	Bosworth	24.80
SM015	《百万销售师》	Gardner	24.50
SM016	《成交》	Victor	29.80
SM017	《直销经理的第一本书》(Making Millions in Direct Sales)	马拉汉 等	39.80
职场发展			
CD001	《外企面试宝典》(More Best Answers to the 201 Most Frequently Asked Interview Questions)	DeLuca	25.00
CD002	《人才心理测评》(Psychological Testing at Work)	Hoffman	25.00
CD003	《演讲的艺术》(Strictly Speaking)	Buckley	29.80
CD004	《五大会计师行》	周年洋　等	24.80
CD005	《职业经理自修手册》(The Manager's Self-development Guide)	Pedler	35.00
CD006	《关键对话》(Crucial Conversations)	Patterson 等	29.80
CD007	《静思录》(Finding Your Strength in Difficult Times)	David Viscott	19.80
CD008	《商务英语书信写作精益求精篇》	康宁汉　等	29.80
CD009	《商务人士日常书信写作》(Great Personal Letters for Busy People)	布赫	48.00
CD010	《销售信函》(Sales Letters Ready to Go)	贝塞尔　等	32.00
CD011	《商务信函》(Business Letters Ready to Go)	Bayse	39.80
CD012	《我爱笨老板》(How to Work for an Idiot)	胡佛	29.80
CD013	《实用英语动词短语》(Basic Phrasal Verbs)	斯皮尔斯	35.00
CD014	《赛马》(Horse Sense)	里斯,特劳特	29.80
CD015	《报刊装帧设计手册》(The Newspaper Designer's Handbook)	哈洛维	128.00
CD016	《君子善言》(Speak Like a CEO)	贝茨	32.00
CD017	《脱颖而出》(Shine)	汤普森	29.80
投资理财			
IF001	《投资艺术》(Winning the Loser's Game)	Ellis	19.80
IF002	《向格雷厄姆学思考,向巴菲特学投资》(How to Think Like Benjamin Graham and Invest Like Warren Buffett)	Cunningham	39.80
IF003	《巴菲特怎样选择成长股》(How to Pick Stocks Like Warren Buffett)	Vick	29.80

书系代码	书　　名	作　者	定 价
IF004	《最后的合伙人》(The Last Partnership)	Geisst	29.80
IF005	《财务报表分析与证券定价》(Financial Statement Analysis and Security Valuation)	Penman	98.00
IF006	《技术分析》(Technical Analysis Explained)	Pring	80.00
IF007	《技术分析 A－Z》(Technical Analysis from A to Z)	Achelis	55.00
IF008	《股票价值评估》(Valuing a Stock)	Gray 等	39.80
IF009	《蜡烛图精解》(Candlestick Charting Explained)	Morris	39.80
IF010	《技术分析习题集》(Study Guide for Technical Analysis Explained)	Pring	25.00
IF011	《股票市场的时机选择》(Timing the Stock Market)	亚历山大	48.00
IF012	《最佳卖出点》(It's when You Sell that Counts)	卡西迪	39.80
IF013	《股市名言》(Buy the Rumor, Sell the Fact)	麦洛	29.80
IF014	《向格雷厄姆学思考,向巴菲特学投资》(修订版)	Cunningham	39.80
IF015	《华尔街投资银行史》	Geisst	49.80
IF016	《信用风险:度量与管理》	瑟维吉尼	65.00
IF017	《财务报表分析与证券定价》(第二版)(Financial Statement Analysis and Security Valuation)	Penman	98.00
IF018	《信用评分模型技术与应用》	陈建	60.00
IF019	《现代信用卡管理》	陈建	80.00
IF020	《标准普尔教你做好个人理财》(The Standard & Poor's Guide to Personal Finance)	道尼	25.00
IF021	《标准普尔教你做好第一笔投资》(The Standard & Poor's Guide for the New Investor)	马蒂夫	25.00
IF022	《标准普尔教你做好长期投资》(The Standard & Poor's Guide to Long-Term Investing)	提格	20.00
IF023	《股市法则》(Stock Market Rules)	沙伊莫	29.80

(具体数据以出书为准)

销售服务:010－88191017,88191063(FAX)
E-mail:　webmaster@ewinbook.com
邮购地址:北京市阜成路甲 28 号新知大厦
　　　　中国财政经济出版社邮购部
邮购费用:书价加 15%
电　　话:010－88190406　88190488
邮　　编:100036

图书订购单

（可复印使用）

第一步：请您填写以下资料：

公司名称：　　　　　　　　　　　　　　收书人：

发货（邮寄）地址：　　　　　　　　　　邮编：

联系电话：　　　　　　　　　　　　　　E-mail：

第二步：请您填写您所选购的图书及册数资料：

图书名称（请注明版次）	数　量	单价（RMB）	合计（RMB）
合　计			

第三步：请您到邮局将款项汇至以下地址：

收 款 人：中国财政经济出版社邮购部

地　　址：北京市海淀区阜成路甲28号新知大厦

邮　　编：100036

电　　话：010－88190406　88190488

传　　真：010－88190414

邮购费用：书价加15%的邮费

第四步：请确认您是否需要增值税票，如果需要请在传真中注明您的增值税信息：

□ 开具增值税发票　　　　　　　　　　□ 开具普通发票

第五步：如果您想了解其他详细情况，请垂询销售热线：

TEL：010－8819 1017

第六步：请您在以下空白处签字确认：

客户：

日期：

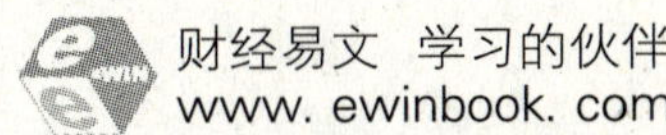